최신 출제유형 100% 반영!

빠르게
발자취
격증을 득한다

한국생산성본부(KPC) 시행

ITQ 한글

2022

❖ 3회분 따라하기 동영상 수록

모의고사&기출문제 해설 PDF 제공

수험서개발팀 지음

마린북스

MEMO

이 책의 구성

ITQ 한글 시험의 출제 유형 및 배점 등을 살펴보아요!

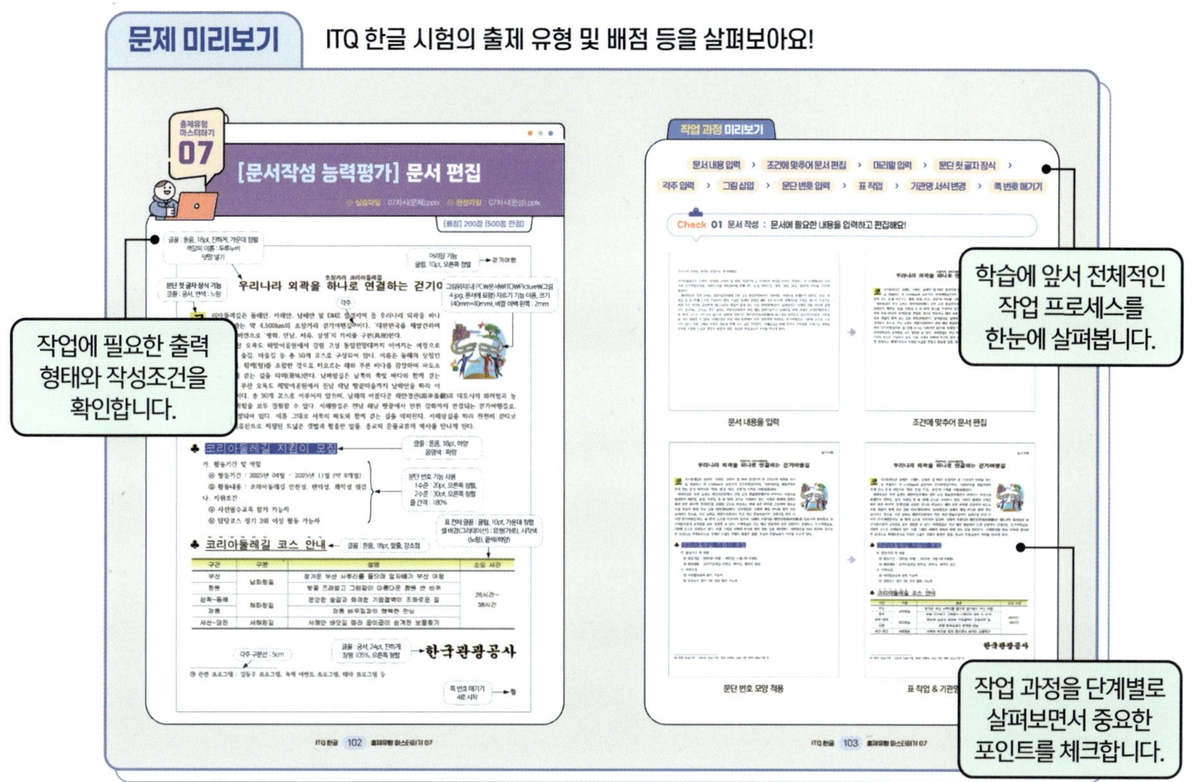

간결한 따라하기 내용과 이미지를 통해 핵심 내용을 파악할 수 있어요!

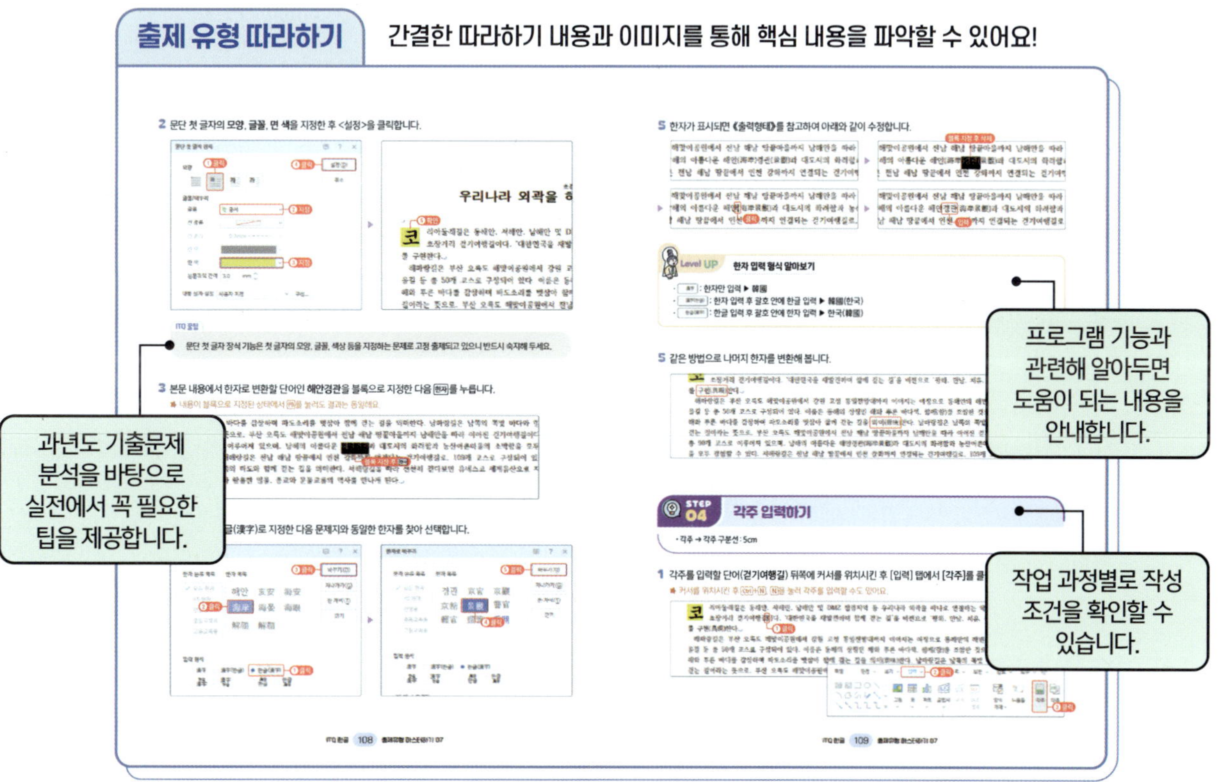

MEMO

다양한 유형의 연습문제를 통해 배운 내용을 복습할 수 있어요!

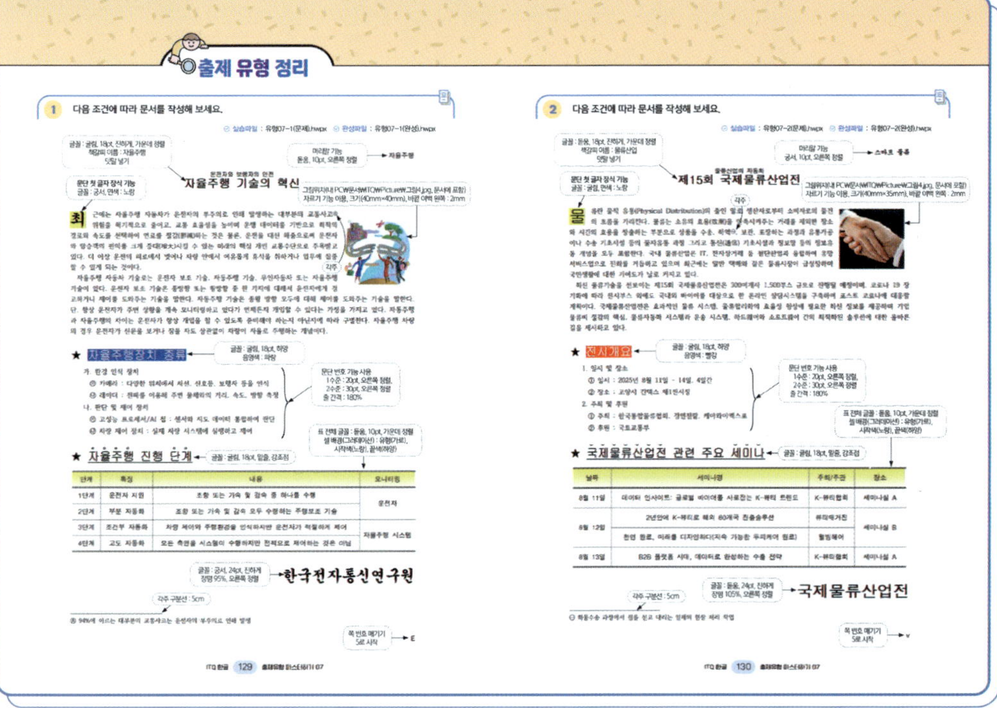

고득점 합격에 필요한 핵심 작업을 반복 연습할 수 있는 코너예요!

MEMO

실전모의고사

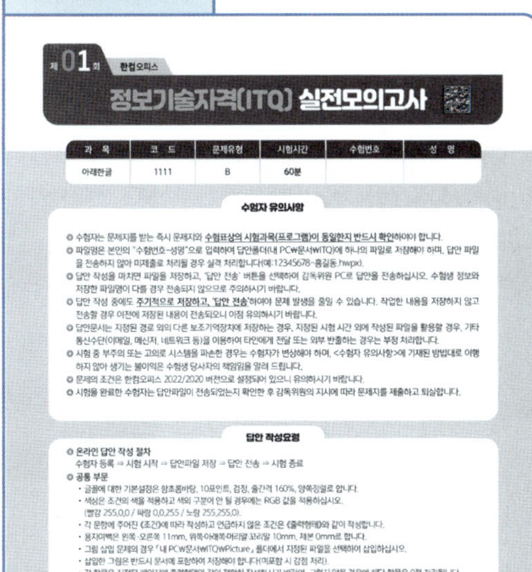

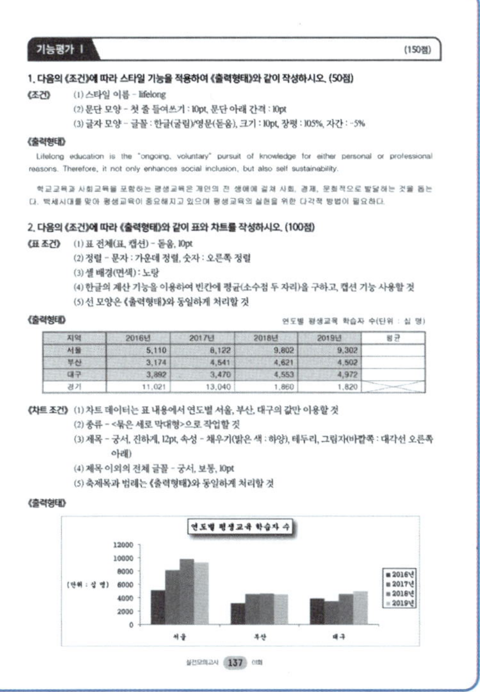

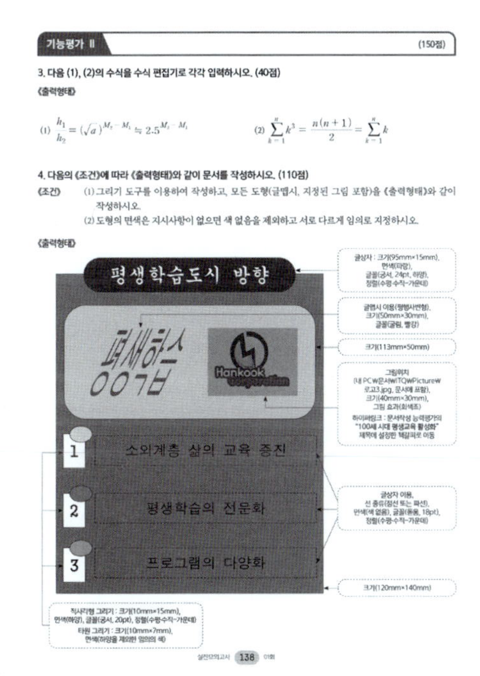

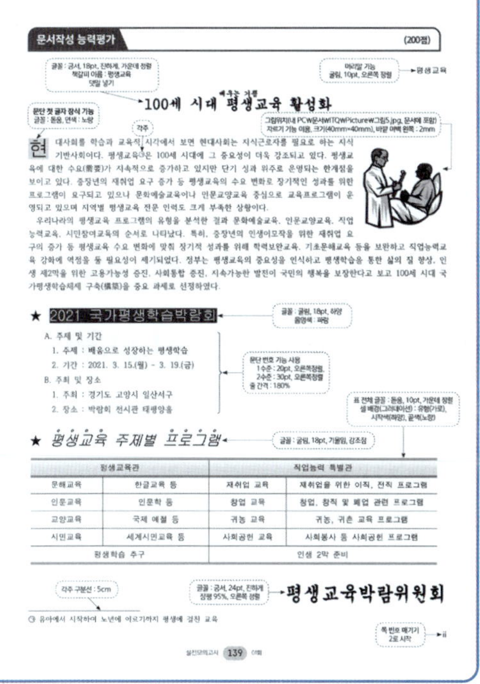

과년도 출제된 문제의 패턴을 분석하여 다양한 유형의 실전모의고사 15회 분량을 제공합니다.
ITQ 한글 시험 합격을 위해 60분 안에 3페이지 문서를 완성할 수 있도록 꾸준한 연습이 필요해요!

글꼴 : 돋움, 18pt, 진하게, 가운데 정렬
책갈피 이름 : 복지개혁
덧말 넣기

머리말 기능
돋움, 10pt, 오른쪽 정렬　→　보건복지 과제

보건복지
나라를 단단하게 국민은 든든하게

문단 첫 글자 장식 기능
글꼴 : 굴림, 면색 : 노랑

각주

그림위치(내 PC₩문서₩ITQ₩Picture₩그림4.jpg, 문서에 포함)
자르기 기능 이용, 크기(40mm×40mm), 바깥 여백 왼쪽 : 2mm

01 래 도약을 위한 튼실한 복지국가 기반을 다지기 위해 보건복지부가 국민(國民)과 동행한다고 보건복지ⓐ 핵심 동행 과제를 발표했다. 우리나라 국민의 소득을 일렬로 세워서 정확히 가운데를 차지하는 가구의 소득을 중위소득이라고 하는데 정부에서는 소득이 낮아 일상생활을 유지하기가 어려운 분들에게 여러 가지 지원을 하고 있다. 보건복지 용어에서는 정부가 지원하는 것을 '급여'라고 말한다. 정부에서는 이 중위소득 구간을 기준으로 생활이 어려운 분들을 기초생활수급자, 차상위계층 등으로 구분하여 정부지원(政府支援)을 하고 있다. 이렇게 정부의 지원을 받게 되는 구간을 중위소득에서 정하는 것이 바로 '기준중위소득'이다.

정부에서는 국민기초생활보장법에 따라 생계, 의료, 주거, 교육 서비스 등을 지원하는데 작년에는 기준중위소득의 30% 이하에 해당하면 생계급여를 지원받았지만, 올해부터는 35% 이하까지 생계급여를 지원받을 수 있게 목표를 잡았다. 또한, 아동 인권 보호를 위해 국제 표준에 맞는 입양 체계로 개편하고, 시설 중심의 보호 체계를 단계적으로 가정형으로 전환하는 로드맵과 아동기본법 제정도 추진한다고 한다. 그리고 바이오헬스 산업 육성 강화를 위해 보건복지부는 오는 2027년까지 블록버스터급 신약 개발과 의료기기 수출 세계 5위를 목표로 지원해 나간다.

♥ 촘촘하고 두터운 약자복지 확대

글꼴 : 궁서, 18pt, 하양
음영색 : 파랑

　A. 촘촘한 발굴
　　ⓐ 정확하고 신속하게 위기가구 발굴
　　ⓑ 위기 정보 입수 시 인공지능 활용 초기상담
　B. 두터운 보호
　　ⓐ 기초생활보장 확대 등 취약계층 보호 강화
　　ⓑ 최중증 발달장애인 맞춤형 돌봄을 강화

문단 번호 기능 사용
1수준 : 20pt, 오른쪽정렬,
2수준 : 30pt, 오른쪽정렬
줄 간격 : 180%

♥ 미래 대비 핵심 추진과제

글꼴 : 궁서, 18pt, 밑줄, 강조점

표 전체 글꼴 : 돋움, 10pt, 가운데 정렬
셀 배경(그러데이션) : 유형(가운데에서),
시작색(하양), 끝색(노랑)

필수의료	약자복지	복지개혁	미래준비
보건의료 약자복지 실현	위기가구 발굴	지속가능성 확보	인구정책 패러다임
생애주기, 스마트 건강투자	취약계층 보호	상생의 국민연금 개혁	저출산 완화를 위한 지원
대규모 재난 대응의료	복지수요 적극대응	체감가능 복지지출 혁신	첨단기술로 보건 안보 선도
신종감염병 대응	수요자 맞춤형 서비스		바이오 헬스 육성 및 수출

각주 구분선 : 5cm

글꼴 : 굴림, 24pt, 진하게
장평 105%, 오른쪽 정렬　→　# 보건복지부

ⓐ 사회 복지, 사회 보장 및 공중위생의 향상과 증진을 도모하는 것

쪽 번호 매기기
5로 시작　→　- 마 -

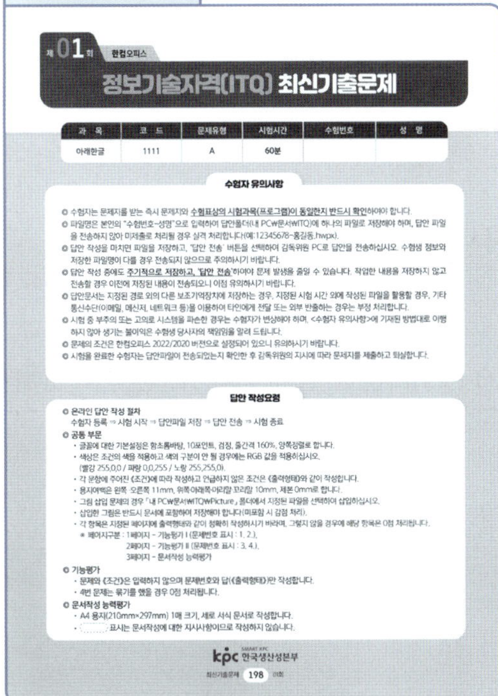

제 01 회 한컴오피스

정보기술자격(ITQ) 최신기출문제

과 목	코 드	문제유형	시험시간	수험번호	성 명
아래한글	1111	A	60분		

수험자 유의사항

- 수험자는 문제지를 받는 즉시 문제지와 수험표상의 시험과목(프로그램)이 동일한지 반드시 확인하여야 합니다.
- 파일명은 본인의 "수험번호-성명"으로 입력하여 답안폴더(내 PC\문서\ITQ)에 하나의 파일로 저장해야 하며, 답안 파일을 전송하지 않아 미제출로 처리될 경우 실격 처리합니다(예:12345678-홍길동.hwpx).
- 답안 작성을 마치면 파일을 저장하고, '답안 전송' 버튼을 선택하여 감독위원 PC로 답안을 전송하십시오. 수험 정보와 저장한 파일명이 다를 경우 전송되지 않으므로 주의하시기 바랍니다.
- 답안 작성 중에도 주기적으로 저장하고, '답안 전송'하여야 문제 발생을 줄일 수 있습니다. 작업한 내용을 저장하지 않고 전송할 경우 이전에 저장된 내용이 전송되오니 이점 유의하시기 바랍니다.
- 답안문서는 지정된 경로 외의 다른 보조기억장치에 저장하는 경우, 지정된 시험 시간 외에 작성된 파일을 활용할 경우, 기타 통신수단(이메일, 메신저, 네트워크 등)을 이용하여 타인에게 전달 또는 외부 반출하는 경우는 부정 처리합니다.
- 시험 중 부주의 또는 고의로 시스템을 파손한 경우는 수험자가 변상해야 하며, <수험자 유의사항>에 기재된 방법대로 이행하지 않아 생기는 불이익은 수험생 당사자의 책임임을 알려 드립니다.
- 문제의 조건은 한컴오피스 2022/2020 버전으로 설정되어 있으니 유의하시기 바랍니다.
- 시험을 완료한 수험자는 답안파일이 전송되었는지 확인한 후 감독위원의 지시에 따라 문제지를 제출하고 퇴실합니다.

답안 작성요령

- 온라인 답안 작성 절차
  수험자 등록 ⇒ 시험 시작 ⇒ 답안파일 저장 ⇒ 답안 전송 ⇒ 시험 종료
- 공통 부문
  · 글꼴에 대한 기본설정은 함초롬바탕, 10포인트, 검정, 줄간격 160%, 양쪽정렬로 합니다.
  · 색상은 조건의 색상 적용하여 색의 구분이 어떤 경우에는 RGB 값을 적용하십시오.
    (빨강 255,0,0 / 파랑 0,0,255 / 노랑 255,255,0).
  · 각 문항에 주어진 《조건》에 따라 작성하고 언급되지 않은 조건은 《출력형태》와 같이 작성합니다.
  · 용지여백은 왼쪽·오른쪽 11mm, 위쪽·아래쪽·머리말·꼬리말 10mm, 제본 0mm로 합니다.
  · 그림 삽입 문제의 경우 '내 PC\문서\ITQ\Picture' 폴더에서 지정된 파일을 선택하여 삽입하십시오.
  · 삽입한 그림은 반드시 문제에서 제시한 위치에 정확하게 배치하여야 하며(배치 시 조정 포함), 그림의 크기, 회전 등은 《출력형태》와 동일하게 작성합니다.
    ※ 페이지구분 : 1페이지 - 기능평가 I (문제번호 표시 : 1, 2.),
      2페이지 - 기능평가 II (문제번호 표시 : 3, 4.),
      3페이지 - 문서작성 능력평가
- 기능평가
  · 문제와 《조건》은 입력하지 않으며 문제번호와 답(《출력형태》)만 작성합니다.
  · 4번 문제는 묶기를 했을 경우 0점 처리합니다.
- 문서작성 능력평가
  · A4 용지(210mm×297mm) 1매 크기, 세로 서식 문서로 작성합니다.
  · ▪▪▪▪▪ 표시는 문서작성에 대한 지시사항이므로 해당 사항대로 작성하지 않으면 감점입니다.

kpc 한국생산성본부

최신기출문제 198 1회

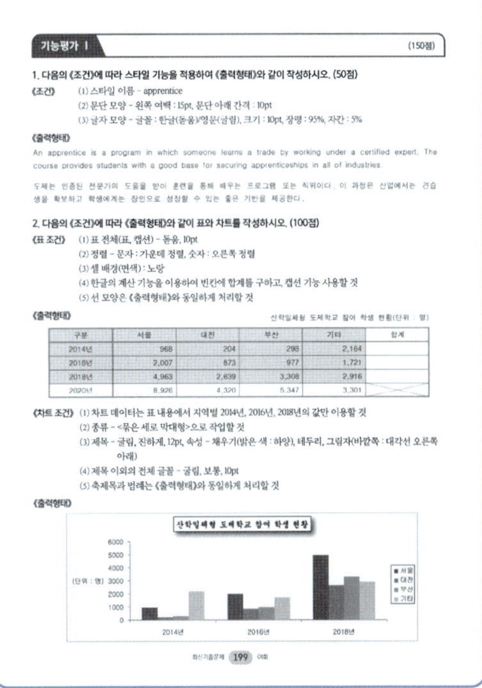

기능평가 I (150점)

1. 다음의 《조건》에 따라 스타일 기능을 적용하여 《출력형태》와 같이 작성하시오. (50점)

《조건》
(1) 스타일 이름 – apprentice
(2) 문단 모양 – 왼쪽 여백 : 15pt, 문단 아래 간격 : 10pt
(3) 글자 모양 – 글꼴 : 한글(돋움)/영문(굴림), 크기 : 10pt, 장평 : 95%, 자간 : 5%

《출력형태》

An apprentice is a program in which someone learns a trade by working under a certified expert. The course provides students with a good base for securing apprenticeships in all of industries.

도제는 인증된 전문가의 도움을 받아 훈련을 통해 배우는 프로그램 또는 직위이다. 이 과정은 산업에서는 견습생을 확보하고 학생에게는 장인으로 성장할 수 있는 좋은 기반을 제공한다.

2. 다음의 《조건》에 따라 《출력형태》와 같이 표와 차트를 작성하시오. (100점)

《표 조건》
(1) 표 전체(표, 캡션) – 돋움, 10pt
(2) 정렬 – 문자 : 가운데 정렬, 숫자 : 오른쪽 정렬
(3) 셀 배경(면색) : 노랑
(4) 한글의 계산 기능을 이용하여 빈칸에 합계를 구하고, 캡션 기능 사용할 것
(5) 선 모양은 《출력형태》와 동일하게 처리할 것

《출력형태》

산학일체형 도제학교 참여 학생 현황(단위 : 명)

구분	서울	대전	부산	기타	합계
2014년	968	204	298	2,184	
2016년	2,007	873	977	1,721	
2018년	4,963	2,639	3,308	2,916	
2020년	8,926	4,320	5,347	3,301	

《차트 조건》
(1) 차트 데이터는 표 내용에서 지역별 2014년, 2016년, 2018년의 값만 이용할 것
(2) 종류 – <묶은 세로 막대형>으로 작업할 것
(3) 제목 – 굴림, 진하게, 12pt, 속성 – 채우기(밝은 색 : 하양), 테두리, 그림자(바깥쪽 : 대각선 오른쪽 아래)
(4) 제목 이외의 전체 글꼴 – 굴림, 보통, 10pt
(5) 축제목과 범례는 《출력형태》와 동일하게 처리할 것

《출력형태》

최신기출문제 199 1회

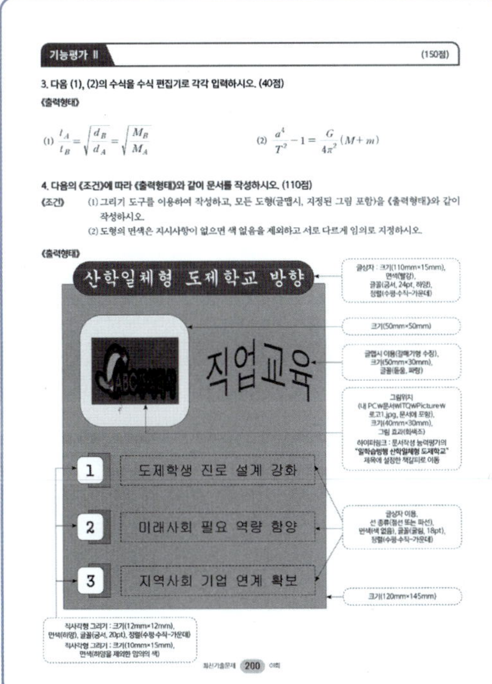

기능평가 II (150점)

3. 다음 (1), (2)의 수식을 수식 편집기로 각각 입력하시오. (40점)

《출력형태》

$$(1)\ \frac{t_A}{t_B} = \sqrt{\frac{d_B}{d_A}} = \sqrt{\frac{M_B}{M_A}} \qquad (2)\ \frac{a^4}{T^2} - 1 = \frac{G}{4\pi^2}(M+m)$$

4. 다음의 《조건》에 따라 《출력형태》와 같이 문서를 작성하시오. (110점)

《조건》
(1) 그리기 도구를 이용하여 작성하고, 모든 도형(글맵시, 지정된 그림 포함)을 《출력형태》와 같이 작성하시오.
(2) 도형의 면색은 지시사항이 없으면 색 없음을 제외하고 서로 다르게 임의로 지정하시오.

《출력형태》

최신기출문제 200 1회

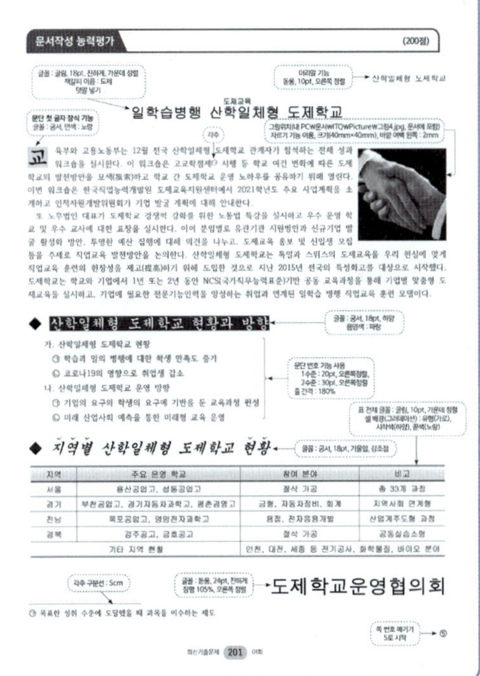

문서작성 능력평가 (200점)

지역	주요 운영 학교	참여 업종	비고
서울	율산공업고, 성동공업고	용사 가공	총 33개 금정
경기	부천공업고, 경기자동차과학고, 평촌공업고	금형, 자동차정비, 회계	지역사회 연계형
전남	목포공업고, 영암전자과학교	용접, 전자응용개발	산업계주도형 과정
경북	경주공고, 금호공고	절삭 가공	공동실습소형
기타 지역 현황		인천, 대전, 세종 등 전기공사, 화학물질, 바이오 분야	

최신기출문제 201 1회

최근에 출제된 기출문제 15회 분량을 수록하였습니다. 제한 시간 60분 안에 빠르고 정확하게 답안을 작성해 보세요!

3. 다음 (1), (2)의 수식을 수식 편집기로 각각 입력하시오. (40점)

《출력형태》

(1) $Q = \operatorname*{Lim}_{\Delta t \to 0} \dfrac{\Delta s}{\Delta t} = \dfrac{d^2 s}{dt^2} + 1$

(2) $\sqrt{a + b + 2\sqrt{ab}} = \sqrt{a} + \sqrt{b} \, (a > 0, b > 0)$

4. 다음의 《조건》에 따라 《출력형태》와 같이 문서를 작성하시오. (110점)

《조건》　　(1) 그리기 도구를 이용하여 작성하고, 모든 도형(글맵시, 지정된 그림 포함)을 ≪출력형태≫와 같이 작성하시오.

　　　　　　(2) 도형의 면색은 지시사항이 없으면 색 없음을 제외하고 서로 다르게 임의로 지정하시오.

《출력형태》

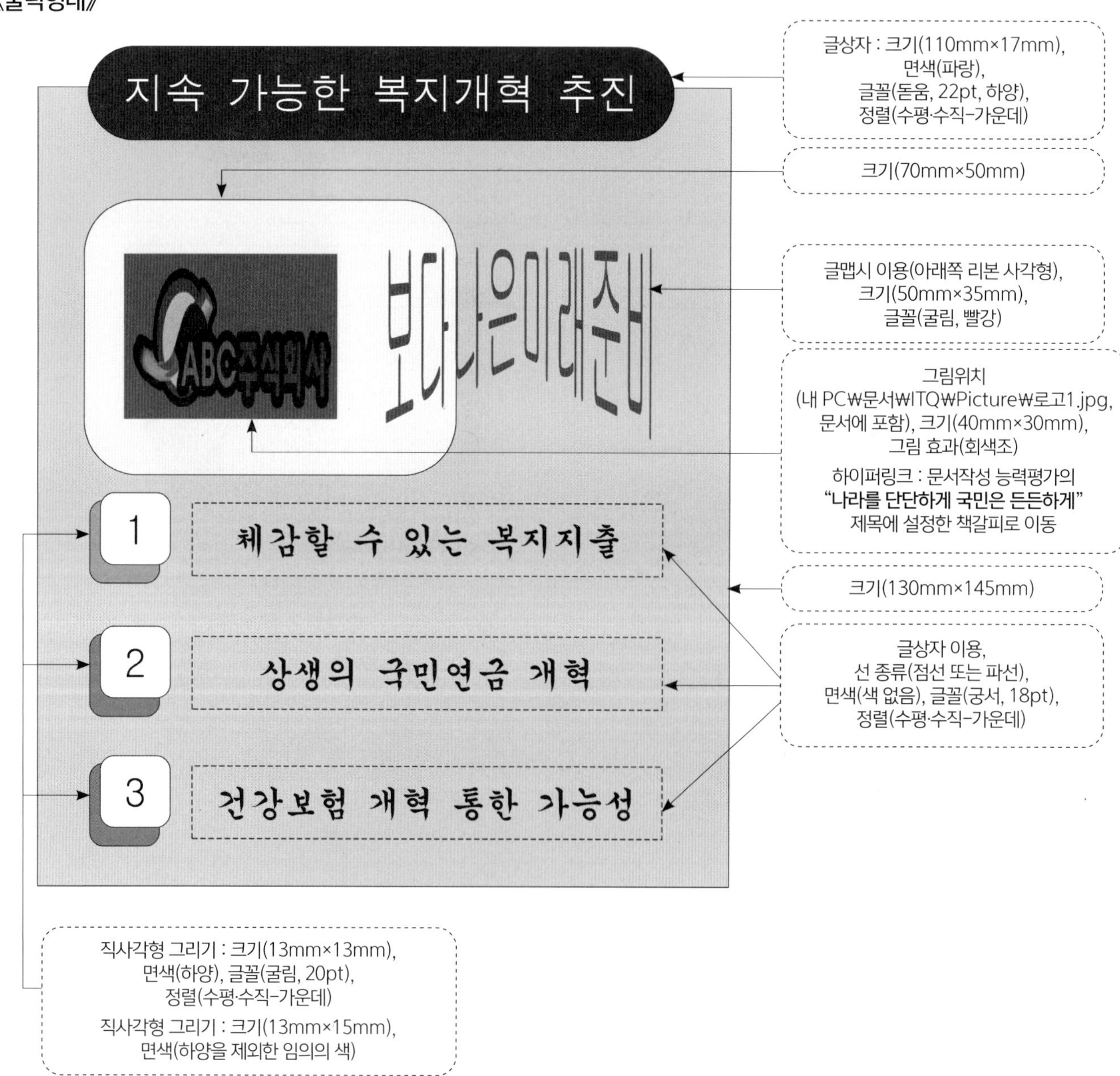

이 책의 목차

1. 다음의 《조건》에 따라 스타일 기능을 적용하여 《출력형태》와 같이 작성하시오. (50점)

《조건》
(1) 스타일 이름 – health
(2) 문단 모양 – 왼쪽 여백 : 15pt, 문단 아래 간격 : 10pt
(3) 글자 모양 – 글꼴 : 한글(굴림)/영문(돋움), 크기 : 10pt, 장평 : 95%, 자간 : 5%

《출력형태》

Another successful social insurance program the Ministry has established is the National Health Insurance Systems (NHIS). In 1977, the NHIS was first introduced to professionals in the workforce.

보건복지부가 설립한 또 다른 성공적인 사회 보험 프로그램은 국민 건강 보험 시스템이다 . 1977년, 이 시스템은 노동계의 전문가들에게 처음 소개되었다 .

2. 다음의 《조건》에 따라 《출력형태》와 같이 표와 차트를 작성하시오. (100점)

《표 조건》
(1) 표 전체(표, 캡션) – 굴림, 10pt
(2) 정렬 – 문자 : 가운데 정렬, 숫자 : 오른쪽 정렬
(3) 셀 배경(면색) : 노랑
(4) 한글의 계산 기능을 이용하여 빈칸에 평균(소수점 두 자리)을 구하고, 캡션 기능 사용할 것
(5) 선 모양은 《출력형태》와 동일하게 처리할 것

《출력형태》

청소년 상담복지센터 연계 현황(단위 : 건)

연도	2019년	2020년	2021년	2022년	평균
의료지원	142	250	234	204	
문화복지	548	647	562	589	
법률지원	50	58	61	58	
취업	105	80	69	82	

《차트 조건》
(1) 차트 데이터는 표 내용에서 연도별 의료지원, 문화복지, 법률지원의 값만 이용할 것
(2) 종류 – <묶은 세로 막대형>으로 작업할 것
(3) 제목 – 돋움, 진하게, 12pt, 속성 – 채우기(밝은 색 : 하양), 테두리, 그림자(바깥쪽 : 대각선 오른쪽 아래)
(4) 제목 이외의 전체 글꼴 – 돋움, 보통, 10pt
(5) 축제목과 범례는 《출력형태》와 동일하게 처리할 것

《출력형태》

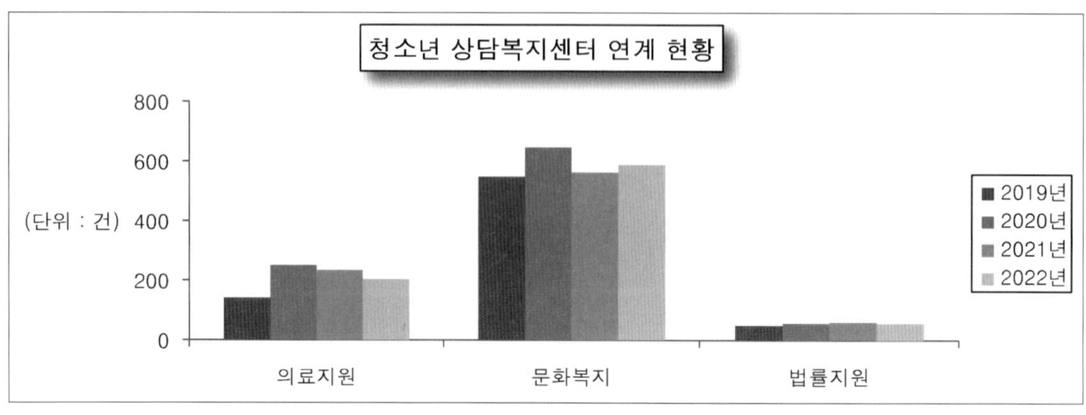

정보기술자격(ITQ) 최신기출문제

과 목	코 드	문제유형	시험시간	수험번호	성 명
아래한글	1111	C	60분		

수험자 유의사항

◎ 수험자는 문제지를 받는 즉시 문제지와 **수험표상의 시험과목(프로그램)이 동일한지 반드시 확인**하여야 합니다.

◎ 파일명은 본인의 "수험번호-성명"으로 입력하여 답안폴더(내 PC₩문서₩ITQ)에 하나의 파일로 저장해야 하며, 답안 파일을 전송하지 않아 미제출로 처리될 경우 실격 처리합니다(예:12345678-홍길동.hwpx).

◎ 답안 작성을 마치면 파일을 저장하고, '답안 전송' 버튼을 선택하여 감독위원 PC로 답안을 전송하십시오. 수험생 정보와 저장한 파일명이 다를 경우 전송되지 않으므로 주의하시기 바랍니다.

◎ 답안 작성 중에도 **주기적으로 저장하고, '답안 전송'**하여야 문제 발생을 줄일 수 있습니다. 작업한 내용을 저장하지 않고 전송할 경우 이전에 저장된 내용이 전송되오니 이점 유의하시기 바랍니다.

◎ 답안문서는 지정된 경로 외의 다른 보조기억장치에 저장하는 경우, 지정된 시험 시간 외에 작성된 파일을 활용할 경우, 기타 통신수단(이메일, 메신저, 네트워크 등)을 이용하여 타인에게 전달 또는 외부 반출하는 경우는 부정 처리합니다.

◎ 시험 중 부주의 또는 고의로 시스템을 파손한 경우는 수험자가 변상해야 하며, <수험자 유의사항>에 기재된 방법대로 이행하지 않아 생기는 불이익은 수험생 당사자의 책임임을 알려 드립니다.

◎ 문제의 조건은 한컴오피스 2022/2020 버전으로 설정되어 있으니 유의하시기 바랍니다.

◎ 시험을 완료한 수험자는 답안파일이 전송되었는지 확인한 후 감독위원의 지시에 따라 문제지를 제출하고 퇴실합니다.

답안 작성요령

◎ **온라인 답안 작성 절차**
  수험자 등록 ⇒ 시험 시작 ⇒ 답안파일 저장 ⇒ 답안 전송 ⇒ 시험 종료

◎ **공통 부문**
  · 글꼴에 대한 기본설정은 함초롬바탕, 10포인트, 검정, 줄간격 160%, 양쪽정렬로 합니다.
  · 색상은 조건의 색을 적용하고 색의 구분이 안 될 경우에는 RGB 값을 적용하십시오.
    (빨강 255,0,0 / 파랑 0,0,255 / 노랑 255,255,0).
  · 각 문항에 주어진 《조건》에 따라 작성하고 언급하지 않은 조건은 《출력형태》와 같이 작성합니다.
  · 용지여백은 왼쪽·오른쪽 11mm, 위쪽·아래쪽·머리말·꼬리말 10mm, 제본 0mm로 합니다.
  · 그림 삽입 문제의 경우 「내 PC₩문서₩ITQ₩Picture」 폴더에서 지정된 파일을 선택하여 삽입하십시오.
  · 삽입한 그림은 반드시 문서에 포함하여 저장해야 합니다(미포함 시 감점 처리).
  · 각 항목은 지정된 페이지에 출력형태와 같이 정확히 작성하시기 바라며, 그렇지 않을 경우에 해당 항목은 0점 처리됩니다.
    ※ 페이지구분 : 1페이지 – 기능평가 I (문제번호 표시 : 1. 2.),
                  2페이지 – 기능평가 II (문제번호 표시 : 3. 4.),
                  3페이지 – 문서작성 능력평가

◎ **기능평가**
  · 문제와 《조건》은 입력하지 않으며 문제번호와 답(《출력형태》)만 작성합니다.
  · 4번 문제는 묶기를 했을 경우 0점 처리됩니다.

◎ **문서작성 능력평가**
  · A4 용지(210mm×297mm) 1매 크기, 세로 서식 문서로 작성합니다.
  · ⌐⌐⌐⌐⌐⌐ 표시는 문서작성에 대한 지시사항이므로 작성하지 않습니다.

시험 과목 안내

자격종목(과목) S/W		프로그램 및 버전		등급	시험방식	시험시간
		공식버전				
ITQ 정보기술자격	아래한글	한컴오피스	2020/2022	A등급 B등급 C등급	PBT	60분
	한셀		2022			
	한쇼					
	한글엑셀	MS오피스	2021			
	한글파워포인트					
	인터넷	내장브라우저 IE8:0 이상				

시험 출제 기준

문항	배점	출제기준
❶ 스타일	50점	▷ **한글/영문 텍스트 작성 능력과 스타일 기능 사용 능력을 평가** – 한글/영문 텍스트 작성 – 스타일 이름/문단 모양/글자 모양
❷ 표와 차트	100점	▷ **표를 작성하고 이를 이용하여 간단한 차트를 작성할 수 있는 능력을 평가** – 표 내용 작성/정렬/셀 배경색 – 표 계산 기능/캡션 기능/차트기능
❸ 수식편집기	40점	▷ **수식편집기 사용 능력 평가** – 텍스트 편집 / 목록 수준 조절 / 글머리기호 / 내어쓰기 – 동영상 삽입
❹ 그림/그리기	110점	▷ **다양한 기능을 통합한 문제로 도형, 그림, 글맵시, 하이퍼링크 등 문서 작성시의 응용 능력을 평가** – 도형 삽입 및 편집, 하이퍼링크 – 그림/글맵시(워드아트) 삽입 및 편집, 개채 배치 – 도형에 문자열 입력하기
❺ 문서작성능력	200점	▷ **다문서 작성을 위한 다양한 능력을 평가** – 문서작성 입력 및 편집(글자 모양/문단 모양), 한자 변환, 들여쓰기 – 책갈피, 덧말, 문단 첫 글자 장식, 문자표, 머리말, 쪽번호, 각주 – 표 작성 및 편집, 그림 삽입 및 편집(자르기 등)

글꼴 : 굴림, 18pt, 진하게, 가운데 정렬
책갈피 이름 : 인공지능
덧말 넣기

머리말 기능
돋움, 10pt, 오른쪽 정렬 → 교통이용자 추정

서울연구원
인공지능 활용한 교통데이터

문단 첫 글자 장식 기능
글꼴 : 궁서, 면색 : 노랑

각주

그림위치(내 PC₩문서₩ITQ₩Picture₩그림4.jpg, 문서에 포함)
자르기 기능 이용, 크기(40mm×40mm), 바깥 여백 왼쪽 : 2mm

가구통행실태조사로 구축되는 여객 기종점통행량(O/D)⑴은 교통계획 및 사회간접자본의 타당성 평가에 활용되는 각종 교통통계지표를 산출하기 위한 핵심 기초자료이다. 표본율 감소에 따른 문제 해결을 위해 현장에서 수집(蒐集)되는 교통 빅데이터 활용이 논의되고 있다. 전수에 가까운 교통카드데이터와 택시데이터가 있음에도 불구하고, O/D 구축과정에서 이 데이터들의 구체적 활용방안은 여전히 미비한 실정이다. 교통데이터에 AI 방법론을 적용해 통행목적과 이용자특성 등 필요한 속성을 추정(推定)한다.

가구통행실태조사는 개인에 관한 풍부한 정보를 제공하지만, 극히 적은 표본이라는 단점이 있다. 반면, 교통카드데이터와 택시운행정보관리시스템 데이터는 전수 통행데이터라는 엄청난 장점이 있지만 통행목적과 이용자특성에 대한 정보가 없다. 통신데이터인 생활이동데이터는 표본율이 가구통행실태조사 대비 높고 통행목적과 이용자특성에 대한 정보가 있지만, 교통수단이 구분되어 있지 않다. 이처럼 필요한 속성이 있는 표본 데이터와 전수 데이터이지만 해당 속성이 없는 데이터가 존재하여, 각 데이터의 장점을 적절히 활용할 필요가 있다.

◆ 교통데이터 통행목적과 이용자특성 추정

글꼴 : 궁서, 18pt, 하양
음영색 : 빨강

가. AI모형 중 분류모형과 생성모형 적용
  ㉠ 가구통행실태조사의 통행정보와 이용자특성 학습
  ㉡ 교통카드데이터의 통행목적과 이용자특성 추정
나. 대중교통과 택시 각각의 AI모형 구축
  ㉠ 대중교통 AI모형 입력 변수와 모형에 따라 구축
  ㉡ 택시 AI모형 표본 매우 부족, 신뢰성 부족

문단 번호 기능 사용
  1수준 : 20pt, 오른쪽정렬,
  2수준 : 30pt, 오른쪽정렬
줄 간격 : 180%

◆ <u>교통데이터 특성 비교</u>

글꼴 : 궁서, 18pt, 밑줄, 강조점

표 전체 글꼴 : 굴림, 10pt, 가운데 정렬
셀 배경(그러데이션) : 유형(세로),
시작색(하양), 끝색(노랑)

데이터 구분	표본율	이용자특성	데이터특성
가구통행실태조사	0.25%	성별, 연령, 소득 등	통행목적, 수단
교통카드데이터	100%	아동/청소년/고령자 구분	수단
택시운행정보관리시스템	100%	알수없음	수단
통신데이터	23.97%	성별, 연령대	통행목적
교통카드 및 택시 데이터	표본율은 100%에 가까움으로 100%라고 표기함		

각주 구분선 : 5cm

글꼴 : 돋움, 24pt, 진하게
장평 105%, 오른쪽 정렬 → # 도시인프라계획센터

㉠ 시종점간의 통행수 추정, 차량대수 또는 승객수

쪽 번호 매기기
7로 시작 → ⑦

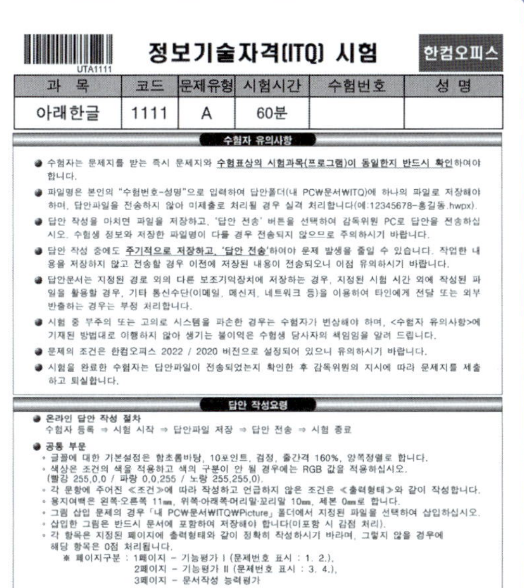

정보기술자격(ITQ) 시험   한컴오피스

UTA1111

과 목	코드	문제유형	시험시간	수험번호	성 명
아래한글	1111	A	60분		

수험자 유의사항

- 수험자는 문제지를 받는 즉시 문제지와 <u>수험표상의 시험과목(프로그램)이 동일한지 반드시 확인</u>하여야 합니다.
- 파일명은 본인의 "수험번호-성명"으로 입력하여 답안폴더(내 PC\문서\ITQ)에 하나의 파일로 저장해야 하며, 답안파일을 전송하지 않아 미제출로 처리될 경우 실격 처리합니다(예:12345678-홍길동.hwpx).
- 답안 작성을 마치면 파일을 저장하고, '답안 전송' 버튼을 선택하여 감독위원 PC로 답안을 전송하십시오. 수험생 정보와 저장한 파일명이 다를 경우 전송되지 않으므로 주의하시기 바랍니다.
- 답안 작성 중에도 <u>주기적으로 저장하고, '답안 전송'</u>하여야 문제 발생을 줄일 수 있습니다. 작업한 내용을 저장하지 않고 전송할 경우 이전에 저장된 내용이 전송되오니 이점 유의하시기 바랍니다.
- 답안문서는 지정된 경로 외의 다른 보조기억장치에 저장하는 경우, 지정된 시험 시간 외에 작성된 파일을 활용할 경우, 기타 통신수단(이메일, 메신저, 네트워크 등)을 이용하여 타인에게 전달 또는 외부 반출하는 경우는 부정 처리합니다.
- 시험 중 부주의 또는 고의로 시스템을 파손한 경우는 수험자가 변상해야 하며, <수험자 유의사항>에 기재된 방법대로 이행하지 않아 생기는 불이익은 수험생 당사자의 책임임을 알려 드립니다.
- 문제의 조건은 한컴오피스 2022 / 2020 버전으로 설정되어 있으니 유의하시기 바랍니다.
- 시험을 완료한 수험자는 답안파일이 전송되었는지 확인한 후 감독위원의 지시에 따라 문제지를 제출하고 퇴실합니다.

답안 작성요령

- **온라인 답안 작성 절차**
  수험자 등록 ⇒ 시험 시작 ⇒ 답안파일 저장 ⇒ 답안 전송 ⇒ 시험 종료
- **공통 부문**
  - 글꼴에 대한 기본설정은 함초롬바탕, 10포인트, 검정, 줄간격 160%, 양쪽정렬로 합니다.
  - 색상은 조건의 색을 적용하고 색의 구분이 안 될 경우에는 RGB 값을 적용하십시오.
    (빨강 255,0,0 / 파랑 0,0,255 / 노랑 255,255,0).
  - 각 문항에 주어진 《조건》에 따라 작성하고 언급하지 않은 조건은 《출력형태》와 같이 작성합니다.
  - 용지여백은 왼쪽·오른쪽 11㎜, 위쪽·아래쪽·머리말·꼬리말 10㎜, 제본 0㎜로 합니다.
  - 그림 삽입 문제의 경우「내 PC\문서\ITQ\Picture」폴더에서 지정된 파일을 선택하여 삽입하십시오.
  - 삽입한 그림은 반드시 문서에 포함하여 저장해야 합니다(미포함 시 감점 처리).
  - 각 항목은 지정된 페이지에 출력형태와 같이 정확히 작성하시기 바라며, 그렇지 않을 경우에 해당 항목은 0점 처리됩니다.
    ※ 페이지구분 : 1페이지 - 기능평가 I (문제번호 표시 : 1. 2.),
             2페이지 - 기능평가 II (문제번호 표시 : 3. 4.),
             3페이지 - 문서작성 능력평가
- **기능평가**
  - 문제와 《조건》은 입력하지 않으며 문제번호와 답(《출력형태》)만 작성합니다.
  - 4번 문제는 묶기를 했을 경우 0점 처리됩니다.
- **문서작성 능력평가**
  - A4 용지(210㎜×297㎜) 1매 크기, 세로 서식 문서로 작성합니다.
  - ☐ 표시는 문서작성에 대한 지시사항이므로 작성하지 않습니다.

kpc 한국생산성본부

기능평가 I (150점)

1. 다음의 《조건》에 따라 스타일 기능을 적용하여 《출력형태》와 같이 작성하시오. (50점)

《조건》 (1) 스타일 이름 - currently
       (2) 문단 모양 - 왼쪽 여백 : 15pt, 문단 아래 간격 : 10pt
       (3) 글자 모양 - 글꼴 : 한글(궁서)/영문(돋움), 크기 : 10pt, 장평 : 95%, 자간 : 5%

《출력형태》

Currently, most generative AI performance evaluations rely on English-centric standards, which has the drawback of not adequately reflecting the domestic service environment.

현재 대부분의 생성형 AI 성능평가는 영어권 중심의 기준에 의존하고 있어, 국내 서비스 환경을 충분히 반영하지 못한다는 단점이 있다.

2. 다음의 《조건》에 따라 《출력형태》와 같이 표와 차트를 작성하시오. (100점)

《표 조건》 (1) 표 전체(표, 캡션) - 굴림, 10pt
        (2) 정렬 - 문자 : 가운데 정렬, 숫자 : 오른쪽 정렬
        (3) 셀 배경(면색) : 노랑
        (4) 한글의 계산 기능을 이용하여 빈칸에 합계를 구하고, 캡션 기능 사용할 것
        (5) 선 모양은 《출력형태》와 동일하게 처리할 것

《출력형태》

생성형 AI 모델 벤치마크 점수(단위 : %)

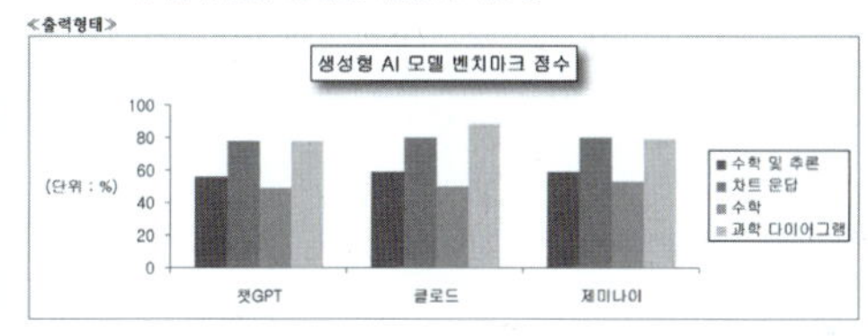

유형	수학 및 추론	차트 문답	수학	과학 다이어그램	합계
챗GPT	56	78	49	78	
클로드	59	80	50	88	
제미나이	59	80	53	79	
코파일럿	53	81	46	86	

《차트 조건》 (1) 차트 데이터는 표 내용에서 유형별 챗GPT, 클로드, 제미나이의 값만 이용할 것
        (2) 종류 - <묶은 세로 막대형>으로 작업할 것
        (3) 제목 - 글꼴 : 굴림, 진하게, 12pt
           속성 : 채우기(밝은 색 : 하양), 테두리, 그림자(바깥쪽 : 대각선 오른쪽 아래)
        (4) 제목 이외의 전체 글꼴 - 굴림, 보통, 10pt
        (5) 축제목과 범례는 《출력형태》와 동일하게 처리할 것

《출력형태》

기능평가 II (150점)

3. 다음 (1), (2)의 수식을 수식 편집기로 각각 입력하시오. (40점)

《출력형태》

(1) $H_n = \dfrac{a(r^n-1)}{r-1} = \dfrac{a(1+r^n)}{1-r}(r \neq 1)$
(2) $L = \dfrac{m+M}{m}V = \dfrac{m+M}{m}\sqrt{2gh}$

4. 다음의 《조건》에 따라 《출력형태》와 같이 문서를 작성하시오. (110점)

《조건》
(1) 그리기 도구를 이용하여 작성하고, 모든 도형(글맵시, 지정된 그림 포함)을 《출력형태》와 같이 작성하시오.
(2) 도형의 면색은 지시사항이 없으면 색 없음을 제외하고 서로 다르게 임의로 지정하시오.

《출력형태》

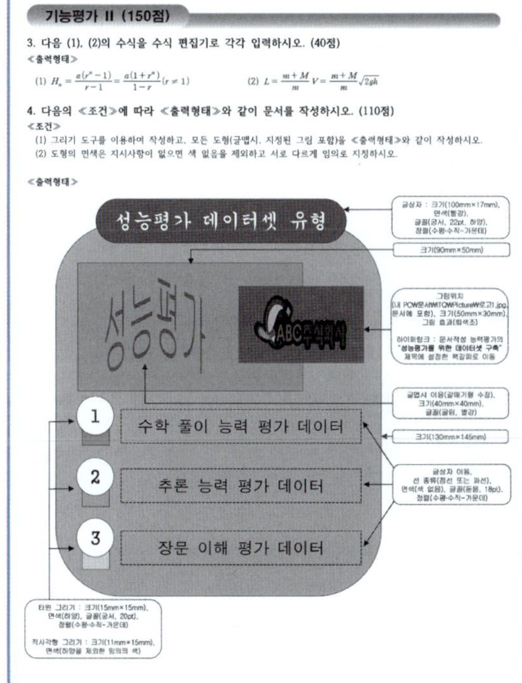

문서작성 능력평가 (200점)

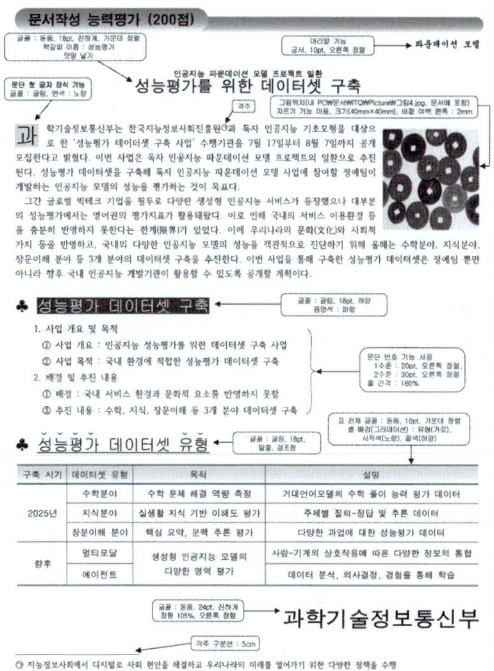

구축 시기	데이터셋 유형	목적	실행
2025년	수학분야	수학 문제 해결 역량 측정	거대언어모델의 수학 풀이 능력 평가 데이터
	지식분야	실생활 지식 기반 이해도 평가	주제별 질의-정답 및 추론 데이터
	장문이해 분야	핵심 요약, 문맥 추론 평가	다양한 과업에 대한 성능평가 데이터
향후	멀티모달	생성형 인공지능 모델의 다양한 영역 평가	사람-기계의 상호작용에 따른 다양한 정보의 통합
	에이전트		데이터 분석, 의사결정, 경험을 통해 학습

지능정보사회에서 디지털로 사회 현안을 해결하고 우리나라의 미래를 열어가기 위한 다양한 정책을 수행

3. 다음 (1), (2)의 수식을 수식 편집기로 각각 입력하시오. (40점)

《출력형태》

(1) $\dfrac{PV}{T} = \dfrac{1 \times 22.4}{273} \fallingdotseq 0.082$

(2) $\displaystyle\int_0^3 \dfrac{\sqrt{6t^2 - 18t + 12}}{5}\,dx = 11$

4. 다음의 《조건》에 따라 《출력형태》와 같이 문서를 작성하시오. (110점)

《조건》 (1) 그리기 도구를 이용하여 작성하고, 모든 도형(글맵시, 지정된 그림 포함)을 ≪출력형태≫와 같이 작성하시오.

(2) 도형의 면색은 지시사항이 없으면 색 없음을 제외하고 서로 다르게 임의로 지정하시오.

《출력형태》

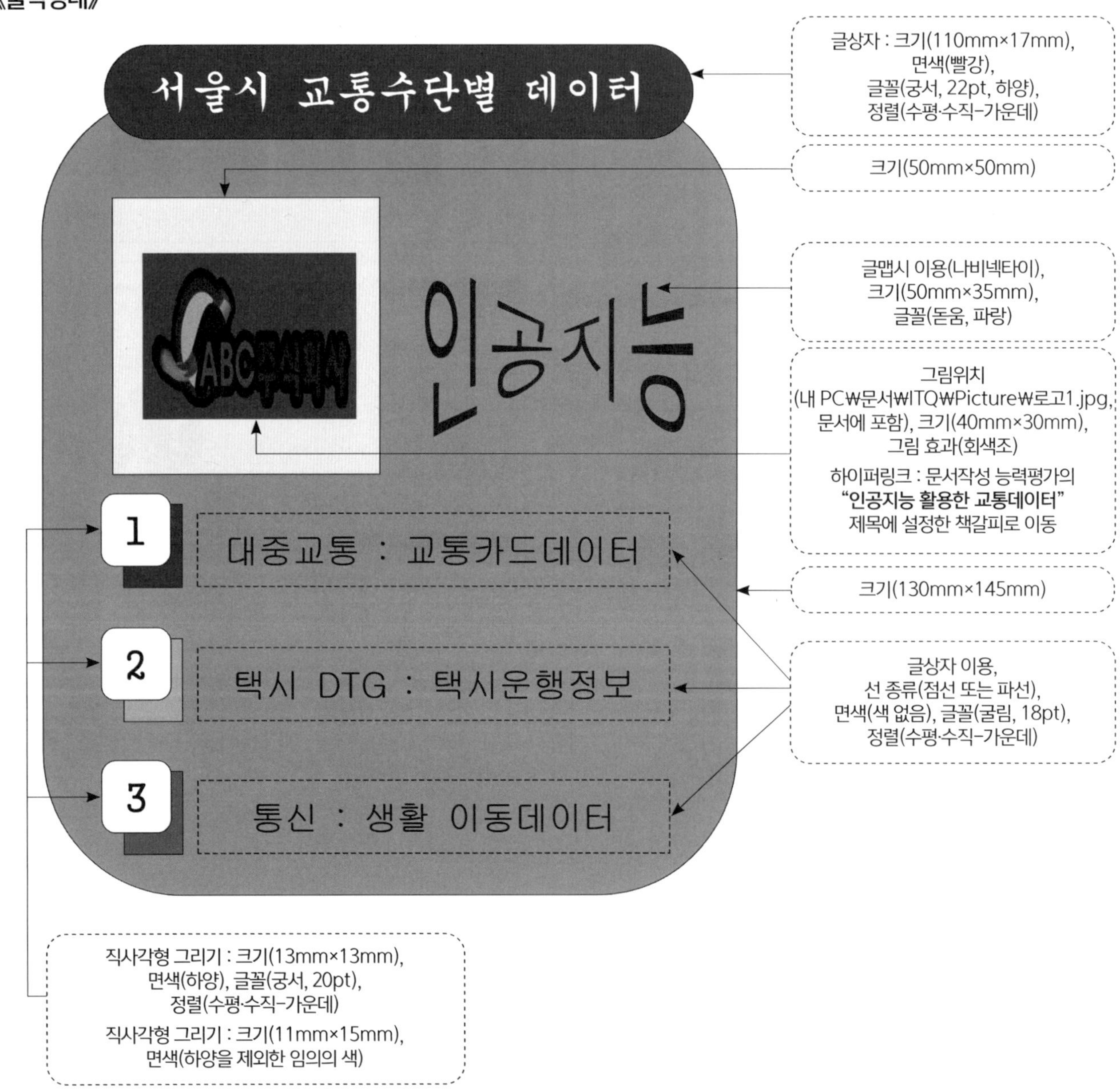

시험 진행 과정 미리보기

1
license.kpc.or.kr
회원가입
2
시험 접수
#수험표
#신분증
#필기도구
←1고사실
2고사실 →
FIGHTING
3
꾸준한 연습
4
시험 당일,
고사장 도착
5
수검 진행
6
약 1달 후 합격자 발표
7
자격증 발급

1. 다음의 《조건》에 따라 스타일 기능을 적용하여 《출력형태》와 같이 작성하시오. (50점)

《조건》
(1) 스타일 이름 – methodology
(2) 문단 모양 – 왼쪽 여백 : 15pt, 문단 아래 간격 : 10pt
(3) 글자 모양 – 글꼴 : 한글(돋움)/영문(굴림), 크기 : 10pt, 장평 : 95%, 자간 : 5%

《출력형태》

We will review traffic data that can be used to develop an AI model, build an AI model through a methodology, and review ways to utilize and improve the construction model.

AI 모형을 개발하기 위해 활용 가능한 교통 데이터를 검토하고, 방법론을 통해 AI 모형을 구축하고, 구축 모형의 활용방안과 개선방안에 대해서도 검토하고자 한다.

2. 다음의 《조건》에 따라 《출력형태》와 같이 표와 차트를 작성하시오. (100점)

《표 조건》
(1) 표 전체(표, 캡션) – 돋움, 10pt
(2) 정렬 – 문자 : 가운데 정렬, 숫자 : 오른쪽 정렬
(3) 셀 배경(면색) : 노랑
(4) 한글의 계산 기능을 이용하여 빈칸에 합계를 구하고, 캡션 기능 사용할 것
(5) 선 모양은 《출력형태》와 동일하게 처리할 것

《출력형태》

서울시 가구통행실태조사 표본 할당(단위 : 천 명)

구분	5-19세	20-24세	35-49세	50-64세	합계
남성	555	952	1,095	1,017	
여성	534	1,051	1,111	1,106	
표본1	140	240	270	250	
표본2	110	160	180	120	

《차트 조건》
(1) 차트 데이터는 표 내용에서 연령별 남성, 여성, 표본1의 값만 이용할 것
(2) 종류 – <묶은 세로 막대형>으로 작업할 것
(3) 제목 – 굴림, 진하게, 12pt, 속성 – 채우기(밝은 색 : 하양), 테두리, 그림자(바깥쪽 : 대각선 오른쪽 아래)
(4) 제목 이외의 전체 글꼴 – 굴림, 보통, 10pt
(5) 축제목과 범례는 《출력형태》와 동일하게 처리할 것

《출력형태》

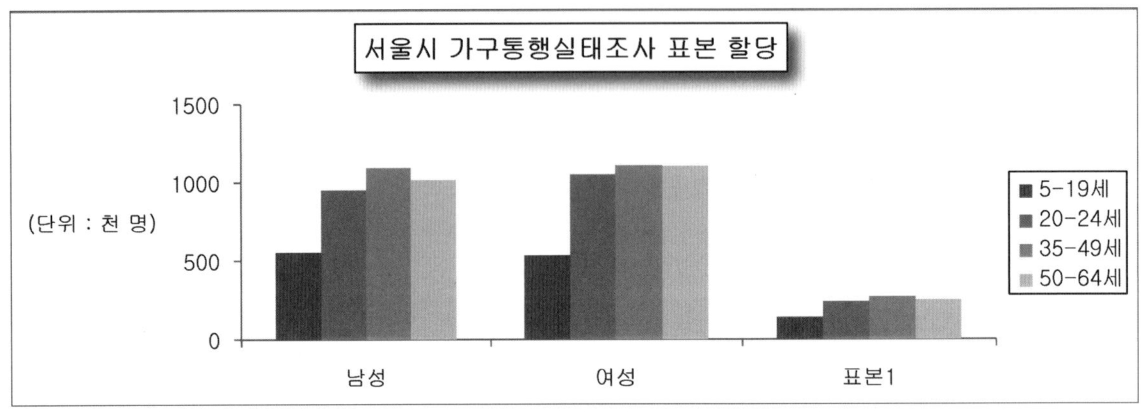

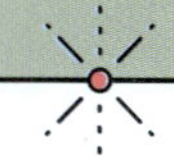

STEP 01 — 채점프로그램 다운로드

① 마린북스 홈페이지(www.mrbooks.kr)의 [자료실]에서 채점프로그램을 다운로드합니다.
② 압축 파일을 풀고 프로그램을 설치합니다.

STEP 02 — 실전모의고사 또는 최신기출문제 작성

① PART 01에서 연습한 내용을 바탕으로 답안 파일을 작성해 보세요. 제한된 시간은 60분입니다.
② 작성이 완료된 답안 파일은 바탕화면 또는 찾기 쉬운 폴더에 저장합니다.
③ 답안 채점을 위해 한글 2022 프로그램을 종료합니다.

STEP 03 — 채점프로그램 활용

① 채점프로그램을 실행한 다음 교재 표지와 시험 회차를 선택합니다.
② <파일열기> 단추를 선택해 작성된 답안 파일을 불러온 다음 <채점시작하기>를 클릭합니다.
③ 채점이 완료되면 결과를 확인합니다. [상세채점분석]을 클릭하면 자세한 채점 결과를 확인할 수 있습니다.

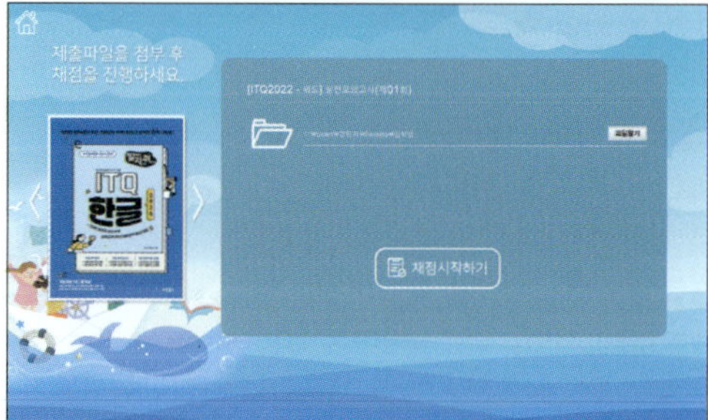

정보기술자격(ITQ) 최신기출문제

과 목	코 드	문제유형	시험시간	수험번호	성 명
아래한글	1111	B	60분		

수험자 유의사항

◎ 수험자는 문제지를 받는 즉시 문제지와 <u>수험표상의 시험과목(프로그램)이 동일한지 반드시 확인</u>하여야 합니다.

◎ 파일명은 본인의 "수험번호-성명"으로 입력하여 답안폴더(내 PC₩문서₩ITQ)에 하나의 파일로 저장해야 하며, 답안 파일을 전송하지 않아 미제출로 처리될 경우 실격 처리합니다(예:12345678-홍길동.hwpx).

◎ 답안 작성을 마치면 파일을 저장하고, '답안 전송' 버튼을 선택하여 감독위원 PC로 답안을 전송하십시오. 수험생 정보와 저장한 파일명이 다를 경우 전송되지 않으므로 주의하시기 바랍니다.

◎ 답안 작성 중에도 <u>주기적으로 저장하고, '답안 전송'</u>하여야 문제 발생을 줄일 수 있습니다. 작업한 내용을 저장하지 않고 전송할 경우 이전에 저장된 내용이 전송되오니 이점 유의하시기 바랍니다.

◎ 답안문서는 지정된 경로 외의 다른 보조기억장치에 저장하는 경우, 지정된 시험 시간 외에 작성된 파일을 활용할 경우, 기타 통신수단(이메일, 메신저, 네트워크 등)을 이용하여 타인에게 전달 또는 외부 반출하는 경우는 부정 처리합니다.

◎ 시험 중 부주의 또는 고의로 시스템을 파손한 경우는 수험자가 변상해야 하며, <수험자 유의사항>에 기재된 방법대로 이행하지 않아 생기는 불이익은 수험생 당사자의 책임임을 알려 드립니다.

◎ 문제의 조건은 한컴오피스 2022/2020 버전으로 설정되어 있으니 유의하시기 바랍니다.

◎ 시험을 완료한 수험자는 답안파일이 전송되었는지 확인한 후 감독위원의 지시에 따라 문제지를 제출하고 퇴실합니다.

답안 작성요령

◎ 온라인 답안 작성 절차

수험자 등록 ⇒ 시험 시작 ⇒ 답안파일 저장 ⇒ 답안 전송 ⇒ 시험 종료

◎ 공통 부문

- 글꼴에 대한 기본설정은 함초롬바탕, 10포인트, 검정, 줄간격 160%, 양쪽정렬로 합니다.
- 색상은 조건의 색을 적용하고 색의 구분이 안 될 경우에는 RGB 값을 적용하십시오.
  (빨강 255,0,0 / 파랑 0,0,255 / 노랑 255,255,0).
- 각 문항에 주어진 《조건》에 따라 작성하고 언급하지 않은 조건은 《출력형태》와 같이 작성합니다.
- 용지여백은 왼쪽 ·오른쪽 11mm, 위쪽·아래쪽·머리말·꼬리말 10mm, 제본 0mm로 합니다.
- 그림 삽입 문제의 경우 「내 PC₩문서₩ITQ₩Picture」 폴더에서 지정된 파일을 선택하여 삽입하십시오.
- 삽입한 그림은 반드시 문서에 포함하여 저장해야 합니다(미포함 시 감점 처리).
- 각 항목은 지정된 페이지에 출력형태와 같이 정확히 작성하시기 바라며, 그렇지 않을 경우에 해당 항목은 0점 처리됩니다.
  ※ 페이지구분 : 1페이지 – 기능평가 I (문제번호 표시 : 1. 2.),
  　　　　　　　 2페이지 – 기능평가 II (문제번호 표시 : 3. 4.),
  　　　　　　　 3페이지 – 문서작성 능력평가

◎ 기능평가

- 문제와 《조건》은 입력하지 않으며 문제번호와 답(《출력형태》)만 작성합니다.
- 4번 문제는 묶기를 했을 경우 0점 처리됩니다.

◎ 문서작성 능력평가

- A4 용지(210mm×297mm) 1매 크기, 세로 서식 문서로 작성합니다.
- ⌐‥‥‥‥⌐ 표시는 문서작성에 대한 지시사항이므로 작성하지 않습니다.

PART
1
출제유형
마스터하기
ITQ 한글 시험의 최신 출제 유형을 통해
발빠르게 자격증을 취득해 보세요!

글꼴 : 궁서, 18pt, 진하게, 가운데 정렬
책갈피 이름 : 다양성
덧말 넣기

머리말 기능
돋움, 10pt, 오른쪽 정렬 → 건강한 차

자연의 향기
2023 하동세계차엑스포

문단 첫 글자 장식 기능
글꼴 : 굴림, 면색 : 노랑

그림위치(내 PC₩문서₩ITQ₩Picture₩그림4.jpg, 문서에 포함)
자르기 기능 이용, 크기(40mm×35mm), 바깥 여백 왼쪽 : 2mm

하동은 통일신라 시대, 우리나라에서 처음 차를 재배한 곳으로 1,200년 전 당나라 사신으로 갔던 대렴공이 차 씨앗을 들여왔고, 왕명을 받은 대렴공은 겨울에도 꽃이 핀다는 이름이 붙은 화개동천에 차 씨앗을 심었다. 하동은 차 시배지일 뿐만 아니라 다도(茶道)의 중흥지이기도 하다. 우리 조상들이 일찍이 알아보았듯이 하동의 기후와 토질은 차를 재배하기에 최적으로 일제 강점기에 개량종이 퍼져 나갈 때에도 토종 야생차를 보존해 아직까지 자연 그대로의 차밭에서 재배하고 있기도 하다. 그 가치를 인정받아 하동 전통차 농업은 2017년 11월에 세계중요농업유산㉮으로 등재(登載)되었다. 각주

차 분야에서는 국내 최초의 정부 공식 승인 국제행사로 하동차의 우수성을 알리고 생활 속에서 차를 즐기는 문화를 만들며, 차 산업을 새로운 성장동력으로 키워가는 계기를 만들기 위해 2023 하동세계차엑스포가 개최된다. 이번 하동세계차엑스포는 하나뿐인 지구와 미래 세대를 위해 환경친화적인 행사로 천 년을 이어온 차의 역사를 경험하고 전 세계의 차 애호가들에게는 다양하고 훌륭한 차를 즐기는 기회를, 차 생산국 및 관련 업계에는 시장의 성장과 발전의 계기를 만들어 주리라 기대된다.

♣ 2023 하동세계차엑스포 개요

글꼴 : 돋움, 18pt, 하양
음영색 : 빨강

　가. 비전 및 기간

　　㉠ 비전 : 인류의 지속가능한 삶을 위한 차

　　㉡ 기간 : 2023년 6월 12일 - 2023년 7월 11일

　나. 주최 및 참가 규모

　　㉠ 주최 : 경상남도, 하동군

　　㉡ 참가 규모 : 10개국, 관람객 135만 명(외국인 7만 명)

문단 번호 기능 사용
1수준 : 20pt, 오른쪽정렬,
2수준 : 30pt, 오른쪽정렬
줄 간격 : 180%

표 전체 글꼴 : 굴림, 10pt, 가운데 정렬
셀 배경(그러데이션) : 유형(가로),
시작색(하양), 끝색(노랑)

♣ 엑스포 핵심과제별 주요 프로그램

글꼴 : 돋움, 18pt, 기울임, 강조점

연번	핵심과제명	주요 프로그램	연번	핵심과제명	주요 프로그램
1	스마트 엑스포	스마트 플랫폼 구축	4	라이브 엑스포	엑스포 방송팀 신설
1	스마트 엑스포	스마트-모빌리티 구축	4	라이브 엑스포	실시간 소통 채널 구축
2	공존 엑스포	국제 차 학술대회	5	웰니스 엑스포	항노화관 및 항암관 운영
2	공존 엑스포	국제 티 마스터스컵대회	6	탄소제로 엑스포	친환경 차 특별관 전시
3	비즈니스 엑스포	국내외 차 산업관 설치	7	콘텐츠 엑스포	다원10경 체험

각주 구분선 : 5cm

글꼴 : 돋움, 24pt, 진하게
장평 95%, 오른쪽 정렬

→ 하동세계차엑스포조직위원회

㉮ FAO가 전 세계의 전통적 농업 시스템, 생물 다양성, 토지이용체계를 보전하기 위해 도입한 제도

쪽 번호 매기기
5로 시작 → ⑤

3. 다음 (1), (2)의 수식을 수식 편집기로 각각 입력하시오. (40점)

《출력형태》

(1) $G = 2\int_{\frac{a}{2}}^{a} \frac{b\sqrt{a^2-x^2}}{a}\,dx$

(2) $Y = \sqrt{\dfrac{gL}{2\pi}} = \dfrac{gT}{2\pi}$

4. 다음의 《조건》에 따라 《출력형태》와 같이 문서를 작성하시오. (110점)

《조건》 　(1) 그리기 도구를 이용하여 작성하고, 모든 도형(글맵시, 지정된 그림 포함)을 ≪출력형태≫와 같이 작성하시오.

　(2) 도형의 면색은 지시사항이 없으면 색 없음을 제외하고 서로 다르게 임의로 지정하시오.

《출력형태》

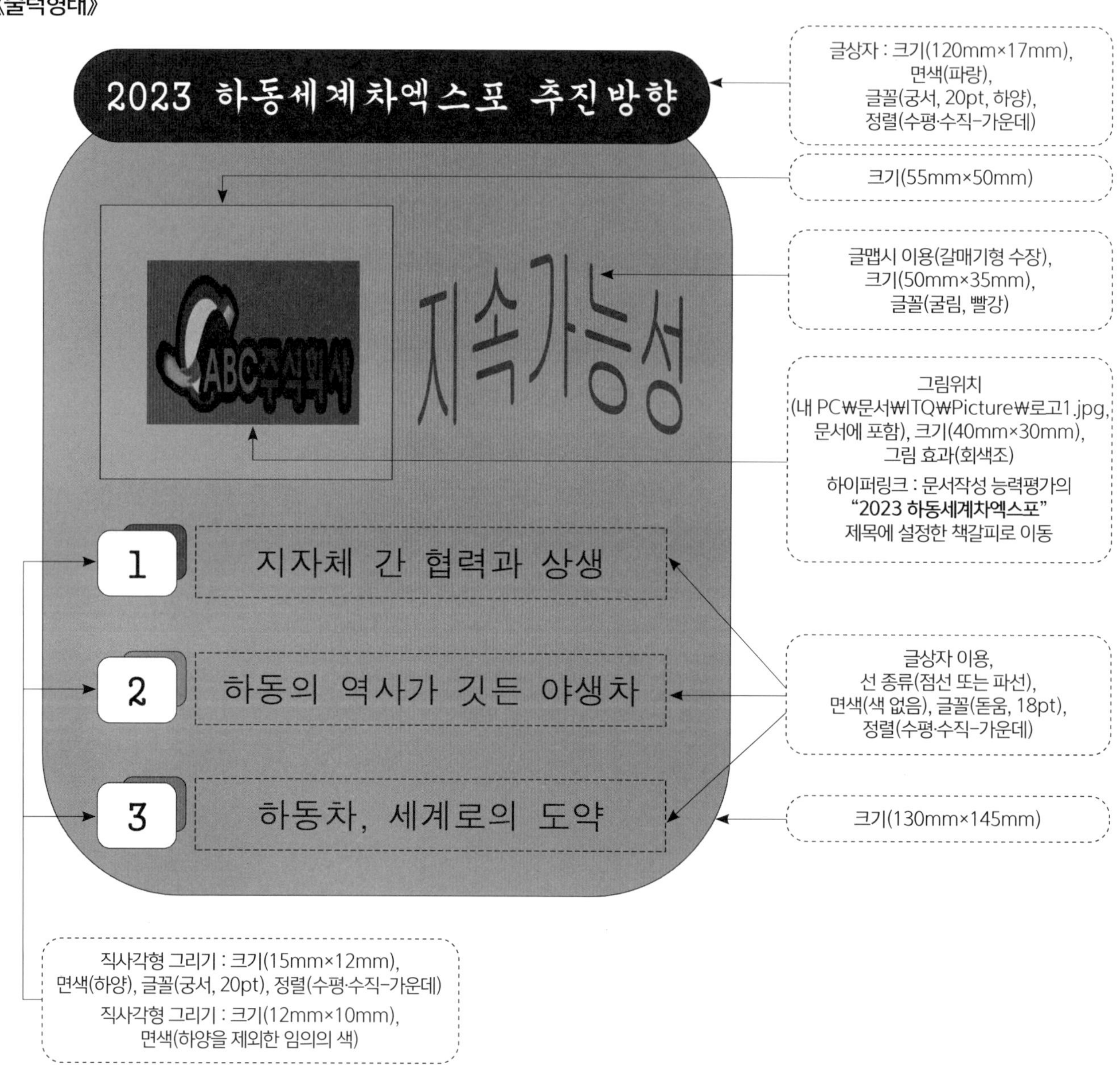

글상자 : 크기(120mm×17mm), 면색(파랑), 글꼴(궁서, 20pt, 하양), 정렬(수평·수직-가운데)

크기(55mm×50mm)

글맵시 이용(갈매기형 수장), 크기(50mm×35mm), 글꼴(굴림, 빨강)

그림위치(내 PC\문서\ITQ\Picture\로고1.jpg, 문서에 포함), 크기(40mm×30mm), 그림 효과(회색조)

하이퍼링크 : 문서작성 능력평가의 "2023 하동세계차엑스포" 제목에 설정한 책갈피로 이동

글상자 이용, 선 종류(점선 또는 파선), 면색(색 없음), 글꼴(돋움, 18pt), 정렬(수평·수직-가운데)

크기(130mm×145mm)

직사각형 그리기 : 크기(15mm×12mm), 면색(하양), 글꼴(궁서, 20pt), 정렬(수평·수직-가운데)

직사각형 그리기 : 크기(12mm×10mm), 면색(하양을 제외한 임의의 색)

[공통 부문] 기본 환경 설정

[공통 부문]

◦ 글꼴에 대한 기본설정은 함초롬바탕, 10포인트, 검정, 줄간격 160%, 양쪽정렬로 합니다.

◦ 색상은 조건의 색을 적용하고 색의 구분이 안 될 경우에는 RGB 값을 적용하십시오.
  (빨강 255,0,0 / 파랑 0,0,255 / 노랑 255,255,0).

◦ 용지 여백은 왼쪽·오른쪽 11㎜, 위쪽·아래쪽·머리말·꼬리말 10㎜, 제본 0㎜로 합니다.

◦ 각 항목은 지정된 페이지에 출력형태와 같이 정확히 작성하시기 바라며, 그렇지 않을 경우에 해당 항목은 0점 처리됩니다.

  ※ 페이지구분 : 1페이지 – 기능평가 I (문제번호 표시 : 1. 2.),
                  2페이지 – 기능평가 II (문제번호 표시 : 3. 4.),
                  3페이지 – 문서작성 능력평가

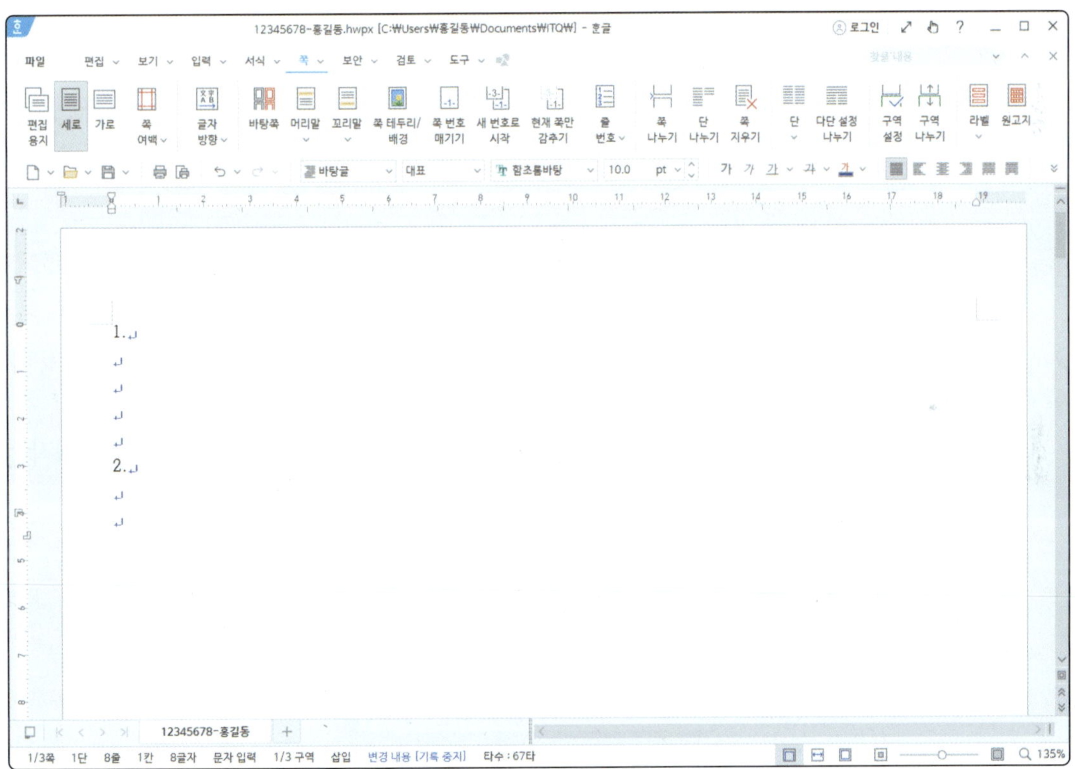

1. 다음의 《조건》에 따라 스타일 기능을 적용하여 《출력형태》와 같이 작성하시오. (50점)

《조건》
    (1) 스타일 이름 – expo
    (2) 문단 모양 – 왼쪽 여백 : 10pt, 문단 아래 간격 : 10pt
    (3) 글자 모양 – 글꼴 : 한글(돋움)/영문(굴림), 크기 : 10pt, 장평 : 95%, 자간 : –5%

《출력형태》

World Tea EXPO 2023 Hadong, Korea is held with the slogan 'The Scent of Nature, Healthy Future, Tea!' with the main venue Hadong Wild Tea Culture Festival Area of Hwagae-myeon.

하동세계차엑스포는 차 산업을 새로운 성장동력으로 키워가는 계기를 만들기 위해 '자연의 향기, 건강한 미래, 차!'를 주제로 하동스포츠파크와 화개면에 있는 하동야생차문화축제장을 중심으로 개최된다.

2. 다음의 《조건》에 따라 《출력형태》와 같이 표와 차트를 작성하시오. (100점)

《표 조건》
    (1) 표 전체(표, 캡션) – 돋움, 10pt
    (2) 정렬 – 문자 : 가운데 정렬, 숫자 : 오른쪽 정렬
    (3) 셀 배경(면색) : 노랑
    (4) 한글의 계산 기능을 이용하여 빈칸에 합계를 구하고, 캡션 기능 사용할 것
    (5) 선 모양은 《출력형태》와 동일하게 처리할 것

《출력형태》

주요 지역별 차 생산량의 변화(단위 : 백 톤)

구분	2019년	2020년	2021년	2022년	합계
전라남도	14	15	18	19	
경상남도	22	19	12	14	
제주특별자치도	3	7	8	16	
전라북도	1	3	2	2	✕

《차트 조건》
    (1) 차트 데이터는 표 내용에서 연도별 전라남도, 경상남도, 제주특별자치도의 값만 이용할 것
    (2) 종류 – <묶은 세로 막대형>으로 작업할 것
    (3) 제목 – 굴림, 진하게, 12pt, 속성 – 채우기(밝은 색 : 하양), 테두리, 그림자(바깥쪽 : 대각선 오른쪽 아래)
    (4) 제목 이외의 전체 글꼴 – 굴림, 보통, 10pt
    (5) 축제목과 범례는 《출력형태》와 동일하게 처리할 것

《출력형태》

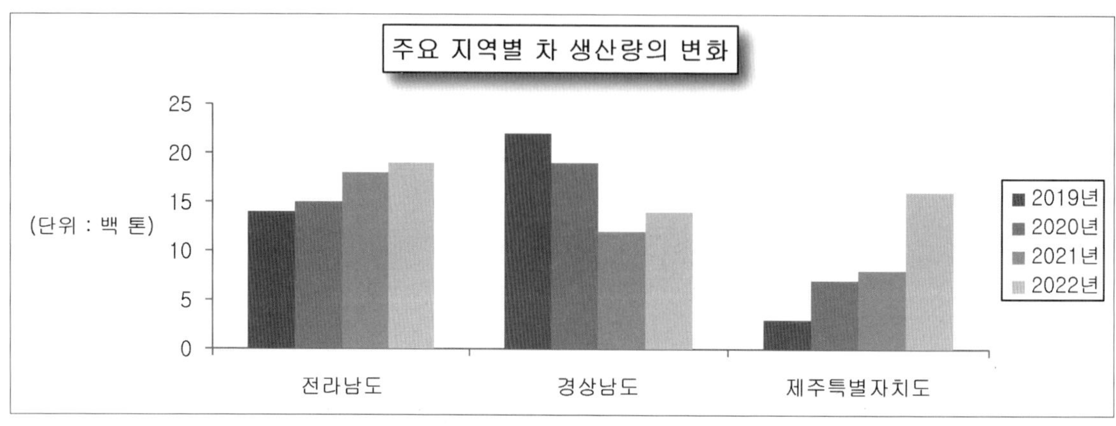

답안 파일 저장 › 글꼴 설정 확인 › 편집 용지 설정 › 구역 나누기 › 문제 번호 입력

Check 01 시험 준비 : 글꼴 기본 설정을 확인한 후 편집 용지 여백을 지정해요!

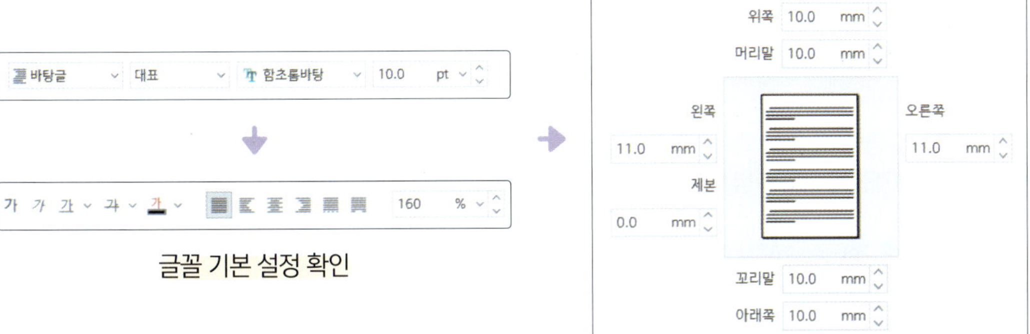

글꼴 기본 설정 확인

편집 용지 여백 설정

Check 02 페이지 구분 : 구역을 3페이지로 나누고, 문제 번호를 입력해요!

1페이지　　　　2페이지　　　　3페이지

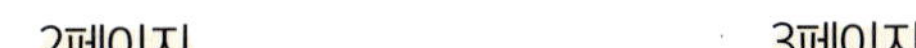

정보기술자격(ITQ) 최신기출문제

과　목	코　드	문제유형	시험시간	수험번호	성　명
아래한글	1111	A	60분		

수험자 유의사항

◎ 수험자는 문제지를 받는 즉시 문제지와 <u>수험표상의 시험과목(프로그램)이 동일한지 반드시 확인</u>하여야 합니다.

◎ 파일명은 본인의 "수험번호-성명"으로 입력하여 답안폴더(내 PC₩문서₩ITQ)에 하나의 파일로 저장해야 하며, 답안 파일을 전송하지 않아 미제출로 처리될 경우 실격 처리합니다(예:12345678-홍길동.hwpx).

◎ 답안 작성을 마치면 파일을 저장하고, '답안 전송' 버튼을 선택하여 감독위원 PC로 답안을 전송하십시오. 수험생 정보와 저장한 파일명이 다를 경우 전송되지 않으므로 주의하시기 바랍니다.

◎ 답안 작성 중에도 <u>주기적으로 저장하고, '답안 전송'</u>하여야 문제 발생을 줄일 수 있습니다. 작업한 내용을 저장하지 않고 전송할 경우 이전에 저장된 내용이 전송되오니 이점 유의하시기 바랍니다.

◎ 답안문서는 지정된 경로 외의 다른 보조기억장치에 저장하는 경우, 지정된 시험 시간 외에 작성된 파일을 활용할 경우, 기타 통신수단(이메일, 메신저, 네트워크 등)을 이용하여 타인에게 전달 또는 외부 반출하는 경우는 부정 처리합니다.

◎ 시험 중 부주의 또는 고의로 시스템을 파손한 경우는 수험자가 변상해야 하며, <수험자 유의사항>에 기재된 방법대로 이행하지 않아 생기는 불이익은 수험생 당사자의 책임임을 알려 드립니다.

◎ 문제의 조건은 한컴오피스 2022/2020 버전으로 설정되어 있으니 유의하시기 바랍니다.

◎ 시험을 완료한 수험자는 답안파일이 전송되었는지 확인한 후 감독위원의 지시에 따라 문제지를 제출하고 퇴실합니다.

답안 작성요령

◎ 온라인 답안 작성 절차

　수험자 등록 ⇒ 시험 시작 ⇒ 답안파일 저장 ⇒ 답안 전송 ⇒ 시험 종료

◎ 공통 부문

- 글꼴에 대한 기본설정은 함초롬바탕, 10포인트, 검정, 줄간격 160%, 양쪽정렬로 합니다.
- 색상은 조건의 색을 적용하고 색의 구분이 안 될 경우에는 RGB 값을 적용하십시오.
  (빨강 255,0,0 / 파랑 0,0,255 / 노랑 255,255,0).
- 각 문항에 주어진 《조건》에 따라 작성하고 언급하지 않은 조건은 《출력형태》와 같이 작성합니다.
- 용지여백은 왼쪽·오른쪽 11mm, 위쪽·아래쪽·머리말·꼬리말 10mm, 제본 0mm로 합니다.
- 그림 삽입 문제의 경우 「내 PC₩문서₩ITQ₩Picture」 폴더에서 지정된 파일을 선택하여 삽입하십시오.
- 삽입한 그림은 반드시 문서에 포함하여 저장해야 합니다(미포함 시 감점 처리).
- 각 항목은 지정된 페이지에 출력형태와 같이 정확히 작성하시기 바라며, 그렇지 않을 경우에 해당 항목은 0점 처리됩니다.
  ※ 페이지구분 : 1페이지 – 기능평가Ⅰ (문제번호 표시 : 1. 2.),
  　　　　　　　　2페이지 – 기능평가Ⅱ (문제번호 표시 : 3. 4.),
  　　　　　　　　3페이지 – 문서작성 능력평가

◎ 기능평가

- 문제와 《조건》은 입력하지 않으며 문제번호와 답(《출력형태》)만 작성합니다.
- 4번 문제는 묶기를 했을 경우 0점 처리됩니다.

◎ 문서작성 능력평가

- A4 용지(210mm×297mm) 1매 크기, 세로 서식 문서로 작성합니다.
- 　　　　 표시는 문서작성에 대한 지시사항이므로 작성하지 않습니다.

STEP 01 답안 파일 저장하기

1 한글 2022 프로그램을 실행한 후 [새 문서]를 클릭합니다.

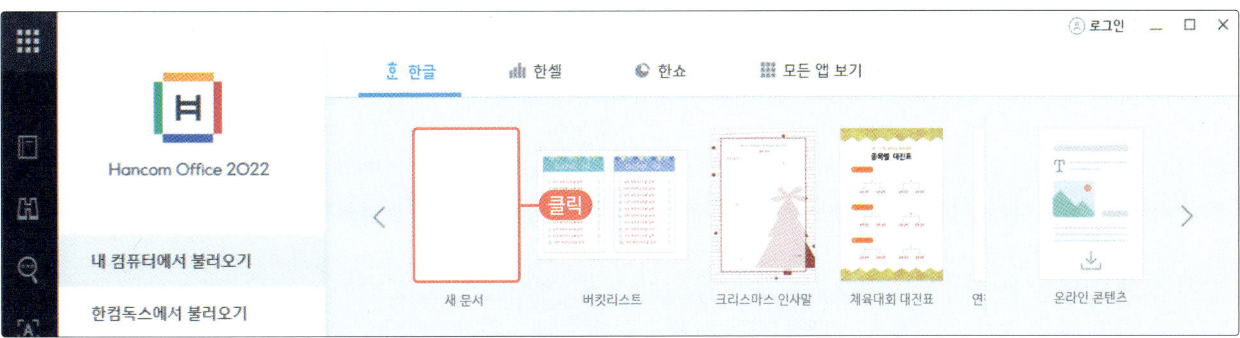

2 빈 문서가 열리면 [파일] 탭-[저장하기]를 클릭하여 답안 파일을 저장합니다.

★ Alt + S 를 눌러 파일을 저장하는 방법도 있어요.

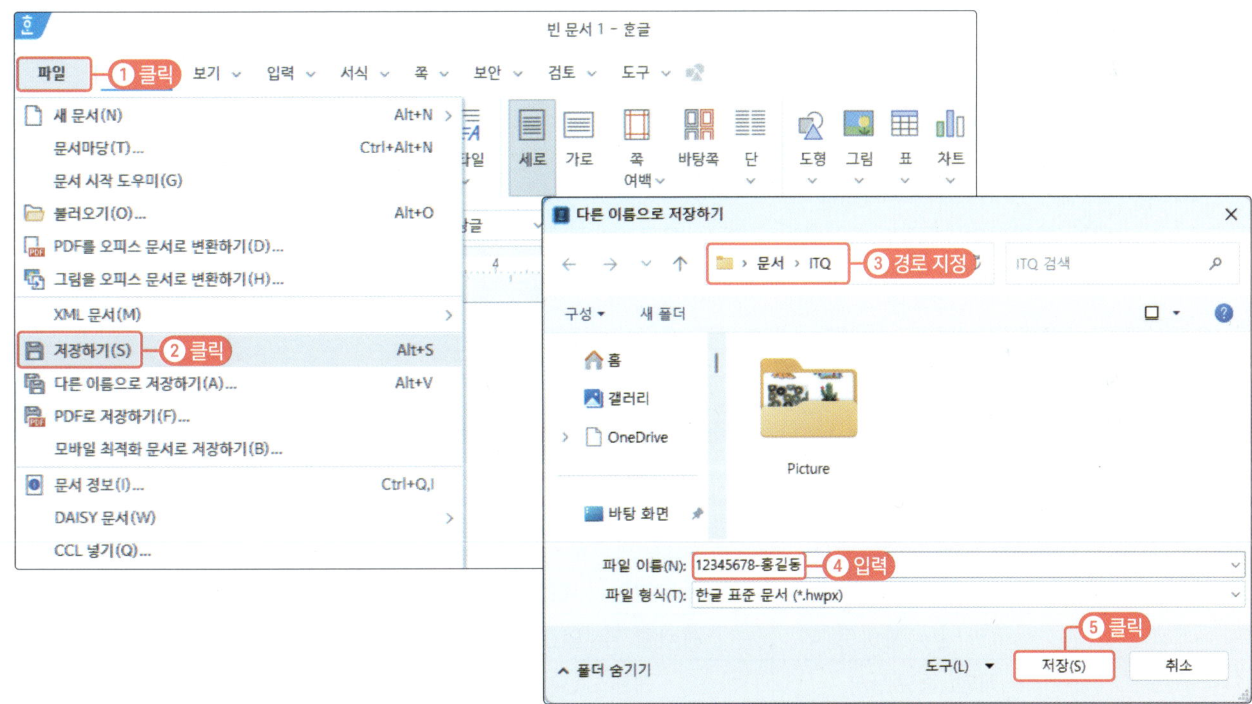

ITQ 꿀팁

답안 파일 저장 시 저장 경로와 파일명을 정확하게 입력합니다.
· 저장 경로 : [내 PC]-[문서]-[ITQ] 폴더
· 파일 이름 : 수험번호-성명

글꼴 : 굴림, 18pt, 진하게, 가운데 정렬
책갈피 이름 : 보안
덧말 넣기

머리말 기능
돋움, 10pt, 오른쪽 정렬 → 침해사고 예방

문단 첫 글자 장식 기능
글꼴 : 궁서, 면색 : 노랑

각주

디지털미래사회
정보보안 및 개인정보보호

그림위치(내 PC\문서\ITQ\Picture\그림5.jpg, 문서에 포함)
자르기 기능 이용, 크기(40mm×35mm), 바깥 여백 왼쪽 : 2mm

팬데믹① 이후 급격한 사회 변화로 인해 예측 불확실성과 불안이 증가했다. 전염병(傳染病) 확산 방지를 위해 각국은 강력한 방역 방침을 세우며, 정부 개입을 강화했다. 경제적으로도 제조업, 생산업 둔화 등의 문제가 등장했고, 이는 소득 및 지출 감소로 이어지며 글로벌 경제 침체 등의 위기가 발발했다. 우리 일상생활의 디지털 의존도는 빠른 속도로 높아져 왔으며 코로나19로 인해 화상회의, 원격교육, 원격진료 등 사회 기반 서비스 전반이 비대면화되면서 일상생활에서의 보안 접점도 확대되고 있다. 이에 전 세계적 경제 침체 국면에서도 정보보호 시장은 지속적인 성장세임을 확인할 수 있었다.

정보보안 서비스 분야는 높은 성장률을 보인다. 그러나 사이버 보안의 중요성이 날로 높아지고 관련 시장도 성장하는 것에 반해 국내 시장의 현실은 상대적으로 큰 격차를 보인다. 디지털 전환에 따른 사이버 보안 위협 증가는 필연적이다. 특히, 중소기업은 부족한 전문인력과 예산 등으로 인해 보안 위협에 취약하다. 정보보안산업 선진국 동향을 주시하며, 정보(情報) 보호에 대한 인식과 수준 제고를 위한 개선방안 마련이 필요한 시점이다.

♣ ## 스미싱 피해 시 대응 방법

글꼴 : 돋움, 18pt, 하양
음영색 : 빨강

I. 악성 애플리케이션 삭제
   ① 문자메시지에 포함된 인터넷주소 클릭만으로는 미감염
   ② 인터넷을 통해서 특정 어플 설치 시 악성코드 감염 의심
II. 모바일 결제 확인 및 취소하기
   ① 피해가 확인되면 피해가 의심되는 스미싱 문자 캡처
   ② 통신사 고객센터를 통해 스미싱 피해 신고 및 확인서 발급

문단 번호 기능 사용
1수준 : 20pt, 오른쪽정렬,
2수준 : 30pt, 오른쪽정렬
줄 간격 : 180%

표 전체 글꼴 : 굴림, 10pt, 가운데 정렬
셀 배경(그러데이션) : 유형(가로),
시작색(하양), 끝색(노랑)

♣ ## 랜섬웨어 피해예방 5대수칙

글꼴 : 돋움, 18pt, 기울임, 강조점

수칙	피해 대상1	피해 대상2	예방 대책
1	운영체제	응용프로그램	최신 보안 업데이트 실시
2	신뢰할 수 있는 백신	안티 익스플로잇 도구	백신 설치 및 최신 버전 업데이트
3	스팸메일, 첨부파일	출처 불분명 인터넷주소 링크	이메일 및 인터넷 주소 삭제
4	파일 공유사이트	신뢰할 수 없는 사이트	파일 다운로드 및 실행 주의
5	개인 중요문서	개인 중요사진	별도 매체에 정기적 백업

각주 구분선 : 5cm

글꼴 : 굴림, 24pt, 진하게
장평 105%, 오른쪽 정렬 → # 인터넷보호나라

① 세계보건기구가 선포하는 감염병 최고 경고 등급으로, 세계적으로 감염병이 대유행하는 상태

쪽 번호 매기기
6로 시작 → VI

3 파일 저장이 완료되면 제목 표시줄의 파일명이 **12345678-홍길동**으로 변경된 것을 확인할 수 있습니다.

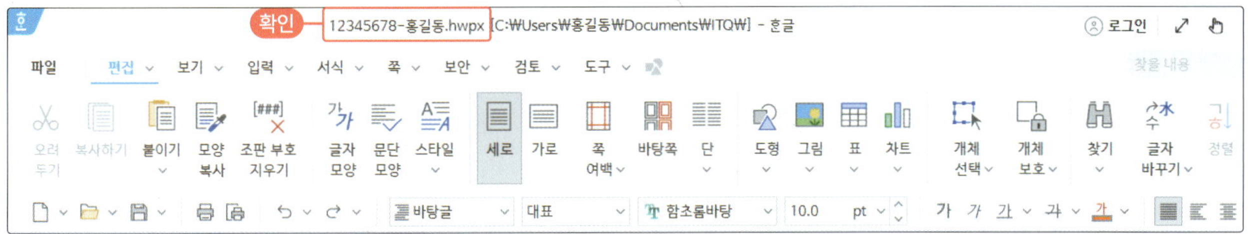

STEP 02 기본 설정 확인 후 용지 여백 지정하기

- 글꼴에 대한 기본설정은 함초롬바탕, 10포인트, 검정, 줄간격 160%, 양쪽정렬로 합니다.
- 용지 여백은 왼쪽·오른쪽 11㎜, 위쪽·아래쪽·머리말·꼬리말 10㎜, 제본 0㎜로 합니다.

1 서식 도구 상자에서 글꼴(**함초롬바탕**), 글자 크기(**10pt**), 글자 색(**검정**), 정렬 방식(**양쪽 정렬**), 줄 간격(**160%**)을 확인합니다.

★ 해당 조건은 한글 2022 프로그램의 기본값이니 작업에 참고해 주세요.

2 **F7**을 눌러 아래와 같이 **편집 용지**를 설정합니다.

★ 왼쪽/오른쪽 : 11mm, 위쪽/아래쪽/머리말/꼬리말 : 10mm, 제본 : 0mm

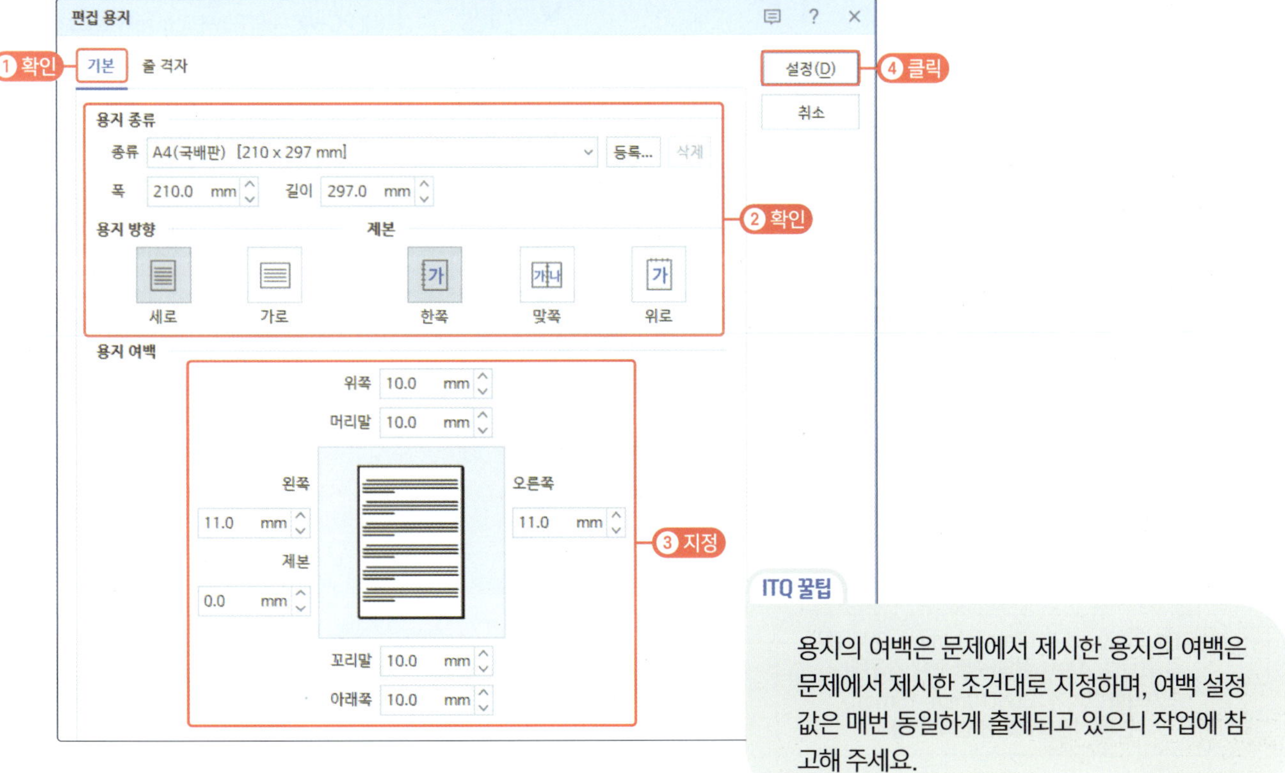

ITQ 꿀팁

용지의 여백은 문제에서 제시한 용지의 여백은 문제에서 제시한 조건대로 지정하며, 여백 설정 값은 매번 동일하게 출제되고 있으니 작업에 참고해 주세요.

3. 다음 (1), (2)의 수식을 수식 편집기로 각각 입력하시오. (40점)

《출력형태》

(1) $1 + \sqrt{3} = \dfrac{x^3 - (2x+5)^2}{x^3 - (x-2)}$

(2) $\displaystyle\int_a^b x f(x)\,dx = \frac{1}{b-a}\int_a^b x\,dx = \frac{a+b}{2}$

4. 다음의 《조건》에 따라 《출력형태》와 같이 문서를 작성하시오. (110점)

《조건》   (1) 그리기 도구를 이용하여 작성하고, 모든 도형(글맵시, 지정된 그림 포함)을 ≪출력형태≫와 같이 작성하시오.

            (2) 도형의 면색은 지시사항이 없으면 색 없음을 제외하고 서로 다르게 임의로 지정하시오.

《출력형태》

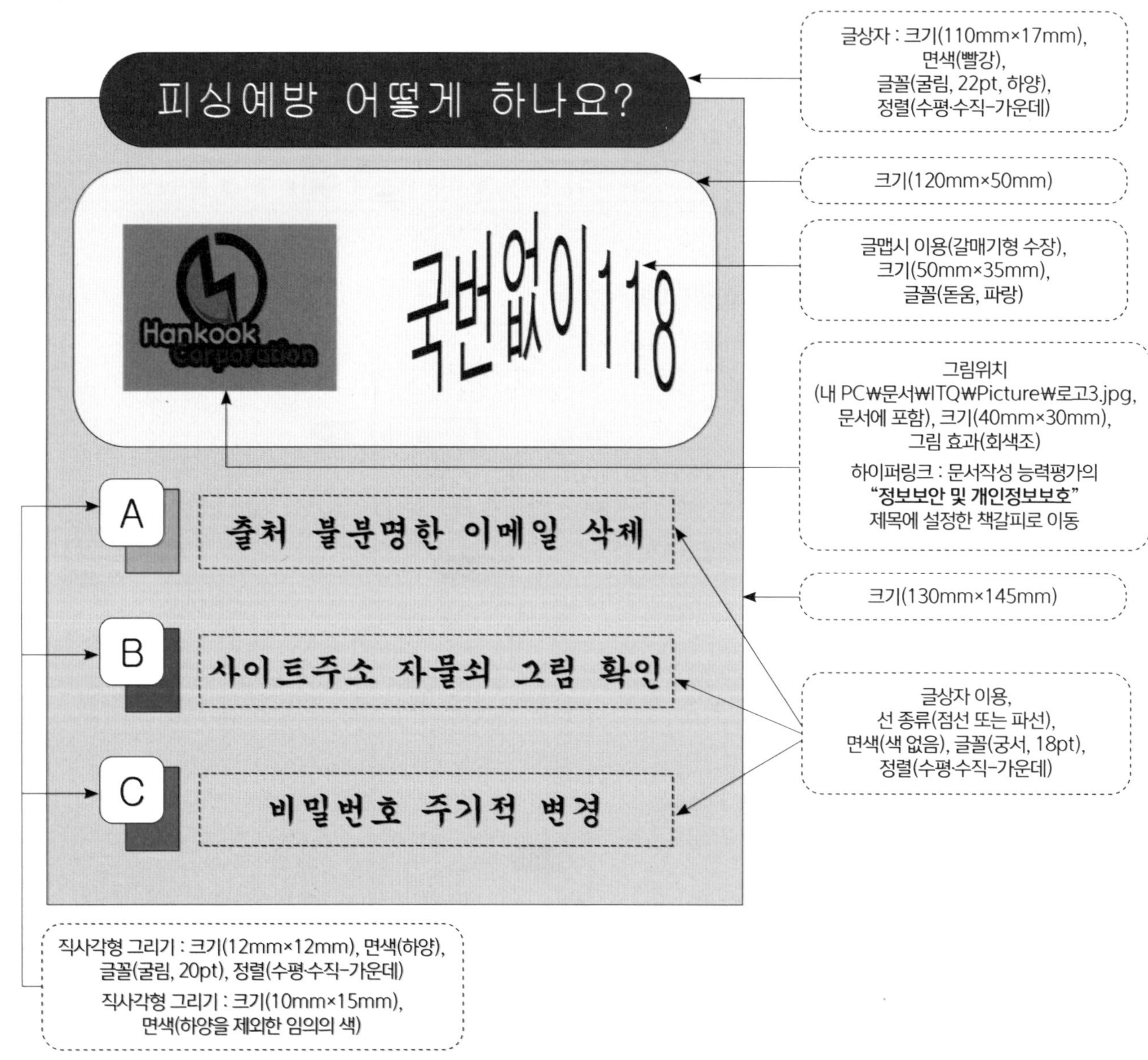

글상자 : 크기(110mm×17mm), 면색(빨강), 글꼴(굴림, 22pt, 하양), 정렬(수평·수직-가운데)

크기(120mm×50mm)

글맵시 이용(갈매기형 수장), 크기(50mm×35mm), 글꼴(돋움, 파랑)

그림위치 (내 PC₩문서₩ITQ₩Picture₩로고3.jpg, 문서에 포함), 크기(40mm×30mm), 그림 효과(회색조)

하이퍼링크 : 문서작성 능력평가의 "정보보안 및 개인정보보호" 제목에 설정한 책갈피로 이동

크기(130mm×145mm)

글상자 이용, 선 종류(점선 또는 파선), 면색(색 없음), 글꼴(궁서, 18pt), 정렬(수평·수직-가운데)

직사각형 그리기 : 크기(12mm×12mm), 면색(하양), 글꼴(굴림, 20pt), 정렬(수평·수직-가운데)
직사각형 그리기 : 크기(10mm×15mm), 면색(하양을 제외한 임의의 색)

STEP 03 구역 나누기 및 문제 번호 입력하기

- 각 항목은 지정된 페이지에 출력형태와 같이 정확히 작성하시기 바라며, 그렇지 않을 경우에 해당 항목은 0점 처리됩니다.
  ※ 페이지구분 : 1페이지 – 기능평가 I (문제번호 표시 : 1. 2.),
  　　　　　　　 2페이지 – 기능평가 II (문제번호 표시 : 3. 4.),
  　　　　　　　 3페이지 – 문서작성 능력평가

1 [보기] 탭에서 [문단 부호]에 체크합니다.

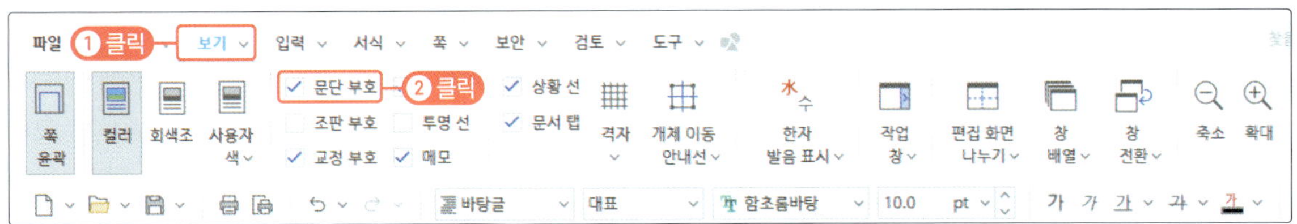

Level UP　　**문단 부호**

[문단 부호]에 체크하면 문서에 줄 바꿈 기호(↵)가 표시되어 편리하게 작성할 수 있습니다.

2 문제 번호 1.을 입력하고 Enter를 5번 누른 후 2.를 입력하고 Enter를 2번 누릅니다.

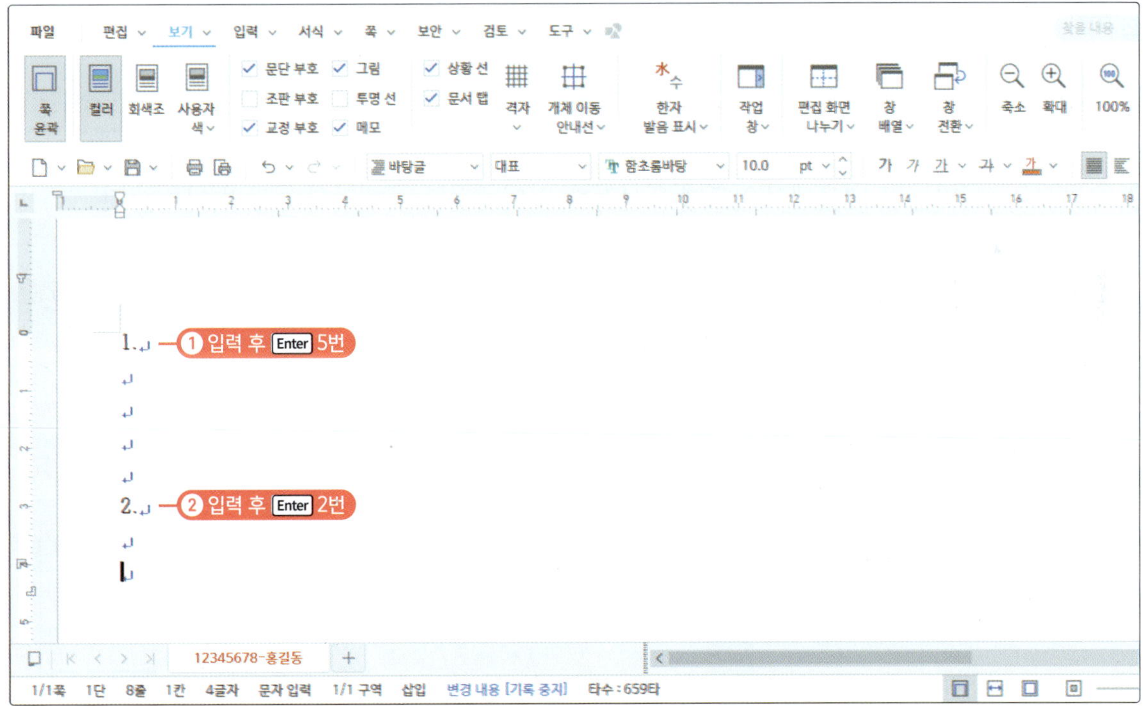

1. 다음의 《조건》에 따라 스타일 기능을 적용하여 《출력형태》와 같이 작성하시오. (50점)

《조건》　(1) 스타일 이름 – information
　　　　　(2) 문단 모양 – 왼쪽 여백 : 15pt, 문단 아래 간격 : 10pt
　　　　　(3) 글자 모양 – 글꼴 : 한글(굴림)/영문(돋움), 크기 : 10pt, 장평 : 95%, 자간 : 5%

《출력형태》

In the age of based on big data personal information is becoming increasingly more important. Personal information is becoming a global problem.

4차 산업혁명 시대에 빅데이터 기반 개인정보의 중요성은 더욱 커지고 있다. 또한 개인정보는 더 이상 어느 한 국가의 문제가 아닌 전 세계적인 문제가 되었다.

2. 다음의 《조건》에 따라 《출력형태》와 같이 표와 차트를 작성하시오. (100점)

《표 조건》　(1) 표 전체(표, 캡션) – 굴림, 10pt
　　　　　　(2) 정렬 – 문자 : 가운데 정렬, 숫자 : 오른쪽 정렬
　　　　　　(3) 셀 배경(면색) : 노랑
　　　　　　(4) 한글의 계산 기능을 이용하여 빈칸에 평균(소수점 두 자리)을 구하고, 캡션 기능 사용할 것
　　　　　　(5) 선 모양은 《출력형태》와 동일하게 처리할 것

《출력형태》

스팸 발송경로별 유통 현황(단위 : 십만 건)

구분	2018년	2019년	2020년	2021년	평균
유선전화	62	73	94	122	
인터넷전화	81	83	67	85	
휴대전화	21	26	31	30	
이메일(국내발송)	0.9	11	5	7	

《차트 조건》　(1) 차트 데이터는 표 내용에서 연도별 유선전화, 인터넷전화, 휴대전화의 값만 이용할 것
　　　　　　　(2) 종류 – <묶은 세로 막대형>으로 작업할 것
　　　　　　　(3) 제목 – 돋움, 진하게, 12pt, 속성 – 채우기(밝은 색 : 하양), 테두리, 그림자(바깥쪽 : 대각선 오른쪽 아래)
　　　　　　　(4) 제목 이외의 전체 글꼴 – 돋움, 보통, 10pt
　　　　　　　(5) 축제목과 범례는 《출력형태》와 동일하게 처리할 것

《출력형태》

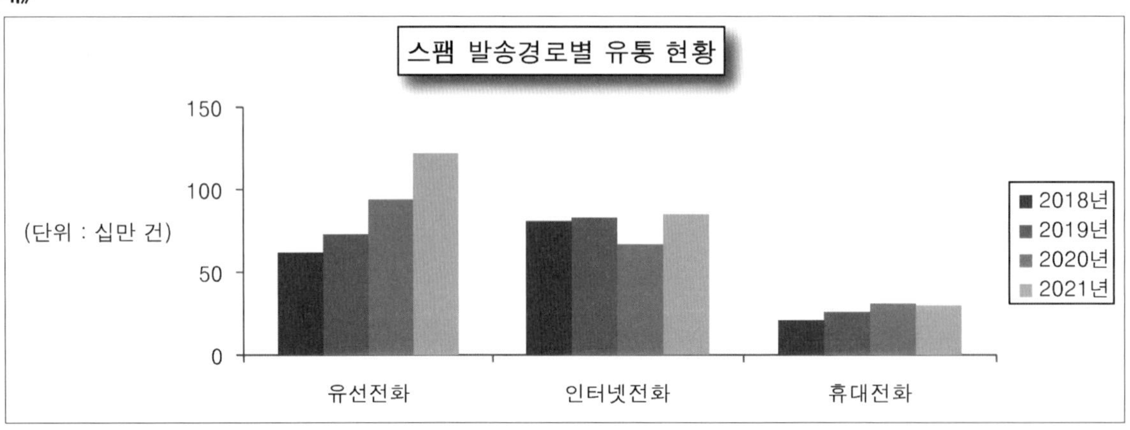

3 [쪽] 탭에서 [구역 나누기]를 클릭하여 두 번째 페이지로 이동합니다.

✿ Alt + Shift + Enter 를 눌러 구역을 나누는 방법도 있어요.

4 두 번째 페이지에 문제 번호 **3.**과 **4.**를 입력합니다.

✿ 3. 입력 후 Enter 를 5번 누르고, 4. 입력 후 Enter 를 2번 눌러요.

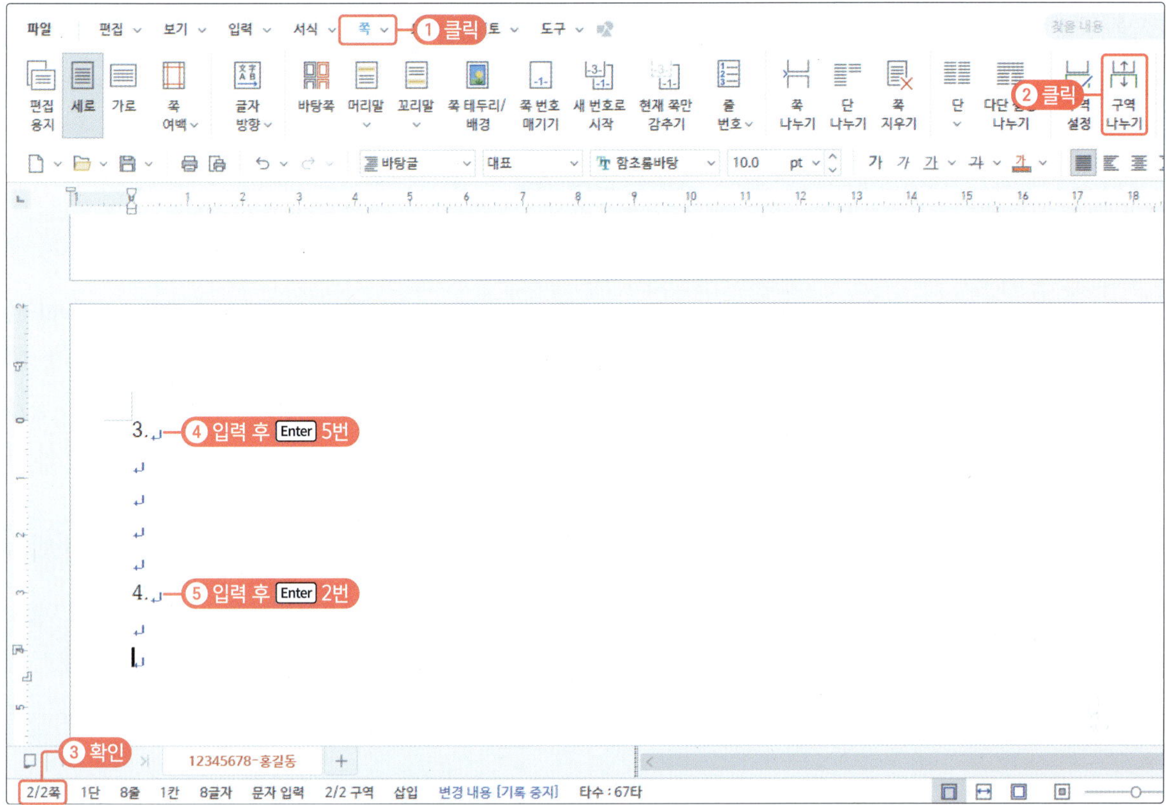

5 [쪽] 탭에서 [구역 나누기]를 클릭하여 세 번째 페이지로 이동합니다.

✿ Alt + Shift + Enter 를 눌러 구역을 나누는 방법도 있어요.

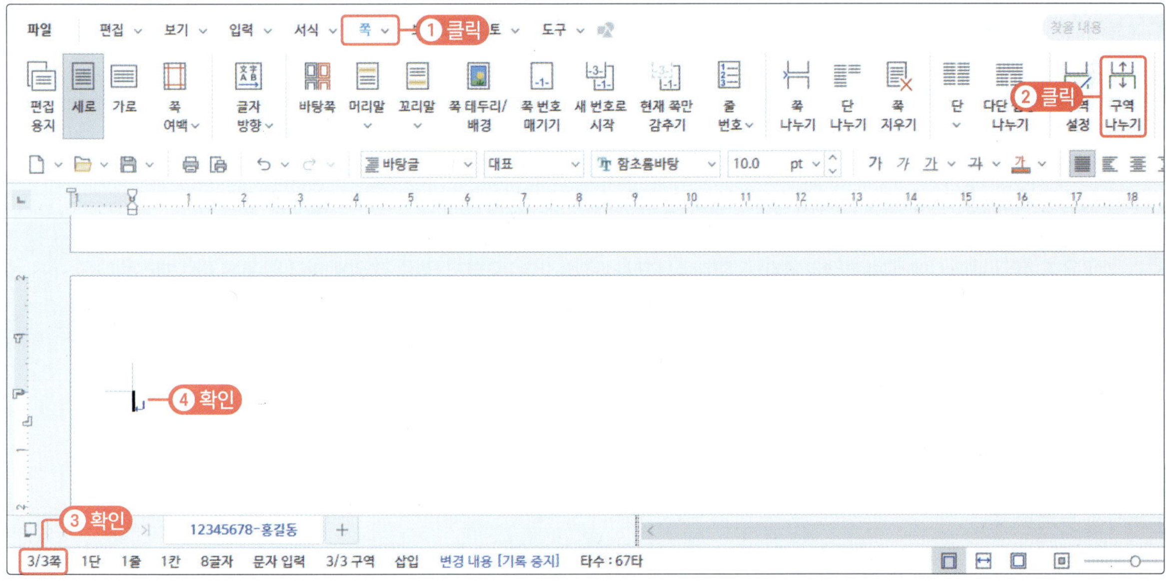

정보기술자격(ITQ) 최신기출문제

과 목	코 드	문제유형	시험시간	수험번호	성 명
아래한글	1111	C	60분		

수험자 유의사항

◎ 수험자는 문제지를 받는 즉시 문제지와 **수험표상의 시험과목(프로그램)이 동일한지 반드시 확인**하여야 합니다.

◎ 파일명은 본인의 "수험번호-성명"으로 입력하여 답안폴더(내 PC₩문서₩ITQ)에 하나의 파일로 저장해야 하며, 답안 파일을 전송하지 않아 미제출로 처리될 경우 실격 처리합니다(예:12345678-홍길동.hwpx).

◎ 답안 작성을 마치면 파일을 저장하고, '답안 전송' 버튼을 선택하여 감독위원 PC로 답안을 전송하십시오. 수험생 정보와 저장한 파일명이 다를 경우 전송되지 않으므로 주의하시기 바랍니다.

◎ 답안 작성 중에도 **주기적으로 저장하고, '답안 전송'**하여야 문제 발생을 줄일 수 있습니다. 작업한 내용을 저장하지 않고 전송할 경우 이전에 저장된 내용이 전송되오니 이점 유의하시기 바랍니다.

◎ 답안문서는 지정된 경로 외의 다른 보조기억장치에 저장하는 경우, 지정된 시험 시간 외에 작성된 파일을 활용할 경우, 기타 통신수단(이메일, 메신저, 네트워크 등)을 이용하여 타인에게 전달 또는 외부 반출하는 경우는 부정 처리합니다.

◎ 시험 중 부주의 또는 고의로 시스템을 파손한 경우는 수험자가 변상해야 하며, <수험자 유의사항>에 기재된 방법대로 이행하지 않아 생기는 불이익은 수험생 당사자의 책임임을 알려 드립니다.

◎ 문제의 조건은 한컴오피스 2022/2020 버전으로 설정되어 있으니 유의하시기 바랍니다.

◎ 시험을 완료한 수험자는 답안파일이 전송되었는지 확인한 후 감독위원의 지시에 따라 문제지를 제출하고 퇴실합니다.

답안 작성요령

◎ 온라인 답안 작성 절차

　수험자 등록 ⇒ 시험 시작 ⇒ 답안파일 저장 ⇒ 답안 전송 ⇒ 시험 종료

◎ 공통 부문

· 글꼴에 대한 기본설정은 함초롬바탕, 10포인트, 검정, 줄간격 160%, 양쪽정렬로 합니다.

· 색상은 조건의 색을 적용하고 색의 구분이 안 될 경우에는 RGB 값을 적용하십시오.
　(빨강 255,0,0 / 파랑 0,0,255 / 노랑 255,255,0).

· 각 문항에 주어진 《조건》에 따라 작성하고 언급하지 않은 조건은 《출력형태》와 같이 작성합니다.

· 용지여백은 왼쪽·오른쪽 11mm, 위쪽·아래쪽·머리말·꼬리말 10mm, 제본 0mm로 합니다.

· 그림 삽입 문제의 경우 「내 PC₩문서₩ITQ₩Picture」 폴더에서 지정된 파일을 선택하여 삽입하십시오.

· 삽입한 그림은 반드시 문서에 포함하여 저장해야 합니다(미포함 시 감점 처리).

· 각 항목은 지정된 페이지에 출력형태와 같이 정확히 작성하시기 바라며, 그렇지 않을 경우에 해당 항목은 0점 처리됩니다.
　※ 페이지구분 : 1페이지 - 기능평가 I (문제번호 표시 : 1. 2.),
　　　　　　　　2페이지 - 기능평가 II (문제번호 표시 : 3. 4.),
　　　　　　　　3페이지 - 문서작성 능력평가

◎ 기능평가

· 문제와 《조건》은 입력하지 않으며 문제번호와 답(《출력형태》)만 작성합니다.

· 4번 문제는 묶기를 했을 경우 0점 처리됩니다.

◎ 문서작성 능력평가

· A4 용지(210mm×297mm) 1매 크기, 세로 서식 문서로 작성합니다.

· 　　　　 표시는 문서작성에 대한 지시사항이므로 작성하지 않습니다.

6 기본 작업이 모두 완료되면 [Ctrl]+[Page Up]을 눌러 첫 번째 페이지로 이동합니다.

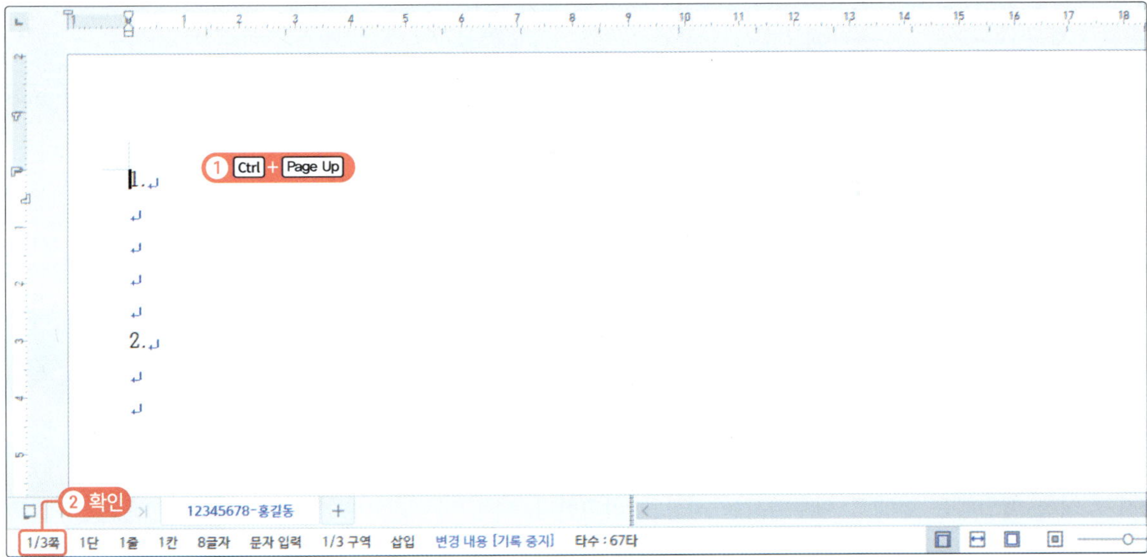

7 작업이 완료되면 서식 도구 상자에서 **[저장하기(💾)]**를 클릭하거나, [Alt]+[S]를 눌러 답안 파일을 저장합니다.

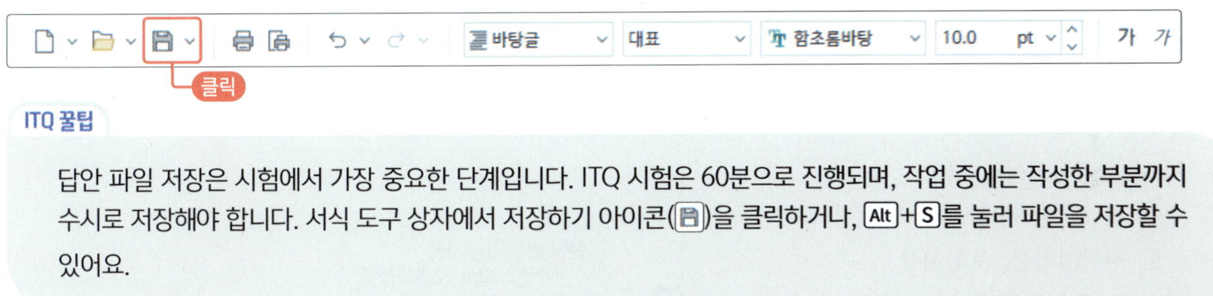

ITQ 꿀팁

답안 파일 저장은 시험에서 가장 중요한 단계입니다. ITQ 시험은 60분으로 진행되며, 작업 중에는 작성한 부분까지 수시로 저장해야 합니다. 서식 도구 상자에서 저장하기 아이콘(💾)을 클릭하거나, [Alt]+[S]를 눌러 파일을 저장할 수 있어요.

글꼴 : 굴림, 18pt, 진하게, 가운데 정렬
책갈피 이름 : 금융허브
덧말 넣기

머리말 기능
돋움, 10pt, 오른쪽 정렬 → 한국의 금융허브

금융소비자연구센터
한국 금융제도의 시장 전환

문단 첫 글자 장식 기능
글꼴 : 궁서, 면색 : 노랑

각주

그림위치(내 PC₩문서₩ITQ₩Picture₩그림4.jpg, 문서에 포함)
자르기 기능 이용, 크기(40mm×40mm), 바깥 여백 왼쪽 : 2mm

금융하부구조는 금융거래가 원활하게 이루어지도록 금융시장⊙, 금융기관 지원 및 감시하는 법률체계나 기관을 말하며, 중앙은행, 지급결제, 금융감독, 예금보험, 거래소 등을 포함(包含)한다. 금융시장은 크게 간접금융시장과 직접금융시장으로 구분(區分)된다. 간접금융시장은 예금, 대출 등을 담당하는 예대시장으로 은행, 비은행, 집합투자업자, 신탁업자를 포함한다. 직접금융시장은 채무증서, 회사채 등 자금 수요자가 직접 발행한 증권을 자금공급자가 직접 매입하는 형태로 이루어지는 시장을 의미한다.

직접금융시장은 만기를 기준으로 단기금융시장과 자본시장으로 구분되며 외환시장과 파생금융상품시장은 별도로 구분 한다. 단기금융시장으로는 콜시장, 환매조건부매매시장, 양도성예금증서시장, 기업어음시장, 전자단기사채시장 등이 있다. 자본시장은 다시 주식시장과 채권시장으로 구분되고, 통화안정증권시장과 자산유동화증권시장도 자본시장에 포함된다. 통화안정증권은 한국은행이 발행하는 채무증서이고, 자산유동화증권은 부동산, 매출채권, 주택저당채권 등 유동성이 낮은 자산을 기초로 발행되는 채권을 말한다.

♠ 우리나라 금융시장의 구조

글꼴 : 굴림, 18pt, 흰색
음영색 : 파랑

가. 간접금융시장의 구조
  ㉠ 예대시장, 집합 투자시장(펀드시장)
  ㉡ 신탁업시장, 보험시장
나. 직접금융시장의 구조
  ㉠ 단기금융시장, 자본시장(주식/채권)
  ㉡ 외환시장, 파생금융상품시장

문단 번호 기능 사용
1수준 : 20pt, 오른쪽정렬,
2수준 : 30pt, 오른쪽정렬
줄 간격 : 180%

표 전체 글꼴 : 돋움, 10pt, 가운데 정렬
셀 배경(그러데이션) : 유형(가로),
시작색(하양), 끝색(노랑)

♠ *관계 법령과 대표 금융기능*

글꼴 : 굴림, 18pt, 기울임, 강조점

관계 법령	금융회사	대표 금융기능
여신전문금융	신용카드사	신용카드의 발행, 관리, 이용, 대금의 결제
	신기술금융사	신기술사업자 투자, 융자, 경영 및 기술지도, 자금의 관리 및 운용
은행법/보험법	국내은행/외국은행지점	여신, 수신
	생명/손해보험사	보험(상품)계약 체결 및 이행
자본시장과 금융투자 관련 법률		투자 매매, 투자 중개, 집합 투자, 투자 일임, 투자 자문, 신탁, 수신

각주 구분선 : 5cm

글꼴 : 돋움, 24pt, 진하게
장평 95%, 오른쪽 정렬 → # 서울연구원

⊙ 자금의 공급자와 수요자 간에 거래가 이루어지는 장소

쪽 번호 매기기
5로 시작 → ⑤

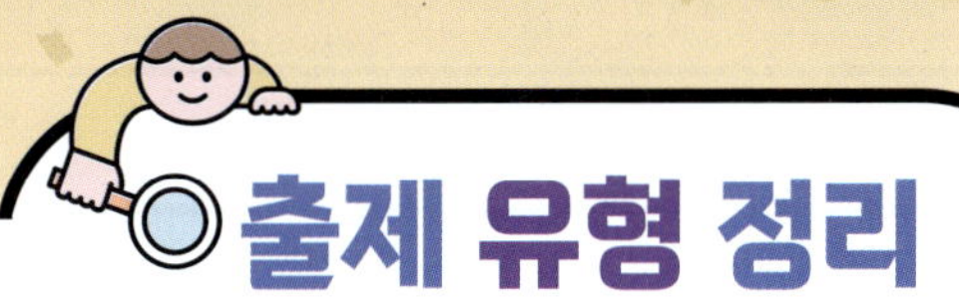

출제 유형 정리

1 아래 조건에 맞추어 문서 작성을 위한 기본 환경을 설정해 보세요.

⊘ 실습파일 : 없음   ⊘ 완성파일 : 12345678-김은수(완성).hwpx

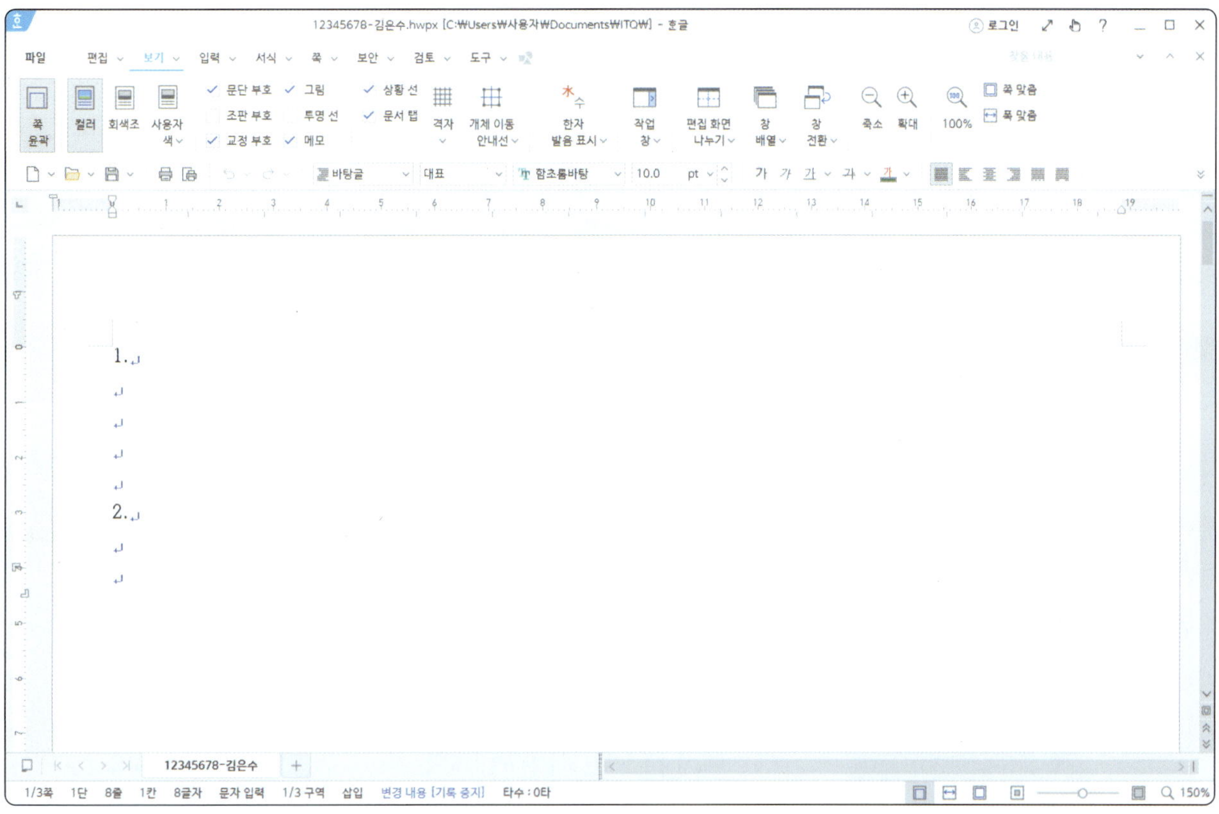

[공통 부문]

- 글꼴에 대한 기본설정은 함초롬바탕, 10포인트, 검정, 줄간격 160%, 양쪽정렬로 합니다.

- 색상은 조건의 색을 적용하고 색의 구분이 안 될 경우에는 RGB 값을 적용하십시오.
  (빨강 255,0,0 / 파랑 0,0,255 / 노랑 255,255,0).

- 용지 여백은 왼쪽·오른쪽 11㎜, 위쪽·아래쪽·머리말·꼬리말 10㎜, 제본 0㎜로 합니다.

- 각 항목은 지정된 페이지에 출력형태와 같이 정확히 작성하시기 바라며, 그렇지 않을 경우에 해당 항목은 0점 처리됩니다.

  ※ 페이지구분 : 1페이지 – 기능평가 I (문제번호 표시 : 1. 2.),
  　　　　　　　2페이지 – 기능평가 II (문제번호 표시 : 3. 4.),
  　　　　　　　3페이지 – 문서작성 능력평가

3. 다음 (1), (2)의 수식을 수식 편집기로 각각 입력하시오. (40점)

《출력형태》

(1) $T = \dfrac{b^2}{a} + 2\pi\sqrt{\dfrac{r^3}{GM}}$
　　　　　　　　　　　　　　　　　(2) $\Delta W = \dfrac{1}{2}m(f_x)^2 + \dfrac{1}{2}m(f_y)^2$

4. 다음의 《조건》에 따라 《출력형태》와 같이 문서를 작성하시오. (110점)

《조건》　　(1) 그리기 도구를 이용하여 작성하고, 모든 도형(글맵시, 지정된 그림 포함)을 《출력형태》와 같이
　　　　　　　작성하시오.
　　　　　　(2) 도형의 면색은 지시사항이 없으면 색 없음을 제외하고 서로 다르게 임의로 지정하시오.

《출력형태》

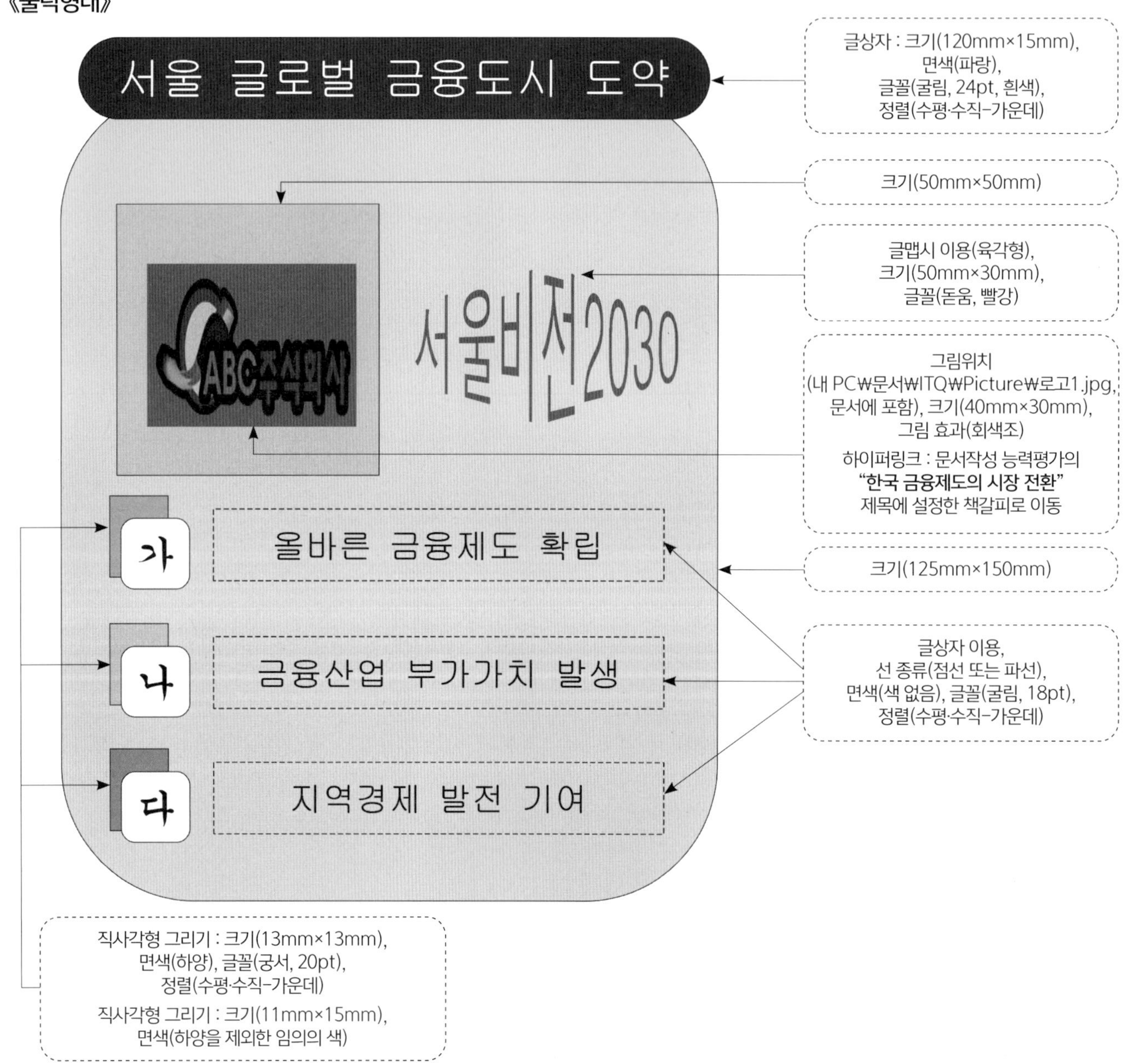

2 아래 조건에 맞추어 문서 작성을 위한 기본 환경을 설정해 보세요.

⊘ 실습파일 : 없음   ⊘ 완성파일 : 12345678-박지현(완성).hwpx

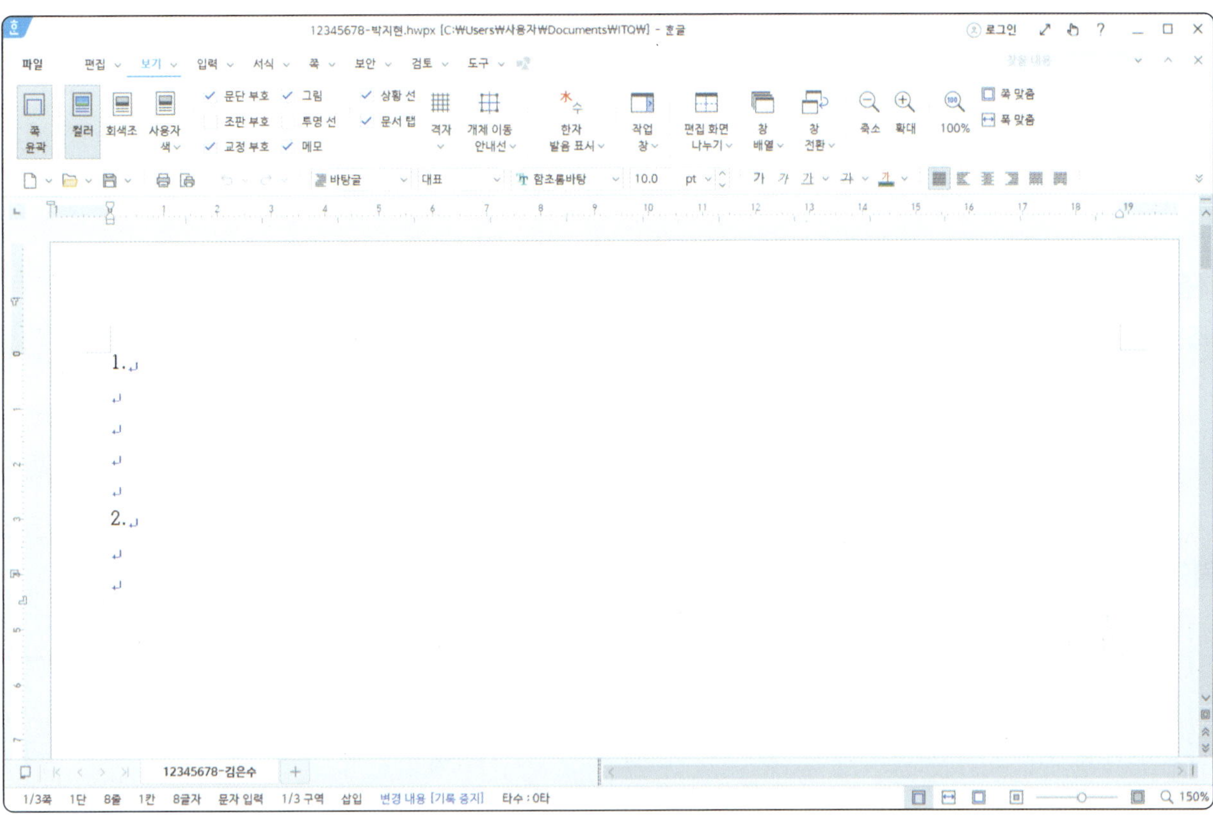

[공통 부문]

◦ 글꼴에 대한 기본설정은 함초롬바탕, 10포인트, 검정, 줄간격 160%, 양쪽정렬로 합니다.

◦ 색상은 조건의 색을 적용하고 색의 구분이 안 될 경우에는 RGB 값을 적용하십시오.
  (빨강 255,0,0 / 파랑 0,0,255 / 노랑 255,255,0).

◦ 용지 여백은 왼쪽·오른쪽 11㎜, 위쪽·아래쪽·머리말·꼬리말 10㎜, 제본 0㎜로 합니다.

◦ 각 항목은 지정된 페이지에 출력형태와 같이 정확히 작성하시기 바라며, 그렇지 않을 경우에 해당 항목은 0점 처리됩니다.

  ※ 페이지구분 : 1페이지 – 기능평가Ⅰ (문제번호 표시 : 1. 2.),
           2페이지 – 기능평가Ⅱ (문제번호 표시 : 3. 4.),
           3페이지 – 문서작성 능력평가

1. 다음의《조건》에 따라 스타일 기능을 적용하여《출력형태》와 같이 작성하시오. (50점)

《조건》　(1) 스타일 이름 – financial
　　　　　(2) 문단 모양 – 왼쪽 여백 : 15pt, 문단 아래 간격 : 10pt
　　　　　(3) 글자 모양 – 글꼴 : 한글(돋움)/영문(굴림), 크기 : 10pt, 장평 : 95%, 자간 : 5%

《출력형태》

Financial hubs provide financial environments that allow multinational companies and financial institutions to freely and comfortably engage in corporate financial activities.

금융허브는 세계 다국적 기업과 금융기관들이 기업 금융 활동을 자유롭고 편하게 할 수 있는 금융환경이나 투자 인센티브 등을 제공한다. 서울시는 글로벌 금융허브 도약을 위한 정책을 추진한다.

2. 다음의《조건》에 따라《출력형태》와 같이 표와 차트를 작성하시오. (100점)

《표 조건》　(1) 표 전체(표, 캡션) – 돋움, 10pt
　　　　　　(2) 정렬 – 문자 : 가운데 정렬, 숫자 : 오른쪽 정렬
　　　　　　(3) 셀 배경(면색) : 노랑
　　　　　　(4) 한글의 계산 기능을 이용하여 빈칸에 합계를 구하고, 캡션 기능 사용할 것
　　　　　　(5) 선 모양은 ≪출력형태≫와 동일하게 처리할 것

《출력형태》

2018년 이후 금융회사의 변화(단위 : 개)

유형	2018년	2019년	2020년	2021년	합계
금융투자	514	570	623	721	
여신전문금융	106	115	120	131	
은행	57	55	55	55	
보험	54	55	55	53	

《차트 조건》　(1) 차트 데이터는 표 내용에서 연도별 금융투자, 여신전문금융, 은행의 값만 이용할 것
　　　　　　　(2) 종류 – <묶은 세로 막대형>으로 작업할 것
　　　　　　　(3) 제목 – 굴림, 진하게, 12pt, 속성 – 채우기(밝은 색 : 하양), 테두리, 그림자(바깥쪽 : 대각선 오른쪽 아래)
　　　　　　　(4) 제목 이외의 전체 글꼴 – 굴림, 보통, 10pt
　　　　　　　(5) 축제목과 범례는《출력형태》와 동일하게 처리할 것

《출력형태》

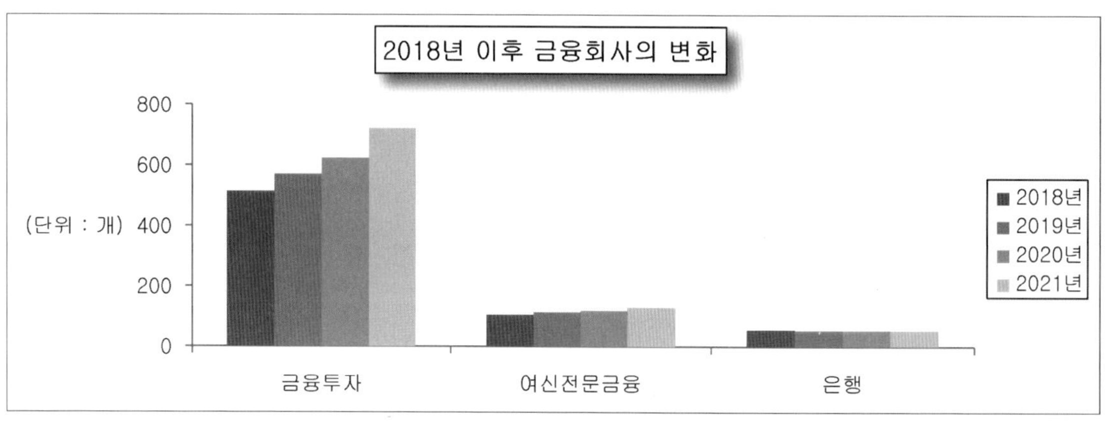

3 아래 조건에 맞추어 문서 작성을 위한 기본 환경을 설정해 보세요.

⊘ **실습파일** : 없음 ⊘ **완성파일** : 12345678-최경서(완성).hwpx

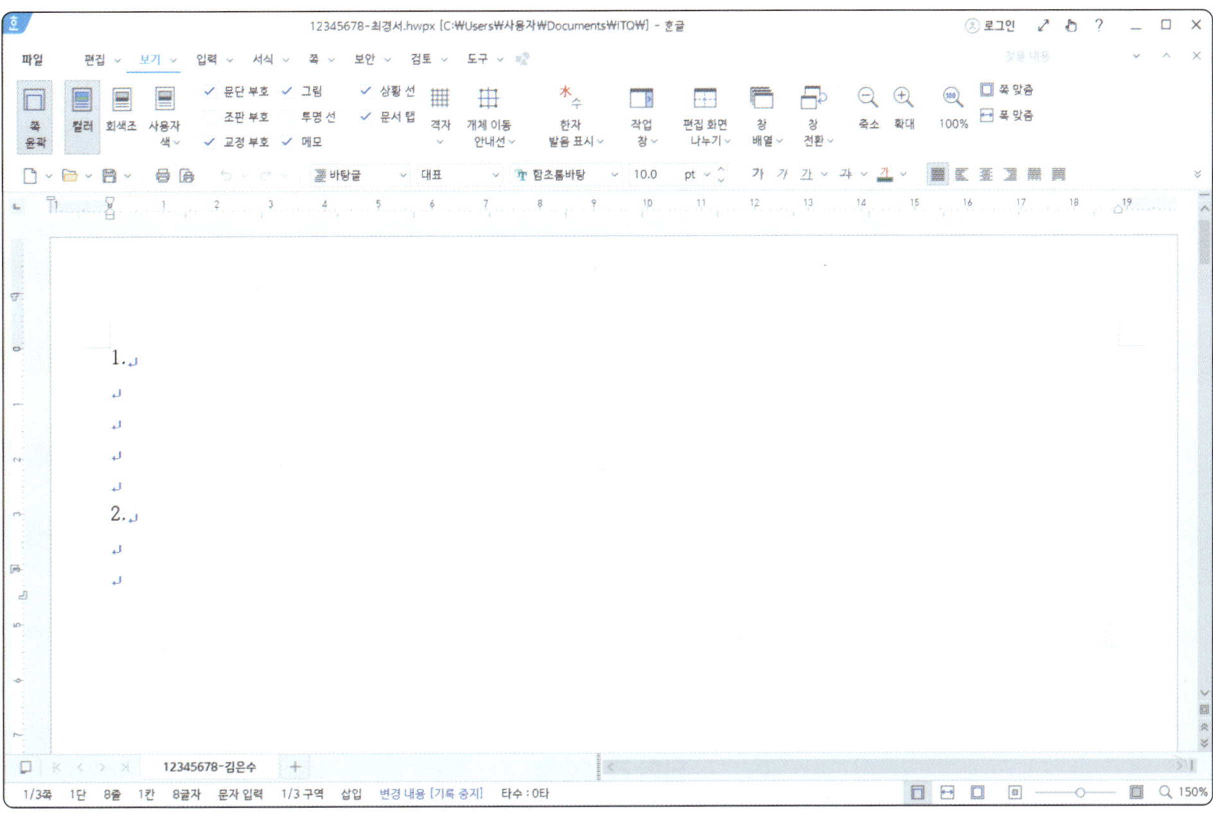

[공통 부문]

- 글꼴에 대한 기본설정은 함초롬바탕, 10포인트, 검정, 줄간격 160%, 양쪽정렬로 합니다.
- 색상은 조건의 색을 적용하고 색의 구분이 안 될 경우에는 RGB 값을 적용하십시오.
  (빨강 255,0,0 / 파랑 0,0,255 / 노랑 255,255,0).
- 용지 여백은 왼쪽·오른쪽 11mm, 위쪽·아래쪽·머리말·꼬리말 10mm, 제본 0mm로 합니다.
- 각 항목은 지정된 페이지에 출력형태와 같이 정확히 작성하시기 바라며, 그렇지 않을 경우에 해당 항목은 0점 처리됩니다.

  ※ 페이지구분 : 1페이지 – 기능평가 I (문제번호 표시 : 1. 2.),
  　　　　　　　 2페이지 – 기능평가 II (문제번호 표시 : 3. 4.),
  　　　　　　　 3페이지 – 문서작성 능력평가

정보기술자격(ITQ) 최신기출문제

과 목	코 드	문제유형	시험시간	수험번호	성 명
아래한글	1111	B	60분		

수험자 유의사항

◎ 수험자는 문제지를 받는 즉시 문제지와 <u>수험표상의 시험과목(프로그램)이 동일한지 반드시 확인</u>하여야 합니다.

◎ 파일명은 본인의 "수험번호-성명"으로 입력하여 답안폴더(내 PC₩문서₩ITQ)에 하나의 파일로 저장해야 하며, 답안 파일을 전송하지 않아 미제출로 처리될 경우 실격 처리합니다(예:12345678-홍길동.hwpx).

◎ 답안 작성을 마치면 파일을 저장하고, '답안 전송' 버튼을 선택하여 감독위원 PC로 답안을 전송하십시오. 수험생 정보와 저장한 파일명이 다를 경우 전송되지 않으므로 주의하시기 바랍니다.

◎ 답안 작성 중에도 <u>주기적으로 저장하고, '답안 전송'</u>하여야 문제 발생을 줄일 수 있습니다. 작업한 내용을 저장하지 않고 전송할 경우 이전에 저장된 내용이 전송되오니 이점 유의하시기 바랍니다.

◎ 답안문서는 지정된 경로 외의 다른 보조기억장치에 저장하는 경우, 지정된 시험 시간 외에 작성된 파일을 활용할 경우, 기타 통신수단(이메일, 메신저, 네트워크 등)을 이용하여 타인에게 전달 또는 외부 반출하는 경우는 부정 처리합니다.

◎ 시험 중 부주의 또는 고의로 시스템을 파손한 경우는 수험자가 변상해야 하며, <수험자 유의사항>에 기재된 방법대로 이행하지 않아 생기는 불이익은 수험생 당사자의 책임임을 알려 드립니다.

◎ 문제의 조건은 한컴오피스 2022/2020 버전으로 설정되어 있으니 유의하시기 바랍니다.

◎ 시험을 완료한 수험자는 답안파일이 전송되었는지 확인한 후 감독위원의 지시에 따라 문제지를 제출하고 퇴실합니다.

답안 작성요령

◎ 온라인 답안 작성 절차

수험자 등록 ⇒ 시험 시작 ⇒ 답안파일 저장 ⇒ 답안 전송 ⇒ 시험 종료

◎ 공통 부문

· 글꼴에 대한 기본설정은 함초롬바탕, 10포인트, 검정, 줄간격 160%, 양쪽정렬로 합니다.
· 색상은 조건의 색을 적용하고 색의 구분이 안 될 경우에는 RGB 값을 적용하십시오.
  (빨강 255,0,0 / 파랑 0,0,255 / 노랑 255,255,0).
· 각 문항에 주어진 《조건》에 따라 작성하고 언급하지 않은 조건은 《출력형태》와 같이 작성합니다.
· 용지여백은 왼쪽 ·오른쪽 11mm, 위쪽·아래쪽·머리말·꼬리말 10mm, 제본 0mm로 합니다.
· 그림 삽입 문제의 경우 「내 PC₩문서₩ITQ₩Picture」 폴더에서 지정된 파일을 선택하여 삽입하십시오.
· 삽입한 그림은 반드시 문서에 포함하여 저장해야 합니다(미포함 시 감점 처리).
· 각 항목은 지정된 페이지에 출력형태와 같이 정확히 작성하시기 바라며, 그렇지 않을 경우에 해당 항목은 0점 처리됩니다.
  ※ 페이지구분 : 1페이지 – 기능평가 I (문제번호 표시 : 1. 2.),
          2페이지 – 기능평가 II (문제번호 표시 : 3. 4.),
          3페이지 – 문서작성 능력평가

◎ 기능평가

· 문제와 《조건》은 입력하지 않으며 문제번호와 답(《출력형태》)만 작성합니다.
· 4번 문제는 묶기를 했을 경우 0점 처리됩니다.

◎ 문서작성 능력평가

· A4 용지(210mm×297mm) 1매 크기, 세로 서식 문서로 작성합니다.
· ⌐⌐⌐⌐⌐ 표시는 문서작성에 대한 지시사항이므로 작성하지 않습니다.

[기능평가 Ⅰ] 스타일 지정

⊘ 실습파일 : 02차시(문제).hwpx ⊘ 완성파일 : 02차시(완성).hwpx

[배점] 50점 (500점 만점)

[1페이지] 1. 다음의 《조건》에 따라 스타일 기능을 적용하여 《출력형태》와 같이 작성하시오.

《조건》

⑴ 스타일 이름 – walk
⑵ 문단 모양 – 왼쪽 여백 : 10pt, 문단 아래 간격 : 10pt
⑶ 글자 모양 – 글꼴 : 한글(궁서)/영문(굴림), 크기 : 10pt, 장평 : 105%, 자간 : –5%

《출력형태》

1.
The Korea Dulle Trail is an ultra-long walking trail that runs about 4,500km around Korea, including its east, west, and south coast and the border area in DMZ.

이 길은 동쪽의 해파랑길, 남쪽의 남파랑길, 서쪽의 서해랑길, 북쪽의 비무장지대 평화의 길로 구성되어 있으며, 대한민국의 10개 광역 지자체와 78개 기초 지자체가 함께 조성하고 있다.

2.

글꼴 : 궁서, 18pt, 진하게, 가운데 정렬
책갈피 이름 : 건강
덧말 넣기

머리말 기능
굴림, 10pt, 오른쪽 정렬 → 지역 건강 통계

지역사회건강조사
건강조사, 함께 여는 건강 내일

문단 첫 글자 장식 기능
글꼴 : 돋움, 면색 : 노랑

그림위치(내 PC₩문서₩ITQ₩Picture₩그림5.jpg, 문서에 포함)
자르기 기능 이용, 크기(40mm×40mm), 바깥 여백 왼쪽 : 2mm

지역사회건강조사는 지역 건강통계를 생산(生産)하여 지역별로 꼭 필요한 근거 중심의 보건사업을 수행하기 위해 지역주민 건강행태(흡연, 음주 등) 및 이환, 의료이용 등을 조사하는 건강조사로 지역보건법 제4조(지역사회 건강실태조사) 및 동법시행령 제2조(지역사회 건강실태조사 방법 및 내용)에 따라 보건복지부 질병관리본부와 17개 시, 도, 255개 보건소가 함께 수행하는 국가승인통계 조사이다.

조사방법은 조사원이 주택유형과 지역적 특성을 고려한 통계적 방법론에 따라 선정된 약 450개의 표본가구를 직접 방문하여 일대일 면접 조사로 실시되며, 설문조사는 전자조사표(CAPI)를 이용하여 노트북으로 진행된다. 이때, 선정된 가구에는 8월부터 우편을 통해 선정 통지서가 전달되며, 일련의 교육과정을 통해 훈련된 해당지역 보건소 소속 조사원이 조사 수행한다. 조사 항목으로는 가구조사, 건강행태, 예방접종 및 검진, 이환, 의료이용, 사고 및 중독, 활동 제한 및 삶의 질, 심폐소생술ⓐ, 사회 물리적 환경, 코로나바이러스감염증-19, 교육 및 경제활동에 대해 조사한다. 이 중 건강행태 조사 항목으로는 흡연, 음주, 안전의식, 신체활동, 식생활, 비만(肥滿) 및 체중조절, 건강지식, 구강건강, 정신건강이다.

각주

■ 한국인을 위한 식생활 지침

글꼴 : 굴림, 18pt, 하양
음영색 : 파랑

I. 영유아를 위한 식생활 지침

　i. 생후 6개월까지는 반드시 모유를 먹이자.

　ii. 이유식은 성장단계에 맞추어 먹이자.

II. 청소년을 위한 식생활 지침

　i. 짠 음식과 기름진 음식을 적게 먹자.

　ii. 식사를 거르거나 과식하지 말자.

문단 번호 기능 사용
1수준 : 20pt, 오른쪽정렬,
2수준 : 30pt, 오른쪽정렬
줄 간격 : 180%

표 전체 글꼴 : 돋움, 10pt, 가운데 정렬
셀 배경(그러데이션) : 유형(가로),
시작색(하양), 끝색(노랑)

■ 연도별 지역사회건강조사 추진 내용

글꼴 : 굴림, 18pt, 기울임, 강조점

연도	추진 경과	실시 규모 및 방법	비고
2007년	지역사회건강조사 시범사업 실시	서울, 전북, 경남에서 시범 실시	제3기 순환조사 (2018년-2021년)
2008년	전국 일제 실시	전국 251개 보건소	
2009년	전자조사표 면접조사 실시	조사원이 면접 진행	
2010년	순환조사 체계 도입	조사 항목별 1년, 2년, 4년 주기	
2015년	지역사회건강조사 의무시행 법적근거 마련	지역보건법 제4조	

각주 구분선 : 5cm

글꼴 : 궁서, 24pt, 진하게
장평 95%, 오른쪽 정렬 → 보건복지부 질병관리본부

ⓐ 심폐소생술 인지, 심폐소생술 교육 및 실습 경험 등에 대해 조사함

쪽 번호 매기기
4로 시작 → IV

내용 입력 > 스타일 추가 > 문단 모양 지정 > 글자 모양 지정 > 스타일 적용

Check 01 내용 입력 : 영문과 한글 내용을 정확하게 입력해요!

1.
The Korea Dulle Trail is an ultra-long walking trail that runs about 4,500km around Korea, including its east, west, and south coast and the border area in DMZ.
이 길은 동쪽의 해파랑길, 남쪽의 남파랑길, 서쪽의 서해랑길, 북쪽의 비무장지대 평화의 길로 구성되어 있으며, 대한민국의 10개 광역 지자체와 78개 기초 지자체가 함께 조성하고 있다.

오탈자 없이 내용 입력

Check 02 스타일 작업 : 스타일을 추가하고 적용해요!

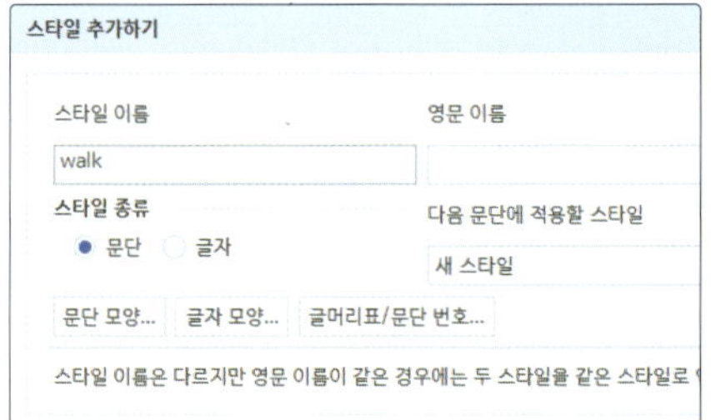

스타일 추가(이름 입력)

문단 모양 지정

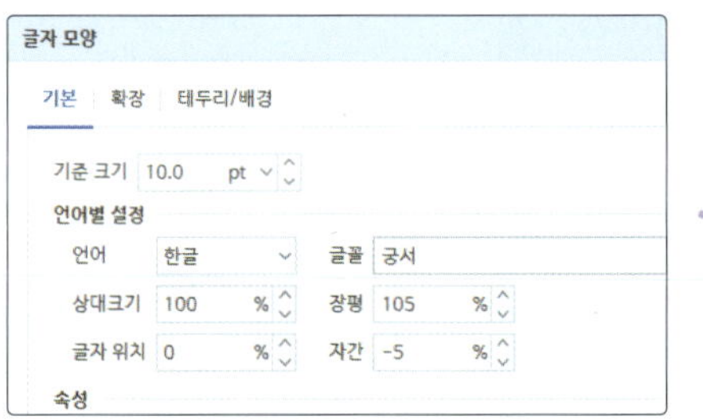

글자 모양(한글) 지정

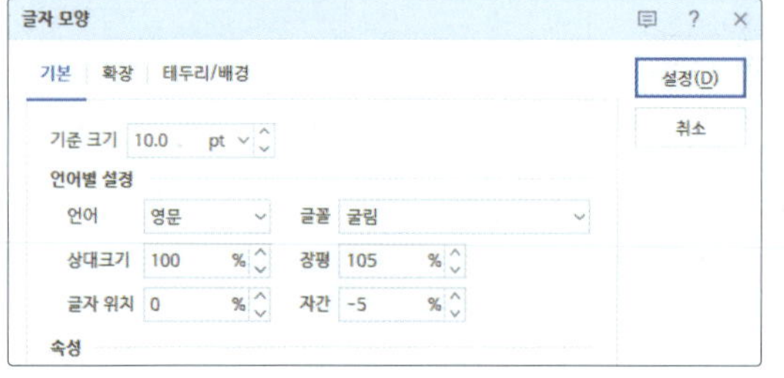

글자 모양(영문) 지정

1.
The Korea Dulle Trail is an ultra-long walking trail that runs about 4,500km around Korea, including its east, west, and south coast and the border area in DMZ.

이 길은 동쪽의 해파랑길, 남쪽의 남파랑길, 서쪽의 서해랑길, 북쪽의 비무장지대 평화의 길로 구성되어 있으며, 대한민국의 10개 광역 지자체와 78개 기초 지자체가 함께 조성하고 있다.

추가한 스타일을 텍스트에 적용

3. 다음 (1), (2)의 수식을 수식 편집기로 각각 입력하시오. (40점)

《출력형태》

$$(1)\ \int_0^1 (\sin x + \frac{x}{2})dx = \int_0^1 \frac{1+\sin x}{2}dx \qquad (2)\ H_n = \frac{a(r^n-1)}{r-1} = \frac{a(1+r^n)}{1-r}(r \neq 1)$$

4. 다음의 《조건》에 따라 《출력형태》와 같이 문서를 작성하시오. (110점)

《조건》　　(1) 그리기 도구를 이용하여 작성하고, 모든 도형(글맵시, 지정된 그림 포함)을 《출력형태》와 같이 작성하시오.

　　　　　(2) 도형의 면색은 지시사항이 없으면 색 없음을 제외하고 서로 다르게 임의로 지정하시오.

《출력형태》

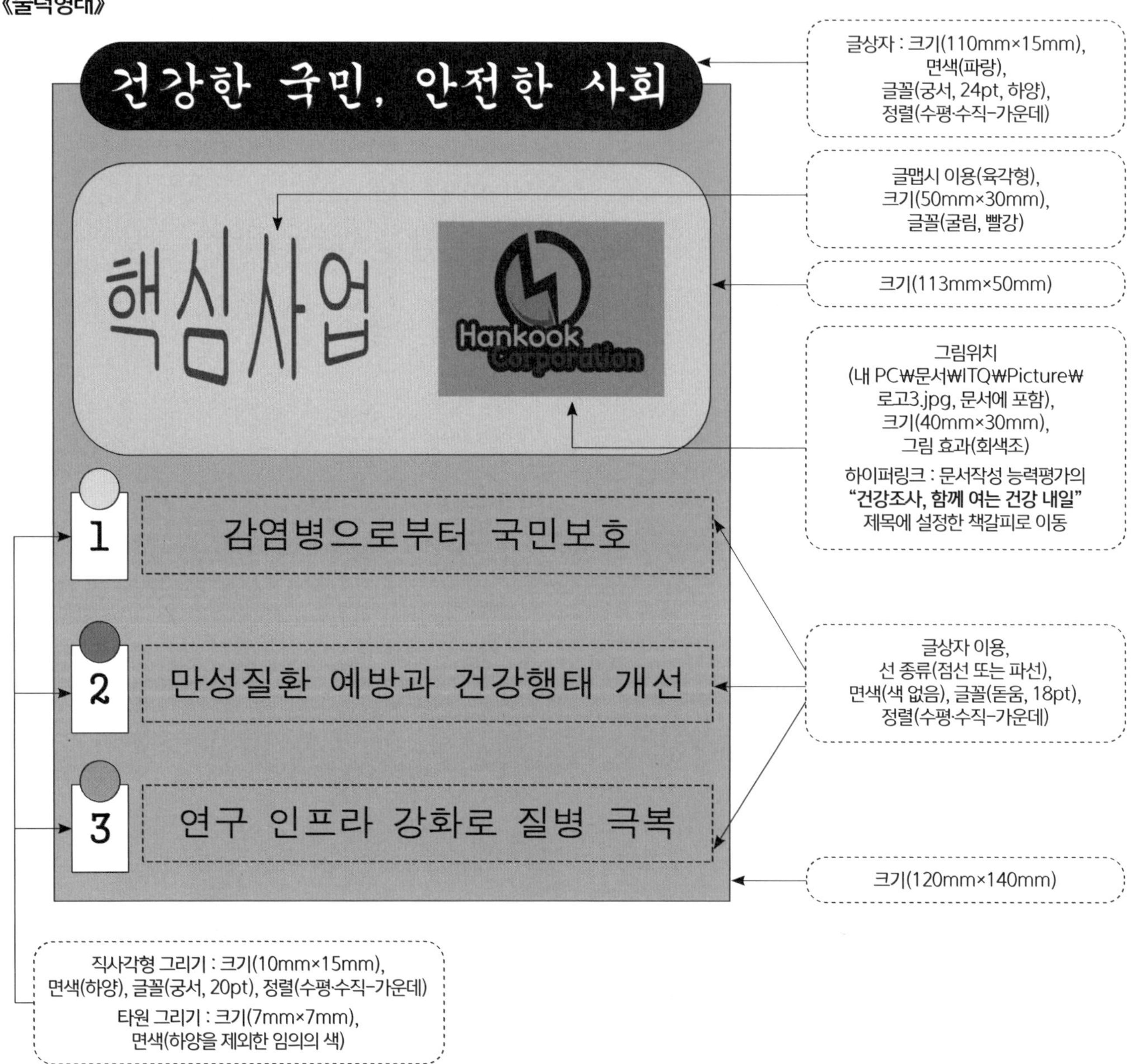

내용 입력하기

[답안 작성요령] 문제와 ≪조건≫은 입력하지 않으며 문제번호와 답(≪출력형태≫)만 작성합니다.

1 한글 2022 프로그램을 실행한 후 [02차시] 폴더에서 **02차시(문제).hwpx** 파일을 불러옵니다.

★ Alt + O 를 눌러 파일을 불러오는 방법도 있어요.

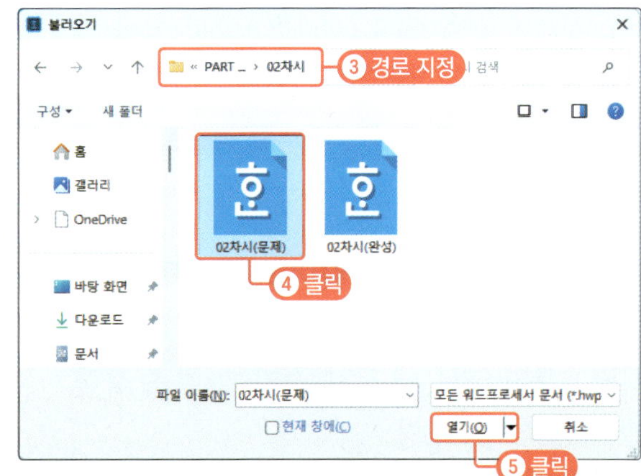

 **Level UP** **문단 부호**

만약 문서에 줄 바꿈 기호(↵)가 표시되지 않는다면 [보기] 탭-[문단 부호]에 체크한 후 작업하는 것이 편리합니다.

2 첫 번째 페이지의 1. 아랫줄을 클릭하여 커서를 위치시킵니다.

3 024페이지의 ≪출력형태≫를 참고하여 작업에 필요한 내용을 정확하게 입력합니다.

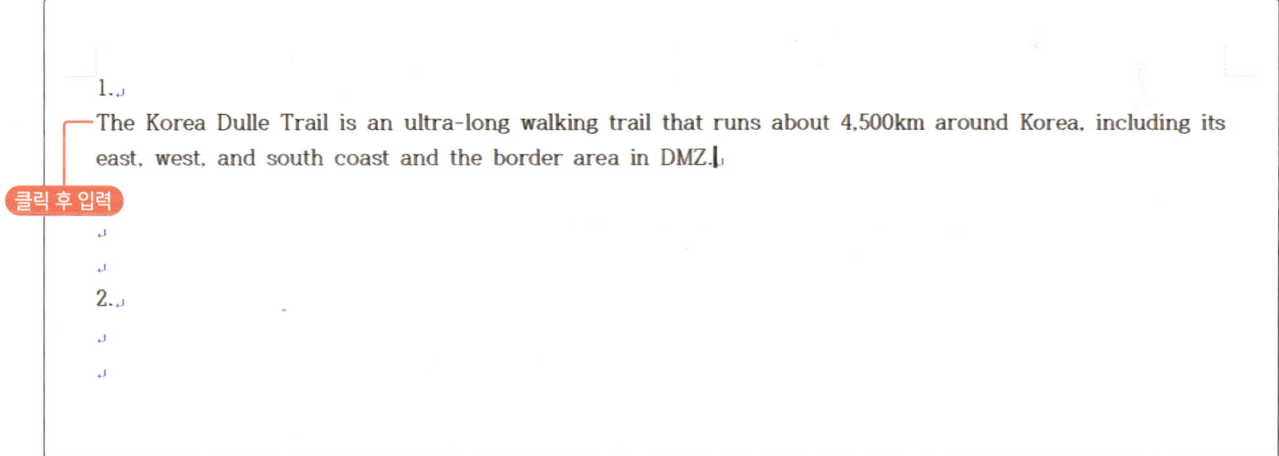

 **Level UP** **DMZ 입력 후 자동 한글 변환되었을 때**

DMZ 입력 후 오른쪽 방향키(→)를 한 번 누른 후 마침표(.)를 입력하면 영문 입력을 정상적으로 완료할 수 있어요.

1. 다음의 《조건》에 따라 스타일 기능을 적용하여 《출력형태》와 같이 작성하시오. (50점)

《조건》
(1) 스타일 이름 – disease
(2) 문단 모양 – 첫 줄 들여쓰기 : 10pt, 문단 아래 간격 : 10pt
(3) 글자 모양 – 글꼴 : 한글(굴림)/영문(돋움), 크기 : 10pt, 장평 : 105%, 자간 : –5%

《출력형태》

A disease is a particular abnormal condition that negatively affects the structure of function of all or part of an organism, and that is not due to any immediate external injury.

질병은 생물학적 차원의 개념으로 병리학 혹은 생리학의 관점에서 심신이 계속적으로 장애를 일으켜서 정상적인 기능을 할 수 없는 상태를 의미하며, 감염성 질환과 비감염성 질환으로 나눈다.

2. 다음의 《조건》에 따라 《출력형태》와 같이 표와 차트를 작성하시오. (100점)

《표 조건》
(1) 표 전체(표, 캡션) – 돋움, 10pt
(2) 정렬 – 문자 : 가운데 정렬, 숫자 : 오른쪽 정렬
(3) 셀 배경(면색) : 노랑
(4) 한글의 계산 기능을 이용하여 빈칸에 평균(소수점 두 자리)을 구하고, 캡션 기능 사용할 것
(5) 선 모양은 《출력형태》와 동일하게 처리할 것

《출력형태》

지역별 주5일 이상 아침식사 결식 학생 수(단위 : 명)

지역	2016년	2017년	2018년	2019년	평균
서울	9,567	9,287	8,771	8,337	
경기	13,990	13,465	12,798	12,360	
강원	2,224	2,219	2,262	2,056	
대전	2,682	2,377	2,273	2,184	

《차트 조건》
(1) 차트 데이터는 표 내용에서 연도별 서울, 경기, 강원의 값만 이용할 것
(2) 종류 – <묶은 세로 막대형>으로 작업할 것
(3) 제목 – 궁서, 진하게, 12pt, 속성 – 채우기(밝은 색 : 하양), 테두리, 그림자(바깥쪽 : 대각선 오른쪽 아래)
(4) 제목 이외의 전체 글꼴 – 궁서, 보통, 10pt
(5) 축제목과 범례는 《출력형태》와 동일하게 처리할 것

《출력형태》

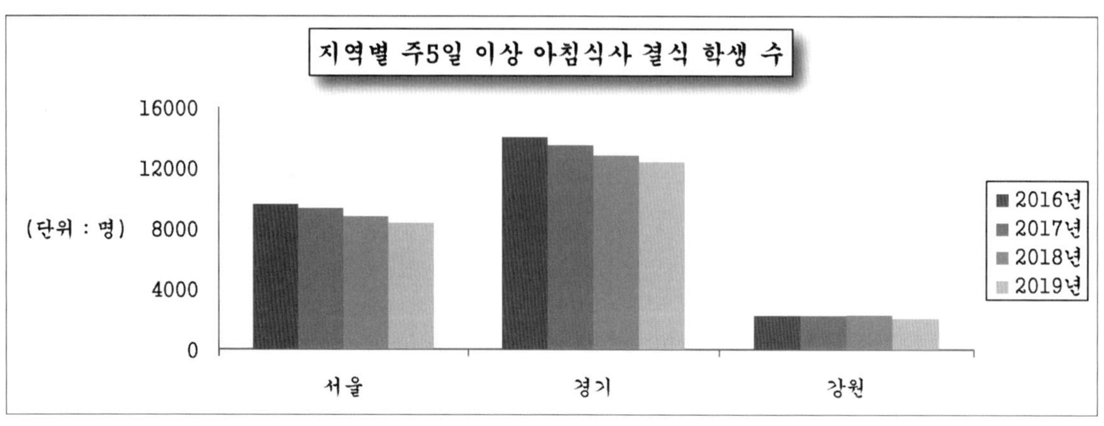

4 Enter를 한 번 눌러 아랫줄에 한글 내용을 입력합니다.

ITQ 꿀팁

《출력형태》를 살펴보면 영문과 한글이 입력된 문장 사이가 한 줄 띄어진 것처럼 보일 수 있습니다. 이는 스타일 기능으로 문단 아래 간격에 여백이 지정된 결과이므로, 내용을 입력할 때는 위쪽 결과 이미지와 같이 줄을 띄우지 않고 입력해 주세요.

STEP 02 스타일 추가하고 적용하기

(1) 스타일 이름 - walk
(2) 문단 모양 - 왼쪽 여백 : 10pt, 문단 아래 간격 : 10pt
(3) 글자 모양 - 글꼴 : 한글(궁서)/영문(굴림), 크기 : 10pt, 장평 : 105%, 자간 : -5%

1 입력한 내용 전체를 블록으로 지정한 다음 [서식] 탭-**[스타일 추가하기]**를 클릭합니다.

★ 문제 번호까지 블록으로 지정되지 않도록 유의해요.

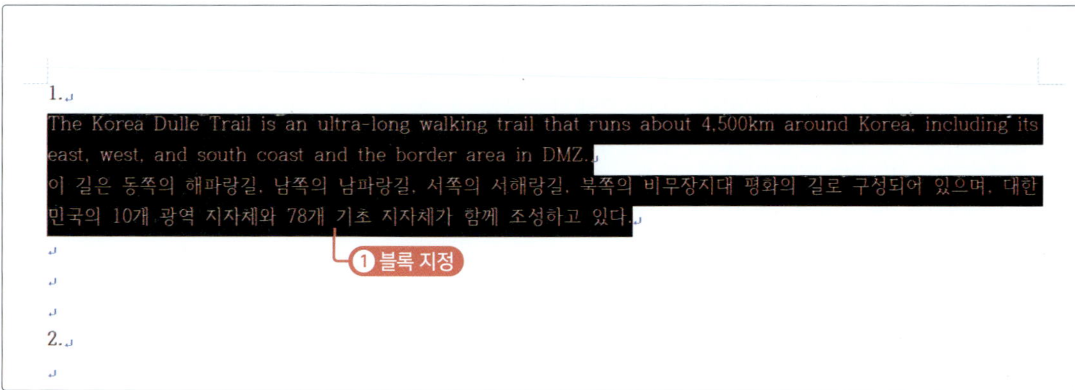

정보기술자격(ITQ) 최신기출문제

과 목	코 드	문제유형	시험시간	수험번호	성 명
아래한글	1111	A	60분		

수험자 유의사항

◎ 수험자는 문제지를 받는 즉시 문제지와 <u>수험표상의 시험과목(프로그램)이 동일한지 반드시 확인</u>하여야 합니다.

◎ 파일명은 본인의 "수험번호-성명"으로 입력하여 답안폴더(내 PC\문서\ITQ)에 하나의 파일로 저장해야 하며, 답안 파일을 전송하지 않아 미제출로 처리될 경우 실격 처리합니다(예:12345678-홍길동.hwpx).

◎ 답안 작성을 마치면 파일을 저장하고, '답안 전송' 버튼을 선택하여 감독위원 PC로 답안을 전송하십시오. 수험생 정보와 저장한 파일명이 다를 경우 전송되지 않으므로 주의하시기 바랍니다.

◎ 답안 작성 중에도 주기적으로 저장하고, '답안 전송'하여야 문제 발생을 줄일 수 있습니다. 작업한 내용을 저장하지 않고 전송할 경우 이전에 저장된 내용이 전송되오니 이점 유의하시기 바랍니다.

◎ 답안문서는 지정된 경로 외의 다른 보조기억장치에 저장하는 경우, 지정된 시험 시간 외에 작성된 파일을 활용할 경우, 기타 통신수단(이메일, 메신저, 네트워크 등)을 이용하여 타인에게 전달 또는 외부 반출하는 경우는 부정 처리합니다.

◎ 시험 중 부주의 또는 고의로 시스템을 파손한 경우는 수험자가 변상해야 하며, <수험자 유의사항>에 기재된 방법대로 이행하지 않아 생기는 불이익은 수험생 당사자의 책임임을 알려 드립니다.

◎ 문제의 조건은 한컴오피스 2022/2020 버전으로 설정되어 있으니 유의하시기 바랍니다.

◎ 시험을 완료한 수험자는 답안파일이 전송되었는지 확인한 후 감독위원의 지시에 따라 문제지를 제출하고 퇴실합니다.

답안 작성요령

◎ 온라인 답안 작성 절차
   수험자 등록 ⇒ 시험 시작 ⇒ 답안파일 저장 ⇒ 답안 전송 ⇒ 시험 종료

◎ 공통 부문
   • 글꼴에 대한 기본설정은 함초롬바탕, 10포인트, 검정, 줄간격 160%, 양쪽정렬로 합니다.
   • 색상은 조건의 색을 적용하고 색의 구분이 안 될 경우에는 RGB 값을 적용하십시오.
     (빨강 255,0,0 / 파랑 0,0,255 / 노랑 255,255,0).
   • 각 문항에 주어진 《조건》에 따라 작성하고 언급하지 않은 조건은 《출력형태》와 같이 작성합니다.
   • 용지여백은 왼쪽·오른쪽 11mm, 위쪽·아래쪽·머리말·꼬리말 10mm, 제본 0mm로 합니다.
   • 그림 삽입 문제의 경우 「내 PC\문서\ITQ\Picture」 폴더에서 지정된 파일을 선택하여 삽입하십시오.
   • 삽입한 그림은 반드시 문서에 포함하여 저장해야 합니다(미포함 시 감점 처리).
   • 각 항목은 지정된 페이지에 출력형태와 같이 정확히 작성하시기 바라며, 그렇지 않을 경우에 해당 항목은 0점 처리됩니다.
     ※ 페이지구분 : 1페이지 – 기능평가 I (문제번호 표시 : 1. 2.),
                    2페이지 – 기능평가 II (문제번호 표시 : 3. 4.),
                    3페이지 – 문서작성 능력평가

◎ 기능평가
   • 문제와 《조건》은 입력하지 않으며 문제번호와 답(《출력형태》)만 작성합니다.
   • 4번 문제는 묶기를 했을 경우 0점 처리됩니다.

◎ 문서작성 능력평가
   • A4 용지(210mm×297mm) 1매 크기, 세로 서식 문서로 작성합니다.
   • [_______] 표시는 문서작성에 대한 지시사항이므로 작성하지 않습니다.

2 아래 과정을 참고하여 스타일을 추가합니다.

> **ITQ 꿀팁**
>
> - 스타일 이름은 항상 영문으로 출제되고 있어요.
> - 문단 모양 지정 시 '왼쪽 여백' 또는 '첫 줄 들여쓰기'를 지정하는 문제가 번갈아 출제되고 있어요.
> - 글자 모양 지정 시 '기준 크기, 장평, 자간' 값을 먼저 입력한 다음 언어(한글/영문)별로 글꼴을 지정하는 것이 편리해요.

글꼴 : 돋움, 18pt, 진하게, 가운데 정렬
책갈피 이름 : 자정능력
덧말 넣기

머리말 기능
굴림, 10pt, 오른쪽 정렬 → 물과 사람

문단 첫 글자 장식 기능
글꼴 : 궁서, 면색 : 노랑

자연정화작용
물의 자정능력과 수질오염

그림위치(내 PC₩문서₩ITQ₩Picture₩그림4.jpg, 문서에 포함)
자르기 기능 이용, 크기(40mm×35mm), 바깥 여백 왼쪽 : 2mm

생태계는 동물, 식물 등의 생물체와 땅, 공기와 같은 미생물적 요소로 구성된다. 생물체는 미생물적 요소를 이용하고 그 조건 속에서 살아간다. 생태계는 환경에 위해나 변화가 발생할 때 그 변화에 적응(適應)하고 균형을 유지하여 영향을 줄일 수 있는 능력을 갖추고 있는데 이를 자정 능력이라 한다. 그러나 자연을 과도하게 개발하여 자연자원을 고갈시키거나, 생태계가 감당할 수 없는 많은 양의 쓰레기를 자연환경에 배출(排出)하면 환경오염이 발생한다. 이처럼 오염이 과도하여 생태계의 자정 능력을 넘어서면 생태계가 파괴되고 생물체는 생존의 위협을 받게 된다.

각주

　적은 양의 물의 오염은 오히려 정상적인 것이지만 오염물질의 유입량이 한계를 초과하여 그 수역의 자정 능력만으로 정화되지 못할 경우에는 수질의 변화와 함께 물의 이용 가치가 떨어지고 생물이나 인간에게 악영향을 미치는데, 이것을 수질오염이라고 한다. 물의 자정 능력은 물속의 박테리아㉠ 수, 영양 물량, 용존산소량 등에 의하여 결정되므로 폐수의 방류 시에는 반드시 이를 신중하게 고려해야 한다. 기업체뿐만 아니라 우리 모두가 오염의 원인이자 문제 해결의 책임자임을 명심하여 수질 개선을 위한 노력에 힘을 모아야 할 것이다.

♣ 수질오염사고 발생 시 대처요령

글꼴 : 굴림, 18pt, 하양
음영색 : 빨강

(ㄱ) 수질오염 구별법
　　(1) 물의 맛과 냄새, 색깔 등이 평소와 다를 때
　　(2) 하천 등의 지역에서 어류활동이 이상하거나 폐사할 때
(ㄴ) 수질오염사고 발생 시 국민행동요령
　　(1) 낚시, 수영, 보트놀이 등 친수 활동 금지
　　(2) 식수의 사용을 중단하고 어로 및 수렵 행위 중단

문단 번호 기능 사용
　1수준 : 20pt, 오른쪽정렬,
　2수준 : 30pt, 오른쪽정렬
줄 간격 : 180%

표 전체 글꼴 : 돋움, 10pt, 가운데 정렬
셀 배경(그러데이션) : 유형(왼쪽 대각선),
　　　　　시작색(하양), 끝색(노랑)

♣ 학회 발전 목표 및 추진 과제

글꼴 : 굴림, 18pt, 밑줄, 강조점

분야	발전 목표	추진 과제
학술	물 분야의 학술 발전을 위한 학회 역할 강화	수자원 관련 새로운 수요 창출
학술	물 분야의 학술 발전을 위한 학회 역할 강화	정기 학술 발표회 운영 개선
기술	수자원의 기술 및 교육을 위한 학회 역량 강화	수자원 기술 강좌의 활성화
기술	수자원의 기술 및 교육을 위한 학회 역량 강화	수자원 기술 정보의 교류 확대
대외협력	학회 활동의 세계화 추진	국제 학술대회의 지속적 유치
대외협력	학회 활동의 세계화 추진	미래 세대를 위한 교육 및 홍보

글꼴 : 궁서, 24pt, 진하게
장평 105%, 오른쪽 정렬 →

한국수자원 학회

각주 구분선 : 5cm

㉠ 생물체 가운데 가장 미세하고 가장 하등에 속하는 단세포 생활체

쪽 번호 매기기
4로 시작 → iv

3 [서식] 탭에서 스타일 목록에 추가된 **walk**를 클릭하여 블록으로 지정된 부분에 스타일을 적용시킵니다.

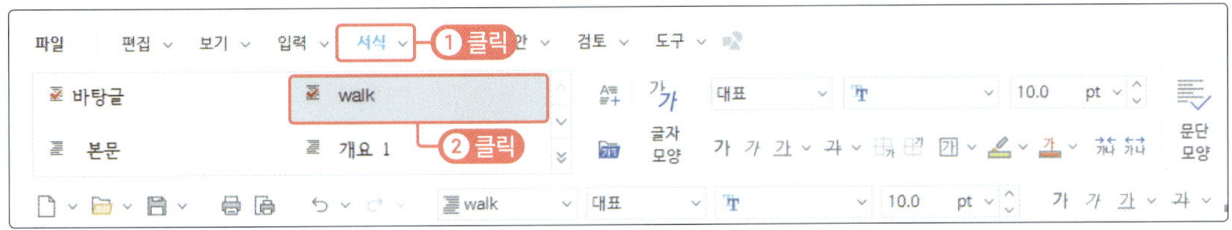

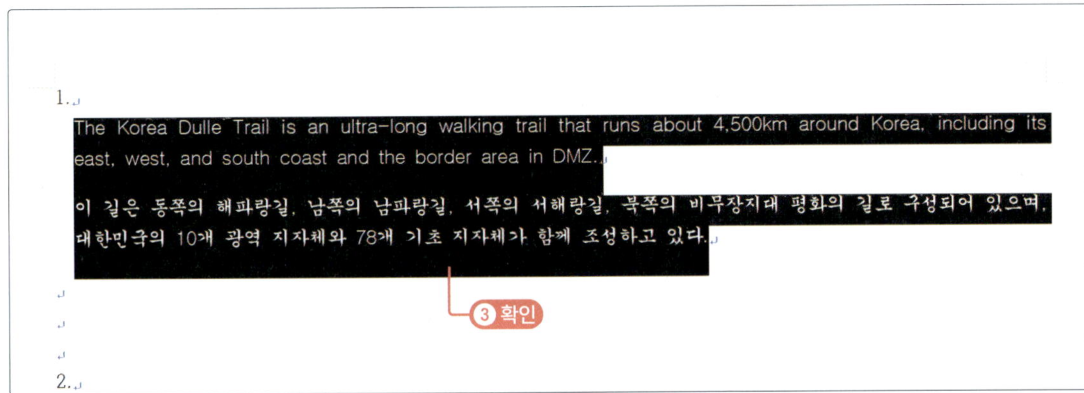

4 `Esc`를 눌러 블록 지정을 해제한 후 《출력형태》와 같이 스타일이 적용된 것을 확인해 봅니다.

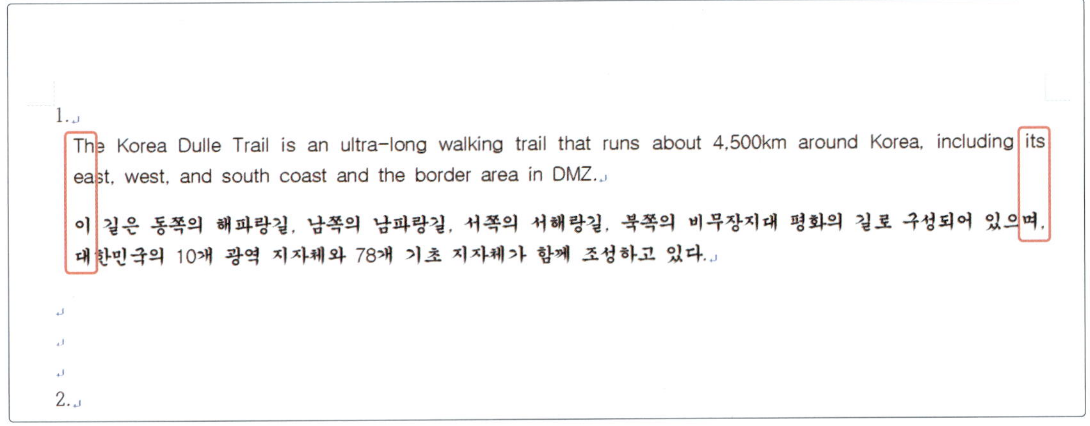

ITQ 꿀팁

스타일 지정이 끝나면 《출력형태》와 비교하여 문장의 양쪽 끝 글자에 오탈자가 없는지 확인해 보세요.

5 작업이 완료되면 서식 도구 상자에서 [저장하기(💾)]를 클릭하거나, `Alt`+`S`를 눌러 답안 파일을 저장합니다.

3. 다음 (1), (2)의 수식을 수식 편집기로 각각 입력하시오. (40점)

《출력형태》

(1) $F = \dfrac{4\pi^2}{T^2} - 1 = 4\pi^2 K \dfrac{m}{r^2}$

(2) $E = \sqrt{\dfrac{GM}{R}} \, , \, \dfrac{R^3}{T^2} = \dfrac{GM}{4\pi^2}$

4. 다음의 《조건》에 따라 《출력형태》와 같이 문서를 작성하시오. (110점)

《조건》   (1) 그리기 도구를 이용하여 작성하고, 모든 도형(글맵시, 지정된 그림 포함)을 《출력형태》와 같이
작성하시오.

          (2) 도형의 면색은 지시사항이 없으면 색 없음을 제외하고 서로 다르게 임의로 지정하시오.

《출력형태》

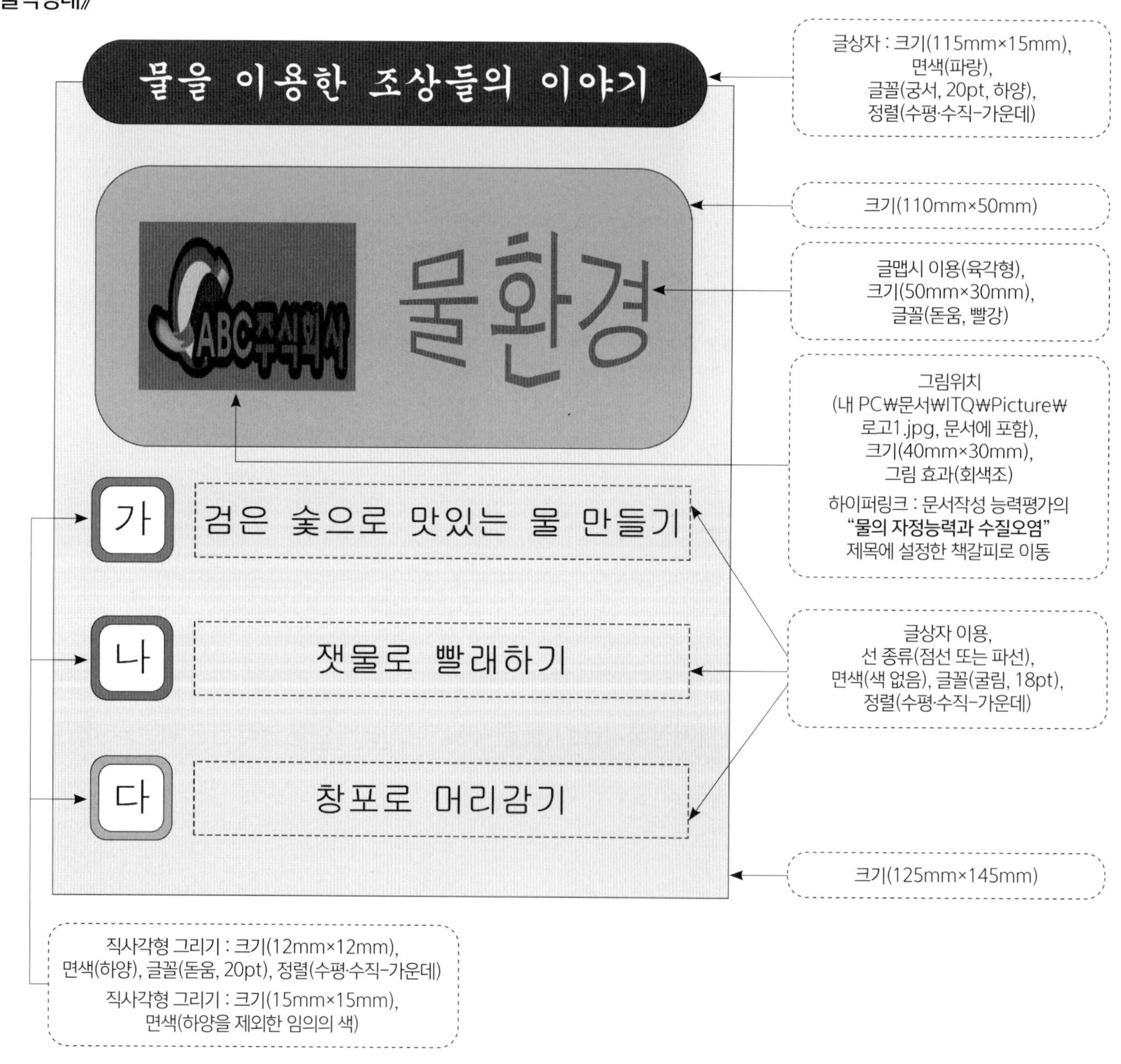

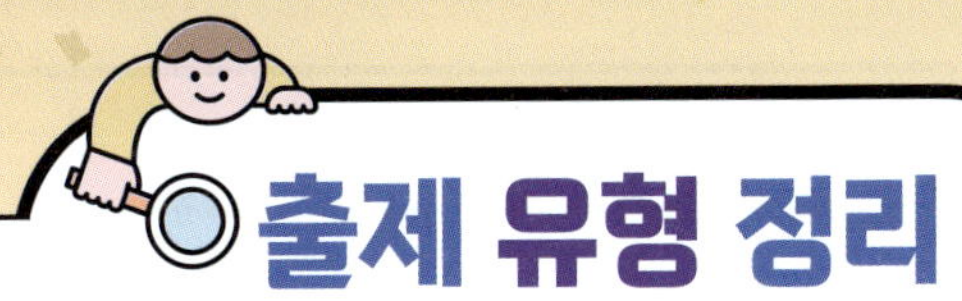

출제 유형 정리

1 다음의 조건에 따라 스타일 기능을 적용하여 출력형태와 같이 작성해 보세요.

⊘ 실습파일 : 유형02-1(문제).hwpx   ⊘ 완성파일 : 유형02-1(완성).hwpx

《조건》
(1) 스타일 이름 – autonomous
(2) 문단 모양 – 왼쪽 여백 : 15pt, 문단 아래 간격 : 10pt
(3) 글자 모양 – 글꼴 : 한글(돋움)/영문(굴림), 크기 : 10pt, 장평 : 95%, 자간 : 5%

《출력형태》

1.

Self-driving cars utilize AI, Sensors, and camera for autonomous navigation. This innovative mobility solution enhances safety, improves traffic flow, and creates new urban transport possibilities.

자율주행차는 인공지능, 첨단 센서, 카메라 등을 활용하고 주변 환경을 인식하고, 운전자 개입 없이 스스로 주행하는 자동차로 도시 교통의 새로운 패러다임을 제시하고 있다.

2 다음의 조건에 따라 스타일 기능을 적용하여 출력형태와 같이 작성해 보세요.

⊘ 실습파일 : 유형02-2(문제).hwpx   ⊘ 완성파일 : 유형02-2(완성).hwpx

《조건》
(1) 스타일 이름 – logistics
(2) 문단 모양 – 왼쪽 여백 : 15pt, 문단 아래 간격 : 10pt
(3) 글자 모양 – 글꼴 : 한글(궁서)/영문(돋움), 크기 : 10pt, 장평 : 95%, 자간 : 5%

《출력형태》

1.

KOREA MAT 2025 is the only professional trade exhibition of logistics industry in KOREA exhibiting materials handling & logistics from software to hardware after packaging process.

국제물류산업전은 업계 전문가들이 교류하고, 혁신을 탐구하며, 한국 및 아시아-태평양 지역의 물류 및 자재 취급 분야에서 운영 효율성을 높일 수 있는 주요 플랫폼이다.

1. 다음의《조건》에 따라 스타일 기능을 적용하여《출력형태》와 같이 작성하시오. (50점)

《조건》　(1) 스타일 이름 – water

　(2) 문단 모양 – 첫 줄 들여쓰기 : 15pt, 문단 아래 간격 : 10pt

　(3) 글자 모양 – 글꼴 : 한글(굴림)/영문(돋움), 크기 : 10pt, 장평 : 95%, 자간 : –5%

《출력형태》

In order to reduce drastic climate change which has never appeared before, green growth has come to the fore as a national task and water management will be more significant for green growth.

현재 세계는 역사상 유례가 없는 물 부족 현상을 경험하고 있습니다. 수자원의 확보는 인류의 안전 보장은 물론, 사회와 국가의 지속할 수 있는 성장을 위한 필수요소가 되고 있습니다.

2. 다음의《조건》에 따라《출력형태》와 같이 표와 차트를 작성하시오. (100점)

《표 조건》　(1) 표 전체(표, 캡션) – 돋움, 10pt

　(2) 정렬 – 문자 : 가운데 정렬, 숫자 : 오른쪽 정렬

　(3) 셀 배경(면색) : 노랑

　(4) 한글의 계산 기능을 이용하여 빈칸에 평균(소수점 두 자리)을 구하고, 캡션 기능 사용할 것

　(5) 선 모양은《출력형태》와 동일하게 처리할 것

《출력형태》

2020년 10월 한강권역 수질 현황(단위 : mg/L)

구분	도곡	잠실	우이천	노량진	평균
용존산소	9.71	10.42	13.42	9.01	
부유물질	9.82	5.46	2.44	6.25	
총질소	1.92	2.16	5.83	4.31	
총인	0.036	0.024	0.041	0.047	✕

《차트 조건》　(1) 차트 데이터는 표 내용에서 수계별 용존산소, 부유물질, 총질소의 값만 이용할 것

　(2) 종류 – <묶은 가로 막대형>으로 작업할 것

　(3) 제목 – 궁서, 진하게, 12pt 속성 – 채우기(밝은 색 : 하양), 테두리, 그림자(바깥쪽 : 대각선 오른쪽 아래)

　(4) 제목 이외의 전체 글꼴 – 궁서, 보통, 10pt

　(5) 축제목과 범례는《출력형태》와 동일하게 처리할 것

《출력형태》

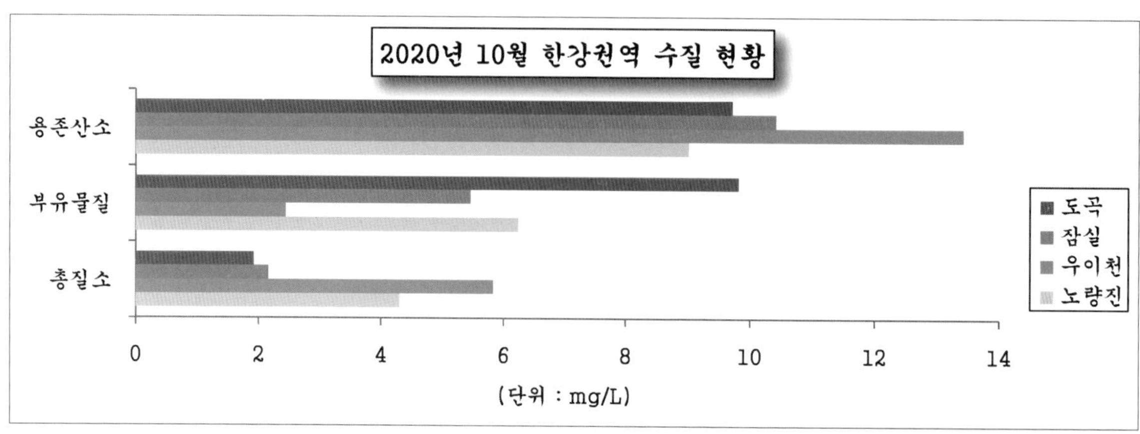

3 다음의 조건에 따라 스타일 기능을 적용하여 출력형태와 같이 작성해 보세요.

⊘ **실습파일** : 유형02-3(문제).hwpx   ⊘ **완성파일** : 유형02-3(완성).hwpx

《조건》

(1) 스타일 이름 – student
(2) 문단 모양 – 첫 줄 들여쓰기 : 10pt, 문단 아래 간격 : 10pt
(3) 글자 모양 – 글꼴 : 한글(굴림)/영문(궁서), 크기 : 10pt, 장평 : 95%, 자간 : 5%

《출력형태》

1.

  In Korea, the number of students decreases every year, but the decline in university quota is not significant, so universities are unable to fill more than 100,000 students.

  우리나라는 지속적인 출산율 저하로 해마다 학생수는 줄어드는데 대학 정원은 감소폭이 크지 않아 대학은 약 10만명 이상 정원을 채우지 못하고 있다.

4 다음의 조건에 따라 스타일 기능을 적용하여 출력형태와 같이 작성해 보세요.

⊘ **실습파일** : 유형02-4(문제).hwpx   ⊘ **완성파일** : 유형02-4(완성).hwpx

《조건》

(1) 스타일 이름 – expo
(2) 문단 모양 – 왼쪽 여백 : 15pt, 문단 아래 간격 : 10pt
(3) 글자 모양 – 글꼴 : 한글(궁서)/영문(돋움), 크기 : 10pt, 장평 : 95%, 자간 : 5%

《출력형태》

1.

  This is the largest market place of safety industry in Korea to introduce advanced technologies in safety industry of Korea to public and private buyers coming from home and abroad.

  대한민국 안전산업박람회는 국내 최대 규모의 안전산업 전문 전시회로 국내외 업계 종사자, 정부, 지자체, 공공기관 관계자 등 국내외 바이어들을 한자리에서 만날 수 있다.

정보기술자격(ITQ) 최신기출문제

과 목	코 드	문제유형	시험시간	수험번호	성 명
아래한글	1111	C	60분		

수험자 유의사항

◎ 수험자는 문제지를 받는 즉시 문제지와 **수험표상의 시험과목(프로그램)이 동일한지 반드시 확인**하여야 합니다.

◎ 파일명은 본인의 "수험번호–성명"으로 입력하여 답안폴더(내 PC\문서\ITQ)에 하나의 파일로 저장해야 하며, 답안 파일을 전송하지 않아 미제출로 처리될 경우 실격 처리합니다(예:12345678–홍길동.hwpx).

◎ 답안 작성을 마치면 파일을 저장하고, '답안 전송' 버튼을 선택하여 감독위원 PC로 답안을 전송하십시오. 수험생 정보와 저장한 파일명이 다를 경우 전송되지 않으므로 주의하시기 바랍니다.

◎ 답안 작성 중에도 **주기적으로 저장하고, '답안 전송'**하여야 문제 발생을 줄일 수 있습니다. 작업한 내용을 저장하지 않고 전송할 경우 이전에 저장된 내용이 전송되오니 이점 유의하시기 바랍니다.

◎ 답안문서는 지정된 경로 외의 다른 보조기억장치에 저장하는 경우, 지정된 시험 시간 외에 작성된 파일을 활용할 경우, 기타 통신수단(이메일, 메신저, 네트워크 등)을 이용하여 타인에게 전달 또는 외부 반출하는 경우는 부정 처리합니다.

◎ 시험 중 부주의 또는 고의로 시스템을 파손한 경우는 수험자가 변상해야 하며, <수험자 유의사항>에 기재된 방법대로 이행하지 않아 생기는 불이익은 수험생 당사자의 책임임을 알려 드립니다.

◎ 문제의 조건은 한컴오피스 2022/2020 버전으로 설정되어 있으니 유의하시기 바랍니다.

◎ 시험을 완료한 수험자는 답안파일이 전송되었는지 확인한 후 감독위원의 지시에 따라 문제지를 제출하고 퇴실합니다.

답안 작성요령

◎ 온라인 답안 작성 절차

수험자 등록 ⇒ 시험 시작 ⇒ 답안파일 저장 ⇒ 답안 전송 ⇒ 시험 종료

◎ 공통 부문

· 글꼴에 대한 기본설정은 함초롬바탕, 10포인트, 검정, 줄간격 160%, 양쪽정렬로 합니다.

· 색상은 조건의 색을 적용하고 색의 구분이 안 될 경우에는 RGB 값을 적용하십시오.
  (빨강 255,0,0 / 파랑 0,0,255 / 노랑 255,255,0).

· 각 문항에 주어진 《조건》에 따라 작성하고 언급하지 않은 조건은 《출력형태》와 같이 작성합니다.

· 용지여백은 왼쪽 ·오른쪽 11mm, 위쪽·아래쪽·머리말·꼬리말 10mm, 제본 0mm로 합니다.

· 그림 삽입 문제의 경우 「내 PC\문서\ITQ\Picture」 폴더에서 지정된 파일을 선택하여 삽입하십시오.

· 삽입한 그림은 반드시 문서에 포함하여 저장해야 합니다(미포함 시 감점 처리).

· 각 항목은 지정된 페이지에 출력형태와 같이 정확히 작성하시기 바라며, 그렇지 않을 경우에 해당 항목은 0점 처리됩니다.
  ※ 페이지구분 : 1페이지 – 기능평가 I (문제번호 표시 : 1. 2.),
  　　　　　　　 2페이지 – 기능평가 II (문제번호 표시 : 3. 4.),
  　　　　　　　 3페이지 – 문서작성 능력평가

◎ 기능평가

· 문제와 《조건》은 입력하지 않으며 문제번호와 답(《출력형태》)만 작성합니다.

· 4번 문제는 묶기를 했을 경우 0점 처리됩니다.

◎ 문서작성 능력평가

· A4 용지(210mm×297mm) 1매 크기, 세로 서식 문서로 작성합니다.

· ⌐ ⌐ ⌐ ⌐ ⌐ ⌐ ⌐ 표시는 문서작성에 대한 지시사항이므로 작성하지 않습니다.

5 다음의 조건에 따라 스타일 기능을 적용하여 출력형태와 같이 작성해 보세요.

⊘ **실습파일** : 유형02-5(문제).hwpx   ⊘ **완성파일** : 유형02-5(완성).hwpx

《조건》
(1) 스타일 이름 – sdgs
(2) 문단 모양 – 첫 줄 들여쓰기 : 10pt, 문단 아래 간격 : 10pt
(3) 글자 모양 – 글꼴 : 한글(궁서)/영문(돋움), 크기 : 10pt, 장평 : 95%, 자간 : 5%

《출력형태》

1.

It explores creative and innovative approaches to addressing the problem of local population extinction through the SDGs Future City, and provides solutions to community sustainability.

SDGs 미래도시를 통해 지역 인구소멸 문제를 해결하기 위한 창의적이고 혁신적인 접근법을 탐구하며, 지역사회의 지속가능성의 모티브와 해법, 유사 문제에 대한 가치 있는 통찰력을 제공한다.

6 다음의 조건에 따라 스타일 기능을 적용하여 출력형태와 같이 작성해 보세요.

⊘ **실습파일** : 유형02-6(문제).hwpx   ⊘ **완성파일** : 유형02-6(완성).hwpx

《조건》
(1) 스타일 이름 – manhwa
(2) 문단 모양 – 왼쪽 여백 : 15pt, 문단 아래 간격 : 10pt
(3) 글자 모양 – 글꼴 : 한글(궁서)/영문(돋움), 크기 : 10pt, 장평 : 95%, 자간 : 5%

《출력형태》

1.

Korea Manhwa Museum opened in 2001. All collections are open to the public by various exhibitions. Museum also runs variety of experiential activities related Manhwa.

디지털 미디어 시대에서 만화는 웹툰으로 탈바꿈했고, 이제 웹툰은 만화라는 어머니를 삼켜버린 절대적 용어가 되었다고 해도 과언이 아니다.

글꼴 : 돋움, 18pt, 진하게, 가운데 정렬
책갈피 이름 : 특산물
덧말 넣기

머리말 기능
굴림, 10pt, 오른쪽 정렬 → 지역 특산물

우수한 향토 자원
대한민국 명품 특산물 페스티벌

문단 첫 글자 장식 기능
글꼴 : 궁서, 면색 : 노랑

그림위치(내 PC₩문서₩ITQ₩Picture₩그림4.jpg, 문서에 포함)
자르기 기능 이용, 크기(40mm×40mm), 바깥 여백 왼쪽 : 2mm

전국 대표 지역 특산물에 대한 관심과 선호도가 높아짐에 따라 생산자와 소비자, 유통 사업자 간의 활발한 교류(交流)가 필요한 시점에서 대한민국을 대표하는 최상의 지역 특산물이 한자리에 모여 축제로 즐기는 대한민국 명품 특산물 페스티벌이 국내 최대 규모의 종합 전시장인 킨텍스에서 9월 30일부터 4일간 장마당으로 열린다. 대한민국 명품 특산물 페스티벌은 명품 특산물관을 비롯하여 지자체 비즈니스관, 대한민국을 대표하는 명품 특산물 향토기업관, 이벤트 전시관 등으로 구성되어 일반 소비자를 대상으로 하는 현장판매뿐만 아니라 지역 상품의 세일즈 마케팅을 위한 비즈니스 박람회로서 기업과 기업 간의 가교 역할(役割)을 하는 교류의 장을 펼치게 된다.

대한민국 명품 특산물 페스티벌은 우수한 향토자원을 기반으로 한 각 지역의 대표 농축 수산 특산물 발굴은 물론 전문 마케팅 플랫폼 제공을 통해 명품 특산물의 소비 촉진 및 판로 개척에 크게 기여할 것으로 기대된다. 지난해에 이어 두 번째로 개최되는 이번 페스티벌은 참가업체의 판매 활성화를 위한 프로그램과 부대 행사㉠를 다양하게 마련하여 더욱 많은 참관객이 행사장을 방문할 수 있도록 차별화할 예정이다.

각주

★ 대한민국 명품 특산물 페스티벌 개요

글꼴 : 굴림, 18pt, 하양
음영색 : 빨강

A. 기간 및 장소

  i. 기간 : 2021. 9. 30.(목) - 2021. 10. 3.(일)

  ii. 장소 : 킨텍스 제2전시장 10홀

B. 주최 및 주관

  i. 주최 : 대한민국지방신문협의회

  ii. 주관 : 킨텍스, 메쎄이상

문단 번호 기능 사용
  1수준 : 20pt, 오른쪽정렬,
  2수준 : 30pt, 오른쪽정렬,
줄 간격 : 180%

표 전체 글꼴 : 돋움, 10pt, 가운데 정렬
셀 배경(그러데이션) : 유형(왼쪽 대각선),
  시작색(하양), 끝색(노랑)

★ 페스티벌 관련 주요 행사

글꼴 : 굴림, 18pt, 밑줄, 강조점

구분	전시회	세미나	부대행사 및 이벤트
일정	1일 - 4일차	2일차	1일 - 4일차
주제	전국 지역별 공산품 전시	식품 및 유통 관련 내용으로 진행	참관객 참여 행사
내용	농식품 6차 산업	국내 유통시장의 이해와 판로 개척	TV프로그램 생방송 방영
	지자체 인증 제품 전시	식품유통을 위한 온라인 시장 이해	온라인 슈퍼특가 이벤트
	지역별 우수 향토 제품 전시	소셜커머스 판매 촉진 방법	현장 경품 이벤트

글꼴 : 궁서, 24pt, 진하게
장평 105%, 오른쪽 정렬 → **명품특산물사무국**

각주 구분선 : 5cm

㉠ 지자체 대표문화 공연, 어린이 그림대회, 국민대통합 아리랑 등으로 구성됨

쪽 번호 매기기
2로 시작 → B

출제 패턴 반복 연습

A 아래 출력형태를 참고하여 내용을 입력해 보세요.

☑ **실습파일** : 패턴02-1(문제).hwpx   ☑ **완성파일** : 패턴02-1(완성).hwpx

패턴 01

❶ 영문 문장 입력 ❷ [Enter] 1번 누르기 ❸ 한글 문장 입력

1.
While Kimchi, which used to be a daily side dish on the tables of the Korean people is rich in vitamin, which is effective in preventing bacillus proliferation, and contains anticancer compounds.
김치는 익어 가면서 항균 작용을 하게 된다. 숙성 과정 중 발생하는 젖산균은 새콤한 맛을 더해 줄 뿐만 아니라, 장 속의 다른 유해균의 작용을 억제하여 이상 발효를 막아주고 병원균을 억제한다.

패턴 02

❶ 영문 문장 입력 ❷ [Enter] 1번 누르기 ❸ 한글 문장 입력

1.
Namwon is a city of culture and tourism, where you can enjoy pristine natural landscape and colorful festivals all year around including the Chunhyang Festival.
남원은 판소리 다섯 마당 중 춘향가와 흥부가의 배경지가 될 만큼 예로부터 국악의 산실이었으며, 우리 민족의 영원한 '사랑의 지침서'인 고전 춘향전의 발상지이다.

패턴 03

❶ 영문 문장 입력 ❷ [Enter] 1번 누르기 ❸ 한글 문장 입력

1.
As the only Korean photovoltaic exhibition representing Asia, the EXPO Solar 2018/PV Korea is to be held in KINTEX from June 14(Thu) to 16(Sat), 2018.
아시아를 대표하는 대한민국 유일의 태양광 전문 전시회인 2018 세계 태양에너지 엑스포가 2018년 6월 14일(목)부터 16일(토)까지 3일간의 일정으로 킨텍스에서 개최된다.

3. 다음 (1), (2)의 수식을 수식 편집기로 각각 입력하시오. (40점)

《출력형태》

$$(1)\ \frac{x}{\sqrt{a}-\sqrt{b}}=\frac{x(\sqrt{a}+\sqrt{b})}{a-b} \qquad (2)\ \sum_{k=1}^{10}(k^3+6k^2+4k+3)=256$$

4. 다음의 《조건》에 따라 《출력형태》와 같이 문서를 작성하시오. (110점)

《조건》　　(1) 그리기 도구를 이용하여 작성하고, 모든 도형(글맵시, 지정된 그림 포함)을 《출력형태》와 같이 작성하시오.

　　　　　　(2) 도형의 면색은 지시사항이 없으면 색 없음을 제외하고 서로 다르게 임의로 지정하시오.

《출력형태》

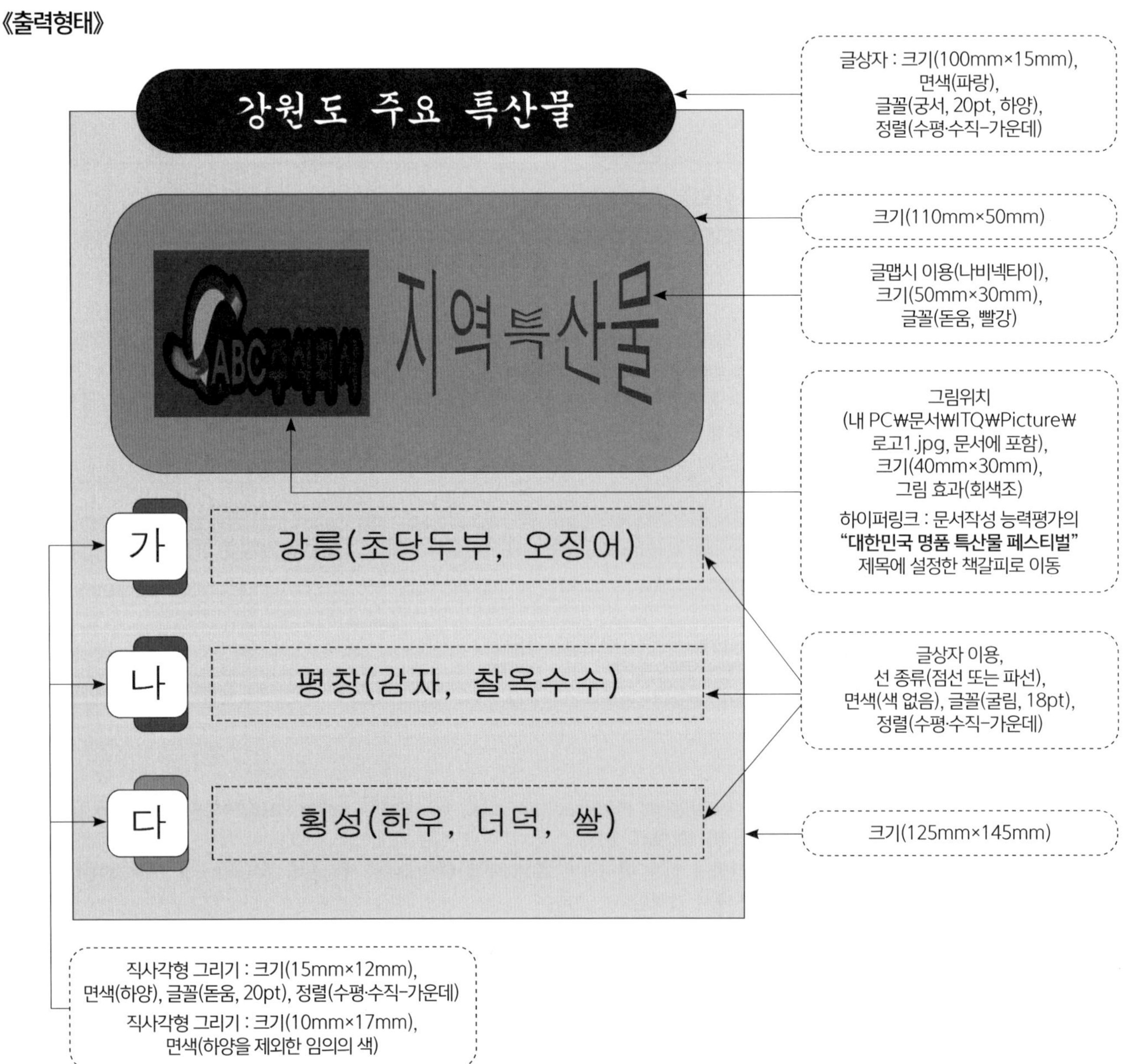

[기능평가 I] 표 작성 및 편집

⊘ 실습파일 : 03차시(문제).hwpx   ⊘ 완성파일 : 03차시(완성).hwpx

[배점] 100점_표+차트 (500점 만점)

[1페이지] 2. 다음의 《조건》에 따라 《출력형태》와 같이 표와 차트를 작성하시오.

《표 조건》

⑴ 표 전체(표, 캡션) – 돋움, 10pt
⑵ 정렬 – 문자 : 가운데 정렬, 숫자 : 오른쪽 정렬
⑶ 셀 배경(면색) : 노랑
⑷ 한글의 계산 기능을 이용하여 빈칸에 평균(소수점 두 자리)을 구하고, 캡션 기능 사용할 것
⑸ 선 모양은 《출력형태》와 동일하게 처리할 것

《출력형태》

1.

The Korea Dulle Trail is an ultra-long walking trail that runs about 4,500km around Korea, including its east, west, and south coast and the border area in DMZ.

이 길은 동쪽의 해파랑길, 남쪽의 남파랑길, 서쪽의 서해랑길, 북쪽의 비무장지대 평화의 길로 구성되어 있으며, 대한민국의 10개 광역 지자체와 78개 기초 지자체가 함께 조성하고 있다.

2.

외국인 방문객의 코리아둘레길 방문 비율 (단위 : %)

구분	보령/서천	경주	강릉/동해	울산	평균
대만	42.1	21.1	19.0	31.6	28.45
인도네시아	30.8	19.2	26.9	26.9	25.95
중국	31.0	26.2	11.9	9.5	19.65
호주	37.5	16.7	8.3	29.2	

1. 다음의 《조건》에 따라 스타일 기능을 적용하여 《출력형태》와 같이 작성하시오. (50점)

《조건》　(1) 스타일 이름 – festival
　　　　(2) 문단 모양 – 첫 줄 들여쓰기 : 15pt, 문단 아래 간격 : 10pt
　　　　(3) 글자 모양 – 글꼴 : 한글(굴림)/영문(돋움), 크기 : 10pt, 장평 : 95%, 자간 : -5%

《출력형태》

　　The 2021 Korea brand-name goods festival will be held for four days from September 30, 2021, the festival that brings together the taste, style and food of specialty products representing Korea.

　　대한민국을 대표하는 명품 특산물의 맛과 멋 그리고 먹거리가 함께 어우러지는 축제의 장인 2021 대한민국 명품 특산물 페스티벌이 2021년 9월 30일부터 4일간 개최된다.

2. 다음의 《조건》에 따라 《출력형태》와 같이 표와 차트를 작성하시오. (100점)

《표 조건》　(1) 표 전체(표, 캡션) – 돋움, 10pt
　　　　　(2) 정렬 – 문자 : 가운데 정렬, 숫자 : 오른쪽 정렬
　　　　　(3) 셀 배경(면색) : 노랑
　　　　　(4) 한글의 계산 기능을 이용하여 빈칸에 합계를 구하고, 캡션 기능 사용할 것
　　　　　(5) 선 모양은 《출력형태》와 동일하게 처리할 것

《출력형태》

대한민국 명품 특산물 페스티벌 참관객 현황(단위 : 명)

구분	2015년	2016년	2017년	2018년	합계
20대	6,850	7,084	7,120	7,423	
30대	8,105	8,215	8,880	8,908	
40대	7,005	7,154	7,290	7,361	
50대	6,323	6,108	6,505	6,782	

《차트 조건》　(1) 차트 데이터는 표 내용에서 연도별 20대, 30대, 40대의 값만 이용할 것
　　　　　　(2) 종류 – <묶은 세로 막대형>으로 작업할 것
　　　　　　(3) 제목 – 궁서, 진하게, 12pt, 속성 – 채우기(밝은 색 : 하양), 테두리, 그림자(바깥쪽 : 대각선 오른쪽 아래)
　　　　　　(4) 제목 이외의 전체 글꼴 – 궁서, 보통, 10pt
　　　　　　(5) 축제목과 범례는 《출력형태》와 동일하게 처리할 것

《출력형태》

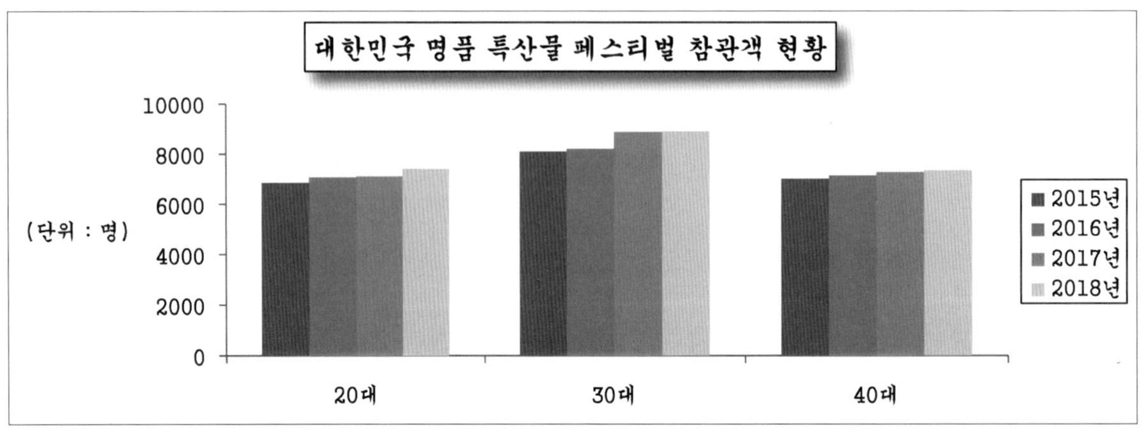

표 삽입 〉 글꼴 서식 변경 〉 데이터 입력 및 정렬 〉
블록 계산 〉 캡션 추가 〉 셀 배경색 지정 〉 선 모양(테두리) 지정

Check 01 표 만들기 : 표를 삽입하고 데이터를 입력해요!

구분	보령/서천	경주	강릉/동해	울산	평균
대만	42.1	21.1	19.0	31.6	
인도네시아	30.8	19.2	26.9	26.9	
중국	31.0	26.2	11.9	9.5	
호주	37.5	16.7	8.3	29.2	

표 삽입 & 데이터 입력 & 글꼴 서식 변경

구분	보령/서천	경주	강릉/동해	울산	평균
대만	42.1	21.1	19.0	31.6	28.45
인도네시아	30.8	19.2	26.9	26.9	25.95
중국	31.0	26.2	11.9	9.5	19.65
호주	37.5	16.7	8.3	29.2	

블록 평균 계산

Check 02 표 서식 지정하기 : 캡션을 추가한 후 표 서식을 지정해요!

외국인 방문객의 코리아둘레길 방문 비율 (단위 : %)

구분	보령/서천	경주	강릉/동해	울산	평균
대만	42.1	21.1	19.0	31.6	28.45
인도네시아	30.8	19.2	26.9	26.9	25.95
중국	31.0	26.2	11.9	9.5	19.65
호주	37.5	16.7	8.3	29.2	

캡션 추가

외국인 방문객의 코리아둘레길 방문 비율 (단위 : %)

구분	보령/서천	경주	강릉/동해	울산	평균
대만	42.1	21.1	19.0	31.6	28.45
인도네시아	30.8	19.2	26.9	26.9	25.95
중국	31.0	26.2	11.9	9.5	19.65
호주	37.5	16.7	8.3	29.2	

셀 배경색 & 테두리 & 대각선 적용

정보기술자격(ITQ) 최신기출문제

과 목	코 드	문제유형	시험시간	수험번호	성 명
아래한글	1111	B	60분		

수험자 유의사항

◎ 수험자는 문제지를 받는 즉시 문제지와 **수험표상의 시험과목(프로그램)이 동일한지 반드시 확인**하여야 합니다.

◎ 파일명은 본인의 "수험번호–성명"으로 입력하여 답안폴더(내 PC₩문서₩ITQ)에 하나의 파일로 저장해야 하며, 답안 파일을 전송하지 않아 미제출로 처리될 경우 실격 처리합니다(예:12345678–홍길동.hwpx).

◎ 답안 작성을 마치면 파일을 저장하고, '답안 전송' 버튼을 선택하여 감독위원 PC로 답안을 전송하십시오. 수험생 정보와 저장한 파일명이 다를 경우 전송되지 않으므로 주의하시기 바랍니다.

◎ 답안 작성 중에도 **주기적으로 저장하고, '답안 전송'**하여야 문제 발생을 줄일 수 있습니다. 작업한 내용을 저장하지 않고 전송할 경우 이전에 저장된 내용이 전송되오니 이점 유의하시기 바랍니다.

◎ 답안문서는 지정된 경로 외의 다른 보조기억장치에 저장하는 경우, 지정된 시험 시간 외에 작성된 파일을 활용할 경우, 기타 통신수단(이메일, 메신저, 네트워크 등)을 이용하여 타인에게 전달 또는 외부 반출하는 경우는 부정 처리합니다.

◎ 시험 중 부주의 또는 고의로 시스템을 파손한 경우는 수험자가 변상해야 하며, <수험자 유의사항>에 기재된 방법대로 이행하지 않아 생기는 불이익은 수험생 당사자의 책임임을 알려 드립니다.

◎ 문제의 조건은 한컴오피스 2022/2020 버전으로 설정되어 있으니 유의하시기 바랍니다.

◎ 시험을 완료한 수험자는 답안파일이 전송되었는지 확인한 후 감독위원의 지시에 따라 문제지를 제출하고 퇴실합니다.

답안 작성요령

◎ 온라인 답안 작성 절차

수험자 등록 ⇒ 시험 시작 ⇒ 답안파일 저장 ⇒ 답안 전송 ⇒ 시험 종료

◎ 공통 부문

· 글꼴에 대한 기본설정은 함초롬바탕, 10포인트, 검정, 줄간격 160%, 양쪽정렬로 합니다.

· 색상은 조건의 색을 적용하고 색의 구분이 안 될 경우에는 RGB 값을 적용하십시오.
  (빨강 255,0,0 / 파랑 0,0,255 / 노랑 255,255,0).

· 각 문항에 주어진 《조건》에 따라 작성하고 언급하지 않은 조건은 《출력형태》와 같이 작성합니다.

· 용지여백은 왼쪽·오른쪽 11mm, 위쪽·아래쪽·머리말·꼬리말 10mm, 제본 0mm로 합니다.

· 그림 삽입 문제의 경우 「내 PC₩문서₩ITQ₩Picture」 폴더에서 지정된 파일을 선택하여 삽입하십시오.

· 삽입한 그림은 반드시 문서에 포함하여 저장해야 합니다(미포함 시 감점 처리).

· 각 항목은 지정된 페이지에 출력형태와 같이 정확히 작성하시기 바라며, 그렇지 않을 경우에 해당 항목은 0점 처리됩니다.

  ※ 페이지구분 : 1페이지 – 기능평가 I (문제번호 표시 : 1. 2.),
  　　　　　　　　 2페이지 – 기능평가 II (문제번호 표시 : 3. 4.),
  　　　　　　　　 3페이지 – 문서작성 능력평가

◎ 기능평가

· 문제와 《조건》은 입력하지 않으며 문제번호와 답(《출력형태》)만 작성합니다.

· 4번 문제는 묶기를 했을 경우 0점 처리됩니다.

◎ 문서작성 능력평가

· A4 용지(210mm×297mm) 1매 크기, 세로 서식 문서로 작성합니다.

· ⌐⎯⎯⎯⌐ 표시는 문서작성에 대한 지시사항이므로 작성하지 않습니다.

표 삽입 후 데이터 입력하기

(1) 표 전체(표, 캡션) – 돋움, 10pt
(2) 정렬 – 문자 : 가운데 정렬, 숫자 : 오른쪽 정렬

1 한글 2022 프로그램을 실행한 후 [03차시] 폴더에서 **03차시(문제).hwpx** 파일을 불러옵니다.

★ Alt+O를 눌러 파일을 불러오는 방법도 있어요.

2 첫 번째 페이지의 문제 번호 2. 아랫줄에 커서를 위치시킨 후 [입력] 탭에서 [표]를 클릭합니다.

★ Ctrl+N, T를 눌러 표를 삽입할 수도 있어요.

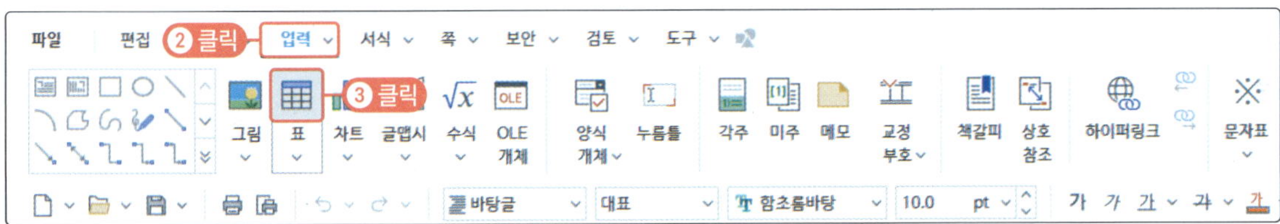

3 줄 개수와 칸 개수를 입력한 다음 **글자처럼 취급**하여 표를 만들어줍니다.

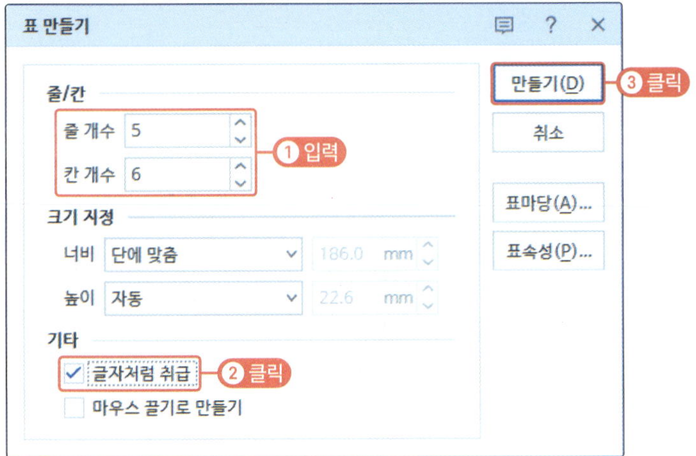

글꼴 : 돋움, 18pt, 진하게, 가운데 정렬
책갈피 이름 : 인터넷윤리
덧말 넣기

머리말 기능
굴림, 10pt, 오른쪽 정렬 → 디지털 리터러시

디지털 시민역량
건전한 인터넷 이용문화 조성

문단 첫 글자 장식 기능
글꼴 : 궁서, 면색 : 노랑

그림위치(내 PC₩문서₩ITQ₩Picture₩그림4.jpg, 문서에 포함)
자르기 기능 이용, 크기(40mm×35mm), 바깥 여백 왼쪽 : 2mm

국민의 삶이 디지털화되면서 인터넷과 스마트폰 이용이 일상화되었고, 생활양식과 세대 간 소통방식이 변화하였으나 동의 없는 개인신상정보 공개, 허위사실 유포, 무분별한 퍼나르기, 악성 댓글 등 사이버폭력이 심각한 사회문제로 자리 잡았다. 2018년 방송통신위원회와 한국지능정보사회진흥원이 실시한 사이버폭력 실태조사 결과에 따르면, 사이버폭력을 한 번이라도 경험한 가해 및 피해 경험률이 청소년은 전년 대비 4.7% 증가하였으며 성인은 13.3%로 큰 증가폭을 보였다. 이는 청소년뿐 아니라 성인들에게도 인터넷윤리 교육 및 캠페인을 확대해야 한다는 현실을 시사하고 있다.

이에 방송통신위원회와 한국지능정보사회진흥원은 유아 및 청소년, 성인, 학부모, 취약계층을 위한 맞춤형 인터넷윤리 교육을 추진(推進)하고 있다. 사이버폭력 예방의 단편적 교육뿐 아니라 정보 판별, 콘텐츠 분별, 올바른 개인방송 제작의 필요성 등 새로운 역기능(逆機能)을 예방하기 위한 교육프로그램을 개발하여 보급하고 있다. 또한 아름다운 인터넷 세상, 한국인터넷드림단㉠ 등 인터넷윤리의 브랜드화로 국민의 인터넷윤리 인식을 제고하고 호감도를 향상시키고 있다.

각주

♥ 주요국의 디지털시민교육 현황

글꼴 : 굴림, 18pt, 하양
음영색 : 빨강

   A. 미국

      ① 목표 : 안전하고 현명한 윤리적 온라인 활동 촉진

      ② 주요 내용 : 뉴스 및 미디어 리터러시, 개인정보 및 보안 등

   B. 싱가포르

      ① 목표 : 안전하고 책임감 있는 온라인 활동 함양

      ② 주요 내용 : 온라인 정체성, 안전한 온라인 관계, 긍정적 참여 등

문단 번호 기능 사용
  1수준 : 20pt, 오른쪽정렬,
  2수준 : 30pt, 오른쪽정렬,
줄 간격 : 180%

표 전체 글꼴 : 돋움, 10pt, 가운데 정렬
셀 배경(그레데이션) : 유형(왼쪽 대각선),
  시작색(하양), 끝색(노랑)

♥ 인터넷윤리 교육 과정별 운영 현황

글꼴 : 굴림, 18pt, 밑줄, 강조점

교육명	대상	주요 내용
바른인터넷유아학교	유아	유아 대상 인형극 공연 및 디지털 교구 활용 교육
한국인터넷드림단	초중고 학생	방과 후 동아리활동 지원, 인터넷윤리 및 건전한 인터넷문화 조성 교육
전문강사 순회강연		전문강사 파견을 통한 건강한 인터넷 이용의식 함양 교육
예술체험형 공연 교육		사이버폭력 사례를 바탕으로 한 찾아가는 뮤지컬 교육
인터넷 윤리교육	학부모, 성인	올바른 부모 자녀 간 소통 및 윤리의식 함양 교육

글꼴 : 궁서, 24pt, 진하게
장평 105%, 오른쪽 정렬 → # 한국지능정보사회진흥원

각주 구분선 : 5cm

㉠ 인터넷윤리 관련 소양 함양, 올바른 인터넷 이용문화 확산이 주요활동임

쪽 번호 매기기
5로 시작 → E

4 표가 삽입되면 셀 전체를 블록으로 지정한 후 `Ctrl`+`↓`를 1~2번 눌러 셀의 높이를 조정합니다.

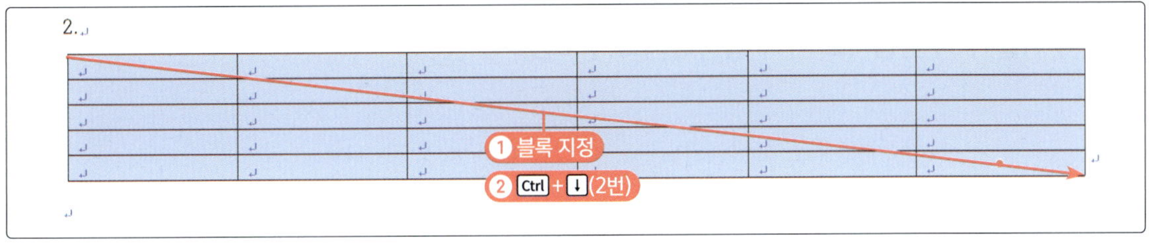

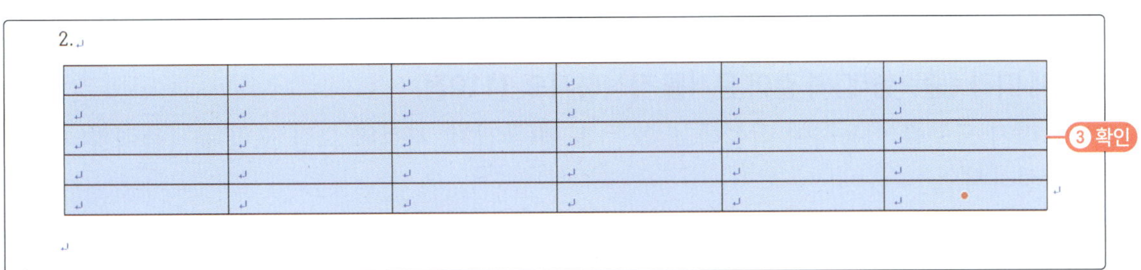

5 셀의 높이가 변경되면 서식 도구 상자에서 **글꼴(돋움)**과 **가운데 정렬(▤)**을 지정합니다.

★ 글꼴을 변경할 때는 [모든 글꼴] 목록에서 찾아 선택해 주세요.

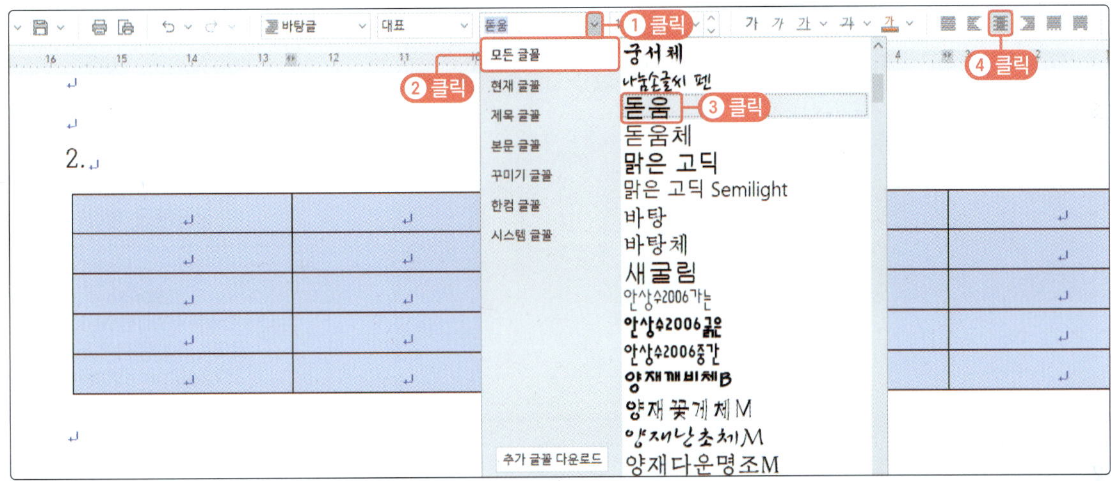

ITQ 꿀팁

• 표 작업 시 셀 높이는 《출력형태》와 유사하게 작업하기 위해 조정하였으나, 변경하지 않아도 감점되지 않습니다.

• 표 안의 글꼴은 '돋움, 굴림, 궁서'가 자주 출제되고 있어요.

3. 다음 (1), (2)의 수식을 수식 편집기로 각각 입력하시오. (40점)

《출력형태》

$$(1)\ g = \frac{GM}{R^2} = \frac{6.67 \times 10^{-11} \times 6.0 \times 10^{24}}{(6.4 \times 10^7)^2} \qquad (2)\ G = 2\int_{\frac{a}{2}}^{a} \frac{b\sqrt{a^2-x^2}}{a}\,dx$$

4. 다음의 《조건》에 따라 《출력형태》와 같이 문서를 작성하시오. (110점)

《조건》   (1) 그리기 도구를 이용하여 작성하고, 모든 도형(글맵시, 지정된 그림 포함)을 《출력형태》와 같이 작성하시오.

                 (2) 도형의 면색은 지시사항이 없으면 색 없음을 제외하고 서로 다르게 임의로 지정하시오.

《출력형태》

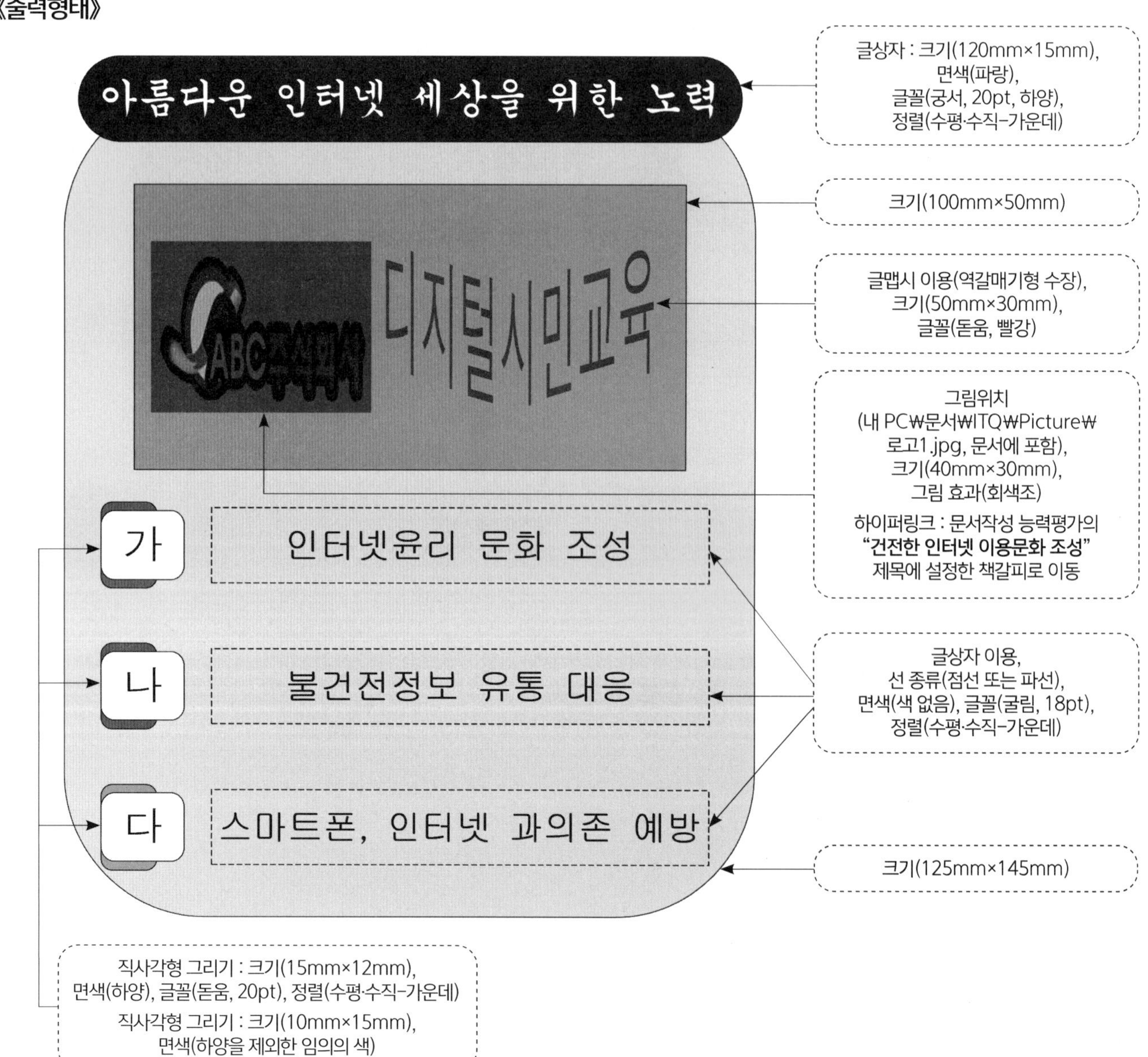

6 `Esc`를 눌러 블록이 해제되면 034페이지의 《출력형태》를 참고하여 데이터를 입력합니다.

구분	보령/서천	경주	강릉/동해	울산	평균
대만	42.1	21.1	19.0	31.6	
인도네시아	30.8	19.2	26.9	26.9	
중국	31.0	26.2	11.9	9.5	
호주	37.5	16.7	8.3	29.2	

Level UP **표에 데이터 입력하기**

❶ **셀 이동** : 셀 안에 내용을 입력한 후 `Tab` 또는 방향키(↑, ↓, ←, →)를 눌러 다음 셀로 이동할 수 있습니다.
❷ **천 단위 구분 쉼표(,)** : 금액과 같이 천 단위 이상의 숫자를 기재할 때는 숫자만 입력한 다음 해당 셀을 블록으로 지정하여 [1,000 단위 구분 쉼표]-[자릿점 넣기] 메뉴를 이용하면 편리합니다.

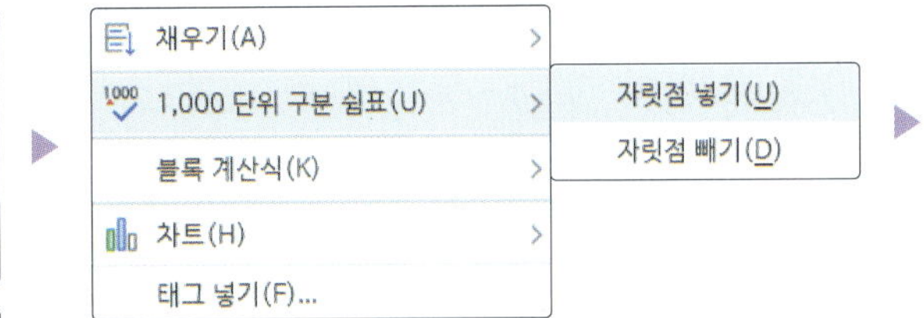

구분	2026년	2027년
20대	7084	7120
30대	8215	8880
40대	7154	7290
50대	6108	6505

구분	2026년	2027년
20대	7,084	7,120
30대	8,215	8,880
40대	7,154	7,290
50대	6,108	6,505

---

7 아래와 같이 숫자가 입력된 셀을 블록으로 지정한 다음 서식 도구 상자에서 **오른쪽 정렬**(▤)을 클릭합니다.

★ 평균 열의 빈 셀은 블록 계산식을 활용하여 숫자가 입력되므로, 미리 오른쪽 정렬로 설정해 주세요.

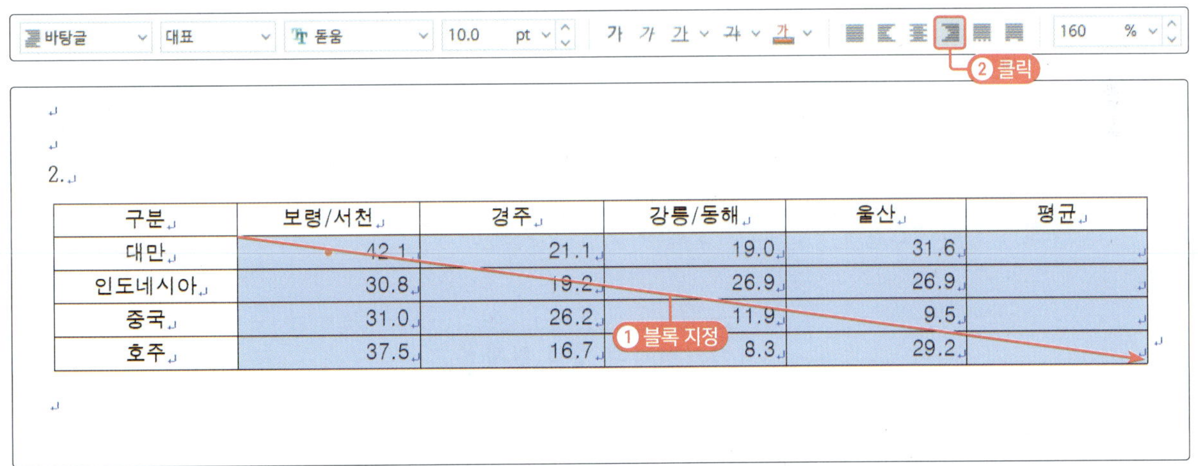

1. 다음의 《조건》에 따라 스타일 기능을 적용하여 《출력형태》와 같이 작성하시오. (50점)

《조건》　　(1) 스타일 이름 – internet
　　　　　　(2) 문단 모양 – 첫 줄 들여쓰기 : 15pt, 문단 아래 간격 : 10pt
　　　　　　(3) 글자 모양 – 글꼴 : 한글(굴림)/영문(돋움), 크기 : 10pt, 장평 : 95%, 자간 : –5%

《출력형태》

Internet and smartphones have been positioned as communication tools and core means of living between people but side effects are also caused by the lack of awareness of the correct usage culture.

인터넷과 스마트폰이 사람 간 소통 도구이자 핵심 생활 수단으로 자리매김하였으나 올바른 이용 문화에 대한 인식 부족으로 부작용 역시 발생하고 있다.

2. 다음의 《조건》에 따라 《출력형태》와 같이 표와 차트를 작성하시오. (100점)

《표 조건》　　(1) 표 전체(표, 캡션) – 돋움, 10pt
　　　　　　　(2) 정렬 – 문자 : 가운데 정렬, 숫자 : 오른쪽 정렬
　　　　　　　(3) 셀 배경(면색) : 노랑
　　　　　　　(4) 한글의 계산 기능을 이용하여 빈칸에 합계를 구하고, 캡션 기능 사용할 것
　　　　　　　(5) 선 모양은 《출력형태》와 동일하게 처리할 것

《출력형태》

사이버범죄 발생 현황(단위 : 건)

구분	2016년	2017년	2018년	2019년	합계
사이버명예훼손	14,908	13,348	15,926	16,633	
사이버도박	9,538	5,130	3,012	5,346	
사이버음란물	3,777	2,646	3,833	2,690	
사이버스토킹	56	59	60	25	

《차트 조건》　　(1) 차트 데이터는 표 내용에서 연도별 사이버명예훼손, 사이버도박, 사이버음란물의 값만 이용할 것
　　　　　　　　(2) 종류 – <묶은 세로 막대형>으로 작업할 것
　　　　　　　　(3) 제목 – 궁서, 진하게, 12pt, 속성 – 채우기(밝은 색 : 하양), 테두리, 그림자(바깥쪽 : 대각선 오른쪽 아래)
　　　　　　　　(4) 제목 이외의 전체 글꼴 – 궁서, 보통, 10pt
　　　　　　　　(5) 축제목과 범례는 《출력형태》와 동일하게 처리할 것

《출력형태》

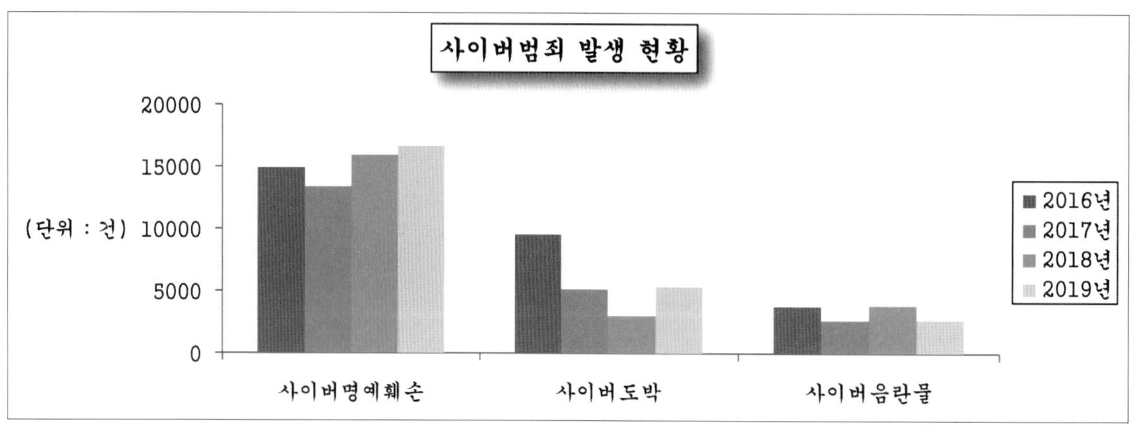

블록 계산식으로 평균을 구하고 캡션 넣기

(4) 한글의 계산 기능을 이용하여 빈칸에 평균(소수점 두 자리)을 구하고, 캡션 기능 사용할 것

1 대만, 인도네시아, 중국의 평균을 구하기 위해 다음과 같이 셀을 블록으로 지정한 다음 [블록 계산식]–[**블록 평균**]을 클릭합니다.

★ 블록 평균 결과값이 표시되어야 하는 빈 셀까지 블록으로 지정해요.

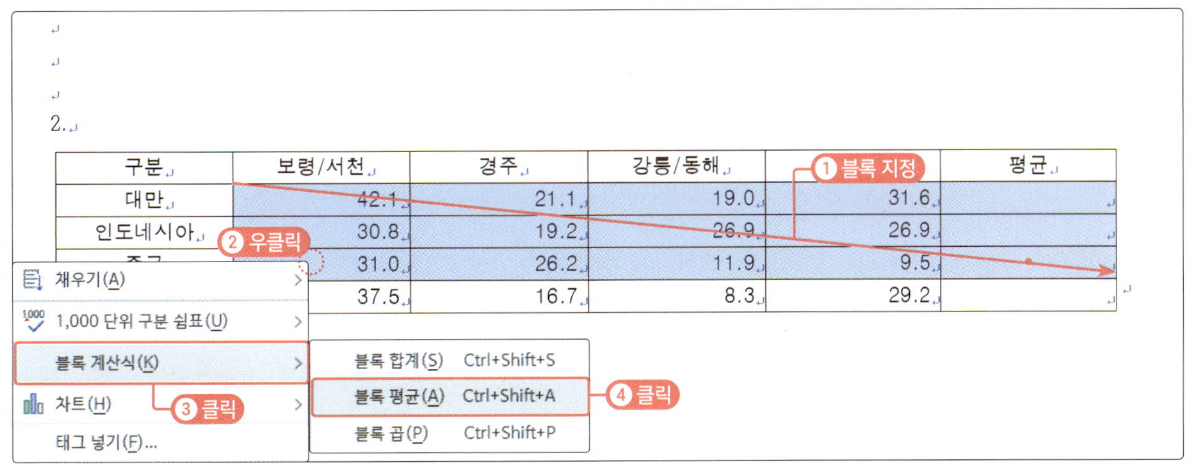

2 Esc 를 눌러 블록이 해제되면 평균이 계산된 것을 확입합니다.

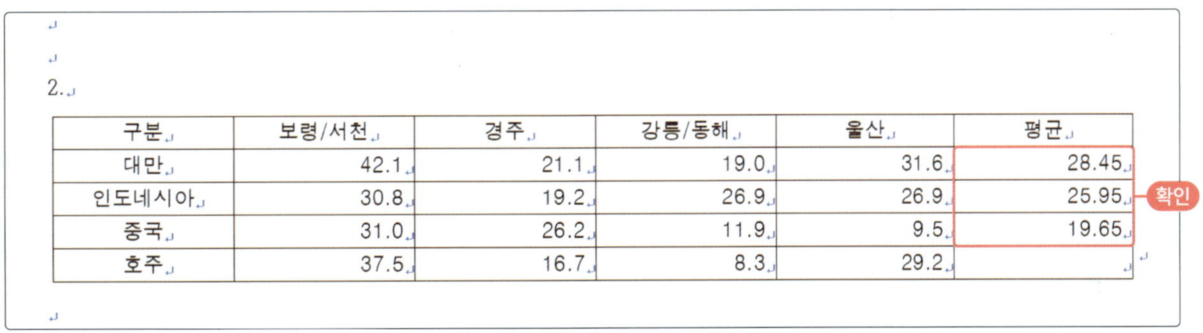

3 임의의 셀을 선택한 후 [표 레이아웃] 탭에서 [캡션]–[위]를 클릭합니다.

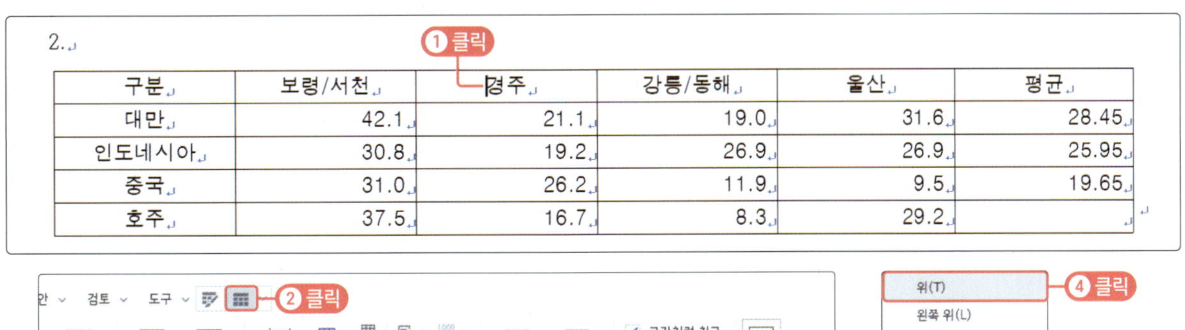

정보기술자격(ITQ) 최신기출문제

과 목	코 드	문제유형	시험시간	수험번호	성 명
아래한글	1111	A	60분		

수험자 유의사항

◎ 수험자는 문제지를 받는 즉시 문제지와 **수험표상의 시험과목(프로그램)이 동일한지 반드시 확인**하여야 합니다.

◎ 파일명은 본인의 "수험번호-성명"으로 입력하여 답안폴더(내 PC\문서\ITQ)에 하나의 파일로 저장해야 하며, 답안 파일을 전송하지 않아 미제출로 처리될 경우 실격 처리합니다(예:12345678-홍길동.hwpx).

◎ 답안 작성을 마치면 파일을 저장하고, '답안 전송' 버튼을 선택하여 감독위원 PC로 답안을 전송하십시오. 수험생 정보와 저장한 파일명이 다를 경우 전송되지 않으므로 주의하시기 바랍니다.

◎ 답안 작성 중에도 **주기적으로 저장하고, '답안 전송'**하여야 문제 발생을 줄일 수 있습니다. 작업한 내용을 저장하지 않고 전송할 경우 이전에 저장된 내용이 전송되오니 이점 유의하시기 바랍니다.

◎ 답안문서는 지정된 경로 외의 다른 보조기억장치에 저장하는 경우, 지정된 시험 시간 외에 작성된 파일을 활용할 경우, 기타 통신수단(이메일, 메신저, 네트워크 등)을 이용하여 타인에게 전달 또는 외부 반출하는 경우는 부정 처리합니다.

◎ 시험 중 부주의 또는 고의로 시스템을 파손한 경우는 수험자가 변상해야 하며, <수험자 유의사항>에 기재된 방법대로 이행하지 않아 생기는 불이익은 수험생 당사자의 책임임을 알려 드립니다.

◎ 문제의 조건은 한컴오피스 2022/2020 버전으로 설정되어 있으니 유의하시기 바랍니다.

◎ 시험을 완료한 수험자는 답안파일이 전송되었는지 확인한 후 감독위원의 지시에 따라 문제지를 제출하고 퇴실합니다.

답안 작성요령

◎ **온라인 답안 작성 절차**
수험자 등록 ⇒ 시험 시작 ⇒ 답안파일 저장 ⇒ 답안 전송 ⇒ 시험 종료

◎ **공통 부문**
- 글꼴에 대한 기본설정은 함초롬바탕, 10포인트, 검정, 줄간격 160%, 양쪽정렬로 합니다.
- 색상은 조건의 색을 적용하고 색의 구분이 안 될 경우에는 RGB 값을 적용하십시오.
  (빨강 255,0,0 / 파랑 0,0,255 / 노랑 255,255,0).
- 각 문항에 주어진 《조건》에 따라 작성하고 언급하지 않은 조건은 《출력형태》와 같이 작성합니다.
- 용지여백은 왼쪽·오른쪽 11mm, 위쪽·아래쪽·머리말·꼬리말 10mm, 제본 0mm로 합니다.
- 그림 삽입 문제의 경우 「내 PC\문서\ITQ\Picture」 폴더에서 지정된 파일을 선택하여 삽입하십시오.
- 삽입한 그림은 반드시 문서에 포함하여 저장해야 합니다(미포함 시 감점 처리).
- 각 항목은 지정된 페이지에 출력형태와 같이 정확히 작성하시기 바라며, 그렇지 않을 경우에 해당 항목은 0점 처리됩니다.
  ※ 페이지구분 : 1페이지 – 기능평가 I (문제번호 표시 : 1. 2.),
  　　　　　　　 2페이지 – 기능평가 II (문제번호 표시 : 3. 4.),
  　　　　　　　 3페이지 – 문서작성 능력평가

◎ **기능평가**
- 문제와 《조건》은 입력하지 않으며 문제번호와 답(《출력형태》)만 작성합니다.
- 4번 문제는 묶기를 했을 경우 0점 처리됩니다.

◎ **문서작성 능력평가**
- A4 용지(210mm×297mm) 1매 크기, 세로 서식 문서로 작성합니다.
- 　　　　　 표시는 문서작성에 대한 지시사항이므로 작성하지 않습니다.

4 표 좌측 상단에 캡션이 추가되면, 내용을 수정합니다.

★ 034페이지의 《출력형태》를 참고하여 캡션 내용을 입력해 보세요.

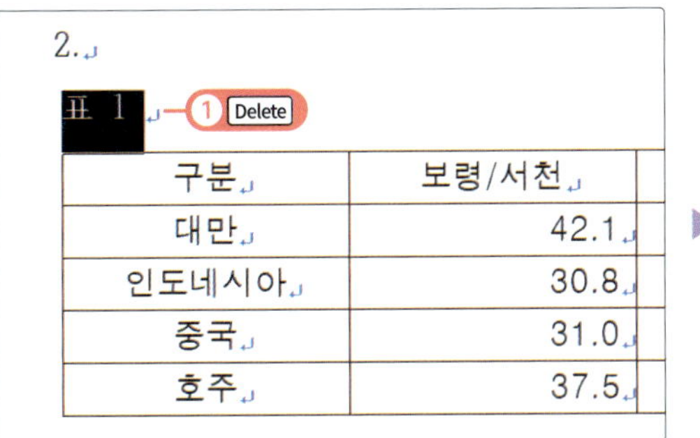

5 캡션 내용을 블록으로 지정한 다음 서식 도구 상자에서 **글꼴(돋움), 글자 크기(10pt), 오른쪽 정렬(≡)**을 지정합니다.

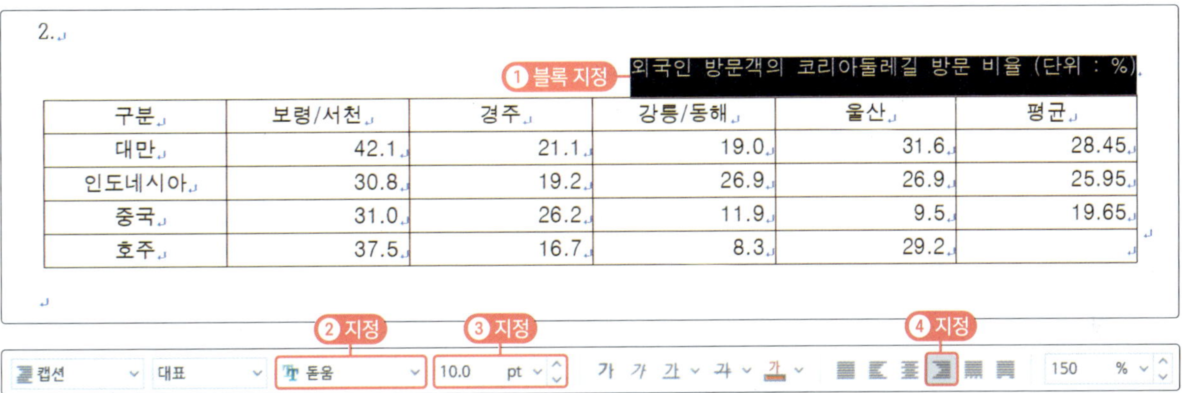

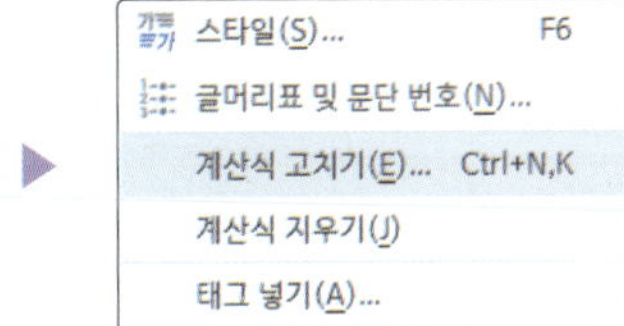

Level UP 블록 평균 계산식에서 소수점 자릿수 지정하기

블록 평균 계산 시 소수점 자릿수를 수정해야 하는 경우도 발생할 수 있습니다. 《표 조건》에 제시된 내용을 확인하여 소수점 자릿수를 맞춰줍니다.

❶ 블록 평균이 계산된 값(셀) 위에서 우클릭하여 [계산식 고치기]를 선택합니다.

강릉/동해	울산	평균
19.0	31.6	『28.45』
26.9	26.9	25.95
11.9	9.5	19.65

❷ 형식을 '소수점 이하 한 자리'로 지정합니다.

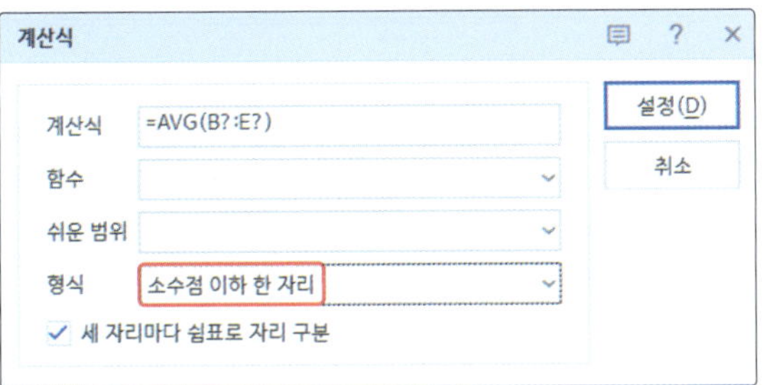

릉/동해	울산	평균
19.0	31.6	28.5
26.9	26.9	25.95
11.9	9.5	19.65
8.3	29.2	

글꼴 : 궁서, 18pt, 진하게, 가운데 정렬
책갈피 이름 : 저작권
덧말 넣기

머리말 기능
굴림, 10pt, 오른쪽 정렬 → 저작권 보호

저작권 보호
올바른 문화 향유와 저작권

문단 첫 글자 장식 기능
글꼴 : 돋움, 면색 : 노랑

그림위치(내 PC\문서\ITQ\Picture\그림4.jpg, 문서에 포함)
자르기 기능 이용, 크기(40mm×30mm), 바깥 여백 왼쪽 : 2mm

인터넷의 기능과 정보 사회의 발전(發展)을 보장하기 위해서 다양한 정보를 연결해 주는 링크는 자유롭게 설정될 수 있어야 한다. 링크의 자유는 특히 표현의 자유나 정보의 자유와 같은 헌법상 기본권을 보장하는 데 중요한 역할을 하고 있기 때문이다. 하지만 타인의 권리, 특히 타인의 저작권을 침해하면서까지 링크의 자유가 무한정 보장될 수는 없을 것이다. 저작권이란 소설이나 시, 음악, 미술 등과 같은 저작물을 창작한 사람이 자신의 창작물을 복제, 공연, 전시, 방송 또는 전송하는 등 법이 정하고 있는 일정한 방식으로 스스로 이용하거나 다른 사람이 그러한 방식으로 이용하는 것을 허락할 수 있는 권리를 말한다. 저작권은 저작자ⓐ가 경제적 부담 없이 창작 활동에 전념할 수 있도록 동기를 부여함으로써 결과적으로 우리나라의 문화와 관련 산업의 발전을 도모하며 나아가 인류 문화유산의 축적에 기여할 수 있다.

각주

　문화의 발전을 위해서는 다양한 문학과 예술 작품이 창작(創作)되고 사회 일반에 의해 폭넓게 재창작되어야 한다. 이를 위해 문화체육관광부는 저작권에 대한 국민적 인식을 정립하고 저작권 침해를 방지하고자 매월 26일을 저작권 보호의 날로 지정하여 홍보와 계도를 계속하고 있다.

♥ 저작권의 종류와 개념

글꼴 : 궁서, 18pt, 하양
음영색 : 파랑

표 전체 글꼴 : 돋움, 10pt, 가운데 정렬
셀 배경(그러데이션) : 유형(왼쪽 대각선),
시작색(하양), 끝색(노랑)

　A. 저작인격권
　　1. 공표권 : 자신의 저작물을 공중에게 공표 여부를 결정할 권리
　　2. 성명표시권 : 저작물에 자신의 이름을 표시할 권리
　B. 저작재산권
　　1. 복제권 : 사진, 복사 등의 방법으로 고정 또는 유형물로 다시 제작
　　2. 공중송신 : 전송, 방송, 디지털음성송신 등

문단 번호 기능 사용
1수준 : 20pt, 오른쪽정렬,
2수준 : 30pt, 오른쪽정렬
줄 간격 : 180%

♥ 지식재산권 보호 관련 업무

글꼴 : 궁서, 18pt, 기울임, 강조점

권리	소관부처	주요 업무	세부 추진사항
산업재산권	특허청	특허, 상표 및 디자인 등 국내외 보호활동	특허심판 및 위조 상품 단속
저작권	문화체육관광부	국내외 저작권 보호활동	저작권 침해 단속, ICOP 운영
단속 및	검찰청, 경찰청	지식재산권 침해물품의 불법복제 및 유통 단속	수사 인력의 전문성 강화
수사 집행	무역위원회	지식재산권 침해 등 불공정무역행위 조사	원산지표시 위반 등 조사

글꼴 : 굴림, 24pt, 진하게
장평 105%, 오른쪽 정렬 → # 한국저작권위원회

각주 구분선 : 5cm

ⓐ 생각이나 감정을 창작적인 것으로 표현한 저작물을 만든 사람

쪽 번호 매기기
5로 시작 → 마

(3) 셀 배경(면색) : 노랑

1 배경색을 적용하려는 셀을 블록으로 지정한 다음 [표 디자인] 탭−[**표 채우기**]에서 노랑을 선택합니다.

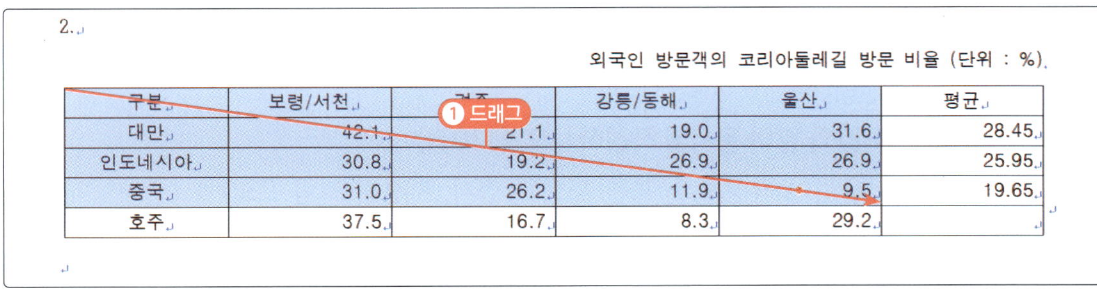

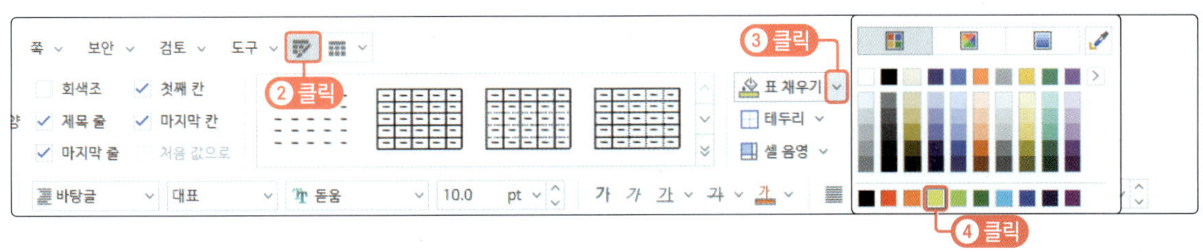

2 Esc 를 눌러 블록을 해제한 후 선택된 셀에 색상이 채워진 것을 확인합니다.

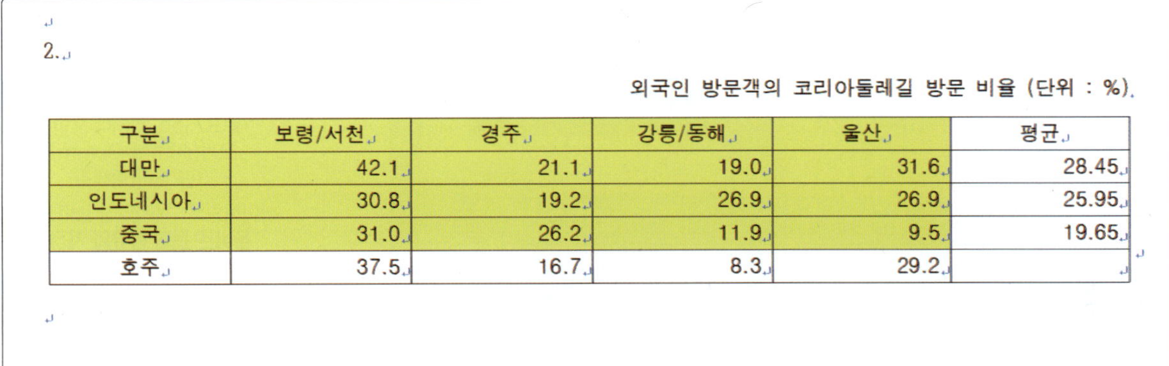

구분	보령/서천	경주	강릉/동해	울산	평균
대만	42.1	21.1	19.0	31.6	28.45
인도네시아	30.8	19.2	26.9	26.9	25.95
중국	31.0	26.2	11.9	9.5	19.65
호주	37.5	16.7	8.3	29.2	

외국인 방문객의 코리아둘레길 방문 비율 (단위 : %)

ITQ 꿀팁

ITQ 한글 시험에서는 셀 배경색을 '노랑'으로 지정하는 문제가 고정적으로 출제되고 있어요.

3. 다음 (1), (2)의 수식을 수식 편집기로 각각 입력하시오. (40점)

《출력형태》

$$(1)\ \frac{a^4}{T^2} - 1 = \frac{G}{4\pi^2}(M + m) \qquad\qquad (2)\ \frac{b}{\sqrt{a^2 + b^2}} = \frac{2\tan\theta}{1 + \tan^2\theta}$$

4. 다음의 《조건》에 따라 《출력형태》와 같이 문서를 작성하시오. (110점)

《조건》　　(1) 그리기 도구를 이용하여 작성하고, 모든 도형(글맵시, 지정된 그림 포함)을 《출력형태》와 같이
　　　　　　　작성하시오.
　　　　　(2) 도형의 면색은 지시사항이 없으면 색 없음을 제외하고 서로 다르게 임의로 지정하시오.

《출력형태》

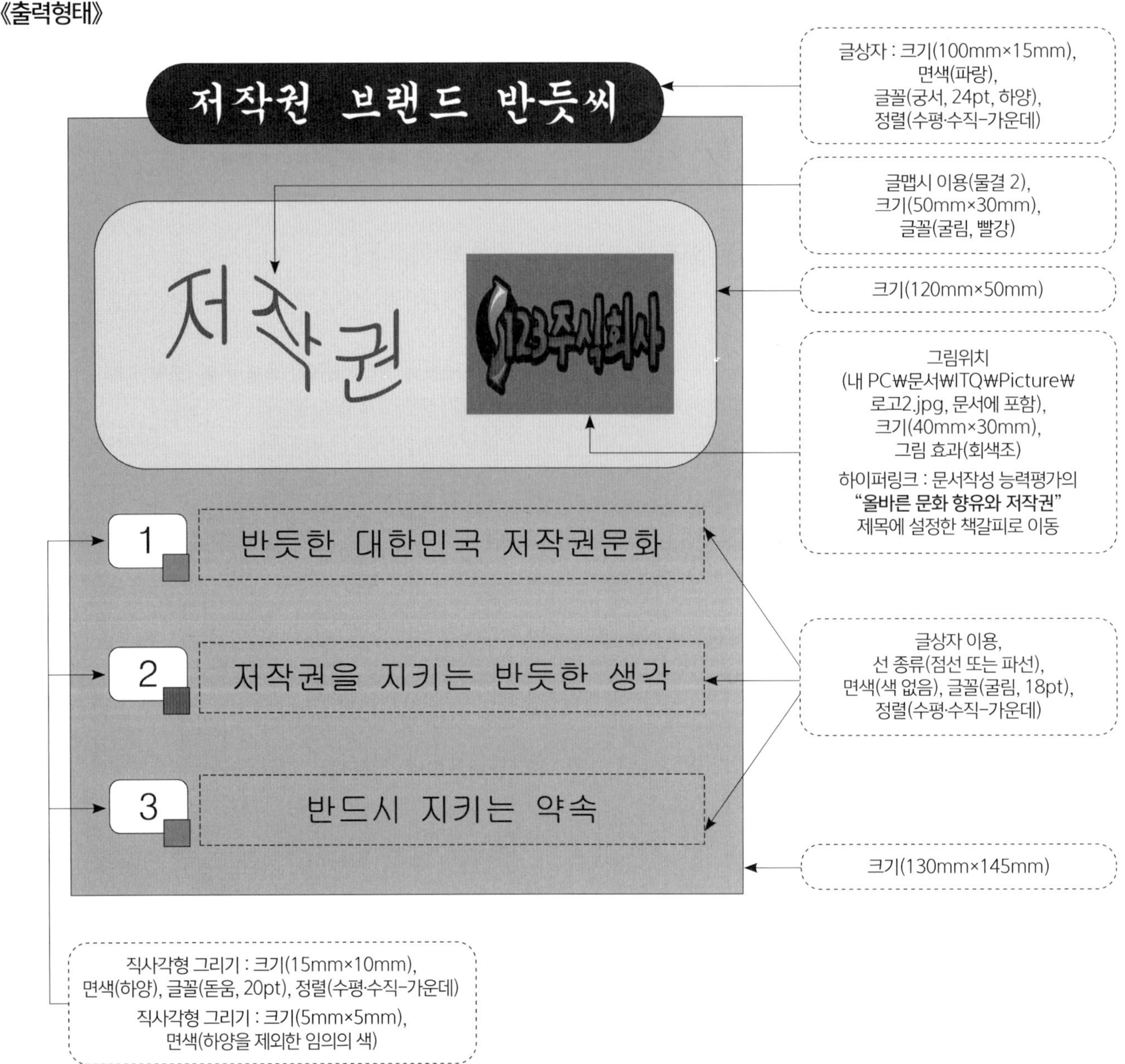

RGB 값으로 색상 지정하기

한글 2022 프로그램에서 색을 지정할 때 RGB 값을 이용하는 방법도 있습니다. RGB 값은 문제지의 [답안 작성요령]의 '공통 부문'에 해당 조건이 있으니 작업에 참고해 주세요.

[답안 작성 요령]
◦ 색상은 조건의 색을 적용하고 색의 구분이 안 될 경우에는 RGB 값을 적용하십시오.
   (빨강 255,0,0 / 파랑 0,0,255 / 노랑 255,255,0)

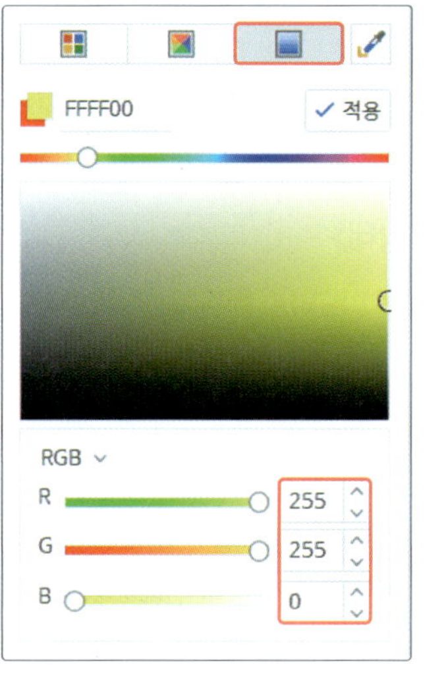

표의 선 모양(테두리) 지정하기

(5) 선 모양은 《출력형태》와 동일하게 처리할 것

1 셀 전체를 블록으로 지정한 다음 우클릭하여 [셀 테두리/배경]-[각 셀마다 적용]을 선택합니다.

★ 셀이 블록으로 지정된 상태에서 [L]을 누르는 방법도 있어요.

단축키로 표 편집하기

표 안쪽 셀이 선택된 상태에서 단축키를 눌러 대화상자로 바로 연결할 수 있습니다.

❶ **셀 선택 +** [C] : Color(컬러)의 약자 / 셀 배경색 설정 대화상자
❷ **셀 선택 +** [L] : Line(라인)의 약자 / 셀 테두리 설정 대화상자

1. 다음의 《조건》에 따라 스타일 기능을 적용하여 《출력형태》와 같이 작성하시오. (50점)

《조건》　　(1) 스타일 이름 – copyright
　　　　　　(2) 문단 모양 – 왼쪽 여백 : 15pt, 문단 아래 간격 : 10pt
　　　　　　(3) 글자 모양 – 글꼴 : 한글(굴림)/영문(돋움), 크기 : 10pt, 장평 : 95%, 자간 : 5%

《출력형태》

The Copyright Act enacted in 1957 was composed of five chapters and provides that the purpose of the Act is to protect an author of an academic or artistic work and promote the national culture.

저작권 제도는 출판검열에 맞서 표현의 자유를 확보하는 역할을 수행해 온 측면이 있다. 그러한 점에서 언론 및 출판의 자유와 저작권은 상호 보완적 관계에 있다.

2. 다음의 《조건》에 따라 《출력형태》와 같이 표와 차트를 작성하시오. (100점)

《표 조건》　(1) 표 전체(표, 캡션) – 돋움, 10pt
　　　　　　(2) 정렬 – 문자 : 가운데 정렬, 숫자 : 오른쪽 정렬
　　　　　　(3) 셀 배경(면색) : 노랑
　　　　　　(4) 한글의 계산 기능을 이용하여 빈칸에 평균(소수점 두 자리)을 구하고, 캡션 기능 사용할 것
　　　　　　(5) 선 모양은 《출력형태》와 동일하게 처리할 것

《출력형태》

저작물 종류별 등록 건수(단위 : 건)

구분	2015년	2016년	2017년	2018년	2019년
사진	335	508	1,114	1,123	1,238
도형	472	450	484	466	704
2차적 저작물	714	799	492	623	1,353
평균					

《차트 조건》　(1) 차트 데이터는 표 내용에서 구분별 2015년, 2016년, 2017년, 2018년의 값만 이용할 것
　　　　　　(2) 종류 – <묶은 세로 막대형>으로 작업할 것
　　　　　　(3) 제목 – 굴림, 진하게, 12pt, 속성 – 채우기(밝은 색 : 하양), 테두리, 그림자(바깥쪽 : 대각선 오른쪽 아래)
　　　　　　(4) 제목 이외의 전체 글꼴 – 굴림, 보통, 10pt
　　　　　　(5) 축제목과 범례는 《출력형태》와 동일하게 처리할 것

《출력형태》

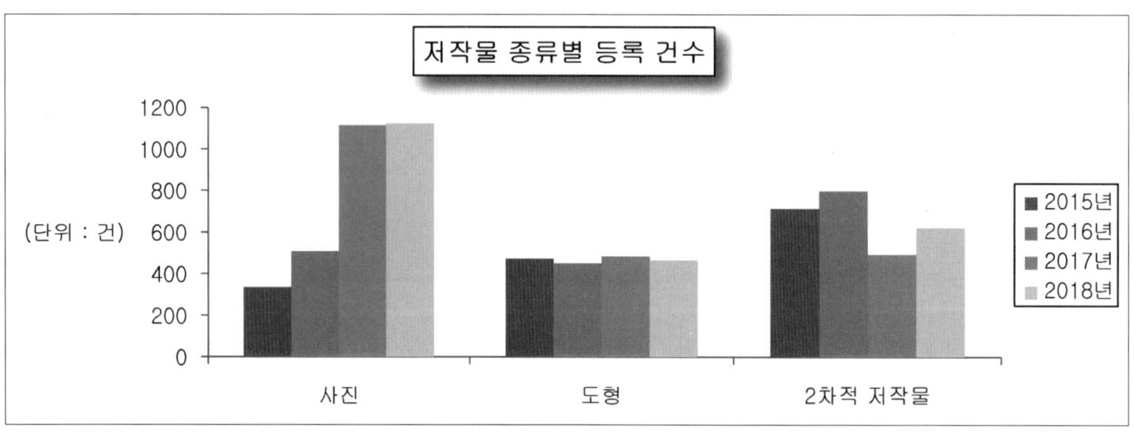

2 [테두리] 탭에서 **이중 실선**과 **바깥쪽**을 차례대로 선택한 후 <설정>을 클릭합니다.

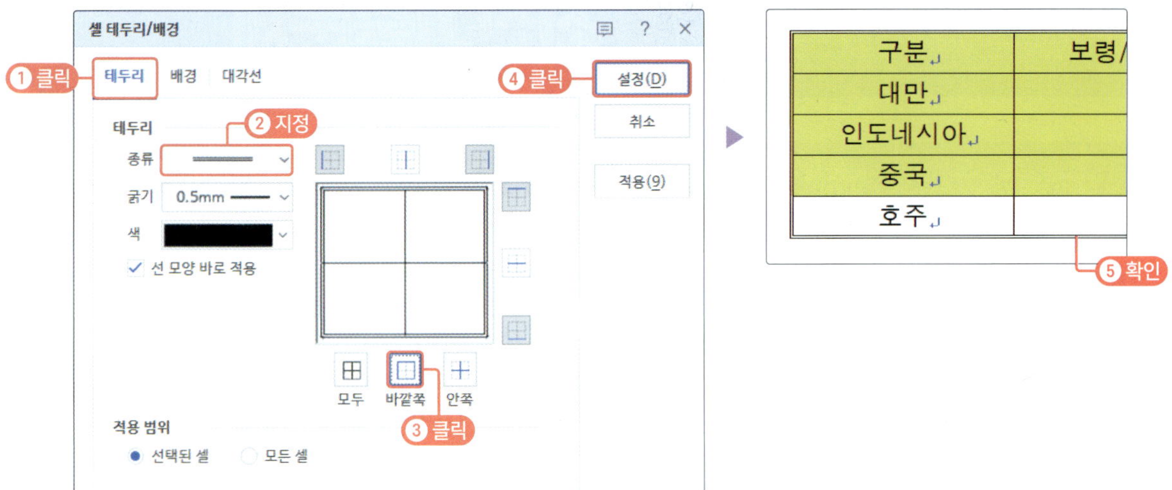

3 이번에는 1행 전체를 블록으로 지정한 다음 우클릭하여 [셀 테두리/배경]-[**각 셀마다 적용**]을 선택합니다.

★ 셀이 블록으로 지정된 상태에서 ⓛ을 누르는 방법도 있어요.

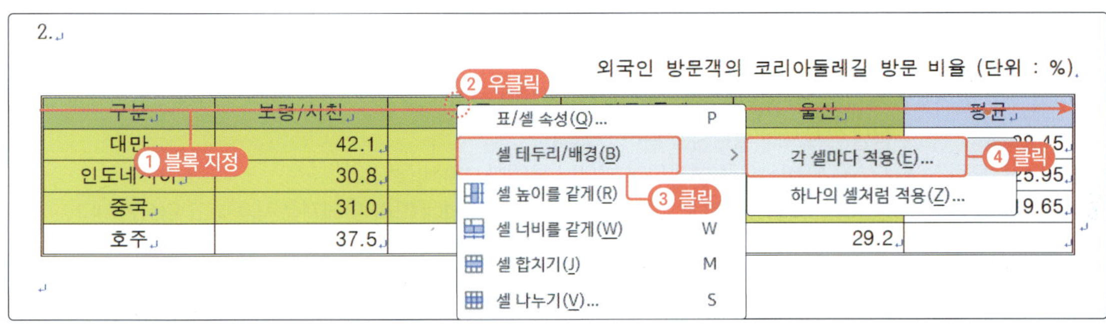

4 [테두리] 탭에서 **이중 실선**과 **바깥쪽**을 차례대로 선택한 후 <설정>을 클릭합니다.

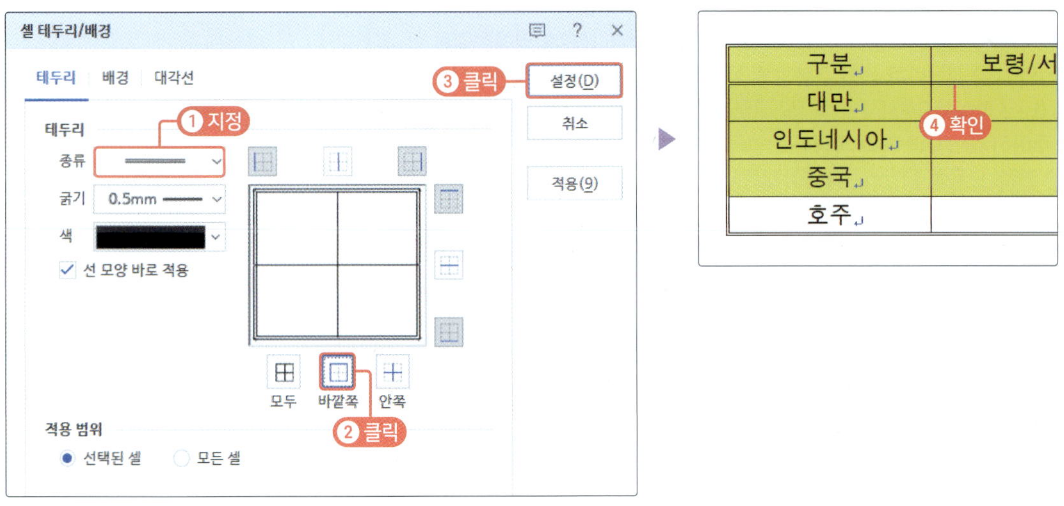

정보기술자격(ITQ) 최신기출문제

과 목	코 드	문제유형	시험시간	수험번호	성 명
아래한글	1111	C	60분		

수험자 유의사항

◎ 수험자는 문제지를 받는 즉시 문제지와 **수험표상의 시험과목(프로그램)이 동일한지 반드시 확인**하여야 합니다.

◎ 파일명은 본인의 "수험번호–성명"으로 입력하여 답안폴더(내 PC\문서\ITQ)에 하나의 파일로 저장해야 하며, 답안 파일을 전송하지 않아 미제출로 처리될 경우 실격 처리합니다(예:12345678–홍길동.hwpx).

◎ 답안 작성을 마치면 파일을 저장하고, '답안 전송' 버튼을 선택하여 감독위원 PC로 답안을 전송하십시오. 수험생 정보와 저장한 파일명이 다를 경우 전송되지 않으므로 주의하시기 바랍니다.

◎ 답안 작성 중에도 **주기적으로 저장하고, '답안 전송'**하여야 문제 발생을 줄일 수 있습니다. 작업한 내용을 저장하지 않고 전송할 경우 이전에 저장된 내용이 전송되오니 이점 유의하시기 바랍니다.

◎ 답안문서는 지정된 경로 외의 다른 보조기억장치에 저장하는 경우, 지정된 시험 시간 외에 작성된 파일을 활용할 경우, 기타 통신수단(이메일, 메신저, 네트워크 등)을 이용하여 타인에게 전달 또는 외부 반출하는 경우는 부정 처리합니다.

◎ 시험 중 부주의 또는 고의로 시스템을 파손한 경우는 수험자가 변상해야 하며, <수험자 유의사항>에 기재된 방법대로 이행하지 않아 생기는 불이익은 수험생 당사자의 책임임을 알려 드립니다.

◎ 문제의 조건은 한컴오피스 2022/2020 버전으로 설정되어 있으니 유의하시기 바랍니다.

◎ 시험을 완료한 수험자는 답안파일이 전송되었는지 확인한 후 감독위원의 지시에 따라 문제지를 제출하고 퇴실합니다.

답안 작성요령

◎ 온라인 답안 작성 절차

　　수험자 등록 ⇒ 시험 시작 ⇒ 답안파일 저장 ⇒ 답안 전송 ⇒ 시험 종료

◎ 공통 부문

　• 글꼴에 대한 기본설정은 함초롬바탕, 10포인트, 검정, 줄간격 160%, 양쪽정렬로 합니다.

　• 색상은 조건의 색을 적용하고 색의 구분이 안 될 경우에는 RGB 값을 적용하십시오.
　　(빨강 255,0,0 / 파랑 0,0,255 / 노랑 255,255,0).

　• 각 문항에 주어진 《조건》에 따라 작성하고 언급하지 않은 조건은 《출력형태》와 같이 작성합니다.

　• 용지여백은 왼쪽·오른쪽 11mm, 위쪽·아래쪽·머리말·꼬리말 10mm, 제본 0mm로 합니다.

　• 그림 삽입 문제의 경우 「내 PC\문서\ITQ\Picture」 폴더에서 지정된 파일을 선택하여 삽입하십시오.

　• 삽입한 그림은 반드시 문서에 포함하여 저장해야 합니다(미포함 시 감점 처리).

　• 각 항목은 지정된 페이지에 출력형태와 같이 정확히 작성하시기 바라며, 그렇지 않을 경우에 해당 항목은 0점 처리됩니다.

　　※ 페이지구분 : 1페이지 – 기능평가 I (문제번호 표시 : 1. 2.),
　　　　　　　　　　 2페이지 – 기능평가 II (문제번호 표시 : 3. 4.),
　　　　　　　　　　 3페이지 – 문서작성 능력평가

◎ 기능평가

　• 문제와 《조건》은 입력하지 않으며 문제번호와 답(《출력형태》)만 작성합니다.

　• 4번 문제는 묶기를 했을 경우 0점 처리됩니다.

◎ 문서작성 능력평가

　• A4 용지(210mm×297mm) 1매 크기, 세로 서식 문서로 작성합니다.

　• 　　　　　 표시는 문서작성에 대한 지시사항이므로 작성하지 않습니다.

5 똑같은 방법으로 첫 번째 열에도 **이중 실선**을 적용합니다.

6 값이 입력되지 않은 빈 셀을 우클릭하여 [셀 테두리/배경]-[**각 셀마다 적용**]을 선택합니다.

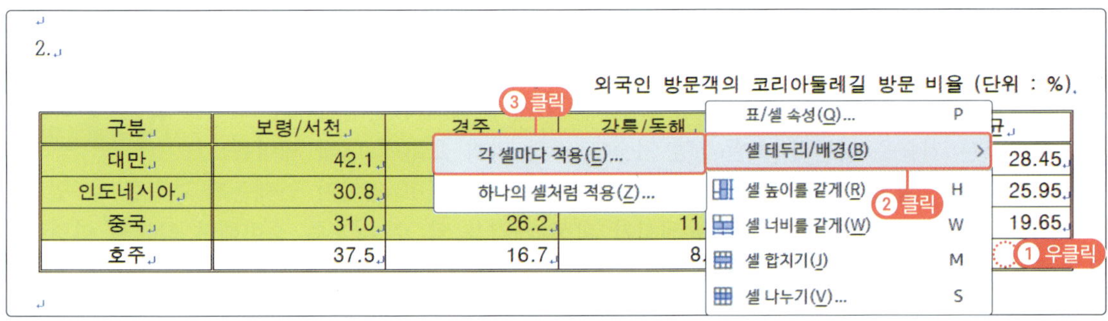

7 [대각선] 탭에서 ◻, ◻를 각각 선택한 후 <설정>을 클릭합니다.

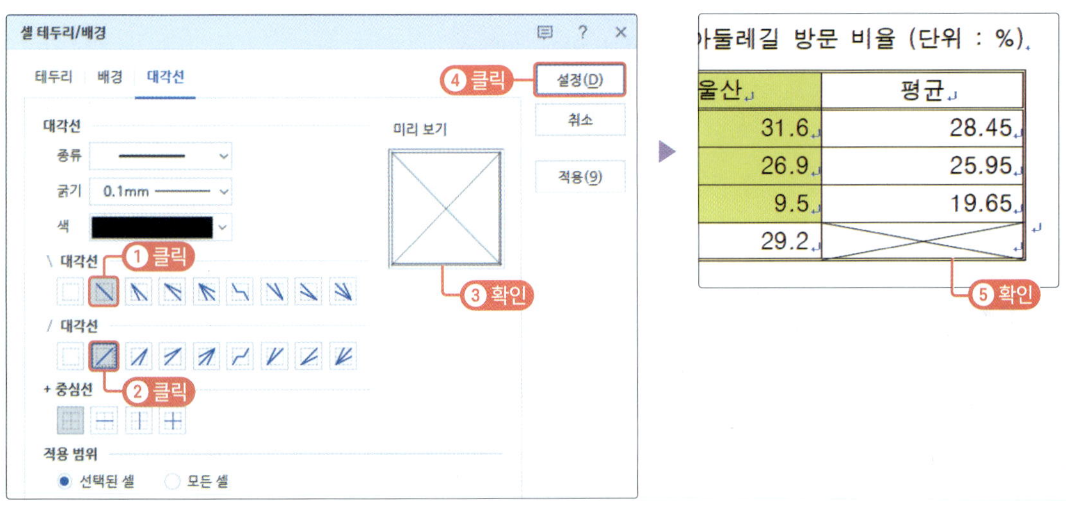

8 작업이 완료되면 서식 도구 상자에서 [**저장하기(🖫)**]를 클릭하거나, Alt + S 를 눌러 답안 파일을 저장합니다.

글꼴 : 궁서, 18pt, 진하게, 가운데 정렬
책갈피 이름 : 자율주행
덧말 넣기

머리말 기능
굴림, 10pt, 오른쪽 정렬 →자율주행

문단 첫 글자 장식 기능
글꼴 : 돋움, 면색 : 노랑

각주

도로위의 혁신
스스로 운전하는 자율주행차

그림위치(내 PC₩문서₩ITQ₩Picture₩그림4.jpg, 문서에 포함)
자르기 기능 이용, 크기(40mm×40mm), 바깥 여백 왼쪽 : 2mm

자율주행 자동차란 운전자의 개입 없이 주변 환경을 인식하고, 주행 상황을 판단하여 차량을 제어(制御)함으로써 스스로 주어진 목적지까지 주행하는 자동차를 말한다. 최근에는 이러한 자율주행 자동차가 교통사고ⓐ를 줄이고, 교통 효율성을 높이며, 연료를 절감하고, 운전을 대신 해줌으로써 편의를 증대시킬 수 있는 미래의 개인 교통수단으로 주목(注目)받고 있다.

　자율주행 자동차 기술로는 운전자 보조 기술, 자동주행 기술, 무인자동차 또는 자율주행 기술이 있다. 운전자 보조 기술은 종방향 또는 횡방향 중 한 가지에 대해서 운전자에게 경고하거나 제어를 도와주는 기술을 말한다. 자동주행 기술은 종횡 방향 모두에 대해 제어를 도와주는 기술을 말한다. 단, 항상 운전자가 주변 상황을 계속 모니터링하고 있다가 언제든지 개입할 수 있다는 가정을 가지고 있다. 자동주행과 자율주행의 차이는 운전자가 항상 개입을 할 수 있도록 준비해야 하는지 아닌지에 따라 구별한다. 자율주행 차량의 경우 운전자가 신문을 보거나 잠을 자도 상관없이 차량이 자율로 주행하는 개념이다.

★ 자율주행 프로세스

글꼴 : 궁서, 18pt, 하양
음영색 : 파랑

A. 인지
　　ⓐ 각종 센서를 이용하여 차선 및 차량에 관한 정보 인지
　　ⓑ 경로 선택, 차량 간 통신을 통해 주변 도로 및 상황 정보 획득
B. 판단 및 제어
　　ⓐ 주행상황 판단 및 주행전략 결정, 주행경로 생성
　　ⓑ 목표 조향각/토크, 목표 가감속

문단 번호 기능 사용
　1수준 : 20pt, 오른쪽정렬,
　2수준 : 30pt, 오른쪽정렬
줄 간격 : 180%

표 전체 글꼴 : 돋움, 10pt, 가운데 정렬
셀 배경(그러데이션) : 유형(왼쪽 대각선),
　　　시작색(하양), 끝색(노랑)

★ 자율주행 진행 단계

글꼴 : 궁서, 18pt, 기울임, 강조점

단계	특징	내용	모니터링
1단계	운전자 지원	조향 또는 가속 및 감속 중 하나를 수행	운전자
2단계	부분 자동화	조향 또는 가속 및 감속 모두 수행하는 주행보조 기술	운전자
3단계	조건부 자동화	차량 제어와 주행환경을 인식하지만 운전자가 적절하게 제어	자율주행 시스템
4단계	고도 자동화	모든 측면을 시스템이 수행하지만 전적으로 제어하는 것은 아님	자율주행 시스템

글꼴 : 굴림, 24pt, 진하게
장평 105%, 오른쪽 정렬 →한국전자통신연구원

각주 구분선 : 5cm

ⓐ 94%에 이르는 대부분의 교통사고는 운전자의 부주의로 인해 발생

쪽 번호 매기기
5로 시작 →E

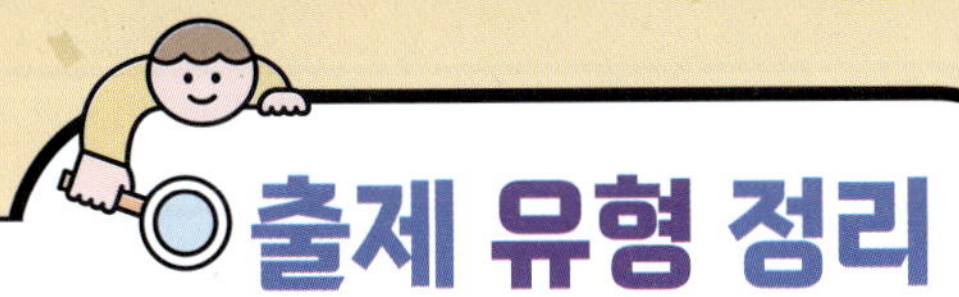

출제 유형 정리

1 다음의 조건에 따라 출력형태와 같이 표를 작성해 보세요.

⊘ **실습파일** : 유형03-1(문제).hwpx   ⊘ **완성파일** : 유형03-1(완성).hwpx

《표 조건》
(1) 표 전체(표, 캡션) – 궁서, 10pt
(2) 정렬 – 문자 : 가운데 정렬, 숫자 : 오른쪽 정렬
(3) 셀 배경(면색) : 노랑
(4) 한글의 계산 기능을 이용하여 빈칸에 합계를 구하고, 캡션 기능 사용할 것
(5) 선 모양은 《출력형태》와 동일하게 처리할 것

《출력형태》

2.

자율주행자동차 판매 전망(단위 : 천 대)

구분	2025년	2030년	2035년	2040년	합계
승용차	600	2,000	6,000	15,000	
트럭	100	500	2,000	5,000	
버스	50	100	300	700	
로보택시	2	20	50	100	

2 다음의 조건에 따라 출력형태와 같이 표를 작성해 보세요.

⊘ **실습파일** : 유형03-2(문제).hwpx   ⊘ **완성파일** : 유형03-2(완성).hwpx

《표 조건》
(1) 표 전체(표, 캡션) – 굴림, 10pt
(2) 정렬 – 문자 : 가운데 정렬, 숫자 : 오른쪽 정렬
(3) 셀 배경(면색) : 노랑
(4) 한글의 계산 기능을 이용하여 빈칸에 평균(소수점 두 자리)을 구하고, 캡션 기능 사용할 것
(5) 선 모양은 《출력형태》와 동일하게 처리할 것

《출력형태》

2.

연도별 국제물류산업전 관람객 현황(단위 : 명)

구분	1일차	2일차	3일차	4일차	평균
2024년	13,842	18,483	18,102	10,377	
2023년	12,084	16,054	12,543	10,112	
2022년	13,045	15,221	13,569	9,089	
2021년	10,548	14,899	11,325	9,892	

3. 다음 (1), (2)의 수식을 수식 편집기로 각각 입력하시오. (40점)

《출력형태》

(1) $m = \dfrac{\Delta P}{K_a} = \dfrac{\Delta t_b}{K_b} = \dfrac{\Delta t_f}{K_f}$

(2) $h = \sqrt{k^2 - r^2}\,,\, M = \dfrac{1}{3}\pi r^2 h$

4. 다음의 《조건》에 따라 《출력형태》와 같이 문서를 작성하시오. (110점)

《조건》　　(1) 그리기 도구를 이용하여 작성하고, 모든 도형(글맵시, 지정된 그림 포함)을 《출력형태》와 같이
작성하시오.

(2) 도형의 면색은 지시사항이 없으면 색 없음을 제외하고 서로 다르게 임의로 지정하시오.

《출력형태》

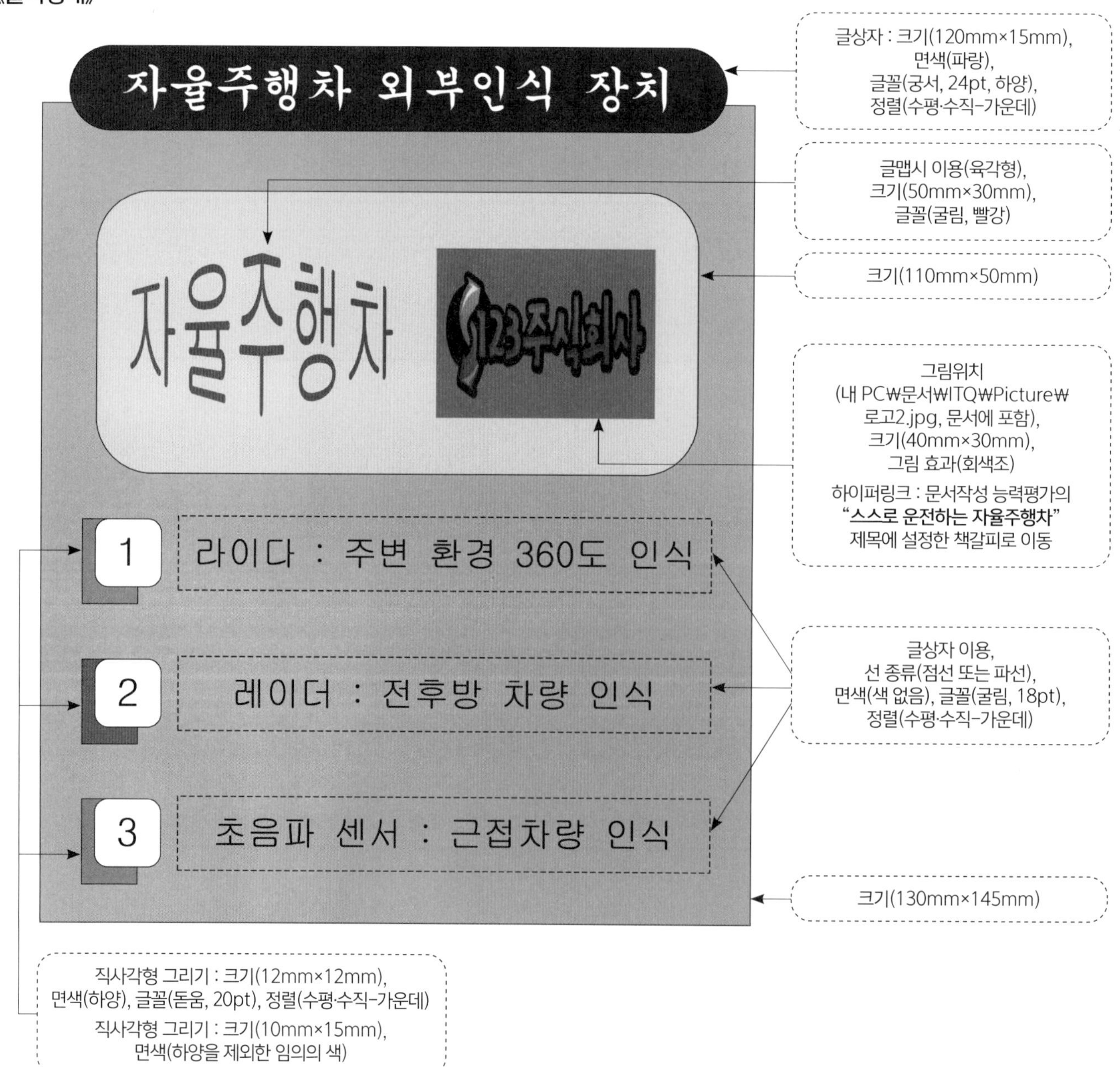

3 다음의 조건에 따라 출력형태와 같이 표를 작성해 보세요.

⊘ 실습파일 : 유형03-3(문제).hwpx   ⊘ 완성파일 : 유형03-3(완성).hwpx

《표 조건》
⑴ 표 전체(표, 캡션) - 돋움, 10pt
⑵ 정렬 - 문자 : 가운데 정렬, 숫자 : 오른쪽 정렬
⑶ 셀 배경(면색) : 노랑
⑷ 한글의 계산 기능을 이용하여 빈칸에 합계를 구하고, 캡션 기능 사용할 것
⑸ 선 모양은 《출력형태》와 동일하게 처리할 것

《출력형태》

2.

연도별 입시생 현황(단위 : 천 명)

연도	출생자수	고3학생수	수험생수	대입정원수	합계
2021년	496	437	295	550	
2022년	195	445	299	530	
2023년	476	427	287	510	
2024년	438	391	263	490	

4 다음의 조건에 따라 출력형태와 같이 표를 작성해 보세요.

⊘ 실습파일 : 유형03-4(문제).hwpx   ⊘ 완성파일 : 유형03-4(완성).hwpx

《표 조건》
⑴ 표 전체(표, 캡션) - 돋움, 10pt
⑵ 정렬 - 문자 : 가운데 정렬, 숫자 : 오른쪽 정렬
⑶ 셀 배경(면색) : 노랑
⑷ 한글의 계산 기능을 이용하여 빈칸에 평균(소수점 두 자리)을 구하고, 캡션 기능 사용할 것
⑸ 선 모양은 《출력형태》와 동일하게 처리할 것

《출력형태》

2.

연도별 안전산업박람회 참관객 현황(단위 : 천 명)

구분	2021년	2022년	2023년	2024년	평균
20대	105	92	101	136	
30대	122	125	135	128	
40대	132	138	154	152	
50대	89	98	102	82	

1. 다음의 《조건》에 따라 스타일 기능을 적용하여 《출력형태》와 같이 작성하시오. (50점)

《조건》
(1) 스타일 이름 – autonomous
(2) 문단 모양 – 왼쪽 여백 : 15pt, 문단 아래 간격 : 10pt
(3) 글자 모양 – 글꼴 : 한글(굴림)/영문(돋움), 크기 : 10pt, 장평 : 95%, 자간 : 5%

《출력형태》

Autonomous cars have control systems that are capable of analyzing sensory data to distinguish between different cars on the road, which is very useful in planning a path to the desired destination.

이미 실용화되고 있는 무인자동차로는 이스라엘 군에서 미리 설정된 경로를 순찰하는 무인차량과 해외 광산, 건설 현장 등에서 운용되고 있는 덤프트럭 등의 무인운행 시스템이 있다.

2. 다음의 《조건》에 따라 《출력형태》와 같이 표와 차트를 작성하시오. (100점)

《표 조건》
(1) 표 전체(표, 캡션) – 돋움, 10pt
(2) 정렬 – 문자 : 가운데 정렬, 숫자 : 오른쪽 정렬
(3) 셀 배경(면색) : 노랑
(4) 한글의 계산 기능을 이용하여 빈칸에 평균(소수점 두 자리)을 구하고, 캡션 기능 사용할 것
(5) 선 모양은 《출력형태》와 동일하게 처리할 것

《출력형태》

무인자동차 관련 상장사(단위 : 억 원, %)

종목	매출액	영업이익	순이익	주가수익비율	주가순자산비율
테크닉스	2,024	308	300	16.8	2.3
셀프드라이빙	1,967	232	234	8.9	2.1
일렉트로	2,208	229	126	15.3	1.2
평균					

《차트 조건》
(1) 차트 데이터는 표 내용에서 종목별 매출액, 영업이익, 순이익, 주가수익비율의 값만 이용할 것
(2) 종류 – <묶은 세로 막대형>으로 작업할 것
(3) 제목 – 굴림, 진하게, 12pt, 속성 – 채우기(밝은 색 : 하양), 테두리, 그림자(바깥쪽 : 대각선 오른쪽 아래)
(4) 제목 이외의 전체 글꼴 – 굴림, 보통, 10pt
(5) 축제목과 범례는 《출력형태》와 동일하게 처리할 것

《출력형태》

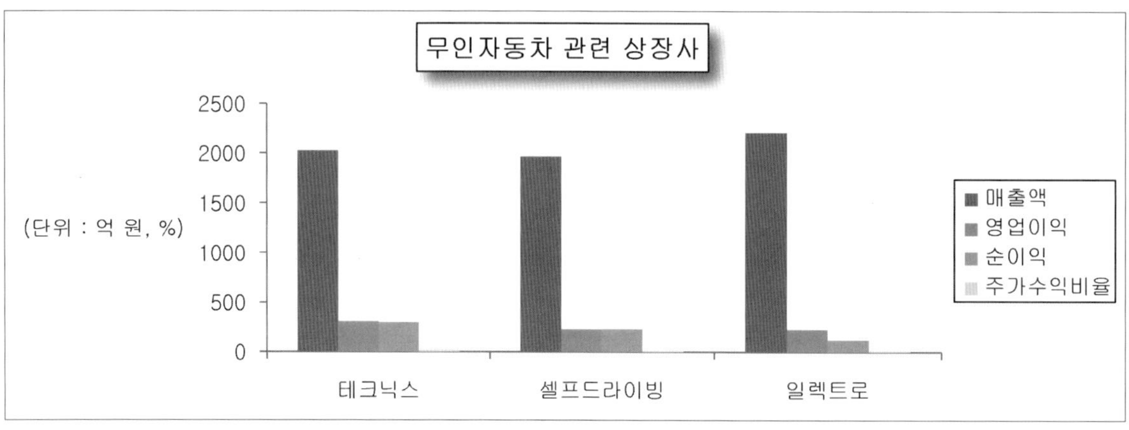

5 다음의 조건에 따라 출력형태와 같이 표를 작성해 보세요.

⊘ **실습파일** : 유형03-5(문제).hwpx   ⊘ **완성파일** : 유형03-5(완성).hwpx

《표 조건》
⑴ 표 전체(표, 캡션) – 굴림, 10pt
⑵ 정렬 – 문자 : 가운데 정렬, 숫자 : 오른쪽 정렬
⑶ 셀 배경(면색) : 노랑
⑷ 한글의 계산 기능을 이용하여 빈칸에 합계를 구하고, 캡션 기능 사용할 것
⑸ 선 모양은 《출력형태》와 동일하게 처리할 것

《출력형태》

2.

연도별 SDGs 미래도시 선정 현황(단위 : 개)

연도	2020년	2021년	2022년	2023년	합계
도시 선정 수	33	31	30	30	
사업 선정 수	10	11	10	12	
누적 도시 수	93	124	154	184	
재 선정 수	6	7	9	10	

6 다음의 조건에 따라 출력형태와 같이 표를 작성해 보세요.

⊘ **실습파일** : 유형03-6(문제).hwpx   ⊘ **완성파일** : 유형03-6(완성).hwpx

《표 조건》
⑴ 표 전체(표, 캡션) – 돋움, 10pt
⑵ 정렬 – 문자 : 가운데 정렬, 숫자 : 오른쪽 정렬
⑶ 셀 배경(면색) : 노랑
⑷ 한글의 계산 기능을 이용하여 빈칸에 합계를 구하고, 캡션 기능 사용할 것
⑸ 선 모양은 《출력형태》와 동일하게 처리할 것

《출력형태》

2.

만화산업 지역별 사업체 수(단위 : 개)

지역	만화 출판업	온라인 제작	만화책 임대업	만화 도소매업	합계
인천	10	29	33	90	
광주	5	34	13	84	
대전	5	9	19	104	
전북	4	16	17	118	

정보기술자격(ITQ) 최신기출문제

과 목	코 드	문제유형	시험시간	수험번호	성 명
아래한글	1111	B	60분		

수험자 유의사항

◎ 수험자는 문제지를 받는 즉시 문제지와 **수험표상의 시험과목(프로그램)이 동일한지 반드시 확인**하여야 합니다.

◎ 파일명은 본인의 "수험번호-성명"으로 입력하여 답안폴더(내 PC\문서\ITQ)에 하나의 파일로 저장해야 하며, 답안 파일을 전송하지 않아 미제출로 처리될 경우 실격 처리합니다(예:12345678-홍길동.hwpx).

◎ 답안 작성을 마치면 파일을 저장하고, '답안 전송' 버튼을 선택하여 감독위원 PC로 답안을 전송하십시오. 수험생 정보와 저장한 파일명이 다를 경우 전송되지 않으므로 주의하시기 바랍니다.

◎ 답안 작성 중에도 **주기적으로 저장하고, '답안 전송'**하여야 문제 발생을 줄일 수 있습니다. 작업한 내용을 저장하지 않고 전송할 경우 이전에 저장된 내용이 전송되오니 이점 유의하시기 바랍니다.

◎ 답안문서는 지정된 경로 외의 다른 보조기억장치에 저장하는 경우, 지정된 시험 시간 외에 작성된 파일을 활용할 경우, 기타 통신수단(이메일, 메신저, 네트워크 등)을 이용하여 타인에게 전달 또는 외부 반출하는 경우는 부정 처리합니다.

◎ 시험 중 부주의 또는 고의로 시스템을 파손한 경우는 수험자가 변상해야 하며, <수험자 유의사항>에 기재된 방법대로 이행하지 않아 생기는 불이익은 수험생 당사자의 책임임을 알려 드립니다.

◎ 문제의 조건은 한컴오피스 2022/2020 버전으로 설정되어 있으니 유의하시기 바랍니다.

◎ 시험을 완료한 수험자는 답안파일이 전송되었는지 확인한 후 감독위원의 지시에 따라 문제지를 제출하고 퇴실합니다.

답안 작성요령

◎ 온라인 답안 작성 절차

　　수험자 등록 ⇒ 시험 시작 ⇒ 답안파일 저장 ⇒ 답안 전송 ⇒ 시험 종료

◎ 공통 부문

　• 글꼴에 대한 기본설정은 함초롬바탕, 10포인트, 검정, 줄간격 160%, 양쪽정렬로 합니다.

　• 색상은 조건의 색을 적용하고 색의 구분이 안 될 경우에는 RGB 값을 적용하십시오.

　　(빨강 255,0,0 / 파랑 0,0,255 / 노랑 255,255,0).

　• 각 문항에 주어진 《조건》에 따라 작성하고 언급하지 않은 조건은 《출력형태》와 같이 작성합니다.

　• 용지여백은 왼쪽·오른쪽 11mm, 위쪽·아래쪽·머리말·꼬리말 10mm, 제본 0mm로 합니다.

　• 그림 삽입 문제의 경우 「내 PC\문서\ITQ\Picture」 폴더에서 지정된 파일을 선택하여 삽입하십시오.

　• 삽입한 그림은 반드시 문서에 포함하여 저장해야 합니다(미포함 시 감점 처리).

　• 각 항목은 지정된 페이지에 출력형태와 같이 정확히 작성하시기 바라며, 그렇지 않을 경우에 해당 항목은 0점 처리됩니다.

　　※ 페이지구분 : 1페이지 - 기능평가 I (문제번호 표시 : 1. 2.),

　　　　　　　　　2페이지 - 기능평가 II (문제번호 표시 : 3. 4.),

　　　　　　　　　3페이지 - 문서작성 능력평가

◎ 기능평가

　• 문제와 《조건》은 입력하지 않으며 문제번호와 답(《출력형태》)만 작성합니다.

　• 4번 문제는 묶기를 했을 경우 0점 처리됩니다.

◎ 문서작성 능력평가

　• A4 용지(210mm×297mm) 1매 크기, 세로 서식 문서로 작성합니다.

　• ⌜ ⌟ 표시는 문서작성에 대한 지시사항이므로 작성하지 않습니다.

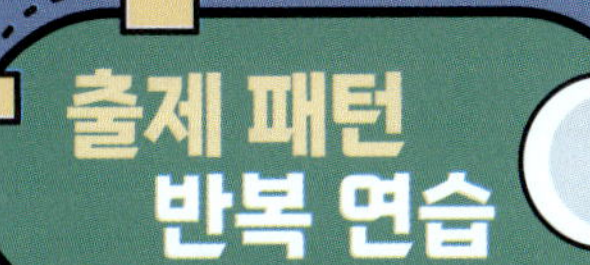

A 표의 글꼴 서식을 변경한 후 블록 계산식과 캡션을 적용해 보세요.

⊘ **실습파일** : 패턴03-1(문제).hwpx ⊘ **완성파일** : 패턴03-1(완성).hwpx

패턴 01　표 전체 글꼴(표, 캡션) : 돋움, 10pt

❶ 글꼴 서식 변경 ❷ 텍스트 정렬 ❸ 블록 계산식으로 평균 계산 ❹ 캡션으로 표 제목 입력

2.

4차 산업혁명 관련기술 특허출원(단위 : 건)

기술	2016년	2017년	2018년	2019년	평균
인공지능	1,315	2,216	3,054	4,011	2,649.00
디지털 헬스케어	3,140	3,047	3,530	4,109	3,456.50
자율주행	2,896	3,018	3,304	3,986	3,301.00
지능형 로봇	1,320	1,115	1,485	1,980	

패턴 02　표 전체 글꼴(표, 캡션) : 궁서, 10pt

❶ 글꼴 서식 변경 ❷ 텍스트 정렬 ❸ 블록 계산식으로 평균 계산 ❹ 캡션으로 표 제목 입력

2.

연도별 예상 인구지표(단위 : %)

연도	2015년	2020년	2030년	2040년	평균
0~14세	13.8	12.6	11.5	10.8	12.18
15~64세	73.4	71.7	64.0	56.4	66.38
65세 이상	12.8	15.6	24.5	32.8	21.43
인구성장률	0.53	0.31	0.07	−0.32	

패턴 03　표 전체 글꼴(표, 캡션) : 굴림, 10pt

❶ 글꼴 서식 변경 ❷ 텍스트 정렬 ❸ 블록 계산식으로 합계 계산 ❹ 캡션으로 표 제목 입력

2.

전기자동차 지역별 보급 현황(단위 : 대)

연도	서울	부산	대구	경기	합계
2014년	212	84	5	58	359
2015년	452	106	92	84	734
2016년	455	117	209	226	1,007
2017년	4,112	422	1,693	1,374	

글꼴 : 궁서, 18pt, 진하게, 가운데 정렬
책갈피 이름 : 환경
덧말 넣기

머리말 기능
굴림, 10pt, 오른쪽 정렬 → 한국판 뉴딜 사업

그린뉴딜
탄소중립 사회를 향한 첫걸음

문단 첫 글자 장식 기능
글꼴 : 돋움, 면색 : 노랑

각주

그림위치(내 PC\문서\ITQ\Picture\그림4.jpg, 문서에 포함)
자르기 기능 이용, 크기(40mm×30mm), 바깥 여백 왼쪽 : 2mm

그린뉴딜 5대 주요사업 중 스마트 그린도시에서 탄소중립ⒶO은 우리 사회가 지향해야 할 방향이다. 국가의 장기적 지향점으로서 앞으로 사회 변화상을 고려해 도전과 기회의 관점에서 바라볼 필요가 있다. 기업이나 개인이 발생시킨 이산화탄소 배출량만큼 이산화탄소 흡수량도 늘려 실질적인 이산화탄소 배출량을 제로로 만든다는 개념이다. 다시 말하면 대기 중으로 배출한 이산화탄소의 양을 상쇄할 정도의 이산화탄소를 다시 흡수하는 대책을 세움으로써 이산화탄소 총량을 중립(中立) 상태로 만든다는 뜻이다.

시행 방안으로는 첫째, 이산화탄소 배출량에 상응하는 만큼의 숲을 조성하여 산소를 공급하거나 화석연료를 대체할 수 있는 무공해에너지인 태양열, 풍력 에너지 등 재생에너지 분야에 투자하는 방법, 둘째, 이산화탄소 배출량에 상응하는 탄소배출권을 구매하는 방법 등이 있다. 탄소배출권이란 이산화탄소 배출량을 돈으로 환산하여 시장에서 거래할 수 있도록 한 것인데, 탄소배출권을 구매하기 위해 지불한 돈은 삼림(森林)을 조성하는 등 이산화탄소 흡수량을 늘리는 데에 사용된다. 각 나라에서는 지구온난화의 주범인 이산화탄소의 배출량을 조절하기 위해 탄소중립 운동을 활발히 시행하고 있다.

■ **국토생태계 녹색 복원**

글꼴 : 궁서, 18pt, 하양
음영색 : 파랑

  1. 왜 필요할까요?

    가. 도시지역 내 생태공간 확충을 통해 국토의 지속가능성을 확보

    나. 포스트 코로나에 대비하여 사람과 야생동물 간의 안전한 공존

  2. 어떻게 하나요?

    가. 국립공원 16개소 및 도시훼손지 25개소 등 자연환경 복원

    나. 멸종 위기종 서식지 중심 복원 및 관리사업 추진

문단 번호 기능 사용
1수준 : 20pt, 오른쪽정렬,
2수준 : 30pt, 오른쪽정렬
줄 간격 : 180%

표 전체 글꼴 : 돋움, 10pt, 가운데 정렬
셀 배경(그러데이션) : 유형(왼쪽 대각선),
시작색(하양), 끝색(노랑)

■ *환경보건센터 운영 현황*

글꼴 : 궁서, 18pt, 기울임, 강조점

센터명	전문 분야	유효기간	사업 내용	지역
서경대학교	환경보건 연구정보	2025. 08. 16.	환경보건 분야 연구정보 구축	서울
서울시립대학교	환경보건 전문인력 육성	2025. 07. 26.	환경독성/보건 분야 전문인력 육성	서울
인하대병원	환경보건 전문인력 육성	2025. 07. 26.	환경의학 분야 전문인력 육성	인천
순천향대구미병원	환경독성	2024. 12. 31.	화학물질과 건강영향	구미

글꼴 : 굴림, 24pt, 진하게
장평 105%, 오른쪽 정렬 → # 환경부 그린뉴딜

각주 구분선 : 5cm

Ⓐ 이산화탄소의 실질적인 배출량을 0으로 만든다는 개념

쪽 번호 매기기
5로 시작 → ⑤

⊘ **실습파일** : 패턴03-2(문제).hwpx　⊘ **완성파일** : 패턴03-2(완성).hwpx

패턴 01　셀 배경(면색) : 노랑

❶ 셀 배경색 지정 ❷ 표 테두리 지정 ❸ 빈 셀에 대각선 지정

2.

4차 산업혁명 관련기술 특허출원(단위 : 건)

기술	2016년	2017년	2018년	2019년	평균
인공지능	1,315	2,216	3,054	4,011	2,649.00
디지털 헬스케어	3,140	3,047	3,530	4,109	3,456.50
자율주행	2,896	3,018	3,304	3,986	3,301.00
지능형 로봇	1,320	1,115	1,485	1,980	

패턴 02　셀 배경(면색) : 노랑

❶ 셀 배경색 지정 ❷ 표 테두리 지정 ❸ 빈 셀에 대각선 지정

2.

연도별 예상 인구지표(단위 : %)

연도	2015년	2020년	2030년	2040년	평균
0~14세	13.8	12.6	11.5	10.8	12.18
15~64세	73.4	71.7	64.0	56.4	66.38
65세 이상	12.8	15.6	24.5	32.8	21.43
인구성장률	0.53	0.31	0.07	−0.32	

패턴 03　셀 배경(면색) : 노랑

❶ 셀 배경색 지정 ❷ 표 테두리 지정 ❸ 빈 셀에 대각선 지정

2.

전기자동차 지역별 보급 현황(단위 : 대)

연도	서울	부산	대구	경기	합계
2014년	212	84	5	58	359
2015년	452	106	92	84	734
2016년	455	117	209	226	1,007
2017년	4,112	422	1,693	1,374	

3. 다음 (1), (2)의 수식을 수식 편집기로 각각 입력하시오. (40점)

《출력형태》

(1) $Y = \sqrt{\dfrac{gL}{2\pi}} = \dfrac{gT}{2\pi}$

(2) $\displaystyle\int_0^3 \dfrac{\sqrt{6t^2 - 18t + 12}}{5}\,dt = 11$

4. 다음의 《조건》에 따라 《출력형태》와 같이 문서를 작성하시오. (110점)

《조건》　(1) 그리기 도구를 이용하여 작성하고, 모든 도형(글맵시, 지정된 그림 포함)을 《출력형태》와 같이 작성하시오.

　　　　(2) 도형의 면색은 지시사항이 없으면 색 없음을 제외하고 서로 다르게 임의로 지정하시오.

《출력형태》

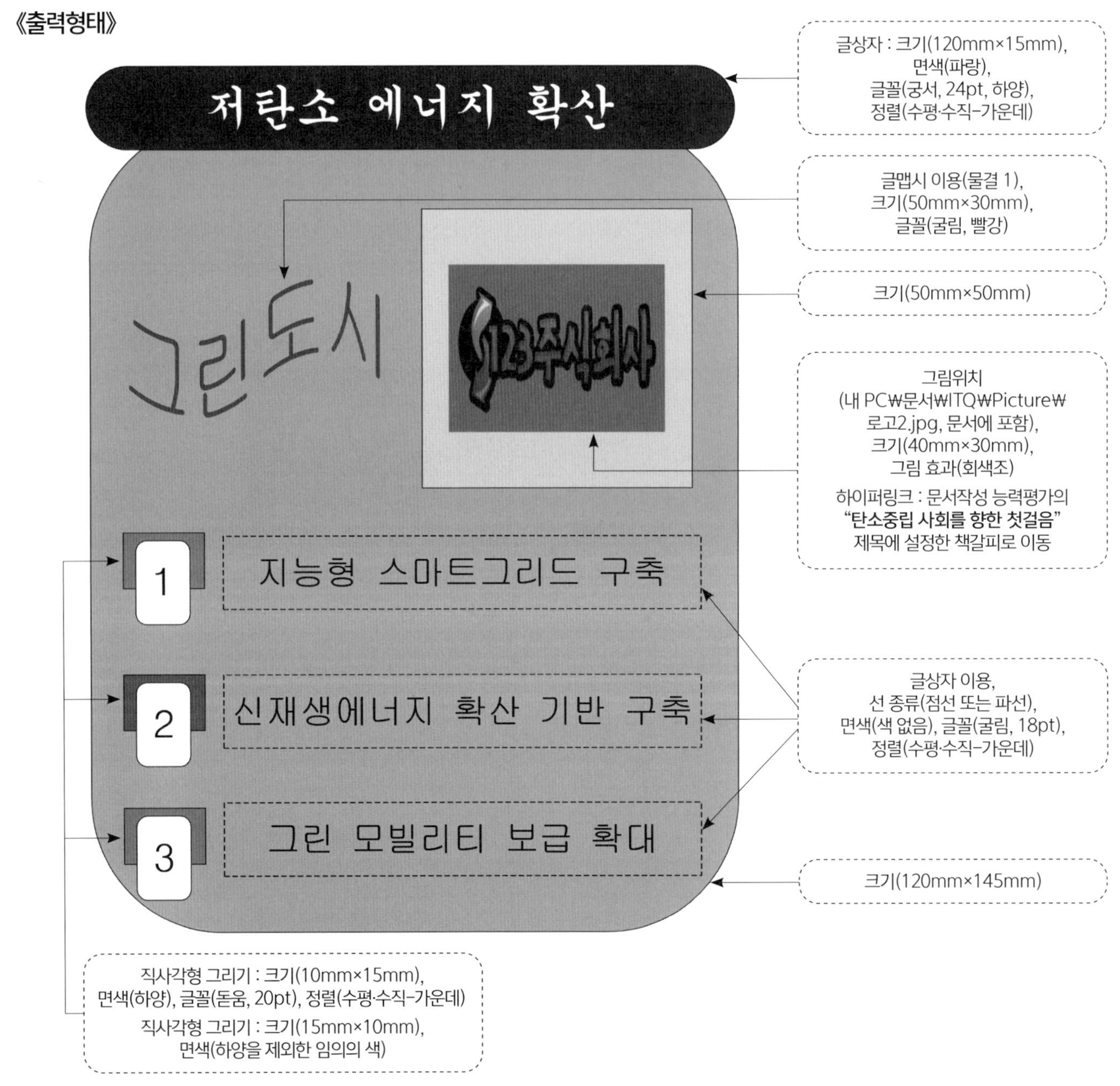

글상자 : 크기(120mm×15mm), 면색(파랑), 글꼴(궁서, 24pt, 하양), 정렬(수평·수직-가운데)

글맵시 이용(물결 1), 크기(50mm×30mm), 글꼴(굴림, 빨강)

크기(50mm×50mm)

그림위치 (내 PC₩문서₩ITQ₩Picture₩로고2.jpg, 문서에 포함), 크기(40mm×30mm), 그림 효과(회색조)

하이퍼링크 : 문서작성 능력평가의 "탄소중립 사회를 향한 첫걸음" 제목에 설정한 책갈피로 이동

글상자 이용, 선 종류(점선 또는 파선), 면색(색 없음), 글꼴(굴림, 18pt), 정렬(수평·수직-가운데)

크기(120mm×145mm)

직사각형 그리기 : 크기(10mm×15mm), 면색(하양), 글꼴(돋움, 20pt), 정렬(수평·수직-가운데)

직사각형 그리기 : 크기(15mm×10mm), 면색(하양을 제외한 임의의 색)

[기능평가 I] 차트 작성 및 편집

⊘ 실습파일 : 04차시(문제).hwpx　　⊘ 완성파일 : 04차시(완성).hwpx

[배점] 100점_표+차트 (500점 만점)

[1페이지] 2. 다음의 《조건》에 따라 《출력형태》와 같이 표와 차트를 작성하시오.

《차트 조건》

⑴ 차트 데이터는 표 내용에서 지역별 대만, 인도네시아, 중국의 값만 이용할 것
⑵ 종류 – <묶은 세로 막대형>으로 작업할 것
⑶ 제목 – 글꼴 : 궁서, 진하게, 12pt
　　　　　속성 : 채우기(밝은 색 : 하양), 테두리, 그림자(바깥쪽 : 대각선 오른쪽 아래)
⑷ 제목 이외의 전체 글꼴 – 궁서, 보통, 10pt
⑸ 축제목과 범례는 《출력형태》와 동일하게 처리할 것

《출력형태》

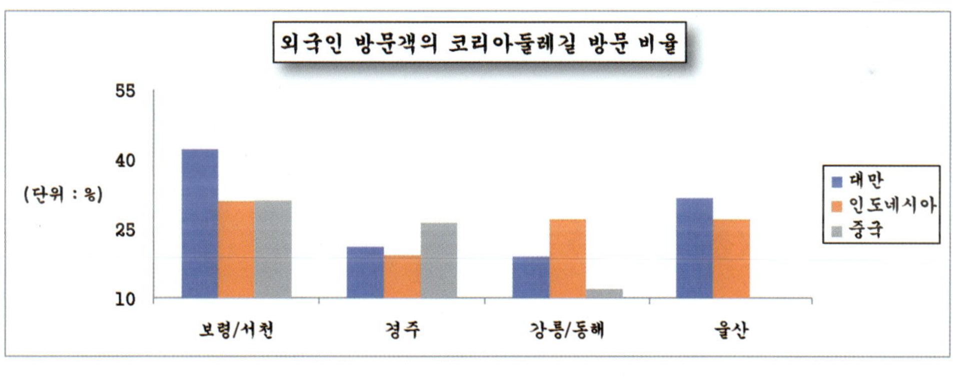

2.

외국인 방문객의 코리아둘레길 방문 비율 (단위 : %)

구분	보령/서천	경주	강릉/동해	울산	평균
대만	42.1	21.1	19.0	31.6	28.45
인도네시아	30.8	19.2	26.9	26.9	25.95
중국	31.0	26.2	11.9	9.5	19.65
호주	37.5	16.7	8.3	29.2	

1. 다음의《조건》에 따라 스타일 기능을 적용하여《출력형태》와 같이 작성하시오. (50점)

《조건》
    (1) 스타일 이름 – green
    (2) 문단 모양 – 왼쪽 여백 : 15pt, 문단 아래 간격 : 10pt
    (3) 글자 모양 – 글꼴 : 한글(굴림)/영문(돋움), 크기 : 10pt, 장평 : 95%, 자간 : 5%

《출력형태》

In the OECD policy brief, Korean Green New Deal was showcased as an exemplary model for green recovery from Covid-19 that will ensure an accelerated transition toward a more sustainable economy.

스마트 그린도시는 도시화, 산업화로 훼손된 자연의 건강성을 회복하고, 코로나19나 아프리카돼지열병 등 야생 동물 매개 질병으로부터 안전한 생태환경으로 전환하기 위한 환경부 그린뉴딜 사업입니다.

2. 다음의《조건》에 따라《출력형태》와 같이 표와 차트를 작성하시오. (100점)

《표 조건》
    (1) 표 전체(표, 캡션) – 돋움, 10pt
    (2) 정렬 – 문자 : 가운데 정렬, 숫자 : 오른쪽 정렬
    (3) 셀 배경(면색) : 노랑
    (4) 한글의 계산 기능을 이용하여 빈칸에 합계를 구하고, 캡션 기능 사용할 것
    (5) 선 모양은《출력형태》와 동일하게 처리할 것

《출력형태》

도시별 하루 생활 폐기물 현황(단위 : 톤)

구분	서울시	인천시	부산시	대전시	광주시
매립	799	252	260	381	158
소각	2,238	692	416	225	26
재활용	6,180	1,323	2,667	1,058	1,085
합계					

《차트 조건》
    (1) 차트 데이터는 표 내용에서 구분별 서울시, 인천시, 부산시, 대전시의 값만 이용할 것
    (2) 종류 – <묶은 가로 막대형>으로 작업할 것
    (3) 제목 – 굴림, 진하게, 12pt, 속성 – 채우기(밝은 색 : 하양), 테두리, 그림자(바깥쪽 : 대각선 오른쪽 아래)
    (4) 제목 이외의 전체 글꼴 – 굴림, 보통, 10pt
    (5) 축제목과 범례는《출력형태》와 동일하게 처리할 것

《출력형태》

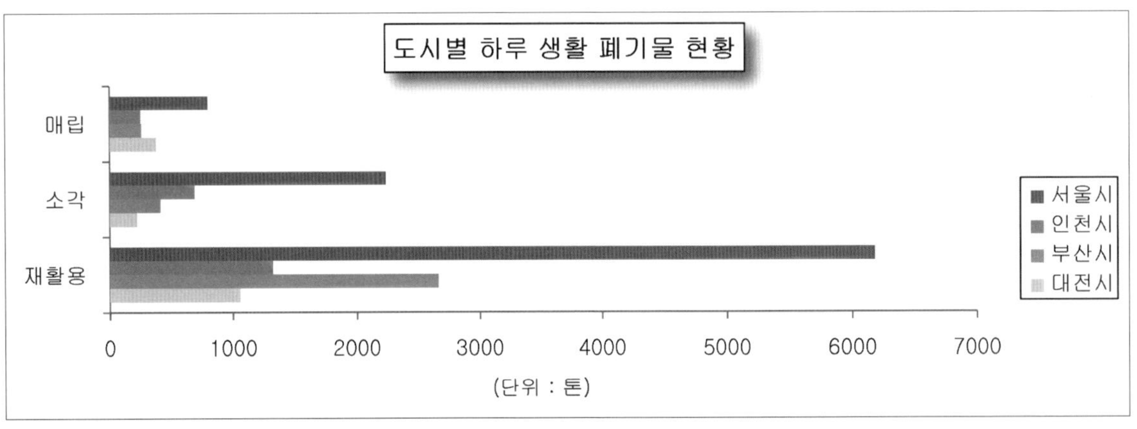

차트 삽입 › 줄/칸 전환 › 차트 제목 편집 › 차트 축 편집 › 차트 범례 편집 › 눈금선 삭제

Check 01 차트 작성 : 표 데이터를 활용해 차트를 삽입한 후 편집해요!

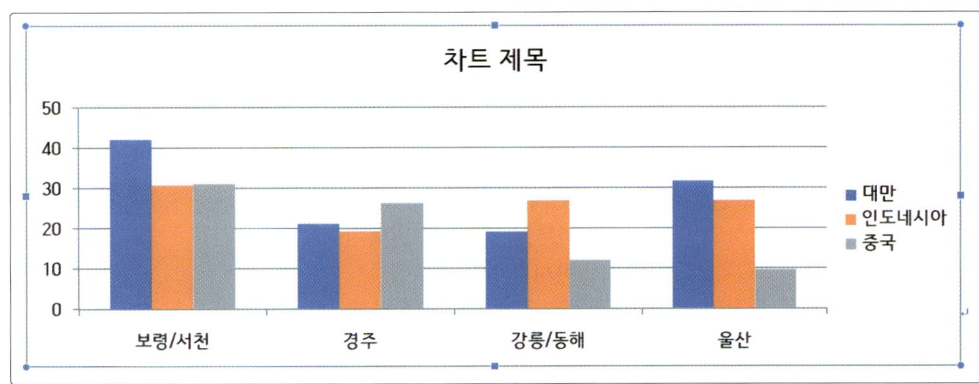

차트 삽입 & 줄/칸 전환

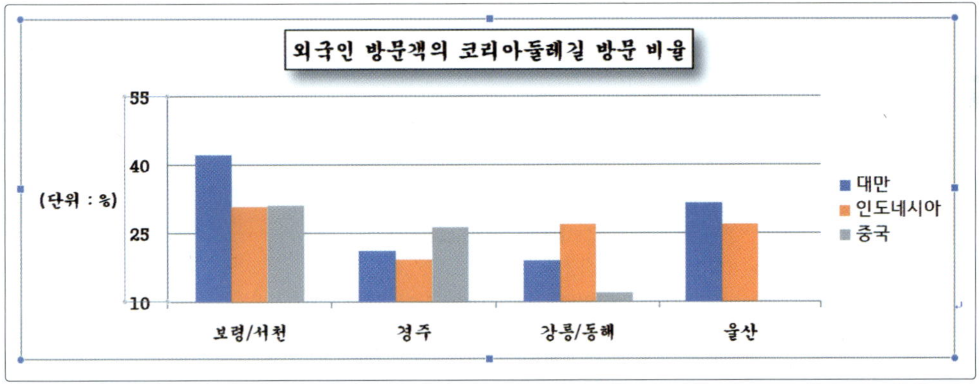

차트 제목 편집 & 차트 축 편집

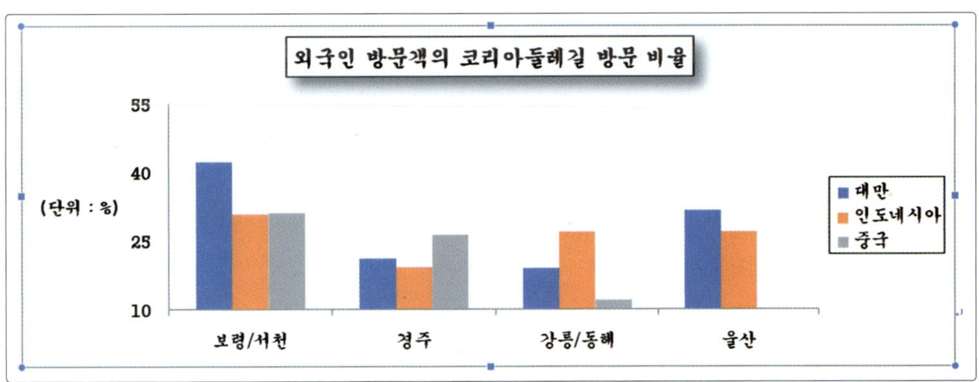

차트 범례 편집 & 눈금선 삭제

정보기술자격(ITQ) 최신기출문제

과 목	코 드	문제유형	시험시간	수험번호	성 명
아래한글	1111	A	60분		

수험자 유의사항

◎ 수험자는 문제지를 받는 즉시 문제지와 <u>수험표상의 시험과목(프로그램)이 동일한지 반드시 확인</u>하여야 합니다.

◎ 파일명은 본인의 "수험번호-성명"으로 입력하여 답안폴더(내 PC\문서\ITQ)에 하나의 파일로 저장해야 하며, 답안 파일을 전송하지 않아 미제출로 처리될 경우 실격 처리합니다(예:12345678-홍길동.hwpx).

◎ 답안 작성을 마치면 파일을 저장하고, '답안 전송' 버튼을 선택하여 감독위원 PC로 답안을 전송하십시오. 수험생 정보와 저장한 파일명이 다를 경우 전송되지 않으므로 주의하시기 바랍니다.

◎ 답안 작성 중에도 <u>주기적으로 저장하고, '답안 전송'</u>하여야 문제 발생을 줄일 수 있습니다. 작업한 내용을 저장하지 않고 전송할 경우 이전에 저장된 내용이 전송되오니 이점 유의하시기 바랍니다.

◎ 답안문서는 지정된 경로 외의 다른 보조기억장치에 저장하는 경우, 지정된 시험 시간 외에 작성된 파일을 활용할 경우, 기타 통신수단(이메일, 메신저, 네트워크 등)을 이용하여 타인에게 전달 또는 외부 반출하는 경우는 부정 처리합니다.

◎ 시험 중 부주의 또는 고의로 시스템을 파손한 경우는 수험자가 변상해야 하며, <수험자 유의사항>에 기재된 방법대로 이행하지 않아 생기는 불이익은 수험생 당사자의 책임임을 알려 드립니다.

◎ 문제의 조건은 한컴오피스 2022/2020 버전으로 설정되어 있으니 유의하시기 바랍니다.

◎ 시험을 완료한 수험자는 답안파일이 전송되었는지 확인한 후 감독위원의 지시에 따라 문제지를 제출하고 퇴실합니다.

답안 작성요령

◎ 온라인 답안 작성 절차

　수험자 등록 ⇒ 시험 시작 ⇒ 답안파일 저장 ⇒ 답안 전송 ⇒ 시험 종료

◎ 공통 부문

- 글꼴에 대한 기본설정은 함초롬바탕, 10포인트, 검정, 줄간격 160%, 양쪽정렬로 합니다.
- 색상은 조건의 색을 적용하고 색의 구분이 안 될 경우에는 RGB 값을 적용하십시오.
  (빨강 255,0,0 / 파랑 0,0,255 / 노랑 255,255,0).
- 각 문항에 주어진 《조건》에 따라 작성하고 언급하지 않은 조건은 《출력형태》와 같이 작성합니다.
- 용지여백은 왼쪽·오른쪽 11mm, 위쪽·아래쪽·머리말·꼬리말 10mm, 제본 0mm로 합니다.
- 그림 삽입 문제의 경우 「내 PC\문서\ITQ\Picture」 폴더에서 지정된 파일을 선택하여 삽입하십시오.
- 삽입한 그림은 반드시 문서에 포함하여 저장해야 합니다(미포함 시 감점 처리).
- 각 항목은 지정된 페이지에 출력형태와 같이 정확히 작성하시기 바라며, 그렇지 않을 경우에 해당 항목은 0점 처리됩니다.
  ※ 페이지구분 : 1페이지 – 기능평가 I (문제번호 표시 : 1. 2.),
  　　　　　　　　 2페이지 – 기능평가 II (문제번호 표시 : 3. 4.),
  　　　　　　　　 3페이지 – 문서작성 능력평가

◎ 기능평가

- 문제와 《조건》은 입력하지 않으며 문제번호와 답(《출력형태》)만 작성합니다.
- 4번 문제는 묶기를 했을 경우 0점 처리됩니다.

◎ 문서작성 능력평가

- A4 용지(210mm×297mm) 1매 크기, 세로 서식 문서로 작성합니다.
- 　　　　표시는 문서작성에 대한 지시사항이므로 작성하지 않습니다.

표 데이터를 이용하여 차트 만들기

STEP 01

(1) 차트 데이터는 표 내용에서 지역별 대만, 인도네시아, 중국의 값만 이용할 것
(2) 종류 – <묶은 세로 막대형>으로 작업할 것

1 한글 2022 프로그램을 실행한 후 [04차시] 폴더에서 **04차시(문제).hwpx** 파일을 불러옵니다.

★ Alt + O 를 눌러 파일을 불러오는 방법도 있어요.

2 차트 데이터로 사용될 셀을 아래와 같이 블록으로 지정한 후 우클릭하여 [차트]-[세로 막대형]-[**묶은 세로 막대형**]을 선택합니다.

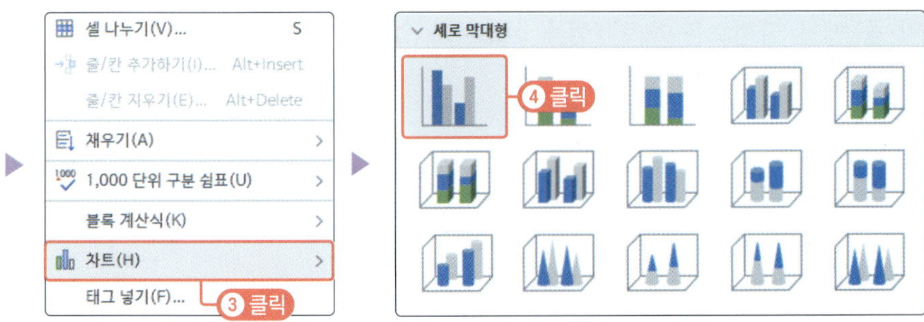

3 차트가 만들어지면 [차트 데이터 편집] 창을 **종료**합니다.

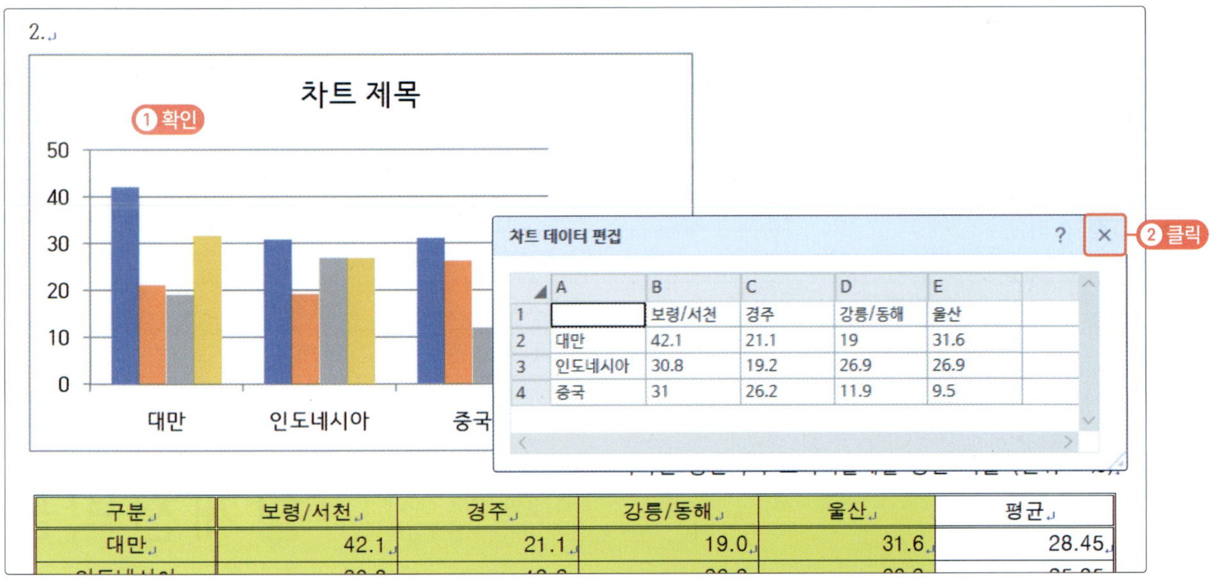

	A	B	C	D	E
1		보령/서천	경주	강릉/동해	울산
2	대만	42.1	21.1	19	31.6
3	인도네시아	30.8	19.2	26.9	26.9
4	중국	31	26.2	11.9	9.5

구분	보령/서천	경주	강릉/동해	울산	평균
대만	42.1	21.1	19.0	31.6	28.45

글꼴 : 굴림, 18pt, 진하게, 가운데 정렬
책갈피 이름 : 청계천
덧말 넣기

머리말 기능
돋움, 10pt, 오른쪽 정렬 → 청계천박물관

문화가 흐르는 청계천
청계천박물관을 찾아서

문단 첫 글자 장식 기능
글꼴 : 궁서, 면색 : 노랑

각주

그림위치(내 PC₩문서₩ITQ₩Picture₩그림4.jpg, 문서에 포함)
자르기 기능 이용, 크기(40mm×40mm), 바깥 여백 왼쪽 : 2mm

청계천박물관⑦은 청계천의 역사와 문화(文化)가 살아 숨 쉬는 문화 복합공간으로 2005년 9월 26일에 문을 열었습니다. 문화관 건물 정면의 긴 유리 튜브 형태는 청계천의 물길을 상징하며 지상 4층, 지하 2층의 1,728평 규모로 상설 전시실과 기획 전시실, 교육실과 강당 등을 갖추고 있습니다.

청계천의 역사적 여정이 주제별로 전시된 상설 전시실은 조선 시대부터 현재에 이르기까지 청계천의 역사를 다양한 관점에서 다루고 있으며, 위에서 아래로 흐르는 물의 속성을 따라 4층에서부터 1층으로 내려오며 관람하는 것이 특징입니다. 전시 내용은 '서울, 청계천', '개천시대', '청계천, 청계로', '청계천 복원 사업', '복원 후 10년' 등 크게 5개의 주제로 구성되어 지난 10년간 축적(蓄積)된 청계천 관련 자료들이 총망라되어 있으며, 기획 전시실은 청계천 문화와 관련하여 다양한 주제의 기획 전시와 흥미로운 문화 행사를 선보이면서 청계천의 문화 공간으로 자리 잡게 되었습니다. 또한 문화가 흐르는 청계천의 밤을 비롯하여 다양한 문화이벤트를 강당, 옥상, 청계천, 동대문역사문화공원 야외무대 등 다양한 공간을 활용하여 연극, 영화, 음악 등 매월 다채로운 프로그램을 선보이고 있습니다.

♥ 청계천 교육프로그램

글꼴 : 궁서, 18pt, 하양
음영색 : 파랑

① 졸졸졸 개천, 콸콸콸 준천
  (ㄱ) 교육기간 : 3월 - 11월(격주 수)
  (ㄴ) 접수대상 : 초등학교 4 - 6학년 학급단체
② 씽씽 보드게임! 청계천 시간여행
  (ㄱ) 교육기간 : 11월 - 12월(매주 수, 목, 금)
  (ㄴ) 접수대상 : 초등학교 1 - 3학년 학급단체

문단 번호 기능 사용
1수준 : 20pt, 오른쪽정렬,
2수준 : 30pt, 오른쪽정렬
줄 간격 : 180%

표 전체 글꼴 : 굴림, 10pt, 가운데 정렬
셀 배경(그러데이션) : 유형(가로),
시작색(하양), 끝색(노랑)

♥ 청계천아카데미 세부내용

글꼴 : 궁서, 18pt, 기울임, 강조점

구분	일반 강좌	전문 강좌	현장 투어
프로그램	사업 안내 및 홍보 영상물 상영	비기술(사업조직, 사업홍보, 갈등관리)	청계광장-삼일교, 황학교-두물다리
		기술분야(하천복원, 도시계획)	
소요 시간	20분	각 60분	60분
대상	방문객	벤치마킹 목적의 국내외 전문가 및 단체	방문객
연락처	청계천박물관, 청계천아카데미		서울시 청계천 도보 관광

글꼴 : 돋움, 24pt, 진하게
장평 105%, 오른쪽 정렬 → # 청계천박물관

각주 구분선 : 5cm

⑦ 서울시 성동구 청계천로 530에 위치하며, 청계천 순환 2층 시티투어버스가 경유

쪽 번호 매기기
4로 시작 → ④

ITQ 한글 시험에서는 노란색으로 채워진 셀에 입력된 데이터를 기준으로 차트를 작성하도록 문제가 출제되고 있어요.

4 차트가 선택된 상태에서 [차트 서식] 탭-**[글자처럼 취급]**을 클릭하여 표 아래쪽에 차트를 위치시켜 줍니다.

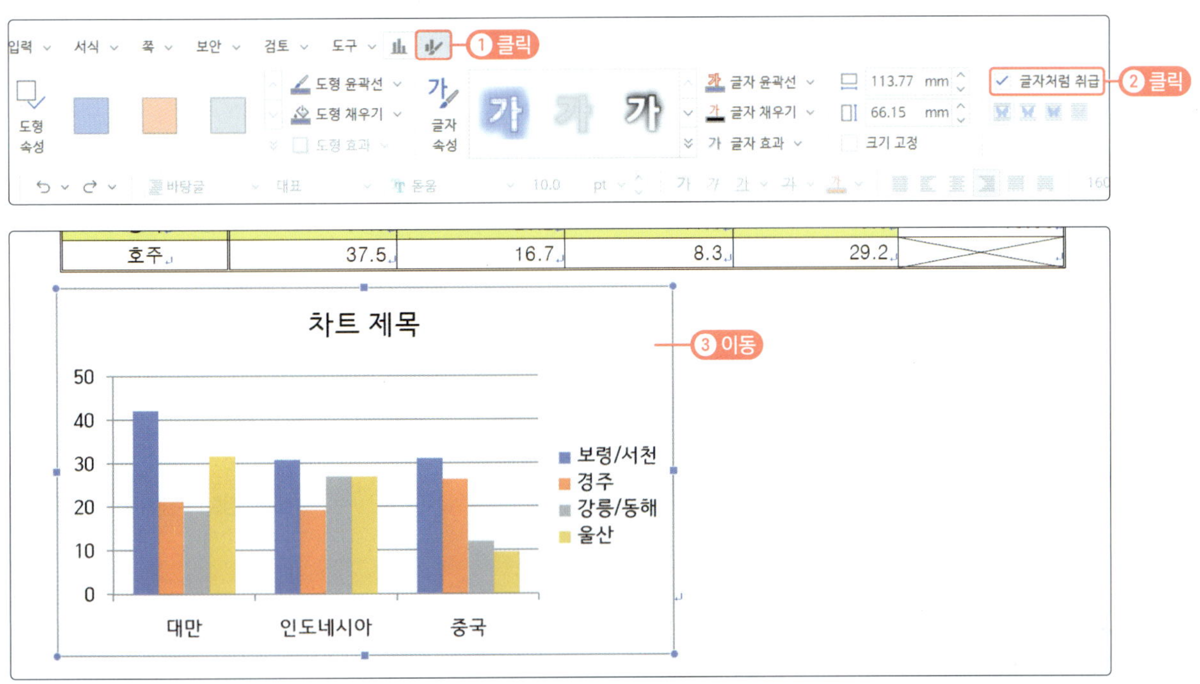

5 차트의 오른쪽 조절점을 드래그하여 **가로 크기를 변경**합니다.

★ 050페이지의 《출력형태》를 참고하여 차트의 가로 크기를 표와 비슷하게 맞춰 주세요.

외국인 방문객의 코리아둘레길 방문 비율 (단위 : %)

구분	보령/서천	경주	강릉/동해	울산	평균
대만	42.1	21.1	19.0	31.6	28.45
인도네시아	30.8	19.2	26.9	26.9	25.95
중국	31.0	26.2	11.9	9.5	19.65
호주	37.5	16.7	8.3	29.2	

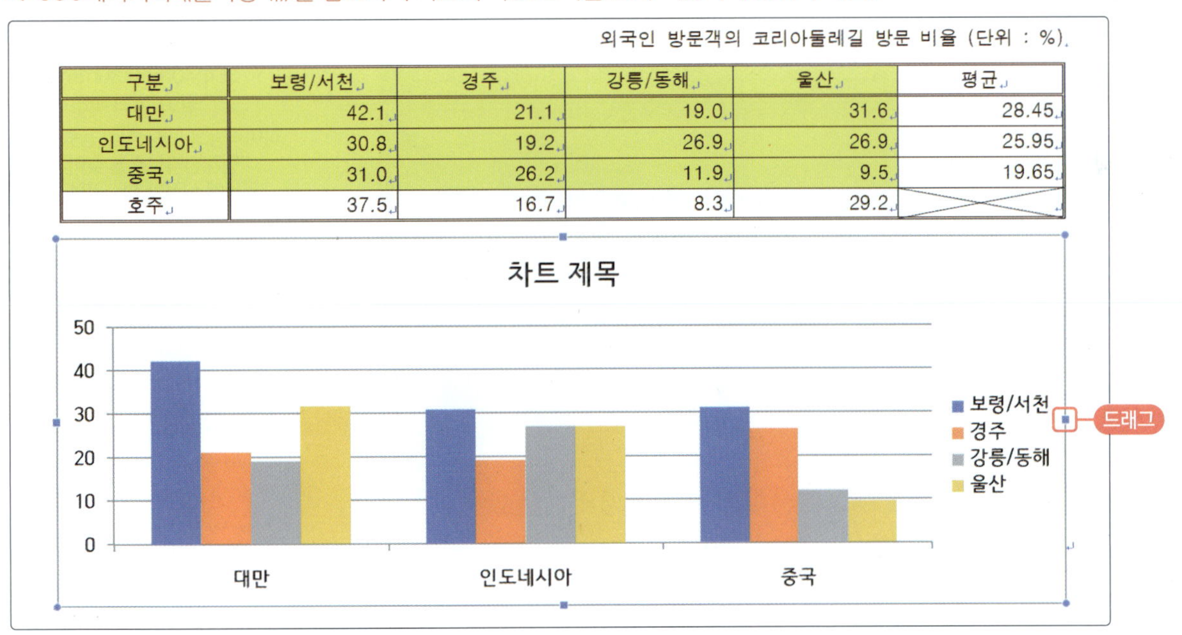

3. 다음 (1), (2)의 수식을 수식 편집기로 각각 입력하시오. (40점)

《출력형태》

$$(1)\quad \frac{k_x}{2h} \times (-2mk_x) = -\frac{mk^2}{h}$$

그리스 대문자(※기타 기호와 다름)

$$(2)\quad m = \frac{\Delta P}{K_a} = \frac{\Delta t_b}{K_b} = \frac{\Delta t_f}{K_f}$$

4. 다음의 《조건》에 따라 《출력형태》와 같이 문서를 작성하시오. (110점)

《조건》　　(1) 그리기 도구를 이용하여 작성하고, 모든 도형(글맵시, 지정된 그림 포함)을 《출력형태》와 같이
작성하시오.

(2) 도형의 면색은 지시사항이 없으면 색 없음을 제외하고 서로 다르게 임의로 지정하시오.

《출력형태》

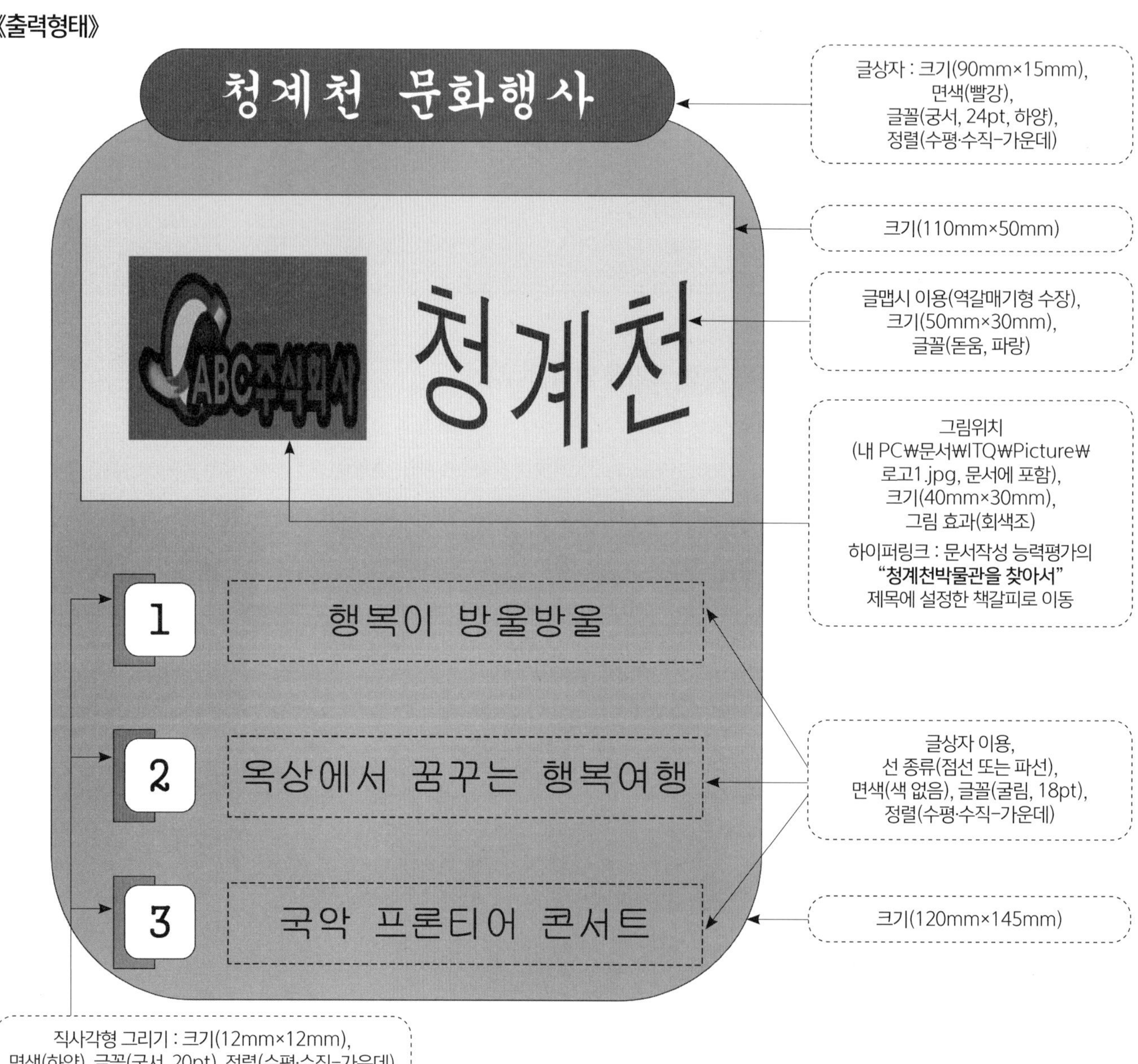

6 《출력형태》와 동일한 모양의 차트를 만들기 위해 [차트 디자인] 탭에서 [줄/칸 전환]을 클릭합니다.

★ 《출력형태》와 작업 중인 차트를 비교하여 '줄/칸 전환' 기능 사용 여부를 판단해요.

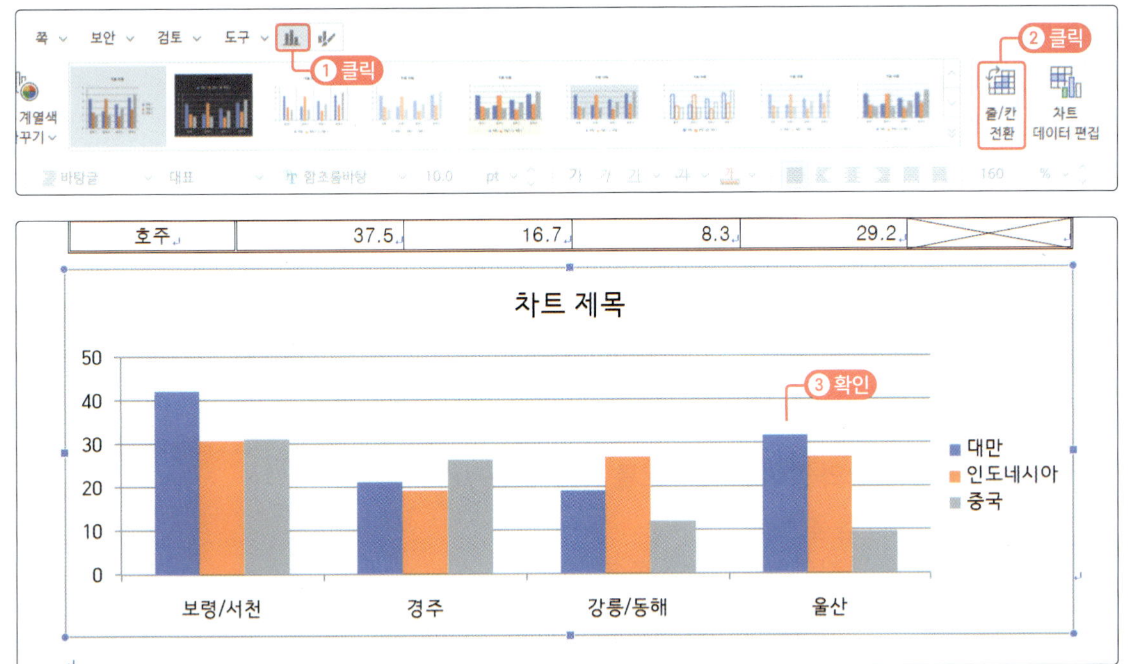

ITQ 꿀팁

표의 노란 셀 데이터를 이용하여 차트를 작성하면 대부분 《출력형태》와 같이 표시되지만, 문제 유형에 따라 '줄/칸 전환' 기능을 사용해 차트 형태를 변형해야 하는 경우도 출제된 적이 있으니 해당 기능을 미리 익혀두세요.

Level UP 차트 구성 요소

ITQ 한글에서 차트 작성을 수월하게 작성하기 위해서는 차트의 구성 요소를 잘 알아두는 것이 좋습니다.

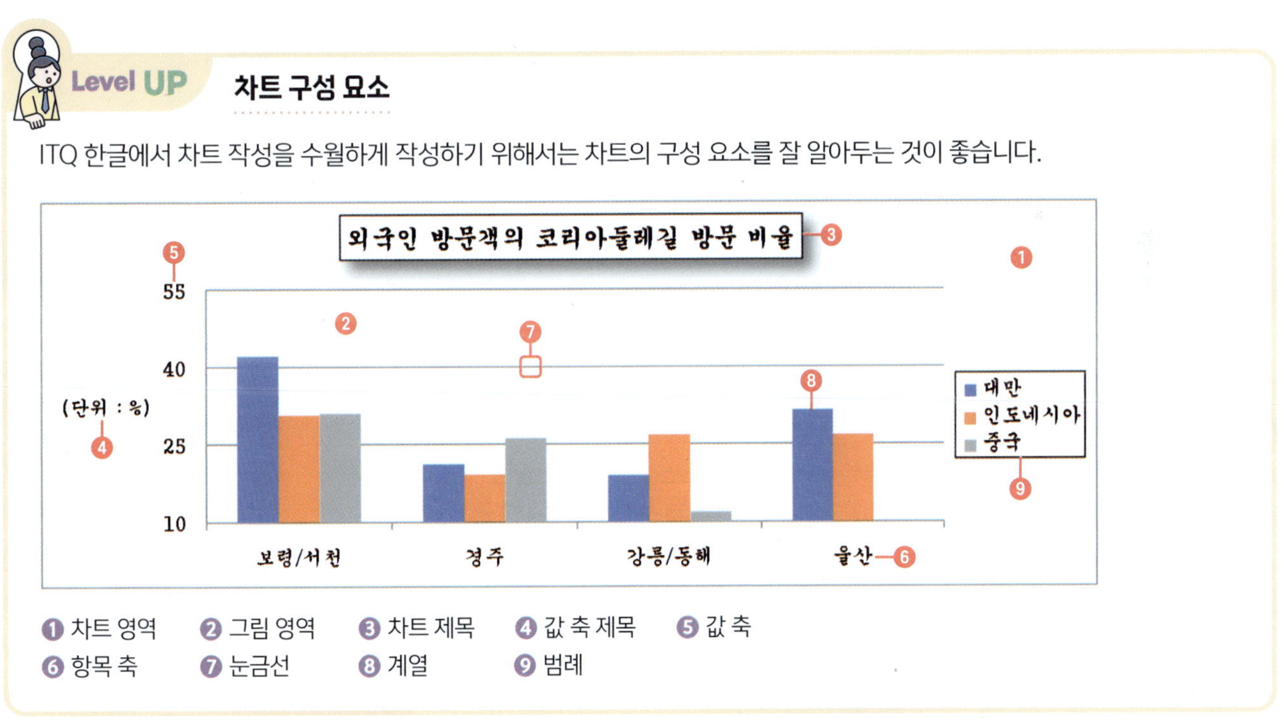

❶ 차트 영역   ❷ 그림 영역   ❸ 차트 제목   ❹ 값 축 제목   ❺ 값 축
❻ 항목 축   ❼ 눈금선   ❽ 계열   ❾ 범례

1. 다음의 《조건》에 따라 스타일 기능을 적용하여 《출력형태》와 같이 작성하시오. (50점)

《조건》　(1) 스타일 이름 – museum
　　　　　(2) 문단 모양 – 왼쪽 여백 : 15pt, 문단 아래 간격 : 10pt
　　　　　(3) 글자 모양 – 글꼴 : 한글(돋움)/영문(굴림), 크기 : 10pt, 장평 : 95%, 자간 : 5%

《출력형태》

Located in Majang-dong, Seongdong-gu, the Museum is in a six-level building on land of 1,728 square meters, showing the past, present and future of the stream as well as the whole restoration process.

청계천박물관은 복원되기 이전의 청계천의 모습부터 복원 이후 도시 변화의 모습을 전시하고 있으며 청계천 문화와 관련된 다양한 주제의 전시가 열리고 시민들이 참여하는 문화 소통의 장이 되고 있다.

2. 다음의 《조건》에 따라 《출력형태》와 같이 표와 차트를 작성하시오. (100점)

《표 조건》　(1) 표 전체(표, 캡션) – 돋움, 10pt
　　　　　　(2) 정렬 – 문자 : 가운데 정렬, 숫자 : 오른쪽 정렬
　　　　　　(3) 셀 배경(면색) : 노랑
　　　　　　(4) 한글의 계산 기능을 이용하여 빈칸에 합계를 구하고, 캡션 기능 사용할 것
　　　　　　(5) 선 모양은 《출력형태》와 동일하게 처리할 것

《출력형태》

청계천 유지관리비 내역(단위 : 십만 원)

구분	2015년	2016년	2017년	2018년	합계
시설 수리 및 점검	8,130	9,490	9,480	9,240	
위탁관리비	1,010	1,440	1,420	1,390	
전기료	6,920	6,890	6,940	6,870	
기타경비	3,210	2,170	2,650	2,340	

《차트 조건》　(1) 차트 데이터는 표 내용에서 연도별 시설 수리 및 점검, 위탁관리비, 전기료의 값만 이용할 것
　　　　　　　(2) 종류 – <묶은 세로 막대형>으로 작업할 것
　　　　　　　(3) 제목 – 굴림, 진하게, 12pt, 속성 – 채우기(밝은 색 : 하양), 테두리, 그림자(바깥쪽 : 대각선 오른쪽 아래)
　　　　　　　(4) 제목 이외의 전체 글꼴 – 굴림, 보통, 10pt
　　　　　　　(5) 축제목과 범례는 《출력형태》와 동일하게 처리할 것

《출력형태》

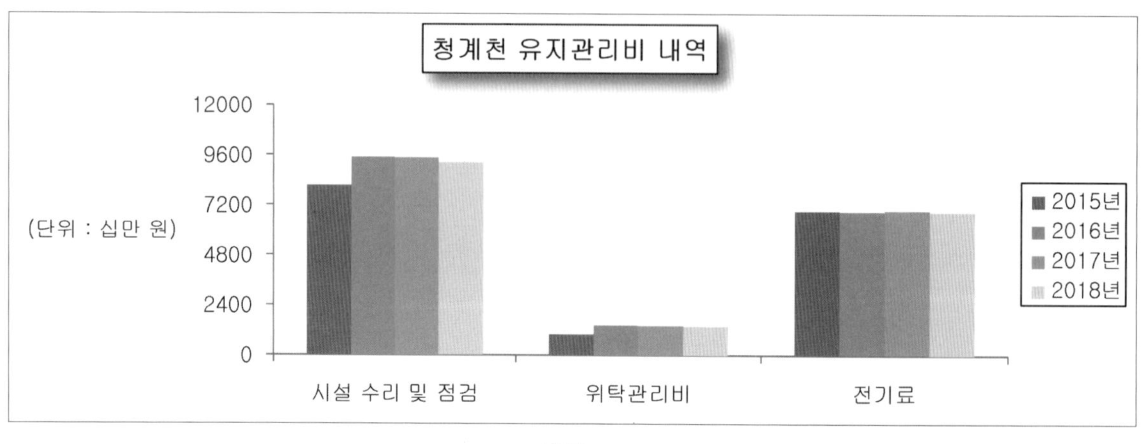

(3) 제목 – 글꼴 : 궁서, 진하게, 12pt
　　　속성 : 채우기(밝은 색 : 하양), 테두리, 그림자(바깥쪽 : 대각선 오른쪽 아래)

1 차트 제목이 선택된 상태에서 우클릭한 후 **[제목 편집]**을 선택합니다.

　　🌸 차트가 선택된 상태에서만 차트 제목을 클릭할 수 있어요.

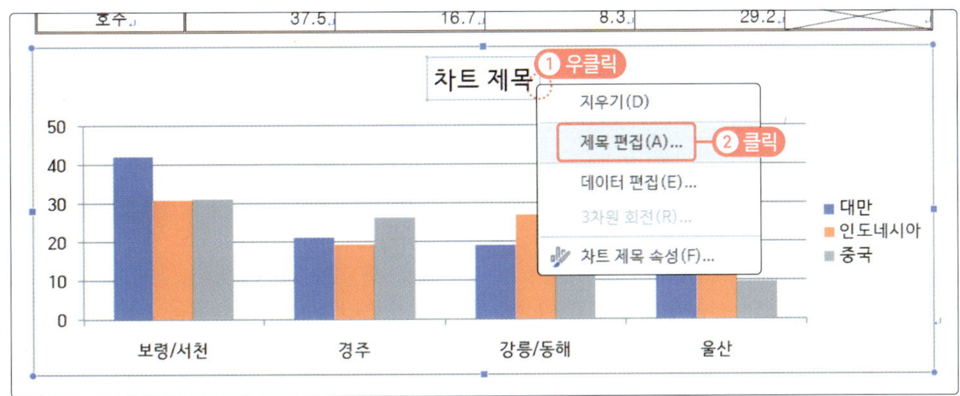

2 글자 내용을 입력한 후 한글 글꼴, 영어 글꼴, 속성을 지정합니다.

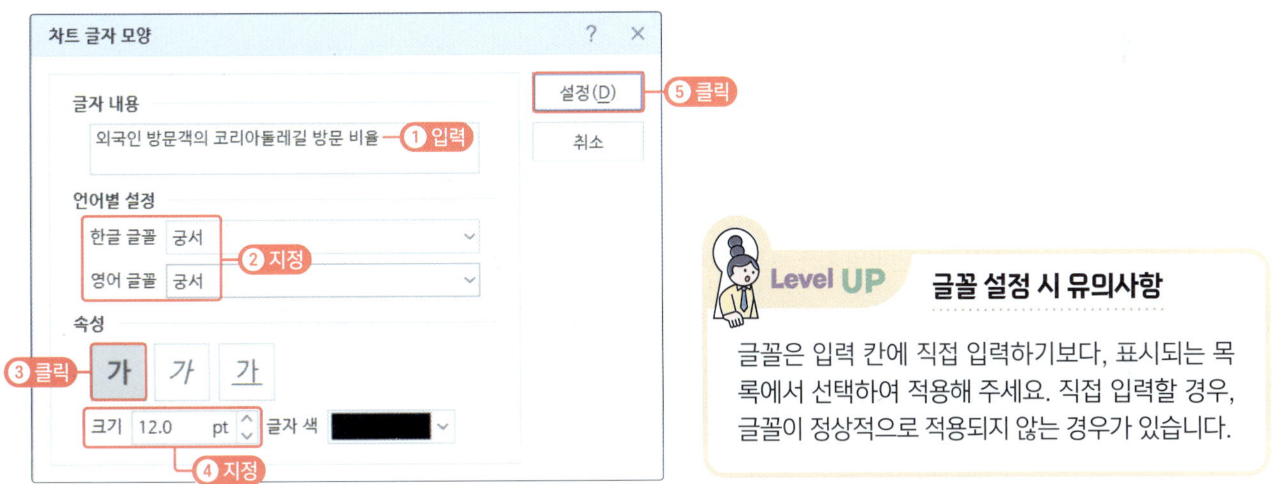

Level UP　글꼴 설정 시 유의사항

글꼴은 입력 칸에 직접 입력하기보다, 표시되는 목록에서 선택하여 적용해 주세요. 직접 입력할 경우, 글꼴이 정상적으로 적용되지 않는 경우가 있습니다.

3 차트 제목을 더블클릭하여 오른쪽 작업창이 활성화되면 아래와 같이 그리기 속성을 지정합니다.

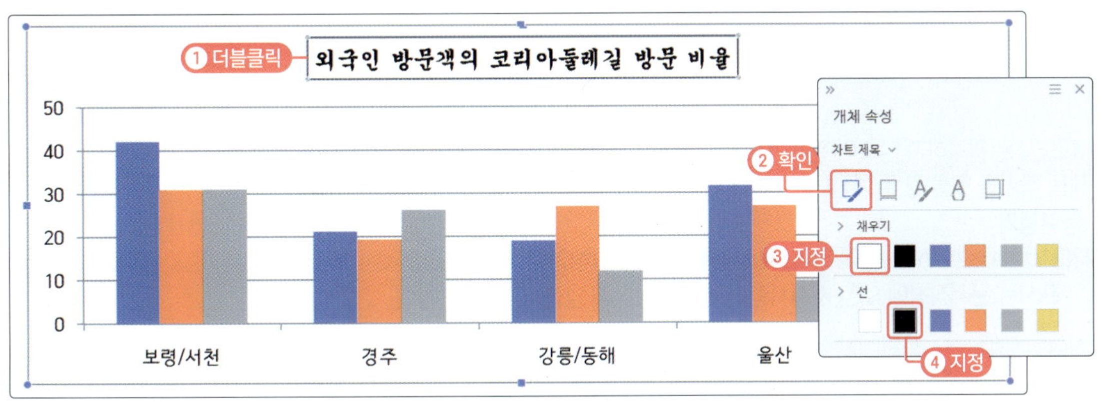

정보기술자격(ITQ) 최신기출문제

과 목	코 드	문제유형	시험시간	수험번호	성 명
아래한글	1111	C	60분		

수험자 유의사항

◎ 수험자는 문제지를 받는 즉시 문제지와 **수험표상의 시험과목(프로그램)이 동일한지 반드시 확인**하여야 합니다.
◎ 파일명은 본인의 "수험번호-성명"으로 입력하여 답안폴더(내 PC\문서\ITQ)에 하나의 파일로 저장해야 하며, 답안 파일을 전송하지 않아 미제출로 처리될 경우 실격 처리합니다(예:12345678-홍길동.hwpx).
◎ 답안 작성을 마치면 파일을 저장하고, '답안 전송' 버튼을 선택하여 감독위원 PC로 답안을 전송하십시오. 수험생 정보와 저장한 파일명이 다를 경우 전송되지 않으므로 주의하시기 바랍니다.
◎ 답안 작성 중에도 **주기적으로 저장하고, '답안 전송'**하여야 문제 발생을 줄일 수 있습니다. 작업한 내용을 저장하지 않고 전송할 경우 이전에 저장된 내용이 전송되오니 이점 유의하시기 바랍니다.
◎ 답안문서는 지정된 경로 외의 다른 보조기억장치에 저장하는 경우, 지정된 시험 시간 외에 작성된 파일을 활용할 경우, 기타 통신수단(이메일, 메신저, 네트워크 등)을 이용하여 타인에게 전달 또는 외부 반출하는 경우는 부정 처리합니다.
◎ 시험 중 부주의 또는 고의로 시스템을 파손한 경우는 수험자가 변상해야 하며, <수험자 유의사항>에 기재된 방법대로 이행하지 않아 생기는 불이익은 수험생 당사자의 책임임을 알려 드립니다.
◎ 문제의 조건은 한컴오피스 2022/2020 버전으로 설정되어 있으니 유의하시기 바랍니다.
◎ 시험을 완료한 수험자는 답안파일이 전송되었는지 확인한 후 감독위원의 지시에 따라 문제지를 제출하고 퇴실합니다.

답안 작성요령

◎ **온라인 답안 작성 절차**
　수험자 등록 ⇒ 시험 시작 ⇒ 답안파일 저장 ⇒ 답안 전송 ⇒ 시험 종료
◎ **공통 부문**
　• 글꼴에 대한 기본설정은 함초롬바탕, 10포인트, 검정, 줄간격 160%, 양쪽정렬로 합니다.
　• 색상은 조건의 색을 적용하고 색의 구분이 안 될 경우에는 RGB 값을 적용하십시오.
　　(빨강 255,0,0 / 파랑 0,0,255 / 노랑 255,255,0).
　• 각 문항에 주어진 《조건》에 따라 작성하고 언급하지 않은 조건은 《출력형태》와 같이 작성합니다.
　• 용지여백은 왼쪽·오른쪽 11mm, 위쪽·아래쪽·머리말·꼬리말 10mm, 제본 0mm로 합니다.
　• 그림 삽입 문제의 경우 「내 PC\문서\ITQ\Picture」 폴더에서 지정된 파일을 선택하여 삽입하십시오.
　• 삽입한 그림은 반드시 문서에 포함하여 저장해야 합니다(미포함 시 감점 처리).
　• 각 항목은 지정된 페이지에 출력형태와 같이 정확히 작성하시기 바라며, 그렇지 않을 경우에 해당 항목은 0점 처리됩니다.
　　※ 페이지구분 : 1페이지 - 기능평가Ⅰ (문제번호 표시 : 1. 2.),
　　　　　　　　　 2페이지 - 기능평가Ⅱ (문제번호 표시 : 3. 4.),
　　　　　　　　　 3페이지 - 문서작성 능력평가
◎ **기능평가**
　• 문제와 《조건》은 입력하지 않으며 문제번호와 답(《출력형태》)만 작성합니다.
　• 4번 문제는 묶기를 했을 경우 0점 처리됩니다.
◎ **문서작성 능력평가**
　• A4 용지(210mm×297mm) 1매 크기, 세로 서식 문서로 작성합니다.
　• 　　　　 표시는 문서작성에 대한 지시사항이므로 작성하지 않습니다.

4 이번에는 [그림자]-[바깥쪽 : 대각선 오른쪽 아래]를 지정한 후 작업창을 닫아줍니다.

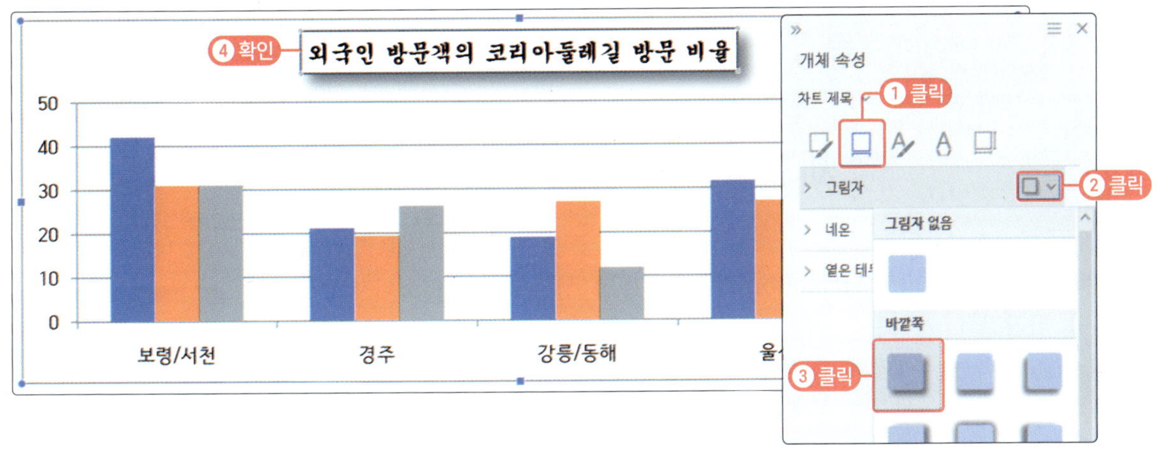

> **ITQ 꿀팁**
>
> 차트 제목 속성에서 '채우기, 테두리, 그림자'를 지정하는 문제가 고정적으로 출제되고 있어요.

STEP 03 차트 축 제목 편집하기

(4) 제목 이외의 전체 글꼴 – 궁서, 보통, 10pt
(5) 축제목과 범례는 《출력형태》와 동일하게 처리할 것

1 차트가 선택된 상태에서 [차트 디자인] 탭-[차트 구성 추가]-[축 제목]-[기본 세로]를 클릭합니다.

★ 《출력형태》를 참고하여 가로 또는 세로 축 위치에 축 제목을 추가해 주세요.

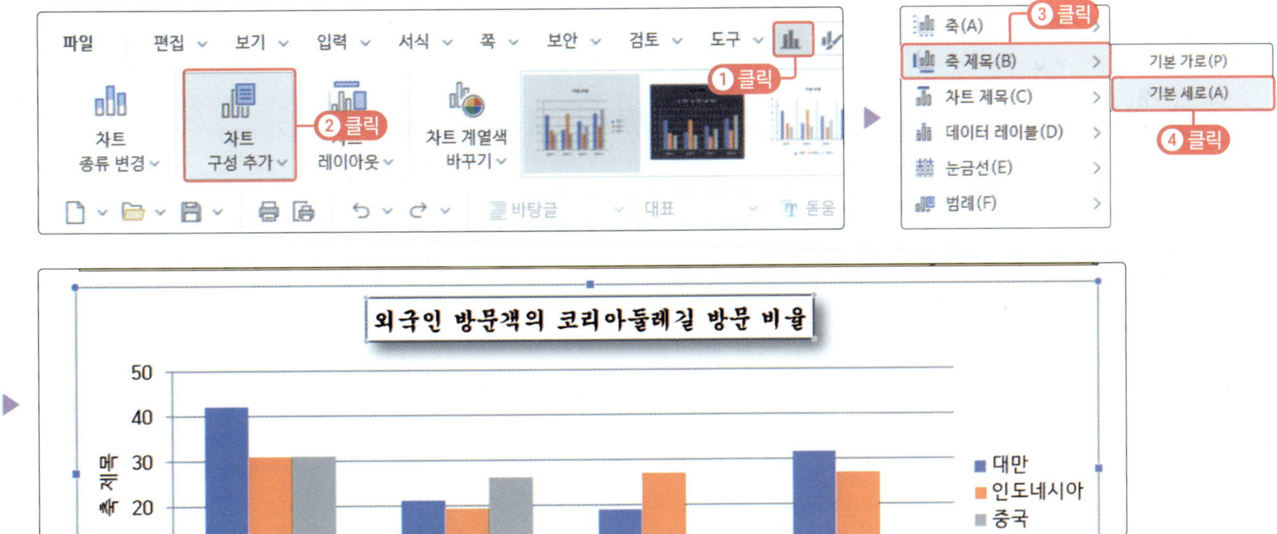

글꼴 : 굴림, 18pt, 진하게, 가운데 정렬
책갈피 이름 : 물류
덧말 넣기

머리말 기능
돋움, 10pt, 오른쪽 정렬 → 물류자동화 시스템

물류산업전시회
제11회 국제물류산업전

문단 첫 글자 장식 기능
글꼴 : 궁서, 면색 : 노랑

각주

그림위치(내 PC₩문서₩ITQ₩Picture₩그림4.jpg, 문서에 포함)
자르기 기능 이용, 크기(40mm×35mm), 바깥 여백 왼쪽 : 2mm

물류란 물적 유통(Physical Distribution)의 줄인 말로 생산자로부터 소비자로의 물건의 흐름을 가리킨다. 물류는 소유의 효용을 만족시켜주는 거래를 제외한 장소와 시간의 효용을 창출(創出)하는 부분으로 상품을 수송, 하역⊙, 보관, 포장하는 과정과 유통가공이나 수송 기초시설 등의 물자유통 과정 그리고 통신 기초시설과 정보망 등의 정보유통 개념을 모두 포함한다. 국내 물류산업은 IT, 전자상거래 등 첨단산업과 융합하여 유망 서비스업으로 진화를 거듭하고 있으며 최근에는 일반 택배와 같은 물류시장이 급성장하며 국민 생활에 대한 기여도가 날로 커지고 있다.

최신 물류기술을 선보이는 제11회 국제물류산업전은 300여개사 1,500부스 규모로 진행될 예정이며, 코로나19 장기화에 따라 전시부스 외에도 국내외 바이어를 대상으로 한 온라인 상담시스템을 구축하여 포스트 코로나에 대응할 계획이다. 국제물류산업전은 효과적인 물류 시스템, 물류합리화의 효율성 향상에 필요한 최신 정보를 제공하며 기업 물류비 절감의 핵심(核心), 물류자동화 시스템과 운송 시스템, 하드웨어와 소프트웨어 간의 최적화된 솔루션에 대한 올바른 길을 제시하고 있다.

글꼴 : 궁서, 18pt, 하양
음영색 : 파랑

◆ 제11회 국제물류산업전 개요

① 일시 및 장소

(ㄱ) 일시 : 2021년 4월 13일 - 16일, 4일간

(ㄴ) 장소 : 고양시 킨텍스 제1전시장

② 주최 및 후원

(ㄱ) 주최 : 한국통합물류협회, 경연전람, 케이와이엑스포

(ㄴ) 후원 : 건설기계협동조합, 한국식품콜드체인협회

문단 번호 기능 사용
1수준 : 20pt, 오른쪽정렬,
2수준 : 30pt, 오른쪽정렬
줄 간격 : 180%

표 전체 글꼴 : 굴림, 10pt, 가운데 정렬
셀 배경(그러데이션) : 유형(가로),
시작색(하양), 끝색(노랑)

◆ 국제물류산업전 관련 주요 세미나

글꼴 : 궁서, 18pt, 기울임, 강조점

날짜	세미나명	주최/주관	장소
4월 13일	2021 춘계학술대회	한국물류과학기술학회	204호
	한국청년물류포럼 물류콘서트	한국청년물류포럼	208호
4월 14일	식품콜드체인 고도화를 위한 신기술 세미나	한국식품콜드체인협회	204호
	물류 구현 자동인식/머신비전 활용 전략 세미나	첨단, 자동인식비전	3층 그랜드볼룸
	포스트 코로나 시대의 물류 그리고 창업	인천창조경제혁신센터	208호

각주 구분선 : 5cm

글꼴 : 돋움, 24pt, 진하게
장평 105%, 오른쪽 정렬

국제물류산업전운영위원회

⊙ 화물수송 과정에서 짐을 싣고 내리는 일체의 현장 처리 작업

쪽 번호 매기기
2로 시작 → ②

2 축 제목이 선택된 상태에서 우클릭한 후 **[제목 편집]**을 선택합니다.

✿ 차트가 선택된 상태에서만 축 제목을 클릭할 수 있어요.

3 글자 내용에 제목을 입력한 후 한글 글꼴과 영어 글꼴을 지정합니다.

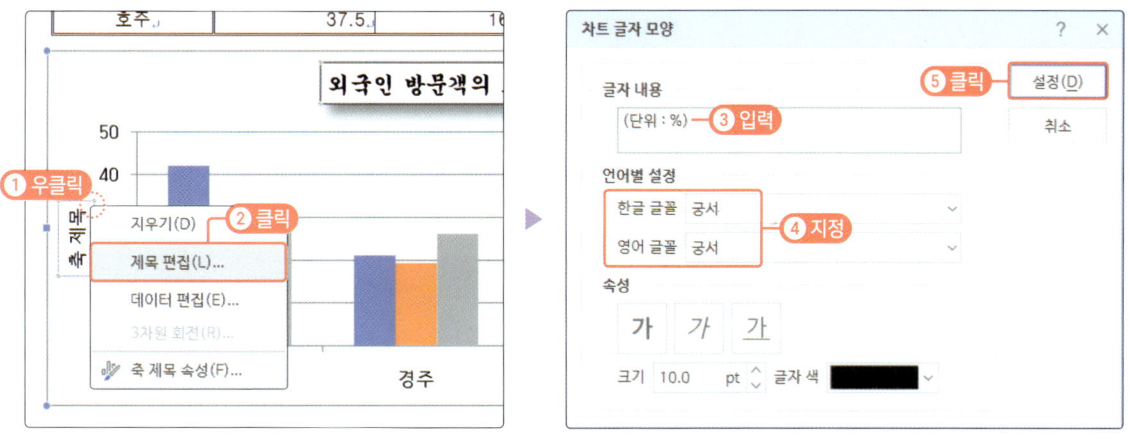

4 축 제목을 더블클릭하여 오른쪽 작업창이 활성화되면 아래와 같이 글자 방향을 변경합니다.

✿ 《출력형태》를 참고하여 축 제목의 글자 방향을 지정해요.

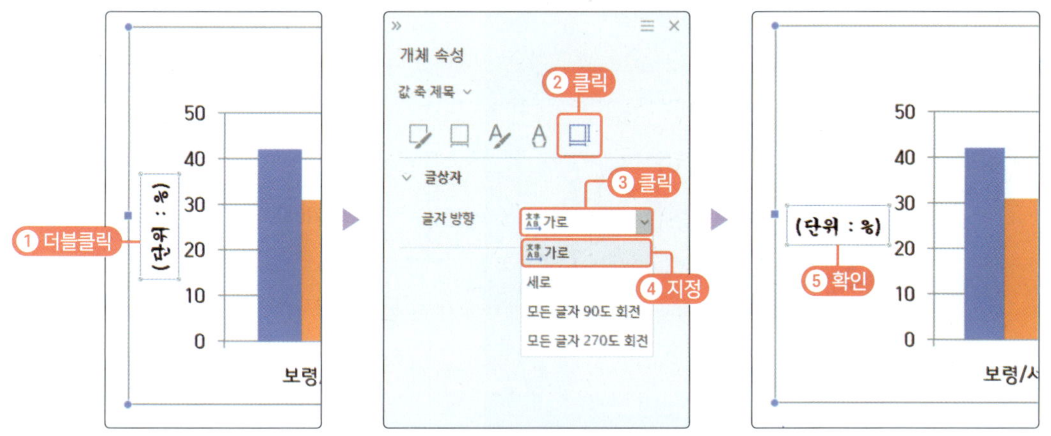

STEP 04 차트 축 편집하기

(4) 제목 이외의 전체 글꼴 – 궁서, 보통, 10pt
(5) 축제목과 범례는 《출력형태》와 동일하게 처리할 것

1 기본 세로 축이 선택된 상태에서 우클릭한 후 **[글자 모양 편집]**을 클릭합니다.

✿ 차트가 선택된 상태에서만 기본 세로 축을 클릭할 수 있어요.

3. 다음 (1), (2)의 수식을 수식 편집기로 각각 입력하시오. (40점)

《출력형태》

(1) $L = \dfrac{m+M}{m}\ V = \dfrac{m+M}{m}\sqrt{2gh}$
　　　　　　　　　　　　　　　　　(2) $Q = \dfrac{F}{h^2} = \dfrac{1}{3}\dfrac{N}{h^3}m\overline{g^2}$

4. 다음의 《조건》에 따라 《출력형태》와 같이 문서를 작성하시오. (110점)

《조건》　　　(1) 그리기 도구를 이용하여 작성하고, 모든 도형(글맵시, 지정된 그림 포함)을 《출력형태》와 같이
　　　　　　　　작성하시오.
　　　　　　(2) 도형의 면색은 지시사항이 없으면 색 없음을 제외하고 서로 다르게 임의로 지정하시오.

《출력형태》

2 기본 세로 축의 한글 글꼴과 영어 글꼴을 지정합니다.

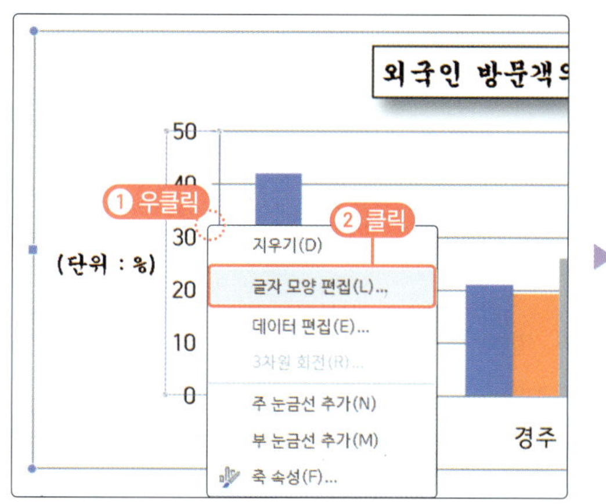
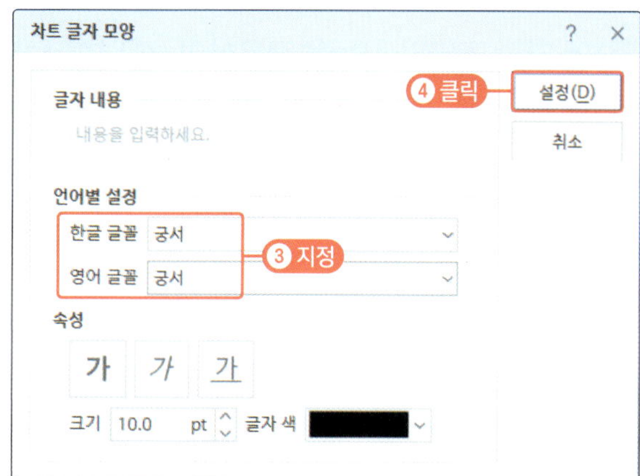

3 똑같은 방법으로 기본 가로 축의 글꼴을 변경합니다.

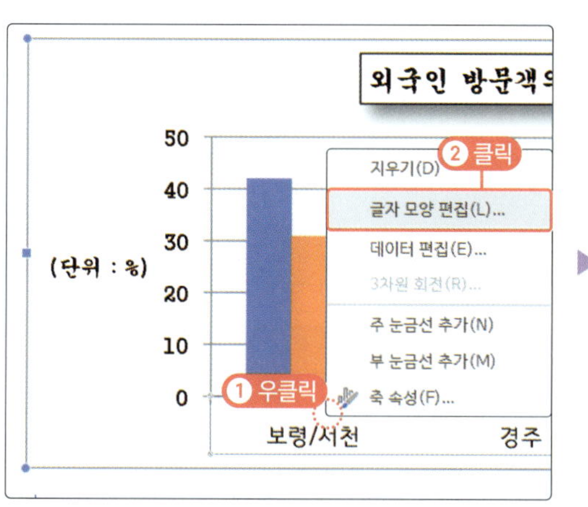
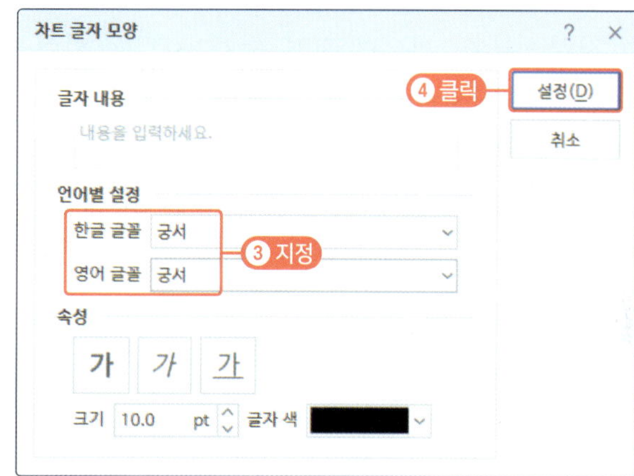

4 축의 단위를 변경하기 위해 기본 세로 축을 더블클릭하여 오른쪽 장업창을 활성화합니다.

5 [축 속성]에서 **최솟값(10)**, **최댓값(55)**, **주 단위(15)**를 변경합니다.

★ 차트의 '최솟값, 최댓값, 주 단위'는 《출력형태》와 동일하게 표시되도록 맞춰주세요.

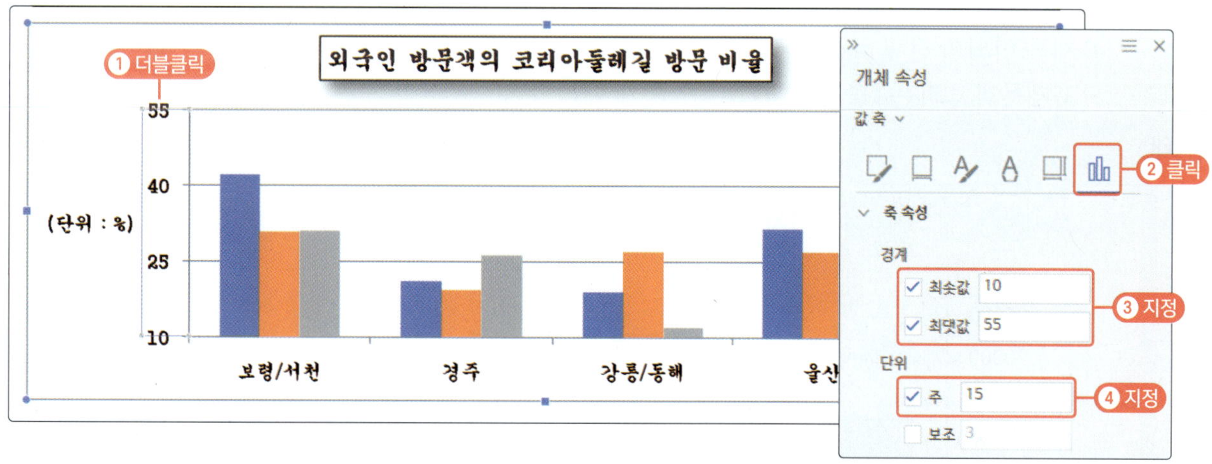

1. 다음의《조건》에 따라 스타일 기능을 적용하여《출력형태》와 같이 작성하시오. (50점)

《조건》　　(1) 스타일 이름 – logistics
　　　　　　(2) 문단 모양 – 왼쪽 여백 : 15pt, 문단 아래 간격 : 10pt
　　　　　　(3) 글자 모양 – 글꼴 : 한글(돋움)/영문(굴림), 크기 : 10pt, 장평 : 95%, 자간 : 5%

《출력형태》

KOREA MAT 2021 is the only professional trade exhibition of logistics industry in KOREA exhibiting materials handling & logistics from software to hardware after packaging process.

제11회 국제물류산업전은 물류장비 및 물류자동화 시스템뿐만 아니라 물류산업의 중심인 운송서비스 분야까지 산업 전반을 아우르는 국내 유일의 물류산업 전문 전시회이다 .

2. 다음의《조건》에 따라《출력형태》와 같이 표와 차트를 작성하시오. (100점)

《표 조건》　　(1) 표 전체(표, 캡션) – 돋움, 10pt
　　　　　　　(2) 정렬 – 문자 : 가운데 정렬, 숫자 : 오른쪽 정렬
　　　　　　　(3) 셀 배경(면색) : 노랑
　　　　　　　(4) 한글의 계산 기능을 이용하여 빈칸에 합계를 구하고, 캡션 기능 사용할 것
　　　　　　　(5) 선 모양은《출력형태》와 동일하게 처리할 것

《출력형태》　　　　　　　　　　　　　　　　연도별 국제물류산업전 관람객 현황(단위 : 명)

구분	2016년	2017년	2018년	2019년	합계
1일차	12,200	12,800	11,300	13,200	
2일차	22,700	19,400	20,900	22,900	
3일차	16,800	13,900	14,800	17,800	
4일차	10,600	12,400	10,200	12,600	

《차트 조건》　　(1) 차트 데이터는 표 내용에서 연도별 1일차, 2일차, 3일차의 값만 이용할 것
　　　　　　　　(2) 종류 – <묶은 세로 막대형>으로 작업할 것
　　　　　　　　(3) 제목 – 굴림, 진하게, 12pt, 속성 – 채우기(밝은 색 : 하양), 테두리, 그림자(바깥쪽 : 대각선 오른쪽 아래)
　　　　　　　　(4) 제목 이외의 전체 글꼴 – 굴림, 보통, 10pt
　　　　　　　　(5) 축제목과 범례는《출력형태》와 동일하게 처리할 것

《출력형태》

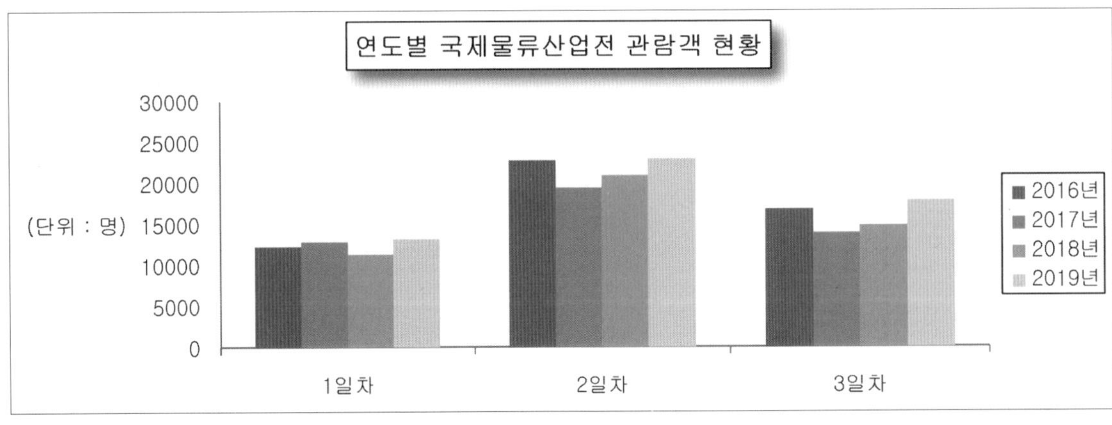

6 이번에는 주 **눈금**을 **없음**으로 지정한 후 작업창을 닫아줍니다.

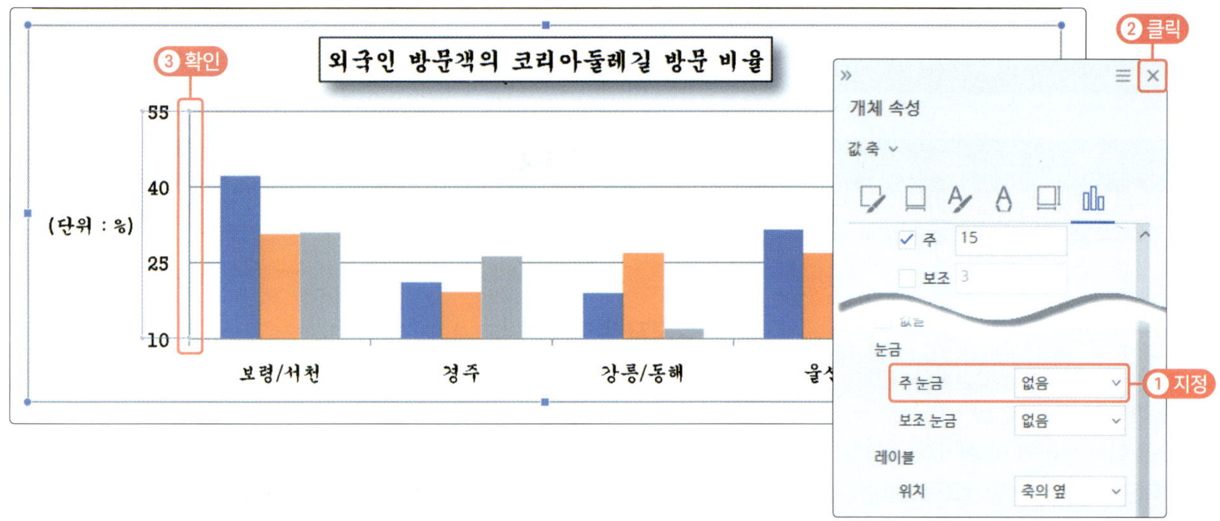

ITQ 한글 시험에서 차트 축의 주 눈금은 '바깥쪽' 또는 '없음'이 주로 출제됩니다. 문제지의 《출력형태》를 잘 확인하여 알맞은 모양을 선택해 주세요.

STEP 05 차트 범례를 편집하고 눈금선 삭제하기

(4) 제목 이외의 전체 글꼴 – 궁서, 보통, 10pt
(5) 축제목과 범례는 《출력형태》와 동일하게 처리할 것

1 차트의 범례가 선택된 상태에서 우클릭한 후 **[글자 모양 편집]**을 클릭합니다.

★ 차트가 선택된 상태에서만 범례를 클릭할 수 있어요.

2 범례의 한글 글꼴과 영어 글꼴을 지정합니다.

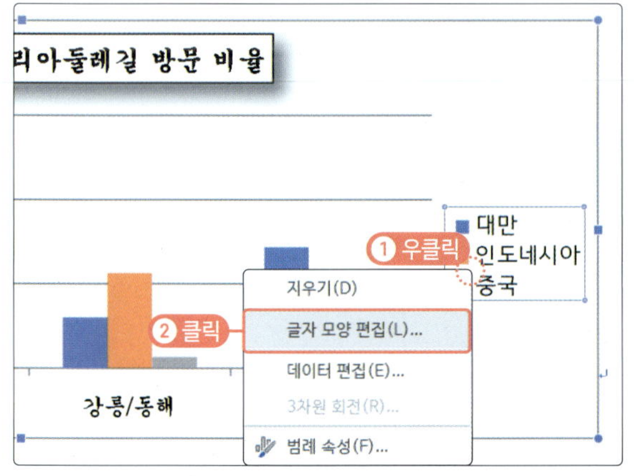

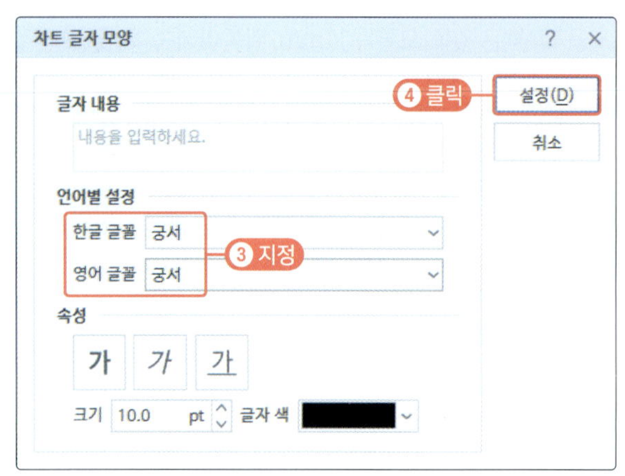

정보기술자격(ITQ) 최신기출문제

과　목	코　드	문제유형	시험시간	수험번호	성　명
아래한글	1111	B	60분		

수험자 유의사항

◎ 수험자는 문제지를 받는 즉시 문제지와 <u>수험표상의 시험과목(프로그램)이 동일한지 반드시 확인</u>하여야 합니다.
◎ 파일명은 본인의 "수험번호-성명"으로 입력하여 답안폴더(내 PC\문서\ITQ)에 하나의 파일로 저장해야 하며, 답안 파일을 전송하지 않아 미제출로 처리될 경우 실격 처리합니다(예:12345678-홍길동.hwpx).
◎ 답안 작성을 마치면 파일을 저장하고, '답안 전송' 버튼을 선택하여 감독위원 PC로 답안을 전송하십시오. 수험생 정보와 저장한 파일명이 다를 경우 전송되지 않으므로 주의하시기 바랍니다.
◎ 답안 작성 중에도 <u>주기적으로 저장하고, '답안 전송'</u>하여야 문제 발생을 줄일 수 있습니다. 작업한 내용을 저장하지 않고 전송할 경우 이전에 저장된 내용이 전송되오니 이점 유의하시기 바랍니다.
◎ 답안문서는 지정된 경로 외의 다른 보조기억장치에 저장하는 경우, 지정된 시험 시간 외에 작성된 파일을 활용할 경우, 기타 통신수단(이메일, 메신저, 네트워크 등)을 이용하여 타인에게 전달 또는 외부 반출하는 경우는 부정 처리합니다.
◎ 시험 중 부주의 또는 고의로 시스템을 파손한 경우는 수험자가 변상해야 하며, <수험자 유의사항>에 기재된 방법대로 이행하지 않아 생기는 불이익은 수험생 당사자의 책임임을 알려 드립니다.
◎ 문제의 조건은 한컴오피스 2022/2020 버전으로 설정되어 있으니 유의하시기 바랍니다.
◎ 시험을 완료한 수험자는 답안파일이 전송되었는지 확인한 후 감독위원의 지시에 따라 문제지를 제출하고 퇴실합니다.

답안 작성요령

◎ **온라인 답안 작성 절차**
　수험자 등록 ⇒ 시험 시작 ⇒ 답안파일 저장 ⇒ 답안 전송 ⇒ 시험 종료
◎ **공통 부문**
　• 글꼴에 대한 기본설정은 함초롬바탕, 10포인트, 검정, 줄간격 160%, 양쪽정렬로 합니다.
　• 색상은 조건의 색을 적용하고 색의 구분이 안 될 경우에는 RGB 값을 적용하십시오.
　　(빨강 255,0,0 / 파랑 0,0,255 / 노랑 255,255,0).
　• 각 문항에 주어진 《조건》에 따라 작성하고 언급하지 않은 조건은 《출력형태》와 같이 작성합니다.
　• 용지여백은 왼쪽·오른쪽 11mm, 위쪽·아래쪽·머리말·꼬리말 10mm, 제본 0mm로 합니다.
　• 그림 삽입 문제의 경우 「내 PC\문서\ITQ\Picture」 폴더에서 지정된 파일을 선택하여 삽입하십시오.
　• 삽입한 그림은 반드시 문서에 포함하여 저장해야 합니다(미포함 시 감점 처리).
　• 각 항목은 지정된 페이지에 출력형태와 같이 정확히 작성하시기 바라며, 그렇지 않을 경우에 해당 항목은 0점 처리됩니다.
　　※ 페이지구분 : 1페이지 – 기능평가 I (문제번호 표시 : 1. 2.),
　　　　　　　　　 2페이지 – 기능평가 II (문제번호 표시 : 3. 4.),
　　　　　　　　　 3페이지 – 문서작성 능력평가
◎ **기능평가**
　• 문제와 《조건》은 입력하지 않으며 문제번호와 답(《출력형태》)만 작성합니다.
　• 4번 문제는 묶기를 했을 경우 0점 처리됩니다.
◎ **문서작성 능력평가**
　• A4 용지(210mm×297mm) 1매 크기, 세로 서식 문서로 작성합니다.
　• ⌐⎯⎯⎯⌐ 표시는 문서작성에 대한 지시사항이므로 작성하지 않습니다.

3 범례에 테두리를 설정하기 위해 범례를 더블클릭하여 오른쪽 작업창을 활성화한 후 아래와 같이 범례에 선을 적용합니다.

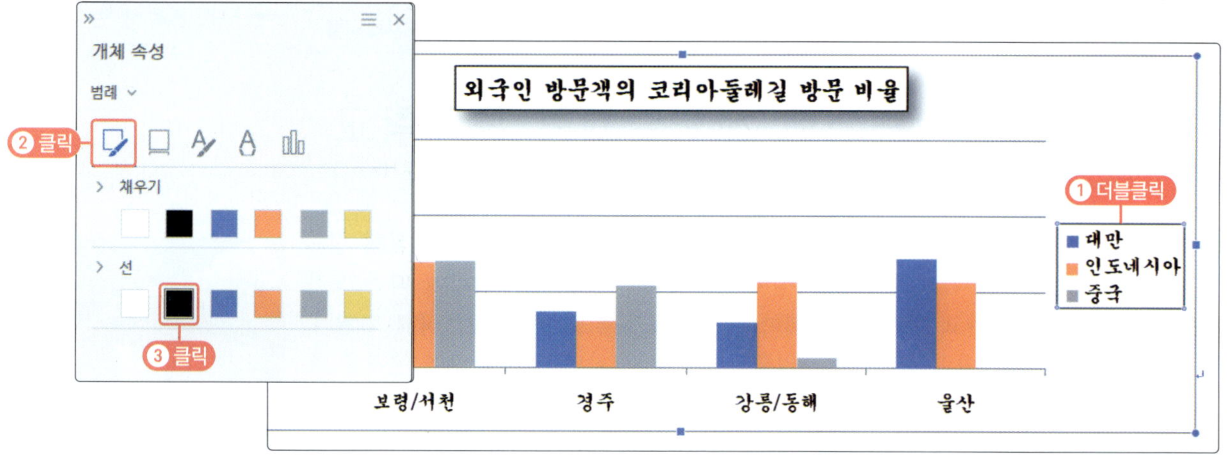

4 차트가 선택된 상태에서 주 눈금선을 클릭한 후 Delete 를 눌러 삭제합니다.

★ 차트가 선택된 상태에서만 주 눈금선을 클릭할 수 있어요.

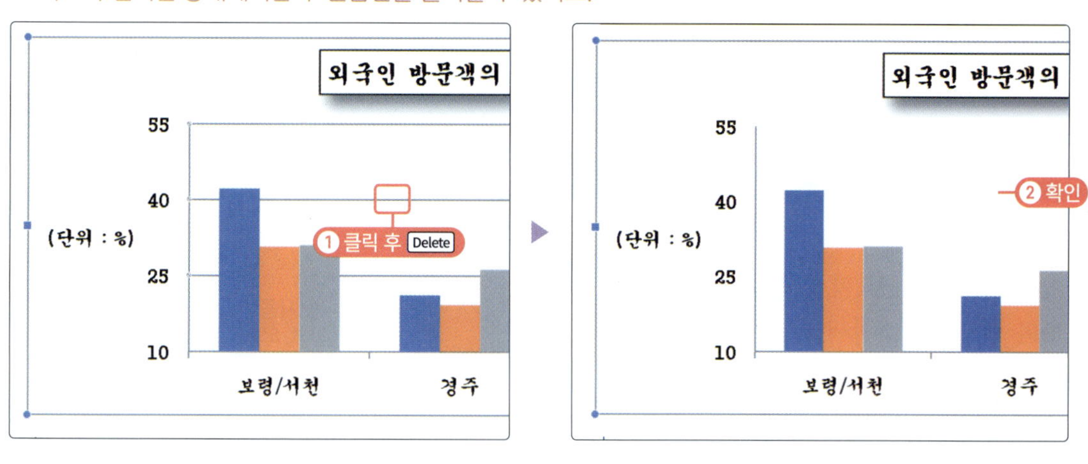

ITQ 꿀팁

《출력형태》와 동일하게 작업하기 위해 별도의 조건이 없더라도 범례에 테두리를 지정하고, 눈금선을 삭제합니다.

5 작업이 완료되면 서식 도구 상자에서 [저장하기(🖫)]를 클릭하거나, Alt + S 를 눌러 답안 파일을 저장합니다.

글꼴 : 굴림, 18pt, 진하게, 가운데 정렬
책갈피 이름 : 도제
덧말 넣기

머리말 기능
돋움, 10pt, 오른쪽 정렬 → 산학일체형　도제학교

도제교육
일학습병행　산학일체형　도제학교

문단 첫 글자 장식 기능
글꼴 : 궁서, 면색 : 노랑

각주

그림위치(내 PC₩문서₩ITQ₩Picture₩그림4.jpg, 문서에 포함)
자르기 기능 이용, 크기(40mm×40mm), 바깥 여백 왼쪽 : 2mm

육부와 고용노동부는 12월 전국 산학일체형 도제학교 관계자가 참석하는 전체 성과 워크숍을 실시한다. 이 워크숍은 고교학점제㉠ 시행 등 학교 여건 변화에 따른 도제학교의 발전방안을 모색(摸索)하고 학교 간 도제학교 운영 노하우를 공유하기 위해 열린다. 이번 워크숍은 한국직업능력개발원 도제교육지원센터에서 2021학년도 주요 사업계획을 소개하고 인적자원개발위원회가 기업 발굴 계획에 대해 안내한다.

　또 노무법인 대표가 도제학교 경쟁력 강화를 위한 노동법 특강을 실시하고 우수 운영 학교 및 우수 교사에 대한 표창을 실시한다. 이어 분임별로 유관기관 지원방안과 신규기업 발굴 활성화 방안, 투명한 예산 집행에 대해 의견을 나누고, 도제교육 홍보 및 신입생 모집 등을 주제로 직업교육 발전방안을 논의한다. 산학일체형 도제학교는 독일과 스위스의 도제교육을 우리 현실에 맞게 직업교육 훈련의 현장성을 제고(提高)하기 위해 도입한 것으로 지난 2015년 전국의 특성화고를 대상으로 시작했다. 도제학교는 학교와 기업에서 1년 또는 2년 동안 NCS(국가직무능력표준)기반 공동 교육과정을 통해 기업별 맞춤형 도제교육을 실시하고, 기업에 필요한 전문기능인력을 양성하는 취업과 연계된 일학습 병행 직업교육 훈련 모델이다.

◆ 　산학일체형　도제학교　현황과　방향

글꼴 : 궁서, 18pt, 하양
음영색 : 파랑

　가. 산학일체형 도제학교 현황

　　㉠ 학습과 일의 병행에 대한 학생 만족도 증가

　　㉡ 코로나19의 영향으로 취업생 감소

　나. 산학일체형 도제학교 운영 방향

　　㉠ 기업의 요구와 학생의 요구에 기반을 둔 교육과정 편성

　　㉡ 미래 산업사회 예측을 통한 미래형 교육 운영

문단 번호 기능 사용
1수준 : 20pt, 오른쪽정렬,
2수준 : 30pt, 오른쪽정렬
줄 간격 : 180%

표 전체 글꼴 : 굴림, 10pt, 가운데 정렬
셀 배경(그러데이션) : 유형(가로),
시작색(하양), 끝색(노랑)

◆ 　지역별　산학일체형　도제학교　현황 ◄

글꼴 : 궁서, 18pt, 기울임, 강조점

지역	주요 운영 학교	참여 분야	비고
서울	용산공업고, 성동공업고	절삭 가공	총 33개 과정
경기	부천공업고, 경기자동차과학고, 평촌경영고	금형, 자동차정비, 회계	지역사회 연계형
전남	목포공업고, 영암전자과학고	용접, 전자응용개발	산업계주도형 과정
경북	경주공고, 금호공고	절삭 가공	공동실습소형
기타 지역 현황		인천, 대전, 세종 등 전기공사, 화학물질, 바이오 분야	

각주 구분선 : 5cm

글꼴 : 돋움, 24pt, 진하게
장평 105%, 오른쪽 정렬 → # 도제학교운영협의회

㉠ 목표한 성취 수준에 도달했을 때 과목을 이수하는 제도

쪽 번호 매기기
5로 시작 → ⑤

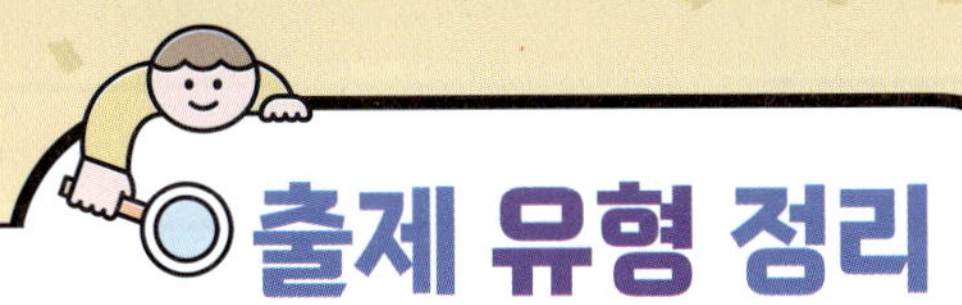

1 다음의 조건에 따라 출력형태와 같이 차트를 작성해 보세요.

⊘ 실습파일 : 유형04-1(문제).hwpx　⊘ 완성파일 : 유형04-1(완성).hwpx

《표 조건》
(1) 차트 데이터는 표 내용에서 연도별 승용차, 트럭, 버스의 값만 이용할 것
(2) 종류 – <묶은 세로 막대형>으로 작업할 것
(3) 제목 – 글꼴 : 돋움, 진하게, 12pt, 속성 : 채우기(밝은 색 : 하양), 테두리, 그림자(바깥쪽 : 대각선 오른쪽 아래)
(4) 제목 이외의 전체 글꼴 – 돋움, 보통, 10pt
(5) 축제목과 범례는 《출력형태》와 동일하게 처리할 것

《출력형태》

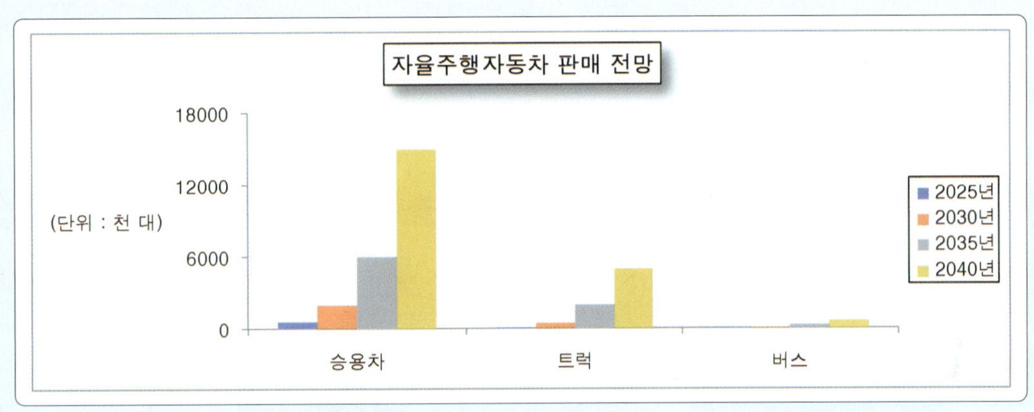

2 다음의 조건에 따라 출력형태와 같이 차트를 작성해 보세요.

⊘ 실습파일 : 유형04-2(문제).hwpx　⊘ 완성파일 : 유형04-2(완성).hwpx

《표 조건》
(1) 차트 데이터는 표 내용에서 구분별 2024년, 2023년, 2022년의 값만 이용할 것
(2) 종류 – <묶은 가로 막대형>으로 작업할 것
(3) 제목 – 글꼴 : 굴림, 진하게, 12pt, 속성 : 채우기(밝은 색 : 하양), 테두리, 그림자(바깥쪽 : 대각선 오른쪽 아래)
(4) 제목 이외의 전체 글꼴 – 굴림, 보통, 10pt
(5) 축제목과 범례는 《출력형태》와 동일하게 처리할 것

《출력형태》

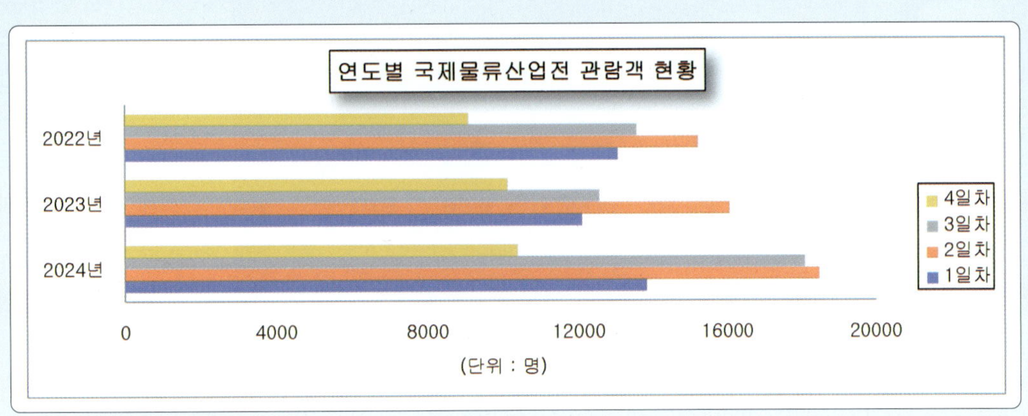

3. 다음 (1), (2)의 수식을 수식 편집기로 각각 입력하시오. (40점)

《출력형태》

(1) $\dfrac{t_A}{t_B} = \sqrt{\dfrac{d_B}{d_A}} = \sqrt{\dfrac{M_B}{M_A}}$

(2) $\dfrac{a^4}{T^2} - 1 = \dfrac{G}{4\pi^2}(M+m)$

4. 다음의 《조건》에 따라 《출력형태》와 같이 문서를 작성하시오. (110점)

《조건》　(1) 그리기 도구를 이용하여 작성하고, 모든 도형(글맵시, 지정된 그림 포함)을 《출력형태》와 같이
작성하시오.

(2) 도형의 면색은 지시사항이 없으면 색 없음을 제외하고 서로 다르게 임의로 지정하시오.

《출력형태》

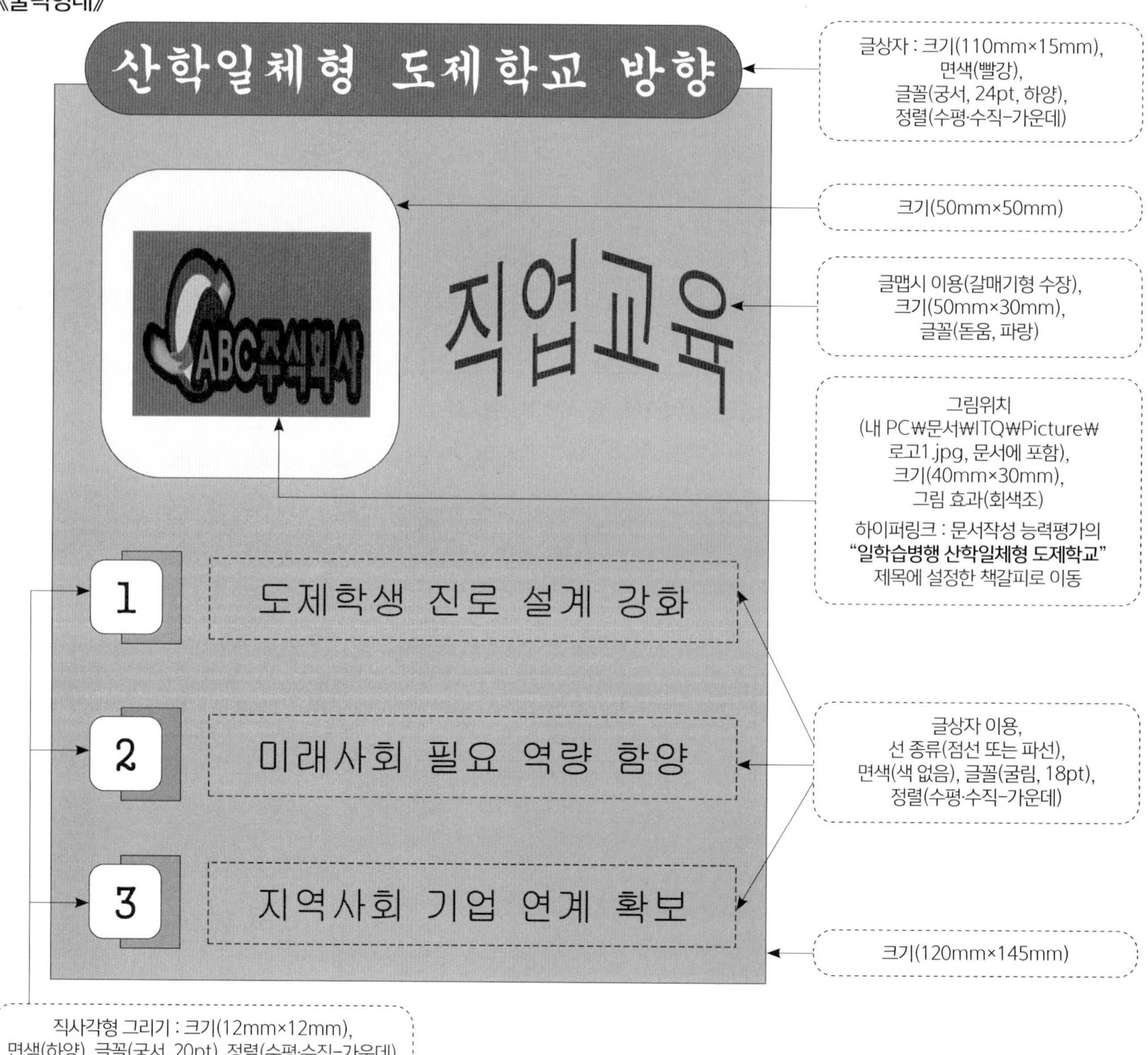

3 다음의 조건에 따라 출력형태와 같이 차트를 작성해 보세요.

⊙ **실습파일** : 유형04-3(문제).hwpx　　⊙ **완성파일** : 유형04-3(완성).hwpx

《표 조건》
(1) 차트 데이터는 표 내용에서 구분별 2021년, 2022년, 2023년의 값만 이용할 것
(2) 종류 – <묶은 세로 막대형>으로 작업할 것
(3) 제목 – 글꼴 : 궁서, 진하게, 12pt, 속성 : 채우기(밝은 색 : 하양), 테두리, 그림자(바깥쪽 : 오른쪽)
(4) 제목 이외의 전체 글꼴 – 궁서, 보통, 10pt
(5) 축제목과 범례는《출력형태》와 동일하게 처리할 것

《출력형태》

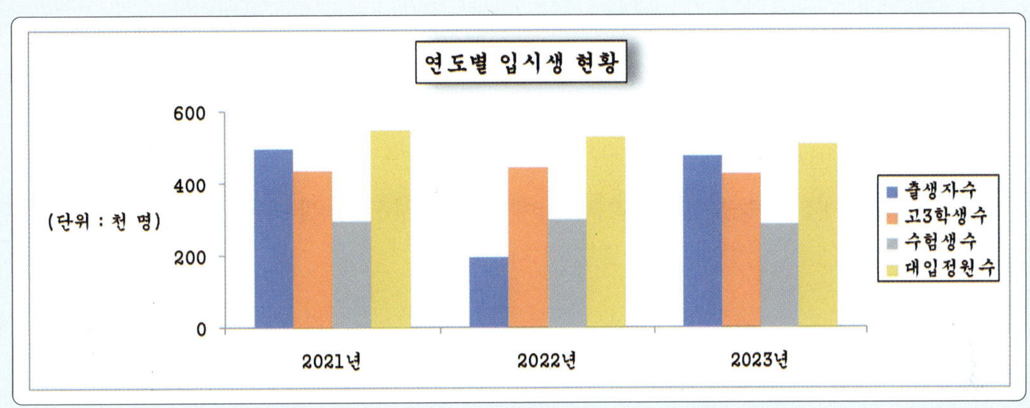

---

4 다음의 조건에 따라 출력형태와 같이 차트를 작성해 보세요.

⊙ **실습파일** : 유형04-4(문제).hwpx　　⊙ **완성파일** : 유형04-4(완성).hwpx

《표 조건》
(1) 차트 데이터는 표 내용에서 연도별 20대, 30대, 40대의 값만 이용할 것
(2) 종류 – <묶은 세로 막대형>으로 작업할 것
(3) 제목 – 글꼴 : 굴림, 진하게, 12pt, 속성 : 채우기(밝은 색 : 하양), 테두리, 그림자(바깥쪽 : 대각선 오른쪽 아래)
(4) 제목 이외의 전체 글꼴 – 굴림, 보통, 10pt
(5) 축제목과 범례는《출력형태》와 동일하게 처리할 것

《출력형태》

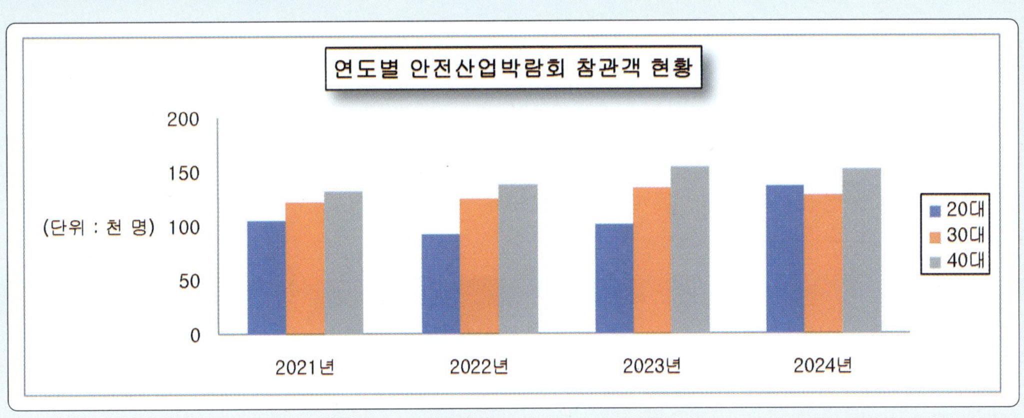

1. 다음의 《조건》에 따라 스타일 기능을 적용하여 《출력형태》와 같이 작성하시오. (50점)

《조건》
(1) 스타일 이름 – apprentice
(2) 문단 모양 – 왼쪽 여백 : 15pt, 문단 아래 간격 : 10pt
(3) 글자 모양 – 글꼴 : 한글(돋움)/영문(굴림), 크기 : 10pt, 장평 : 95%, 자간 : 5%

《출력형태》

An apprentice is a program in which someone learns a trade by working under a certified expert. The course provides students with a good base for securing apprenticeships in all of industries.

도제는 인증된 전문가의 도움을 받아 훈련을 통해 배우는 프로그램 또는 직위이다. 이 과정은 산업에서는 견습생을 확보하고 학생에게는 장인으로 성장할 수 있는 좋은 기반을 제공한다.

2. 다음의 《조건》에 따라 《출력형태》와 같이 표와 차트를 작성하시오. (100점)

《표 조건》
(1) 표 전체(표, 캡션) – 돋움, 10pt
(2) 정렬 – 문자 : 가운데 정렬, 숫자 : 오른쪽 정렬
(3) 셀 배경(면색) : 노랑
(4) 한글의 계산 기능을 이용하여 빈칸에 합계를 구하고, 캡션 기능 사용할 것
(5) 선 모양은 《출력형태》와 동일하게 처리할 것

《출력형태》

산학일체형 도제학교 참여 학생 현황(단위 : 명)

구분	서울	대전	부산	기타	합계
2014년	968	204	298	2,184	
2016년	2,007	873	977	1,721	
2018년	4,963	2,639	3,308	2,916	
2020년	8,926	4,320	5,347	3,301	

《차트 조건》
(1) 차트 데이터는 표 내용에서 지역별 2014년, 2016년, 2018년의 값만 이용할 것
(2) 종류 – <묶은 세로 막대형>으로 작업할 것
(3) 제목 – 굴림, 진하게, 12pt, 속성 – 채우기(밝은 색 : 하양), 테두리, 그림자(바깥쪽 : 대각선 오른쪽 아래)
(4) 제목 이외의 전체 글꼴 – 굴림, 보통, 10pt
(5) 축제목과 범례는 《출력형태》와 동일하게 처리할 것

《출력형태》

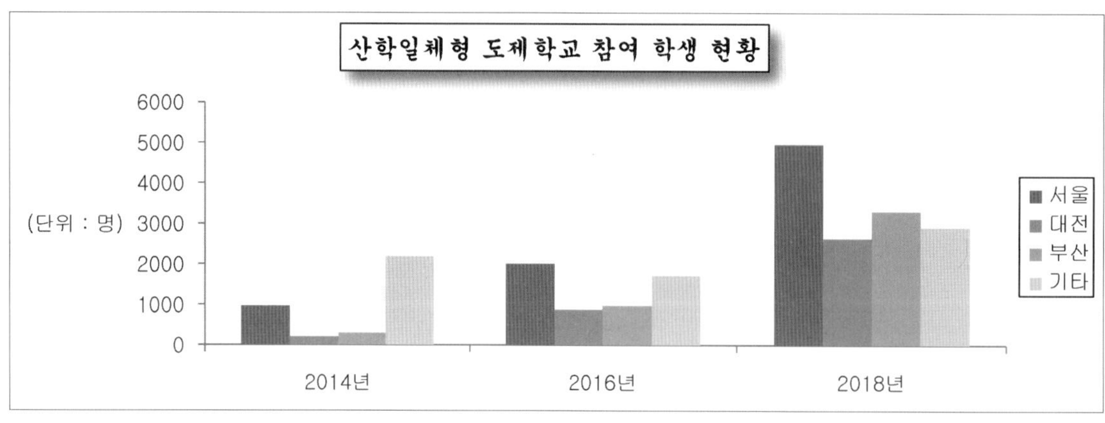

다음의 조건에 따라 출력형태와 같이 차트를 작성해 보세요.

⊘ **실습파일** : 유형04-5(문제).hwpx ⊘ **완성파일** : 유형04-5(완성).hwpx

《표 조건》

(1) 차트 데이터는 표 내용에서 연도별 도시 선정 수, 사업 선정 수, 누적 도시 수의 값만 이용할 것
(2) 종류 – <묶은 세로 막대형>으로 작업할 것
(3) 제목 – 글꼴 : 굴림, 진하게, 12pt, 속성 : 채우기(밝은 색 : 하양), 테두리, 그림자(바깥쪽 : 가운데)
(4) 제목 이외의 전체 글꼴 – 굴림, 보통, 10pt
(5) 축제목과 범례는 《출력형태》와 동일하게 처리할 것

《출력형태》

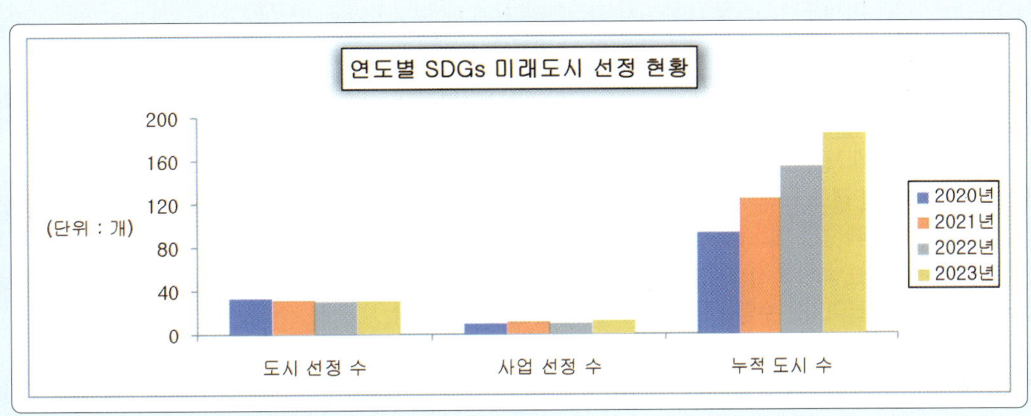

6

다음의 조건에 따라 출력형태와 같이 차트를 작성해 보세요.

⊘ **실습파일** : 유형04-6(문제).hwpx ⊘ **완성파일** : 유형04-6(완성).hwpx

《표 조건》

(1) 차트 데이터는 표 내용에서 구분별 인천, 광주, 대전의 값만 이용할 것
(2) 종류 – <묶은 가로 막대형>으로 작업할 것
(3) 제목 – 글꼴 : 돋움, 진하게, 12pt, 속성 : 채우기(밝은 색 : 하양), 테두리, 그림자(바깥쪽 : 대각선 오른쪽 아래)
(4) 제목 이외의 전체 글꼴 – 돋움, 보통, 10pt
(5) 축제목과 범례는 《출력형태》와 동일하게 처리할 것

《출력형태》

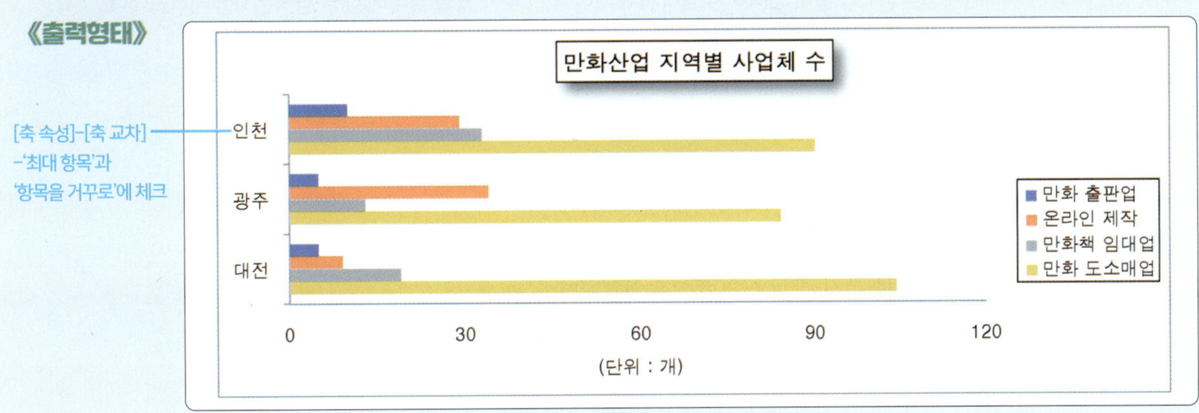

정보기술자격(ITQ) 최신기출문제

과　목	코　드	문제유형	시험시간	수험번호	성　명
아래한글	1111	A	60분		

수험자 유의사항

◎ 수험자는 문제지를 받는 즉시 문제지와 <u>수험표상의 시험과목(프로그램)이 동일한지 반드시 확인</u>하여야 합니다.

◎ 파일명은 본인의 "수험번호-성명"으로 입력하여 답안폴더(내 PC₩문서₩ITQ)에 하나의 파일로 저장해야 하며, 답안 파일을 전송하지 않아 미제출로 처리될 경우 실격 처리합니다(예:12345678-홍길동.hwpx).

◎ 답안 작성을 마치면 파일을 저장하고, '답안 전송' 버튼을 선택하여 감독위원 PC로 답안을 전송하십시오. 수험생 정보와 저장한 파일명이 다를 경우 전송되지 않으므로 주의하시기 바랍니다.

◎ 답안 작성 중에도 <u>주기적으로 저장하고, '답안 전송'</u>하여야 문제 발생을 줄일 수 있습니다. 작업한 내용을 저장하지 않고 전송할 경우 이전에 저장된 내용이 전송되오니 이점 유의하시기 바랍니다.

◎ 답안문서는 지정된 경로 외의 다른 보조기억장치에 저장하는 경우, 지정된 시험 시간 외에 작성된 파일을 활용할 경우, 기타 통신수단(이메일, 메신저, 네트워크 등)을 이용하여 타인에게 전달 또는 외부 반출하는 경우는 부정 처리합니다.

◎ 시험 중 부주의 또는 고의로 시스템을 파손한 경우는 수험자가 변상해야 하며, <수험자 유의사항>에 기재된 방법대로 이행하지 않아 생기는 불이익은 수험생 당사자의 책임임을 알려 드립니다.

◎ 문제의 조건은 한컴오피스 2022/2020 버전으로 설정되어 있으니 유의하시기 바랍니다.

◎ 시험을 완료한 수험자는 답안파일이 전송되었는지 확인한 후 감독위원의 지시에 따라 문제지를 제출하고 퇴실합니다.

답안 작성요령

◎ **온라인 답안 작성 절차**

　수험자 등록 ⇒ 시험 시작 ⇒ 답안파일 저장 ⇒ 답안 전송 ⇒ 시험 종료

◎ **공통 부문**

- 글꼴에 대한 기본설정은 함초롬바탕, 10포인트, 검정, 줄간격 160%, 양쪽정렬로 합니다.
- 색상은 조건의 색을 적용하고 색의 구분이 안 될 경우에는 RGB 값을 적용하십시오.
　(빨강 255,0,0 / 파랑 0,0,255 / 노랑 255,255,0).
- 각 문항에 주어진 《조건》에 따라 작성하고 언급하지 않은 조건은 《출력형태》와 같이 작성합니다.
- 용지여백은 왼쪽·오른쪽 11mm, 위쪽·아래쪽·머리말·꼬리말 10mm, 제본 0mm로 합니다.
- 그림 삽입 문제의 경우 「내 PC₩문서₩ITQ₩Picture」 폴더에서 지정된 파일을 선택하여 삽입하십시오.
- 삽입한 그림은 반드시 문서에 포함하여 저장해야 합니다(미포함 시 감점 처리).
- 각 항목은 지정된 페이지에 출력형태와 같이 정확히 작성하시기 바라며, 그렇지 않을 경우에 해당 항목은 0점 처리됩니다.
　※ 페이지구분 : 1페이지 – 기능평가 I (문제번호 표시 : 1. 2.),
　　　　　　　　 2페이지 – 기능평가 II (문제번호 표시 : 3. 4.),
　　　　　　　　 3페이지 – 문서작성 능력평가

◎ **기능평가**

- 문제와 《조건》은 입력하지 않으며 문제번호와 답(《출력형태》)만 작성합니다.
- 4번 문제는 묶기를 했을 경우 0점 처리됩니다.

◎ **문서작성 능력평가**

- A4 용지(210mm×297mm) 1매 크기, 세로 서식 문서로 작성합니다.
- 　　　　 표시는 문서작성에 대한 지시사항이므로 작성하지 않습니다.

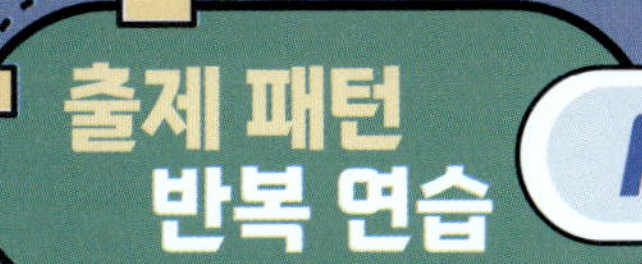

A 조건에 맞추어 차트의 글꼴 서식을 변경해 보세요.

⊘ **실습파일** : 패턴04-1(문제).hwpx ⊘ **완성파일** : 패턴04-1(완성).hwpx

패턴 01 제목 이외의 글꼴 : 굴림, 보통, 10pt

❶ 제목 글꼴 변경(굴림, 진하게, 12pt)
❷ 제목 속성 – 채우기(하양), 테두리,
　　　그림자(바깥쪽 : 대각선 오른쪽 아래)

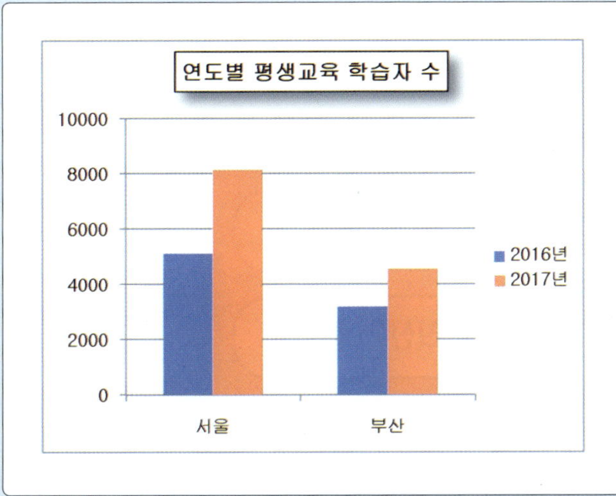

패턴 02 제목 이외의 글꼴 : 궁서, 보통, 10pt

❶ 제목 글꼴 변경(궁서, 기울임, 12pt)
❷ 제목 속성 – 채우기(하양), 테두리,
　　　그림자(바깥쪽 : 가운데)

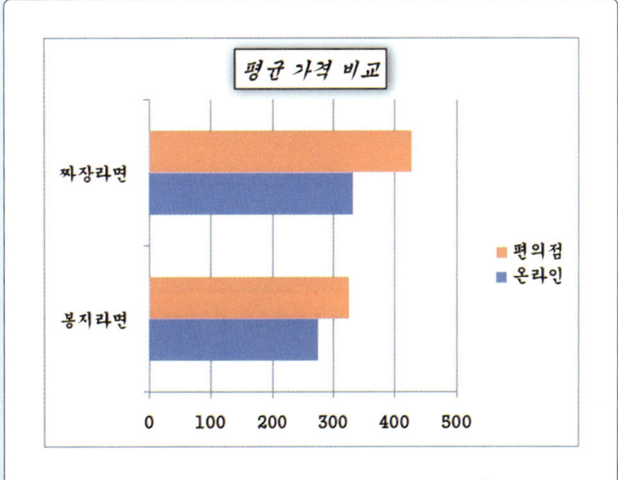

패턴 03 제목 이외의 글꼴 : 돋움, 기울임, 10pt

❶ 제목 글꼴 변경(돋움, 밑줄, 14pt)
❷ 제목 속성 – 채우기(하양), 테두리,
　　　그림자(원근감 : 대각선 오른쪽 위)

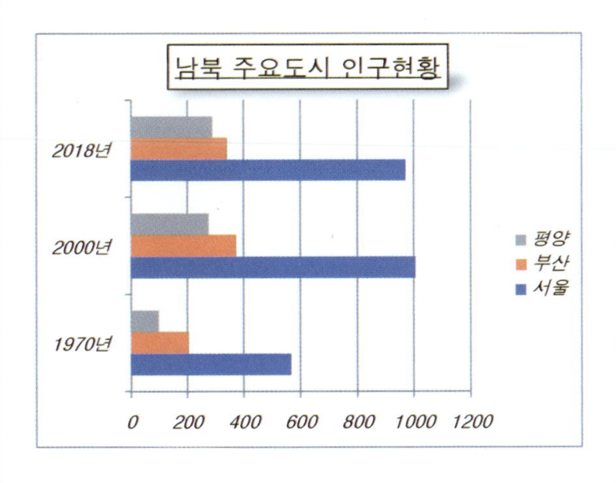

패턴 04 제목 이외의 글꼴 : 궁서, 보통, 10pt

❶ 제목 글꼴 변경(궁서, 기울임, 12pt)
❷ 제목 속성 – 채우기(하양), 테두리,
　　　그림자(바깥쪽 : 대각선 오른쪽 아래)

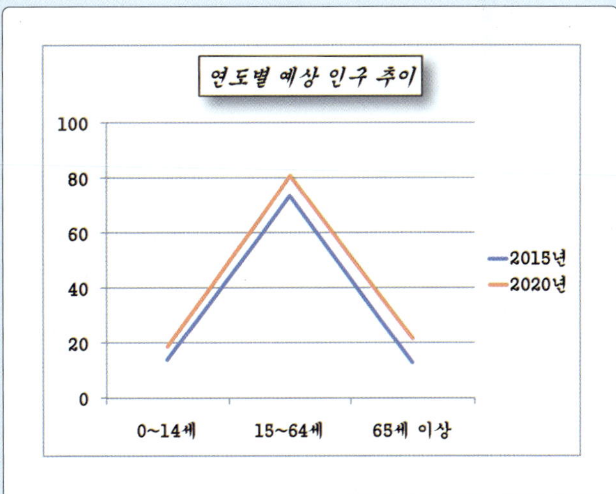

제 01회 ｜ 최신 기출문제	제 09회 ｜ 최신 기출문제
제 02회 ｜ 최신 기출문제	제 10회 ｜ 최신 기출문제
제 03회 ｜ 최신 기출문제	제 11회 ｜ 최신 기출문제
제 04회 ｜ 최신 기출문제	제 12회 ｜ 최신 기출문제
제 05회 ｜ 최신 기출문제	제 13회 ｜ 최신 기출문제
제 06회 ｜ 최신 기출문제	제 14회 ｜ 최신 기출문제
제 07회 ｜ 최신 기출문제	제 15회 ｜ 최신 기출문제
제 08회 ｜ 최신 기출문제	

◎ 실습파일 : 패턴04-2(문제).hwpx ◎ 완성파일 : 패턴04-2(완성).hwpx

패턴 01 제목 이외의 글꼴 : 굴림, 보통, 10pt

❶ 축 제목 추가 및 편집 ❷ 범례 편집 ❸ 축 값 단위 변경
❹ 눈금선 삭제

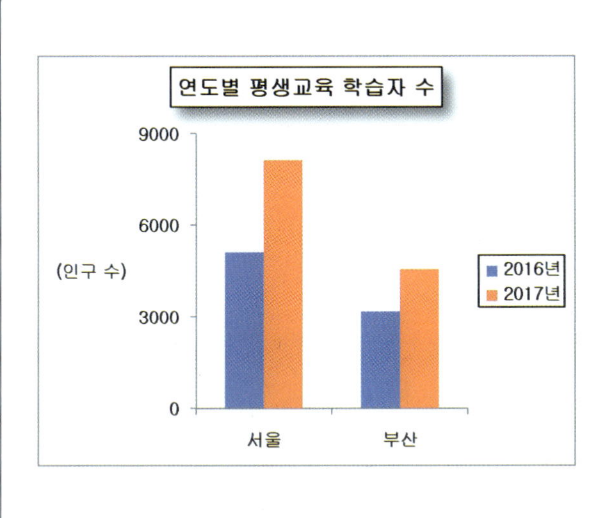

패턴 02 제목 이외의 글꼴 : 궁서, 보통, 10pt

❶ 축 제목 추가 및 편집 ❷ 범례 편집 ❸ 축 값 단위 변경
❹ 눈금선 삭제

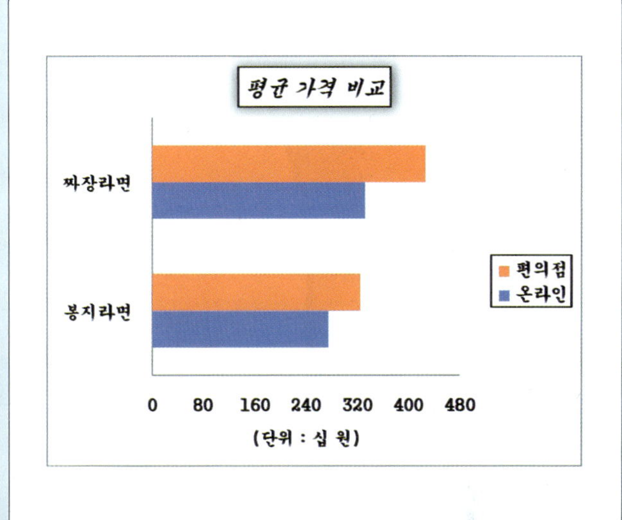

패턴 03 제목 이외의 글꼴 : 돋움, 기울임, 10pt

❶ 축 제목 추가 및 편집 ❷ 범례 편집 ❸ 축 값 단위 변경
❹ 눈금선 삭제

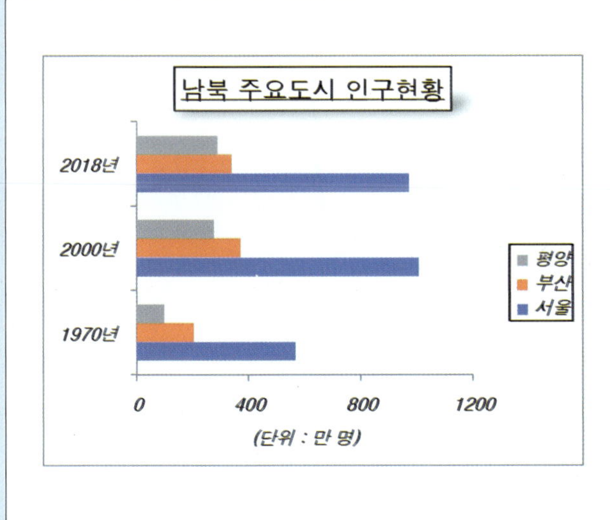

패턴 04 제목 이외의 글꼴 : 궁서, 보통, 10pt

❶ 축 제목 추가 및 편집 ❷ 범례 편집 ❸ 축 값 단위 변경
❹ 눈금선 삭제

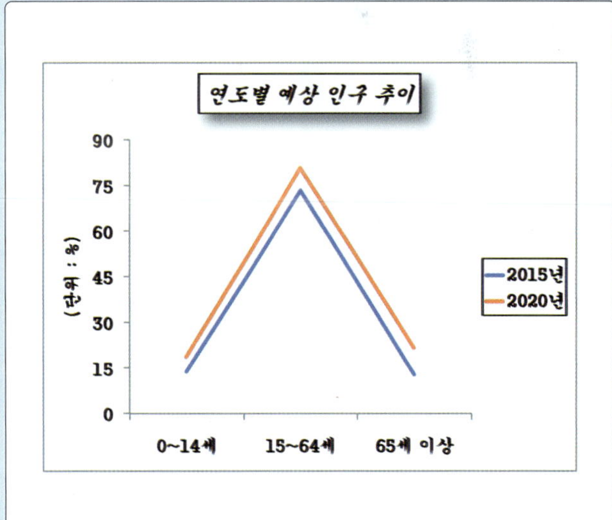

PART 3

최신 기출문제

최신기출문제를 통해 시험을 완벽하게
대비할 수 있습니다.

[기능평가 II] 수식 입력

⊘ 실습파일 : 05차시(문제).hwpx　　⊘ 완성파일 : 05차시(완성).hwpx

[배점] 40점 (500점 만점)

[2페이지] 3. 다음 (1), (2)의 수식을 수식 편집기로 각각 입력하시오.

《출력형태》

3.

(1) $G = 2 \int_{\frac{a}{2}}^{a} \frac{b\sqrt{a^2 - x^2}}{a} dx$

(2) $m = \dfrac{\Delta P}{K_a} = \dfrac{\Delta t_b}{K_b} = \dfrac{\Delta t_f}{K_f}$

4.

글꼴 : 돋움, 18pt, 진하게, 가운데 정렬
책갈피 이름 : 엑스포
덧말 넣기

머리말 기능
굴림, 10pt, 오른쪽 정렬　　→ 신재생에너지

태양광 전문 전시회
세계 태양에너지 엑스포

문단 첫 글자 장식 기능
글꼴 : 궁서, 면색 : 노랑

그림위치(내 PC₩문서₩ITQ₩Picture₩그림4.jpg, 문서에 포함)
자르기 기능 이용, 크기(40mm×40mm), 바깥 여백 왼쪽 : 2mm

최근 유럽의 재정악화와 경기불황으로 인한 FIT 정책(발전차액지원제도) 축소로 전 세계 태양광 산업은 유럽에서 아시아로 그 시장이 확대되고 있다. 아시아는 최근 중국과 일본을 비롯해 동남아시아의 태양광 발전 산업 지원을 위한 FIT 및 RPS Ⓐ 정책(政策) 강화로 그 어느 때보다 세계의 관심이 집중되고 있다. 아시아 태양광 산업의 허브이자 아시아 태양광 시장진출의 게이트웨이로 충실한 역할을 수행해 온 세계 태양에너지 엑스포가 새롭게 변신해서 국제적인 태양광 전문 전시회로 도약하고 있다.

각주

태양광 산업의 발전과 온실가스 감축, 미세먼지 저감을 위한 솔루션을 제시하는 세계 태양에너지 엑스포는 아시아 최대 규모의 태양광 전문 전시회로 전 세계 국제전시회 인증기관인 국제전시연합회와 산업통상자원부의 우수 전시회 국제 인증 획득으로 해외 출품기업체와 해외 바이어 참관객 수에서 국제 전시회로서의 자격과 요건을 확보해가고 있다. 올해로 10회째 열리는 2018 세계 태양에너지 엑스포에서는 출품기업과 참관객에게 태양광 관련 최신 기술 정보와 시장 정보, 시공(施工) 및 설계 관련 다양한 기술 노하우를 무료로 전수받을 수 있는 국제 PV 월드 포럼이 동시에 개최된다.

♣ 세계 태양에너지 엑스포 개요

글꼴 : 굴림, 18pt, 하양
음영색 : 파랑

　가. 일시 및 장소

　　① 일시 : 6월 14일(목) ~ 16일(토) 10:00 ~ 17:00

　　② 장소 : 킨텍스 제1전시장

　나. 주관 및 후원

　　① 주관 : 녹색에너지연구원, 한국태양에너지학회 등

　　② 후원 : 산업통상자원부, 한국에너지기술평가원 등

문단 번호 기능 사용
　1수준 : 20pt, 오른쪽정렬,
　2수준 : 30pt, 오른쪽정렬
줄 간격 : 180%

표 전체 글꼴 : 돋움, 10pt, 가운데 정렬
셀 배경(그러데이션) : 유형(왼쪽 대각선),
　시작색(하양), 끝색(노랑)

♣ 전시장 구성 및 동시 개최 행사

글꼴 : 굴림, 18pt, 밑줄, 강조점

	전시장 구성	동시 개최 행사
상담관	해외 바이어 수출 및 구매	국제 PV 월드 포럼
	태양광 사업 금융지원	글로벌 태양광 시장 동향 및 수출 전략 세미나
	태양광 발전소 건설운영 및 투자	아시아 태양광 산업 품질인증 및 테스트기술 컨퍼런스
홍보관	지자체 태양광 기업	한국 태양광 산업 지원 정책 및 발전 사업 설명회
	솔라 리빙관, 에너지 저장 시스템	해외 바이어 초청 수출 및 구매 상담회

글꼴 : 궁서, 24pt, 진하게
장평 95%, 오른쪽 정렬
엑스포 솔라 전시사무국

각주 구분선 : 5cm

Ⓐ 대규모 발전 사업자에게 신재생에너지를 이용한 발전을 의무화한 제도

쪽 번호 매기기
5로 시작　　→ 마

문제 번호 (1) 입력 > 첫 번째 수식 입력 > 문제 번호 (2) 입력 > 두 번째 수식 입력

Check 01 수식 작성 : 수식 편집기로 수식을 입력해요!

3.
(1)

첫 번째 문제 번호 (1) 입력

3.
(1) $G = 2\int_{\frac{a}{2}}^{a} \frac{b\sqrt{a^2 - x^2}}{a} dx$

첫 번째 수식 작성

3.
(1) $G = 2\int_{\frac{a}{2}}^{a} \frac{b\sqrt{a^2 - x^2}}{a} dx$　　　(2)

두 번째 문제 번호 (2) 입력

3.
(1) $G = 2\int_{\frac{a}{2}}^{a} \frac{b\sqrt{a^2 - x^2}}{a} dx$　　　(2) $m = \frac{\Delta P}{K_a} = \frac{\Delta t_b}{K_b} = \frac{\Delta t_f}{K_f}$

두 번째 수식 작성

3. 다음 (1), (2)의 수식을 수식 편집기로 각각 입력하시오. (40점)

《출력형태》

(1) $\displaystyle\int_{0}^{3} \frac{\sqrt{6t^2-18t+12}}{5}\,dt = 11$

(2) $\dfrac{h_1}{h_2} = \left(\sqrt{a}\right)^{M_2 - M_1} \fallingdotseq 2.5^{M_2 - M_1}$

4. 다음의 《조건》에 따라 《출력형태》와 같이 문서를 작성하시오. (110점)

《조건》   (1) 그리기 도구를 이용하여 작성하고, 모든 도형(글맵시, 지정된 그림 포함)을 《출력형태》와 같이
작성하시오.
           (2) 도형의 면색은 지시사항이 없으면 색 없음을 제외하고 서로 다르게 임의로 지정하시오.

《출력형태》

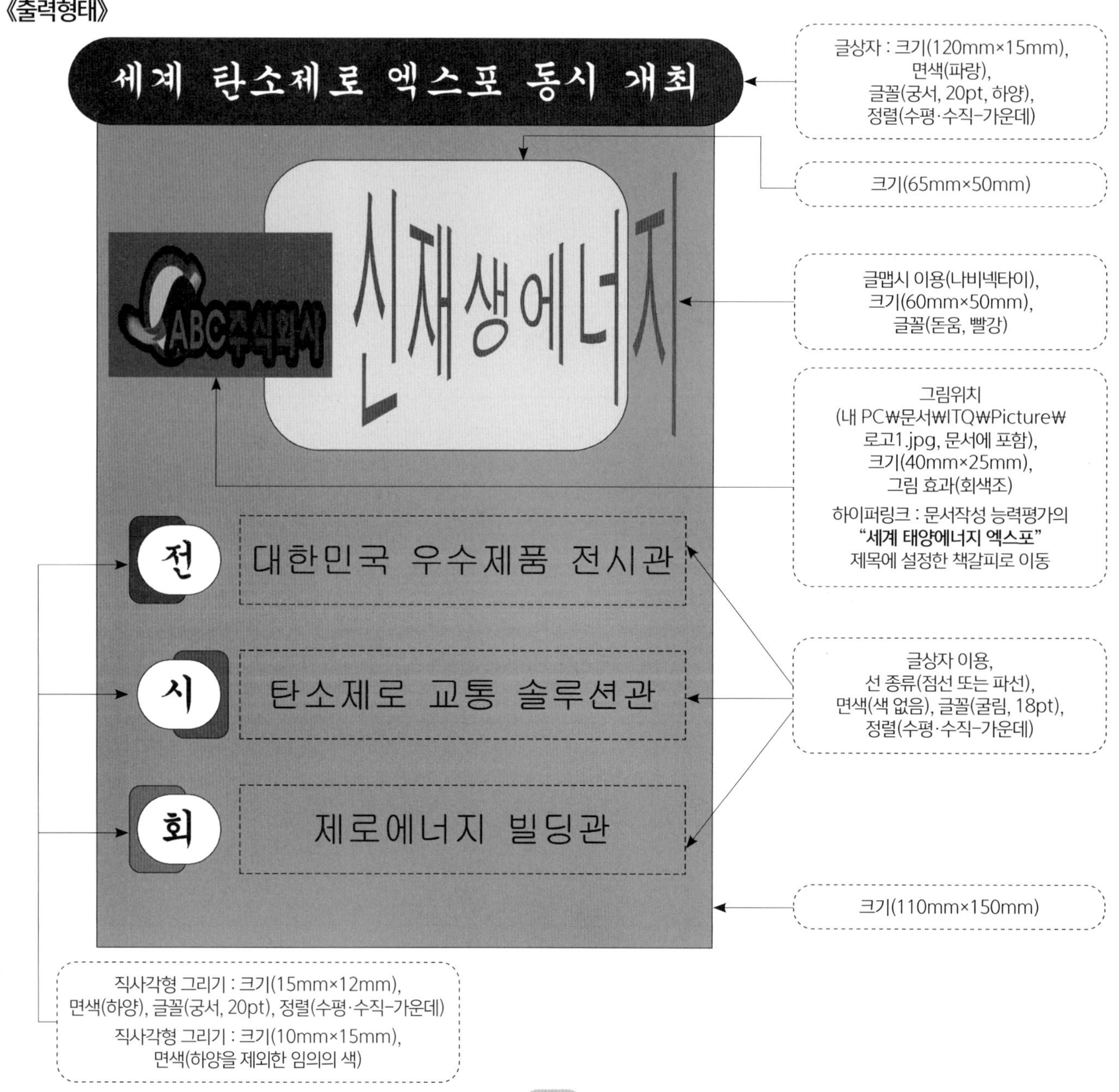

글상자 : 크기(120mm×15mm), 면색(파랑), 글꼴(궁서, 20pt, 하양), 정렬(수평·수직-가운데)

크기(65mm×50mm)

글맵시 이용(나비넥타이), 크기(60mm×50mm), 글꼴(돋움, 빨강)

그림위치(내 PC₩문서₩ITQ₩Picture₩로고1.jpg, 문서에 포함), 크기(40mm×25mm), 그림 효과(회색조)

하이퍼링크 : 문서작성 능력평가의 "세계 태양에너지 엑스포" 제목에 설정한 책갈피로 이동

글상자 이용, 선 종류(점선 또는 파선), 면색(색 없음), 글꼴(굴림, 18pt), 정렬(수평·수직-가운데)

크기(110mm×150mm)

직사각형 그리기 : 크기(15mm×12mm), 면색(하양), 글꼴(궁서, 20pt), 정렬(수평·수직-가운데)
직사각형 그리기 : 크기(10mm×15mm), 면색(하양을 제외한 임의의 색)

첫 번째 수식 입력하기

1 한글 2022 프로그램을 실행한 후 [05차시] 폴더에서 **05차시(문제).hwpx** 파일을 불러옵니다.

✿ Alt + O 를 눌러 파일을 불러오는 방법도 있어요.

2 두 번째 페이지의 3. 아랫줄에 커서를 위치시킨 후 첫 번째 문제 번호를 입력하고 한 칸을 띄웁니다.

3 수식 작성을 위해 [입력] 탭에서 **[수식]**을 클릭합니다.

✿ Ctrl + N , M 를 눌러 수식을 입력할 수도 있어요.

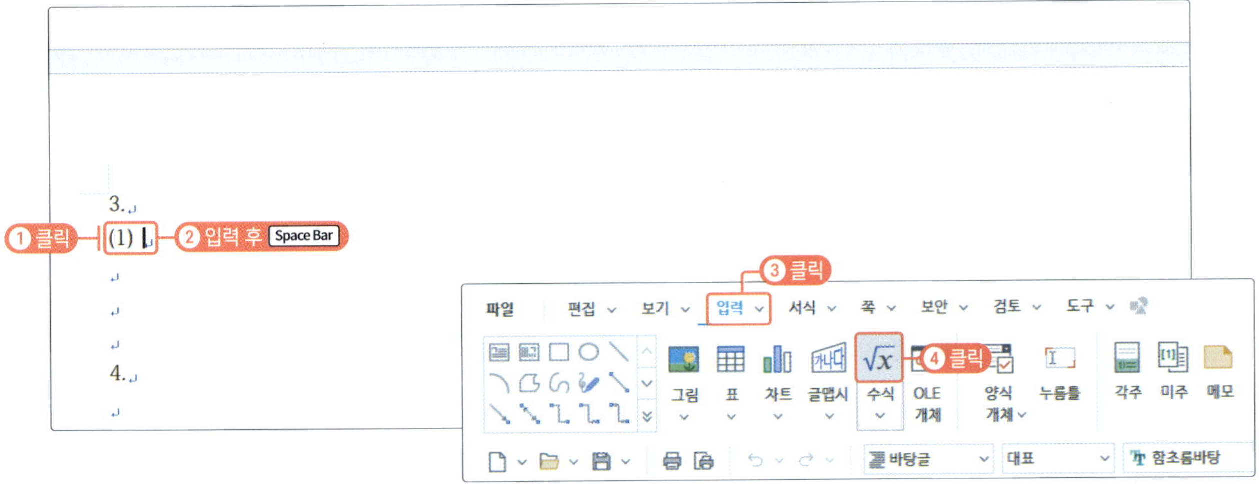

4 아래 과정을 참고하여 **첫 번째 수식을 작성**합니다.

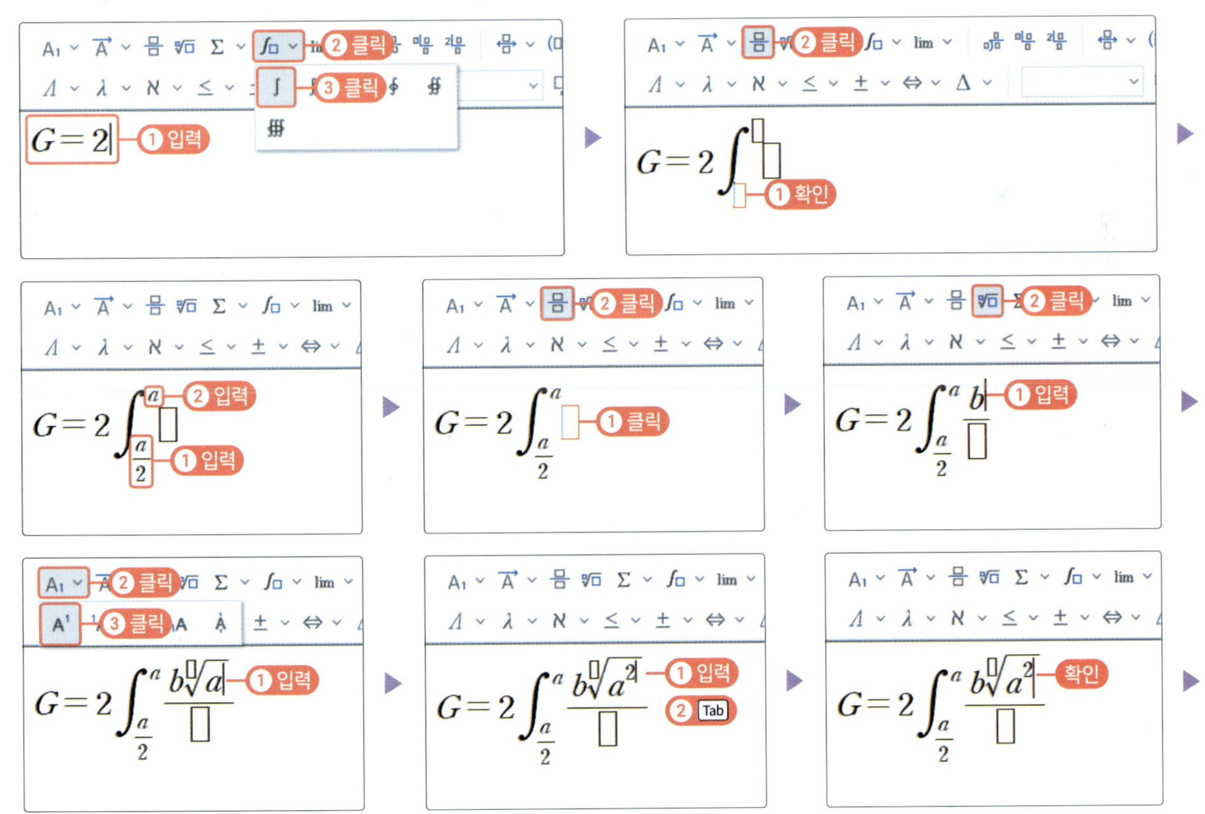

1. 다음의 《조건》에 따라 스타일 기능을 적용하여 《출력형태》와 같이 작성하시오. (50점)

《조건》
(1) 스타일 이름 – exhibition
(2) 문단 모양 – 왼쪽 여백 : 15pt, 문단 아래 간격 : 10pt
(3) 글자 모양 – 글꼴 : 한글(돋움)/영문(궁서), 크기 : 10pt, 장평 : 95%, 자간 : 5%

《출력형태》

As the only Korean photovoltaic exhibition representing Asia, the EXPO Solar 2018/PV Korea is to be held in KINTEX from June 14(Thu) to 16(Sat), 2018.

아시아를 대표하는 대한민국 유일의 태양광 전문 전시회인 2018 세계 태양에너지 엑스포가 2018년 6월 14일(목)부터 16일(토)까지 3일간의 일정으로 킨텍스에서 개최된다.

2. 다음의 《조건》에 따라 《출력형태》와 같이 표와 차트를 작성하시오. (100점)

《표 조건》
(1) 표 전체(표, 캡션) – 굴림, 10pt
(2) 정렬 – 문자 : 가운데 정렬, 숫자 : 오른쪽 정렬
(3) 셀 배경(면색) : 노랑
(4) 한글의 계산 기능을 이용하여 빈칸에 평균(소수점 두 자리)을 구하고, 캡션 기능 사용할 것
(5) 선 모양은 《출력형태》와 동일하게 처리할 것

《출력형태》

직종별 참관객 현황(단위 : 명)

직종	1일차	2일차	3일차	4일차	평균
마케팅/영업	1,421	1,587	1,698	1,681	
엔지니어링 관리	1,389	1,403	1,512	1,524	
연구 및 개발	932	1,096	1,258	1,326	
구매 관리	816	978	1,032	1,207	

《차트 조건》
(1) 차트 데이터는 표 내용에서 일차별 마케팅/영업, 엔지니어링 관리, 연구 및 개발의 값만 이용할 것
(2) 종류 – <묶은 세로 막대형>으로 작업할 것
(3) 제목 – 돋움, 진하게, 12pt, 속성 – 채우기(밝은 색 : 하양), 테두리, 그림자(바깥쪽 : 대각선 오른쪽 아래)
(4) 제목 이외의 전체 글꼴 – 돋움, 보통, 10pt
(5) 축제목과 범례는 《출력형태》와 동일하게 처리할 것

《출력형태》

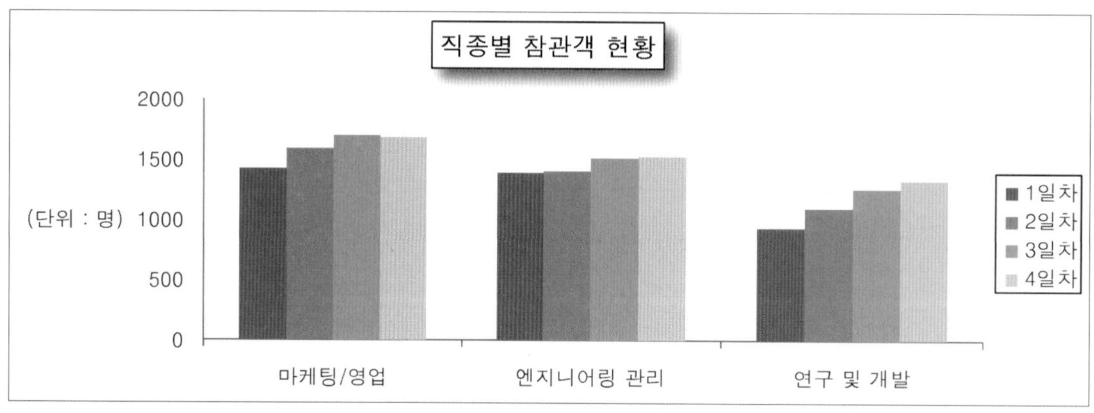

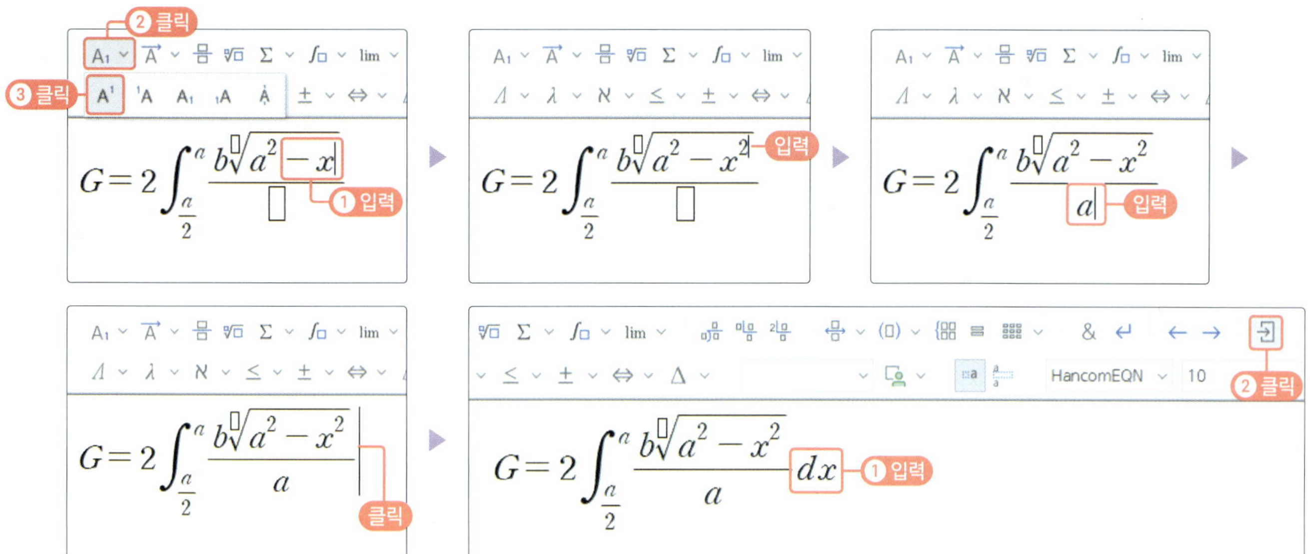

5 문서에 첫 번째 수식이 삽입된 것을 확인합니다.

3.

(1) $G = 2 \int_{\frac{a}{2}}^{a} \frac{b\sqrt{a^2 - x^2}}{a} dx$

4.

Level UP　　**수식 입력하기**

· 수식 입력 중 빨간색 박스가 표시되지 않은 상태에서, 하위 항목으로 빠져나가기 위해서는 [Tab]을 이용합니다.

· 문서에 삽입된 수식을 더블클릭하면 [수식 편집기] 대화상자가 활성화되어 수식을 수정할 수 있습니다.

정보기술자격(ITQ) 실전모의고사

과 목	코 드	문제유형	시험시간	수험번호	성 명
아래한글	1111	A	60분		

수험자 유의사항

◎ 수험자는 문제지를 받는 즉시 문제지와 **수험표상의 시험과목(프로그램)이 동일한지 반드시 확인**하여야 합니다.

◎ 파일명은 본인의 "수험번호–성명"으로 입력하여 답안폴더(내 PC₩문서₩ITQ)에 하나의 파일로 저장해야 하며, 답안 파일을 전송하지 않아 미제출로 처리될 경우 실격 처리합니다(예:12345678-홍길동.hwpx).

◎ 답안 작성을 마치면 파일을 저장하고, '답안 전송' 버튼을 선택하여 감독위원 PC로 답안을 전송하십시오. 수험생 정보와 저장한 파일명이 다를 경우 전송되지 <u>않으므로</u> 주의하시기 바랍니다.

◎ 답안 작성 중에도 **주기적으로 저장하고, '답안 전송'**하여야 문제 발생을 줄일 수 있습니다. 작업한 내용을 저장하지 않고 전송할 경우 이전에 저장된 내용이 전송되오니 이점 유의하시기 바랍니다.

◎ 답안문서는 지정된 경로 외의 다른 보조기억장치에 저장하는 경우, 지정된 시험 시간 외에 작성된 파일을 활용할 경우, 기타 통신수단(이메일, 메신저, 네트워크 등)을 이용하여 타인에게 전달 또는 외부 반출하는 경우는 부정 처리합니다.

◎ 시험 중 부주의 또는 고의로 시스템을 파손한 경우는 수험자가 변상해야 하며, <수험자 유의사항>에 기재된 방법대로 이행하지 않아 생기는 불이익은 수험생 당사자의 책임임을 알려 드립니다.

◎ 문제의 조건은 한컴오피스 2022/2020 버전으로 설정되어 있으니 유의하시기 바랍니다.

◎ 시험을 완료한 수험자는 답안파일이 전송되었는지 확인한 후 감독위원의 지시에 따라 문제지를 제출하고 퇴실합니다.

답안 작성요령

◎ 온라인 답안 작성 절차

수험자 등록 ⇒ 시험 시작 ⇒ 답안파일 저장 ⇒ 답안 전송 ⇒ 시험 종료

◎ 공통 부문

• 글꼴에 대한 기본설정은 함초롬바탕, 10포인트, 검정, 줄간격 160%, 양쪽정렬로 합니다.

• 색상은 조건의 색을 적용하고 색의 구분이 안 될 경우에는 RGB 값을 적용하십시오.

　(빨강 255,0,0 / 파랑 0,0,255 / 노랑 255,255,0).

• 각 문항에 주어진 《조건》에 따라 작성하고 언급하지 않은 조건은 《출력형태》와 같이 작성합니다.

• 용지여백은 왼쪽·오른쪽 11mm, 위쪽·아래쪽·머리말·꼬리말 10mm, 제본 0mm로 합니다.

• 그림 삽입 문제의 경우 「내 PC₩문서₩ITQ₩Picture」 폴더에서 지정된 파일을 선택하여 삽입하십시오.

• 삽입한 그림은 반드시 문서에 포함하여 저장해야 합니다(미포함 시 감점 처리).

• 각 항목은 지정된 페이지에 출력형태와 같이 정확히 작성하시기 바라며, 그렇지 않을 경우에 해당 항목은 0점 처리됩니다.

　※ 페이지구분 : 1페이지 – 기능평가 I (문제번호 표시 : 1. 2.),

　　　　　　　　 2페이지 – 기능평가 II (문제번호 표시 : 3. 4.),

　　　　　　　　 3페이지 – 문서작성 능력평가

◎ 기능평가

• 문제와 《조건》은 입력하지 않으며 문제번호와 답(《출력형태》)만 작성합니다.

• 4번 문제는 묶기를 했을 경우 0점 처리됩니다.

◎ 문서작성 능력평가

• A4 용지(210mm×297mm) 1매 크기, 세로 서식 문서로 작성합니다.

• 　　　　　 표시는 문서작성에 대한 지시사항이므로 작성하지 않습니다.

두 번째 수식 입력하기

1 첫 번째 수식 뒤쪽에 커서를 두고 `Tab`을 4~5번 눌러 간격을 띄웁니다.

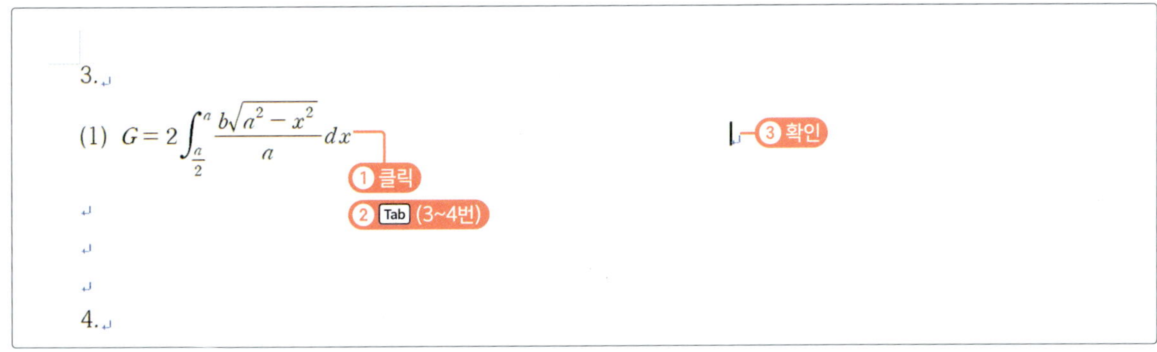

2 두 번째 수식 작성을 위해 문제 번호 (2)를 입력한 다음 한 칸을 띄우고 [입력] 탭에서 **[수식]**을 클릭합니다.

✿ `Ctrl`+`N`, `M`를 눌러 수식을 입력할 수도 있어요.

3 아래 과정을 참고하여 **두 번째 수식을 작성**합니다.

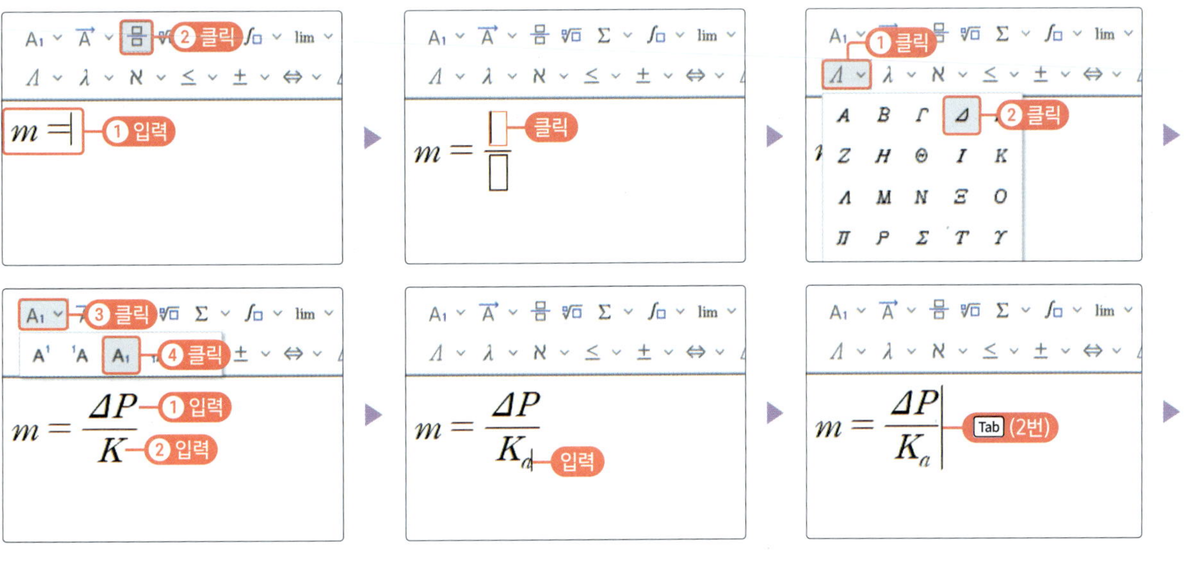

글꼴 : 돋움, 18pt, 진하게, 가운데 정렬
책갈피 이름 : 친환경
덧말 넣기

머리말 기능
굴림, 10pt, 오른쪽 정렬

친환경 자동차

차 살까 고민하세요?
친환경 자동차 구매가이드

문단 첫 글자 장식 기능
글꼴 : 궁서, 면색 : 노랑

그림위치(내 PC\문서\ITQ\Picture
\그림4.jpg, 문서에 포함)
자르기 기능 이용, 크기(40mm×40mm),
바깥 여백 왼쪽 : 2mm

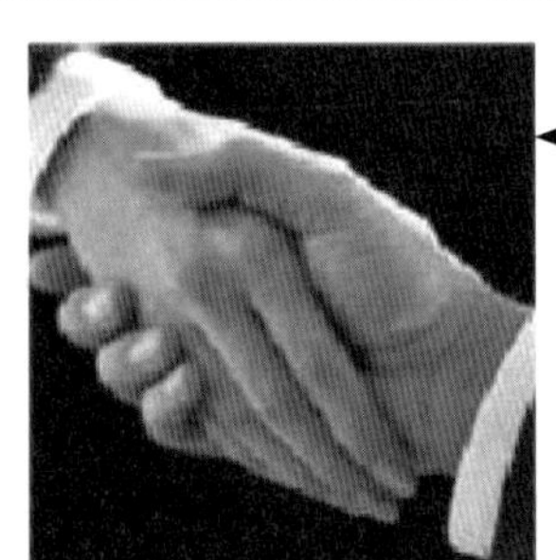

친환경자동차란 일반 내연기관 차량에 비해 에너지 소비효율이 높고 대기오염 물질과 온실가스 배출이 적어 환경(環境) 친화적인 저공해 또는 무공해 자동차이다. 친환경 자동차의 종류로는 전기차, 수소연료전지차, 플러그인 하이브리드차, 하이브리드차가 있으며 전기차와 수소차는 무공해 차량(車輛)이다.

각주

자동차에서 배출되는 오염물질로 인한 기후변화 및 대기오염 문제가 심각해지면서 세계 각국은 온실가스 배출 억제를 위해 자동차 분야 규제를 강화하고 있고, 우리나라에서도 수도권 미세먼지의 30% 이상이 자동차에서 발생하는 등 자동차로 인한 오염물질은 국민 건강을 위협하고 있다. 또한, 자동차에서 직접 배출되는 1차 오염물질에는 질소산화물Ⓐ, 일산화탄소, 탄화수소, 입자상 고형물질 등이 있고, 이 1차 오염물질이 화학반응에 의해 2차 오염물질인 미세먼지와 오존을 생성한다. 이런 자동차 오염물질은 각종 호흡기 질환과 눈 건강 악화를 일으키고 암을 유발하는 등 우리 건강에 심각한 영향을 끼친다. 자동차로 인한 대기오염 및 기후변화문제를 적극적으로 해결하고 미래세대에 깨끗한 환경을 물려주기 위해서는 오염물질 배출이 없거나 현저히 적은 친환경자동차로 적극 전환해 나가야 한다.

♥ 친환경 자동차별 장점과 단점

글꼴 : 굴림, 18pt, 하양
음영색 : 빨강

A. 플러그인 하이브리드차
Ⓐ 장점 : 단거리 주행 시 전기로만 주행 가능
Ⓑ 단점 : 전기, 수소차보다 환경개선 효과적음
B. 하이브리드차
Ⓐ 장점 : 내연기관차보다 높은 연비
Ⓑ 단점 : 플러그인 하이브리드차보다 비용절감 효과적음

문단 번호 기능 사용
1수준 : 20pt, 오른쪽정렬,
2수준 : 30pt, 오른쪽정렬
줄 간격 : 180%

♥ 친환경 자동차 특징 비교

글꼴 : 굴림, 18pt, 밑줄, 강조점

표 전체 글꼴 : 돋움, 10pt, 가운데 정렬
셀 배경(그러데이션) : 유형(가로),
시작색(하양), 끝색(노랑)

구분	전기차	수소차	플러그인 하이브리드차	하이브리드차
배터리(kWh)	10 - 90	0.9 - 1.8	4 - 18	0.9 - 1.8
에너지원	전기	수소	전기 + 화석연료	
이용여건	장거리 출퇴근	충전소 인근 지역	장거리 출장 또는 주말 장거리 여행이 잦은 사람	
동력원	모터		엔진 + 모터	
특이사항	무공해차량, 전기 또는 수소 충전 필요		엔진과 모터를 조합한 최적운행으로 연비 향상	

각주 구분선 : 5cm

글꼴 : 궁서, 24pt, 진하게
장평 120%, 오른쪽 정렬

환경부

Ⓐ 질소산화물 중 이산화질소는 수도권 지역의 대기오염물질에서 68%를 차지

쪽 번호 매기기
4로 시작
①

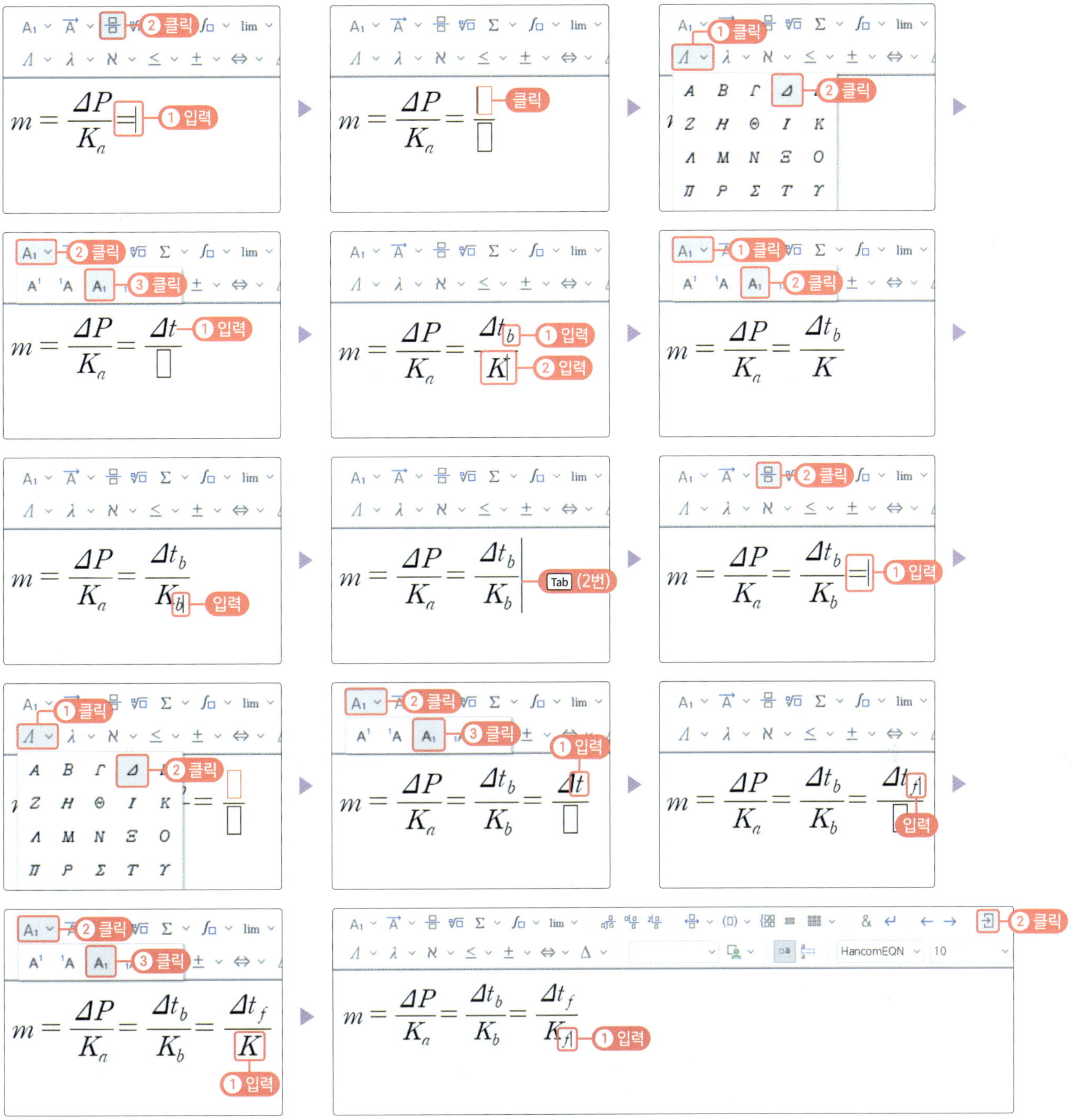

4 문서에 두 번째 수식이 삽입된 것을 확인합니다.

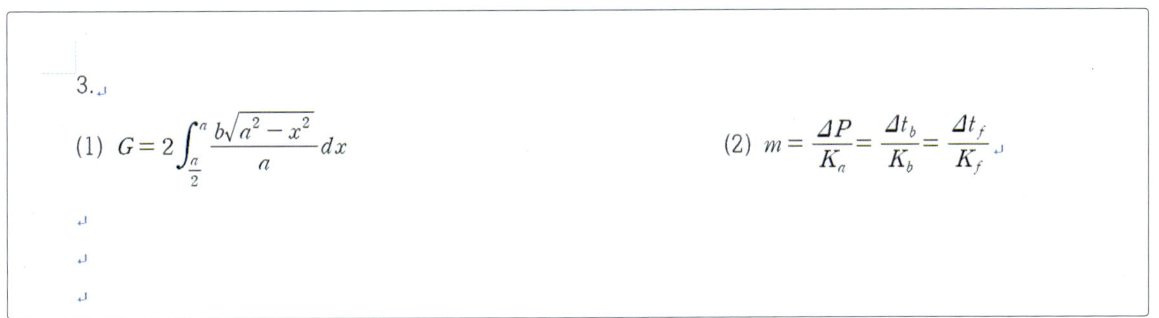

3. 다음 (1), (2)의 수식을 수식 편집기로 각각 입력하시오. (40점)

《출력형태》

$$(1)\ \Delta W = \frac{1}{2}m(f_x)^2 + \frac{1}{2}m(f_y)^2 \qquad (2)\ a_n - b_n = n^2\frac{h^2}{4\pi^2 Kme^2}$$

4. 다음의 《조건》에 따라 《출력형태》와 같이 문서를 작성하시오. (110점)

《조건》
(1) 그리기 도구를 이용하여 작성하고, 모든 도형(글맵시, 지정된 그림 포함)을 《출력형태》와 같이 작성하시오.
(2) 도형의 면색은 지시사항이 없으면 색 없음을 제외하고 서로 다르게 임의로 지정하시오.

《출력형태》

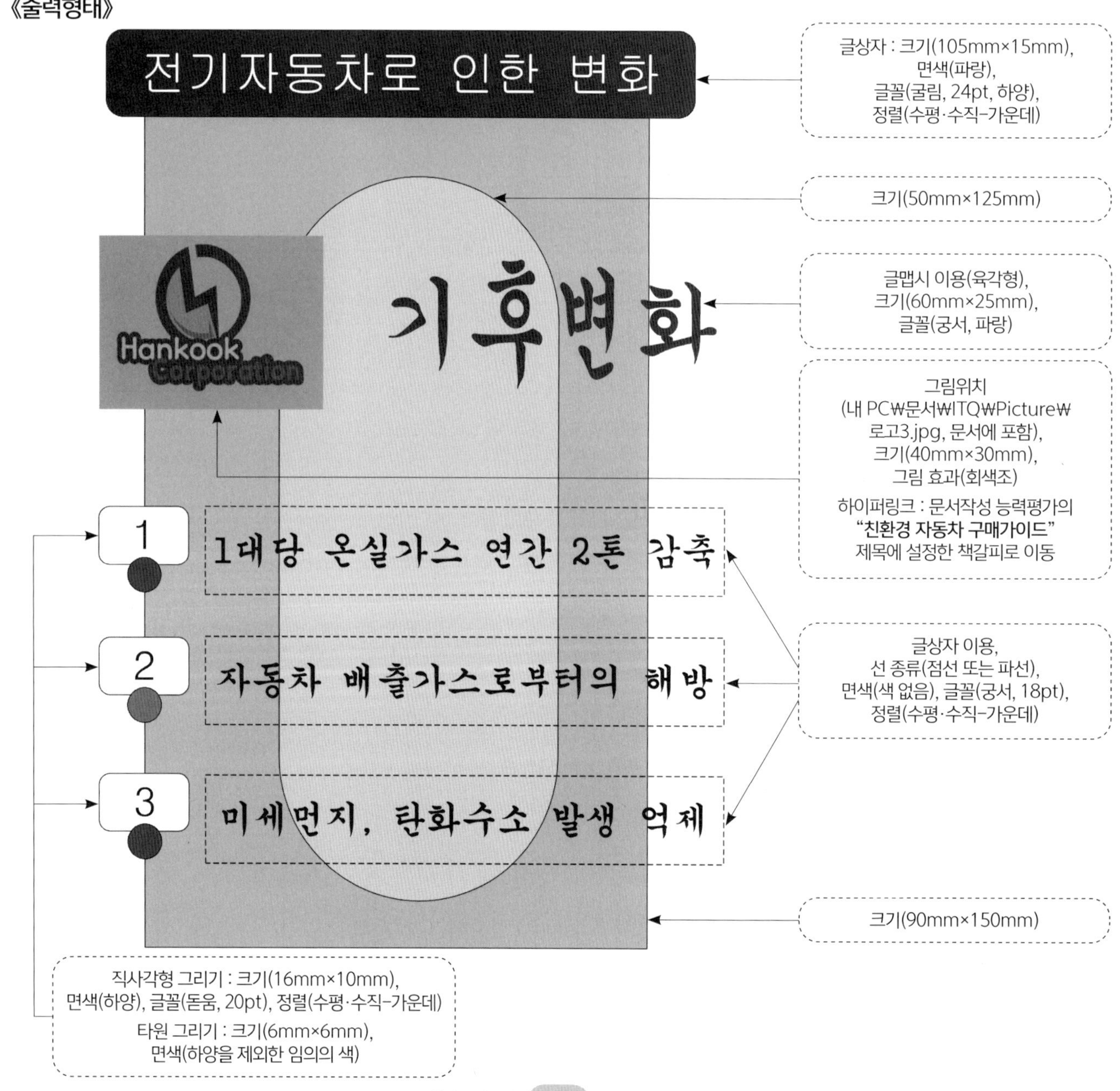

한글 2022 프로그램에서 수식을 입력하면 'HYhwpEQ'와 'HancomEQN' 서체에 따라 조금 다르게 보일 수 있지만, 수식 글꼴은 채점 기준에 포함되지 않습니다. 교재에서는 작업의 일관성을 위해 기본값인 'HancomEQN'으로 통일하여 진행했어요.

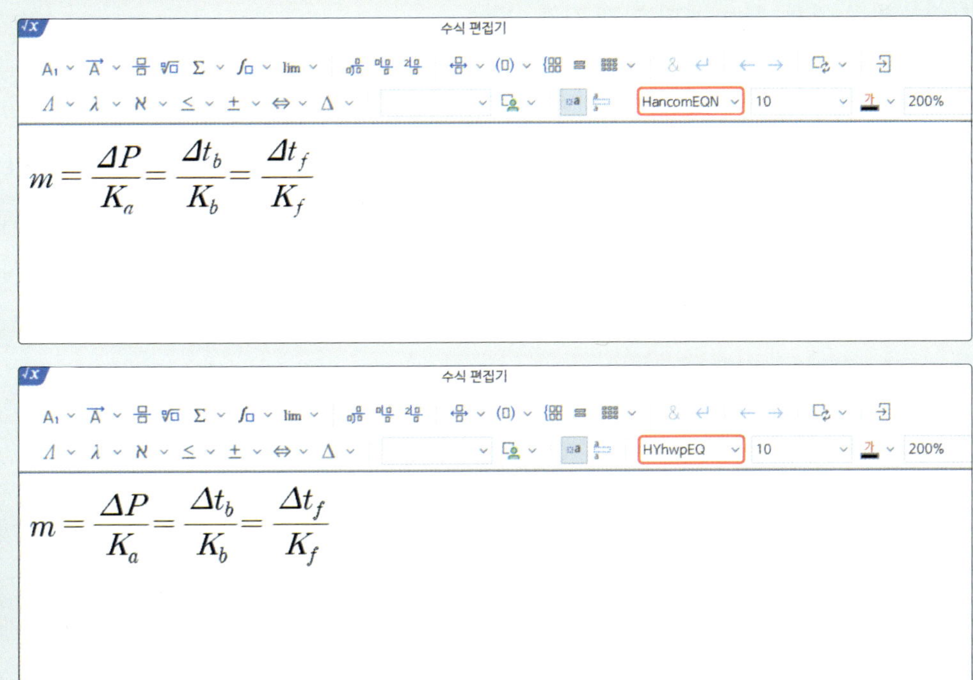

5 작업이 완료되면 서식 도구 상자에서 [저장하기(💾)]를 클릭하거나, Alt + S 를 눌러 답안 파일을 저장합니다.

1. 다음의《조건》에 따라 스타일 기능을 적용하여《출력형태》와 같이 작성하시오. (50점)

《조건》 (1) 스타일 이름 – automobile
   (2) 문단 모양 – 왼쪽 여백 : 15pt, 문단 아래 간격 : 10pt
   (3) 글자 모양 – 글꼴 : 한글(돋움)/영문(굴림), 크기 : 10pt, 장평 : 105%, 자간 : –5%

《출력형태》

Since 2008, a renaissance in electric vehicle manufacturing occurred due to advances in batteries, concerns about increasing oil prices, and the desire to reduce greenhouse gas emissions.

전기자동차는 고전압 배터리에서 전기에너지를 전기모터로 공급하여 구동력을 발생시키는 차량으로, 내연자동차와 달리 엔진이 없이 배터리와 모터만으로 차량을 구동시키는 무공해 차량이다.

2. 다음의《조건》에 따라《출력형태》와 같이 표와 차트를 작성하시오. (100점)

《표 조건》 (1) 표 전체(표, 캡션) – 궁서, 10pt
   (2) 정렬 – 문자 : 가운데 정렬, 숫자 : 오른쪽 정렬
   (3) 셀 배경(면색) : 노랑
   (4) 한글의 계산 기능을 이용하여 빈칸에 합계를 구하고, 캡션 기능 사용할 것
   (5) 선 모양은《출력형태》와 동일하게 처리할 것

《출력형태》

전기자동차 지역별 보급 현황(단위 : 대)

연도	서울	부산	대구	경기	합계
2014년	212	84	5	58	
2015년	452	106	92	84	
2016년	455	117	209	226	
2017년	4,112	422	1,693	1,374	

《차트 조건》 (1) 차트 데이터는 표 내용에서 지역별 2014년, 2015년, 2016년의 값만 이용할 것
   (2) 종류 – <묶은 세로 막대형>으로 작업할 것
   (3) 제목 – 돋움, 진하게, 12pt, 속성 – 채우기(밝은 색 : 하양), 테두리, 그림자(바깥쪽 : 대각선 오른쪽 아래)
   (4) 제목 이외의 전체 글꼴 – 돋움, 보통, 10pt
   (5) 축제목과 범례는《출력형태》와 동일하게 처리할 것

《출력형태》

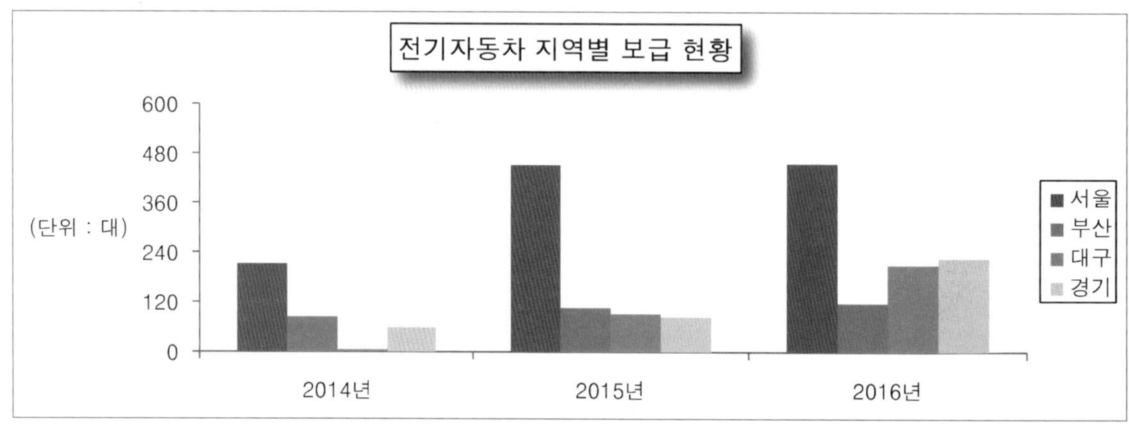

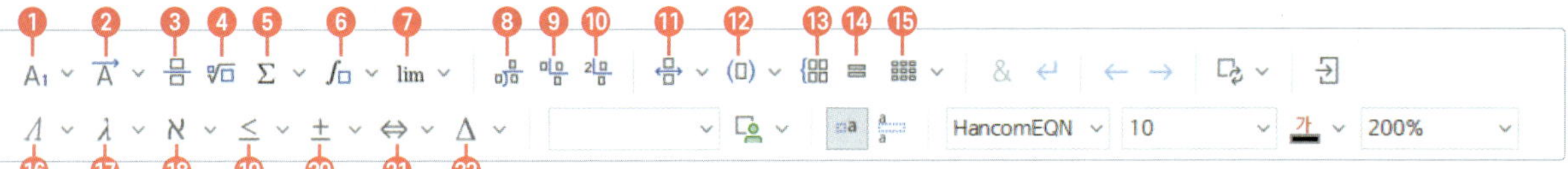

❶ 첨자

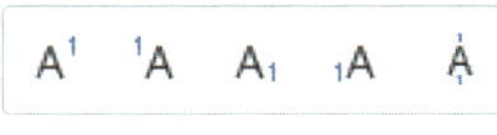

❷ 장식 기호

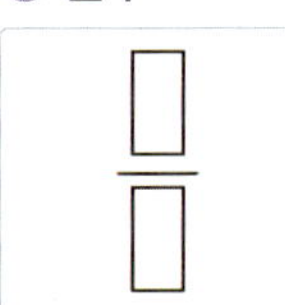

❸ 분수

❹ 근호

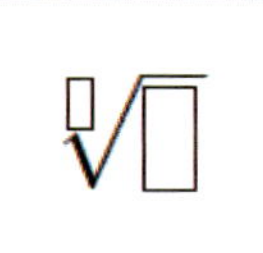

❺ 합

❻ 적분

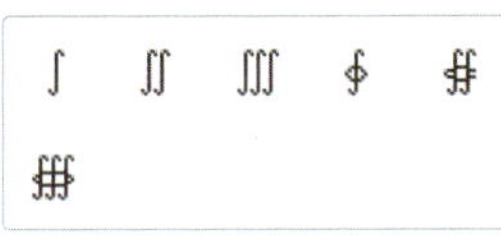

❼ 극한

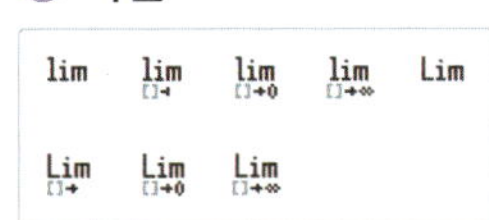

❽ 세로 나눗셈

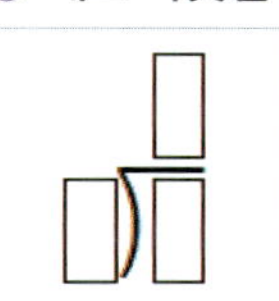

❾ 최소공배수/최대공약수

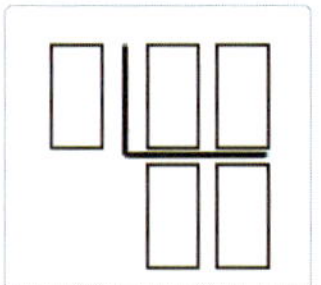

❿ 2진수로 변환

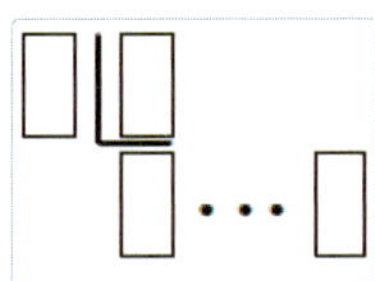

⓫ 상호 관계

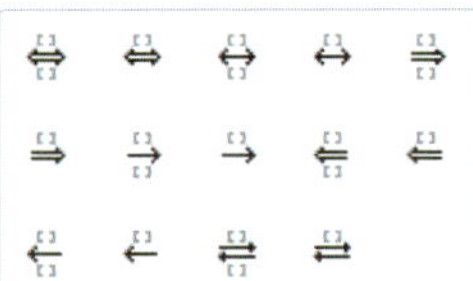

⓬ 괄호

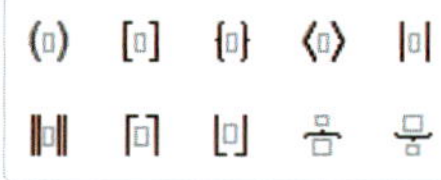

⓭ 경우

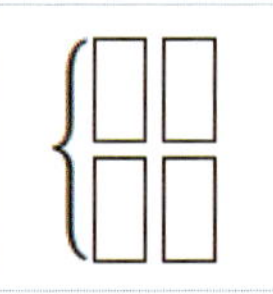

⓮ 세로 쌓기

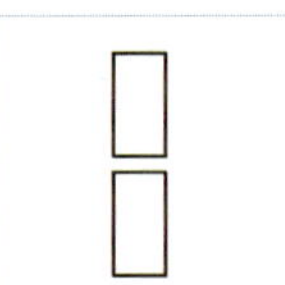

⓯ 행렬

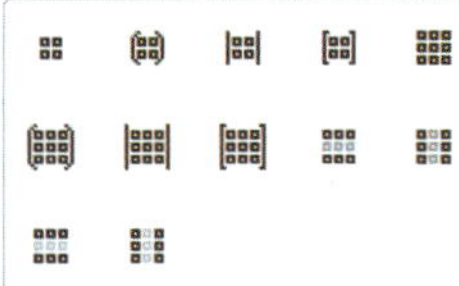

⓰ 그리스 대문자

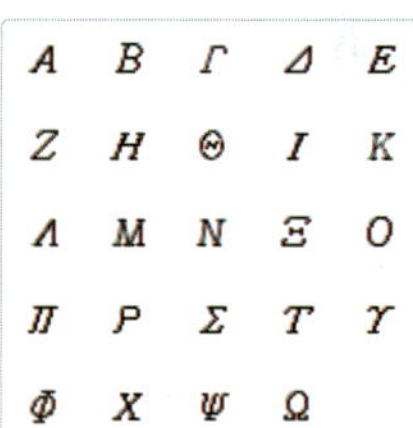

⓱ 그리스 소문자

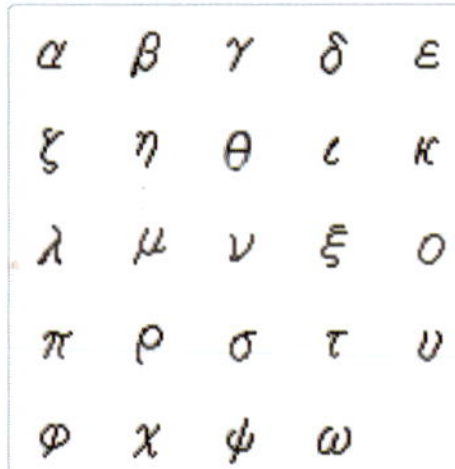

⓲ 그리스 기호

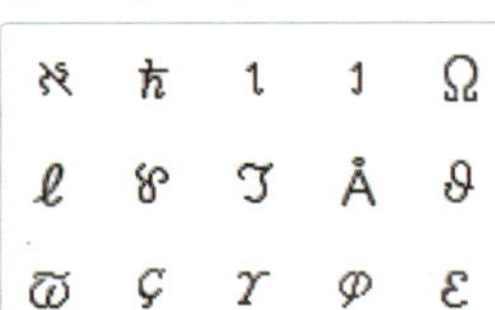

⓳ 합, 집합 기호

⓴ 연산, 논리 기호

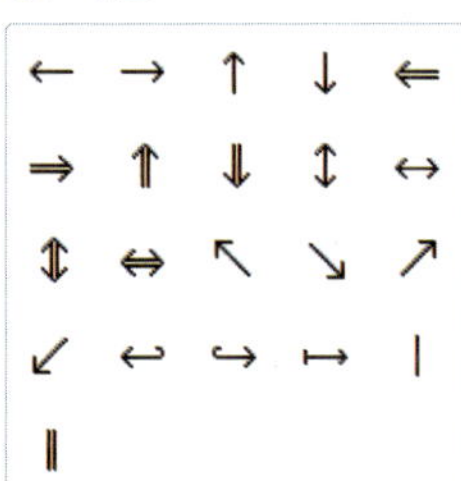

㉑ 화살표

㉒ 기타 기호

정보기술자격(ITQ) 실전모의고사

과 목	코 드	문제유형	시험시간	수험번호	성 명
아래한글	1111	A	60분		

수험자 유의사항

◎ 수험자는 문제지를 받는 즉시 문제지와 **수험표상의 시험과목(프로그램)이 동일한지 반드시 확인**하여야 합니다.

◎ 파일명은 본인의 "수험번호-성명"으로 입력하여 답안폴더(내 PC₩문서₩ITQ)에 하나의 파일로 저장해야 하며, 답안 파일을 전송하지 않아 미제출로 처리될 경우 실격 처리합니다(예:12345678-홍길동.hwpx).

◎ 답안 작성을 마치면 파일을 저장하고, '답안 전송' 버튼을 선택하여 감독위원 PC로 답안을 전송하십시오. 수험생 정보와 저장한 파일명이 다를 경우 전송되지 않으므로 주의하시기 바랍니다.

◎ 답안 작성 중에도 **주기적으로 저장하고, '답안 전송'**하여야 문제 발생을 줄일 수 있습니다. 작업한 내용을 저장하지 않고 전송할 경우 이전에 저장된 내용이 전송되오니 이점 유의하시기 바랍니다.

◎ 답안문서는 지정된 경로 외의 다른 보조기억장치에 저장하는 경우, 지정된 시험 시간 외에 작성된 파일을 활용할 경우, 기타 통신수단(이메일, 메신저, 네트워크 등)을 이용하여 타인에게 전달 또는 외부 반출하는 경우는 부정 처리합니다.

◎ 시험 중 부주의 또는 고의로 시스템을 파손한 경우는 수험자가 변상해야 하며, <수험자 유의사항>에 기재된 방법대로 이행하지 않아 생기는 불이익은 수험생 당사자의 책임임을 알려 드립니다.

◎ 문제의 조건은 한컴오피스 2022/2020 버전으로 설정되어 있으니 유의하시기 바랍니다.

◎ 시험을 완료한 수험자는 답안파일이 전송되었는지 확인한 후 감독위원의 지시에 따라 문제지를 제출하고 퇴실합니다.

답안 작성요령

◎ **온라인 답안 작성 절차**
  수험자 등록 ⇒ 시험 시작 ⇒ 답안파일 저장 ⇒ 답안 전송 ⇒ 시험 종료

◎ **공통 부문**
  • 글꼴에 대한 기본설정은 함초롬바탕, 10포인트, 검정, 줄간격 160%, 양쪽정렬로 합니다.
  • 색상은 조건의 색을 적용하고 색의 구분이 안 될 경우에는 RGB 값을 적용하십시오.
    (빨강 255,0,0 / 파랑 0,0,255 / 노랑 255,255,0).
  • 각 문항에 주어진 《조건》에 따라 작성하고 언급하지 않은 조건은 《출력형태》와 같이 작성합니다.
  • 용지여백은 왼쪽·오른쪽 11mm, 위쪽·아래쪽·머리말·꼬리말 10mm, 제본 0mm로 합니다.
  • 그림 삽입 문제의 경우 「내 PC₩문서₩ITQ₩Picture」 폴더에서 지정된 파일을 선택하여 삽입하십시오.
  • 삽입한 그림은 반드시 문서에 포함하여 저장해야 합니다(미포함 시 감점 처리).
  • 각 항목은 지정된 페이지에 출력형태와 같이 정확히 작성하시기 바라며, 그렇지 않을 경우에 해당 항목은 0점 처리됩니다.
    ※ 페이지구분 : 1페이지 - 기능평가 I (문제번호 표시 : 1. 2.),
                2페이지 - 기능평가 II (문제번호 표시 : 3. 4.),
                3페이지 - 문서작성 능력평가

◎ **기능평가**
  • 문제와 《조건》은 입력하지 않으며 문제번호와 답(《출력형태》)만 작성합니다.
  • 4번 문제는 묶기를 했을 경우 0점 처리됩니다.

◎ **문서작성 능력평가**
  • A4 용지(210mm×297mm) 1매 크기, 세로 서식 문서로 작성합니다.
  • 표시는 문서작성에 대한 지시사항이므로 작성하지 않습니다.

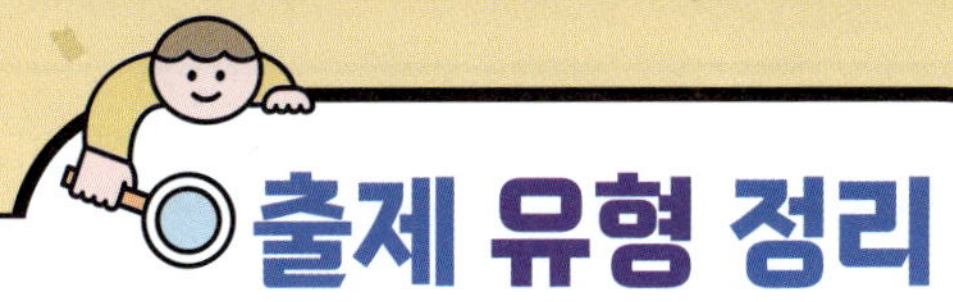

1 다음 (1), (2)의 수식을 수식 편집기로 각각 입력해 보세요.

☑ **실습파일** : 유형05-1(문제).hwpx ☑ **완성파일** : 유형05-1(완성).hwpx

《출력형태》

3.

(1) $U_a - U_b = \dfrac{GmM}{a} - \dfrac{GmM}{b} = \dfrac{GmM}{2R}$

(2) $V = \dfrac{1}{R} \displaystyle\int_0^q q\,dq = \dfrac{1}{2}\dfrac{q^2}{R}$

2 다음 (1), (2)의 수식을 수식 편집기로 각각 입력해 보세요.

☑ **실습파일** : 유형05-2(문제).hwpx ☑ **완성파일** : 유형05-2(완성).hwpx

《출력형태》

3.

(1) $Q = \dfrac{F}{h^2} = \dfrac{1}{3}\dfrac{N}{h^3}m\overline{g^2}$

(2) $G = 2\displaystyle\int_{\frac{a}{2}}^{a} \dfrac{b\sqrt{a^2 - x^2}}{a}\,dx$

3 다음 (1), (2)의 수식을 수식 편집기로 각각 입력해 보세요.

☑ **실습파일** : 유형05-3(문제).hwpx ☑ **완성파일** : 유형05-3(완성).hwpx

《출력형태》

3.

(1) $Q = \displaystyle\lim_{\Delta t \to 0} \dfrac{\Delta s}{\Delta t} = \dfrac{d^2 s}{dt^2} + 1$

(2) $\overline{AB} = \sqrt{(x_2 - x_1)^2 + (y_2 - y_1)^2}$

글꼴 : 돋움, 18pt, 진하게, 가운데 정렬
책갈피 이름 : 평생학습
덧말 넣기

머리말 기능
굴림, 10pt, 오른쪽 정렬 → 평생학습권 보장

배움과 행복
대한민국 평생학습 박람회

문단 첫 글자 장식 기능
글꼴 : 궁서, 면색 : 노랑

각주

그림위치(내 PC₩문서₩ITQ₩Picture₩그림4.jpg, 문서에 포함)
자르기 기능 이용, 크기(35mm×40mm), 바깥 여백 왼쪽 : 2mm

교육부는 사회관계 장관회의를 거쳐 '제4차 평생교육진흥 기본계획(2018~2022)'을 확정, 발표했다. 이번 기본계획은 전 국민의 평생학습권을 보장하기 위해 재직자, 고령자, 고졸취업자 등에 맞춤형 학습Ⓐ을 지원(支援)하기로 했다. 재직자를 위해서는 유급휴가훈련 지원을 추진하고 고령자의 경우 제2의 인생설계를 위해 노인 적합 직종(職種)을 발굴 및 지원한다. 특히, 평생학습 장애요인 제거를 위해 한국형 온라인 공개강좌를 개선하기로 했다. 또한 지역 전문대학을 평생직업교육의 허브로 육성하는 계획도 함께 담겼다. 중등-고등 직업교육의 연계를 제도화하고, 전문대학의 교원과 시설을 활용해 지역기관과 연계한 취업 프로그램을 제공하며, 평생직업교육 기획을 전담하도록 기능 강화를 유도하기로 했다.

한편, 교육부는 제4차 평생교육진흥 기본계획의 홍보와 함께 전 국민의 평생학습에 대한 문화 확산과 관심 제고를 위해서 평생학습 박람회를 대규모로 개최하기로 하였다. 이번 박람회는 "100세 시대 평생학습, 배움과 행복"이라는 주제로 다양한 프로그램을 제공할 예정이다. 시청, 구청, 교육청, 평생교육기관, 평생학습동아리 등 100여 개의 기관이 참여할 예정이다.

■ 대한민국 평생학습 박람회 개요

글꼴 : 굴림, 18pt, 하양
음영색 : 빨강

A. 주제 및 기간

　1. 주제 : 100세 시대 평생학습, 배움과 행복

　2. 기간 : 2019. 1. 17(목) - 1. 20(일)

B. 주최 및 장소

　1. 주최 : 교육부, 국가평생교육진흥원

　2. 장소 : 세종 컨벤션홀

문단 번호 기능 사용
1수준 : 20pt, 오른쪽정렬,
2수준 : 30pt, 오른쪽정렬
줄 간격 : 180%

표 전체 글꼴 : 굴림, 10pt, 가운데 정렬
셀 배경(그러데이션) : 유형(왼쪽 대각선),
시작색(하양), 끝색(노랑)

■ 대한민국 평생학습 박람회 주제

글꼴 : 굴림, 18pt, 기울임, 강조점

일자	주제(프로그램)	비고
1월 17일(목)	100세 시대와 평생학습의 중요성	
1월 18일(금)	'배우는 기쁨, 커가는 즐거움' 울산 지역 사례 소개	기타 자세한 사항은 진흥원 홈페이지를 참고하기 바랍니다.
1월 19일(토)	평생학습 도전 골든벨	
1월 19일(토)	평생학습 동아리 공연	
1월 20일(일)	평생학습 체험 부스 운영	

글꼴 : 궁서, 24pt, 진하게
장평 90%, 오른쪽 정렬 → ## 국가평생교육진흥원

각주 구분선 : 5cm

Ⓐ 행동의 지속적인 변화를 일으키기 위하여 경험이나 연습을 습득하는 과정

쪽 번호 매기기
4로 시작 → iv

 **4** 다음 (1), (2)의 수식을 수식 편집기로 각각 입력해 보세요.

⊘ **실습파일** : 유형05-4(문제).hwpx　⊘ **완성파일** : 유형05-4(완성).hwpx

《출력형태》

3.

(1) $F = 1 - \dfrac{9(9n-1)(9n-2)}{10(10n-1)(10n-2)}$

(2) $\vec{s} = \dfrac{\vec{r_2} - \vec{r_1}}{t_2 - t_1} = \dfrac{\vec{\Delta r}}{\Delta t}$

 **5** 다음 (1), (2)의 수식을 수식 편집기로 각각 입력해 보세요.

⊘ **실습파일** : 유형05-5(문제).hwpx　⊘ **완성파일** : 유형05-5(완성).hwpx

《출력형태》

3.

(1) $E = \sqrt{\dfrac{GM}{R}} , \dfrac{R^3}{T^2} = \dfrac{GM}{4\pi^2}$

(2) $\displaystyle\int_0^3 \dfrac{\sqrt{6t^2 - 18t + 12}}{5} dt = 11$

 **6** 다음 (1), (2)의 수식을 수식 편집기로 각각 입력해 보세요.

⊘ **실습파일** : 유형05-6(문제).hwpx　⊘ **완성파일** : 유형05-6(완성).hwpx

《출력형태》

3.

(1) $\dfrac{b}{\sqrt{a^2 + b^2}} = \dfrac{2\tan\theta}{1 + \tan^2\theta}$

(2) $A^3 + \sqrt{\dfrac{gL}{2\pi}} = \dfrac{gT}{2\pi}$

3. 다음 (1), (2)의 수식을 수식 편집기로 각각 입력하시오. (40점)

《출력형태》

$$(1)\ \int_0^1 (\sin x + \frac{x}{2})dx = \int_0^1 \frac{1+\sin x}{2}dx \qquad (2)\ U_a - U_b = \frac{GmM}{a} - \frac{GmM}{b} = \frac{GmM}{2R}$$

4. 다음의 《조건》에 따라 《출력형태》와 같이 문서를 작성하시오. (110점)

《조건》　　(1) 그리기 도구를 이용하여 작성하고, 모든 도형(글맵시, 지정된 그림 포함)을 《출력형태》와 같이 작성하시오.

　　　　　　(2) 도형의 면색은 지시사항이 없으면 색 없음을 제외하고 서로 다르게 임의로 지정하시오.

《출력형태》

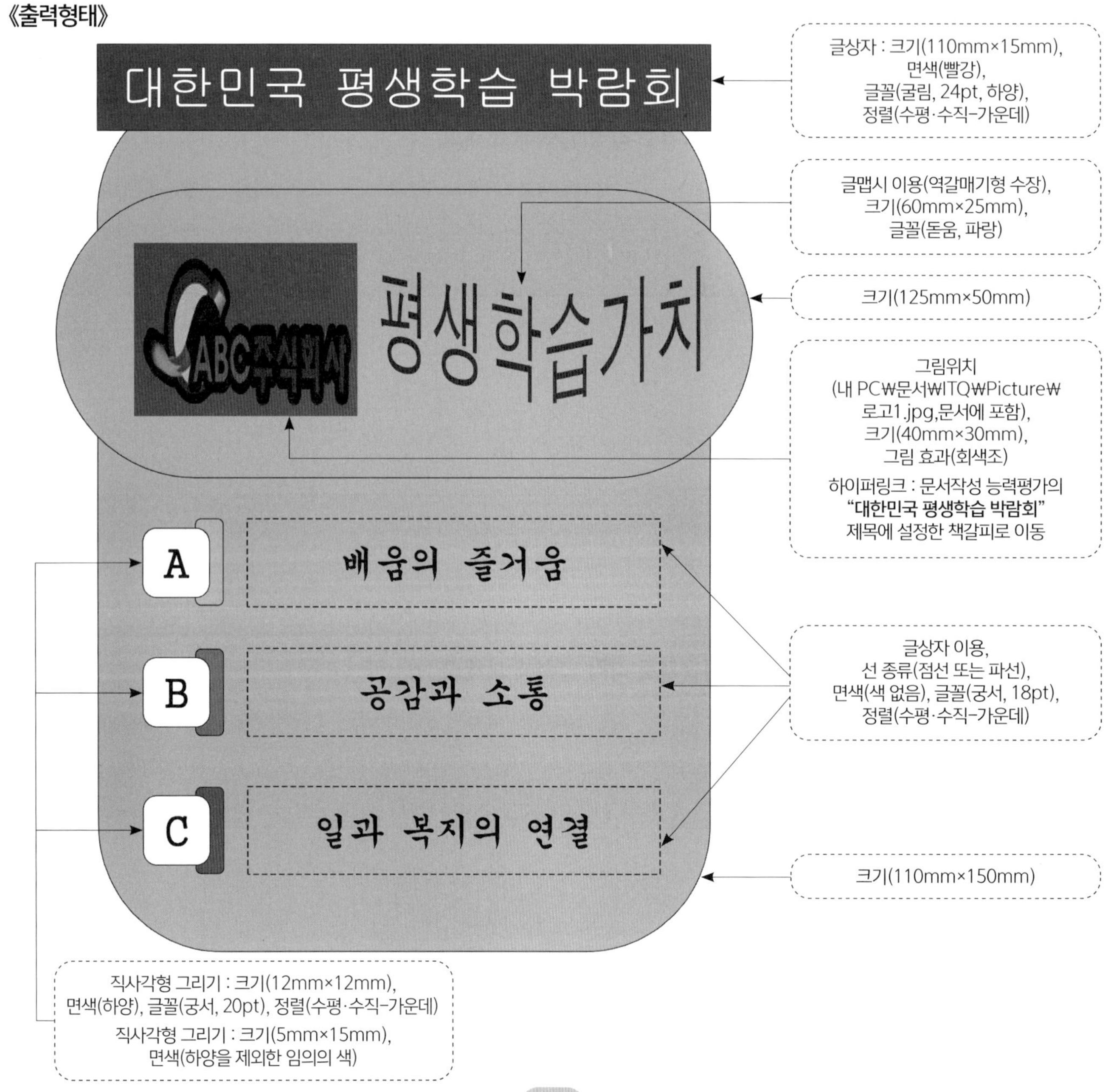

[기능평가 II] 도형 그리기

⊘ 실습파일 : 06차시(문제).hwpx　　⊘ 완성파일 : 06차시(완성).hwpx

[배점] 110점 (500점 만점)

[2페이지] 4. 다음의 《조건》에 따라 《출력형태》와 같이 문서를 작성하시오.

《조건》

⑴ 그리기 도구를 이용하여 작성하고, 모든 도형(글맵시, 지정된 그림 포함)을 《출력형태》와 같이 작성하시오.
⑵ 도형의 면색은 지시사항이 없으면 색 없음을 제외하고 서로 다르게 임의로 지정하시오.

《출력형태》

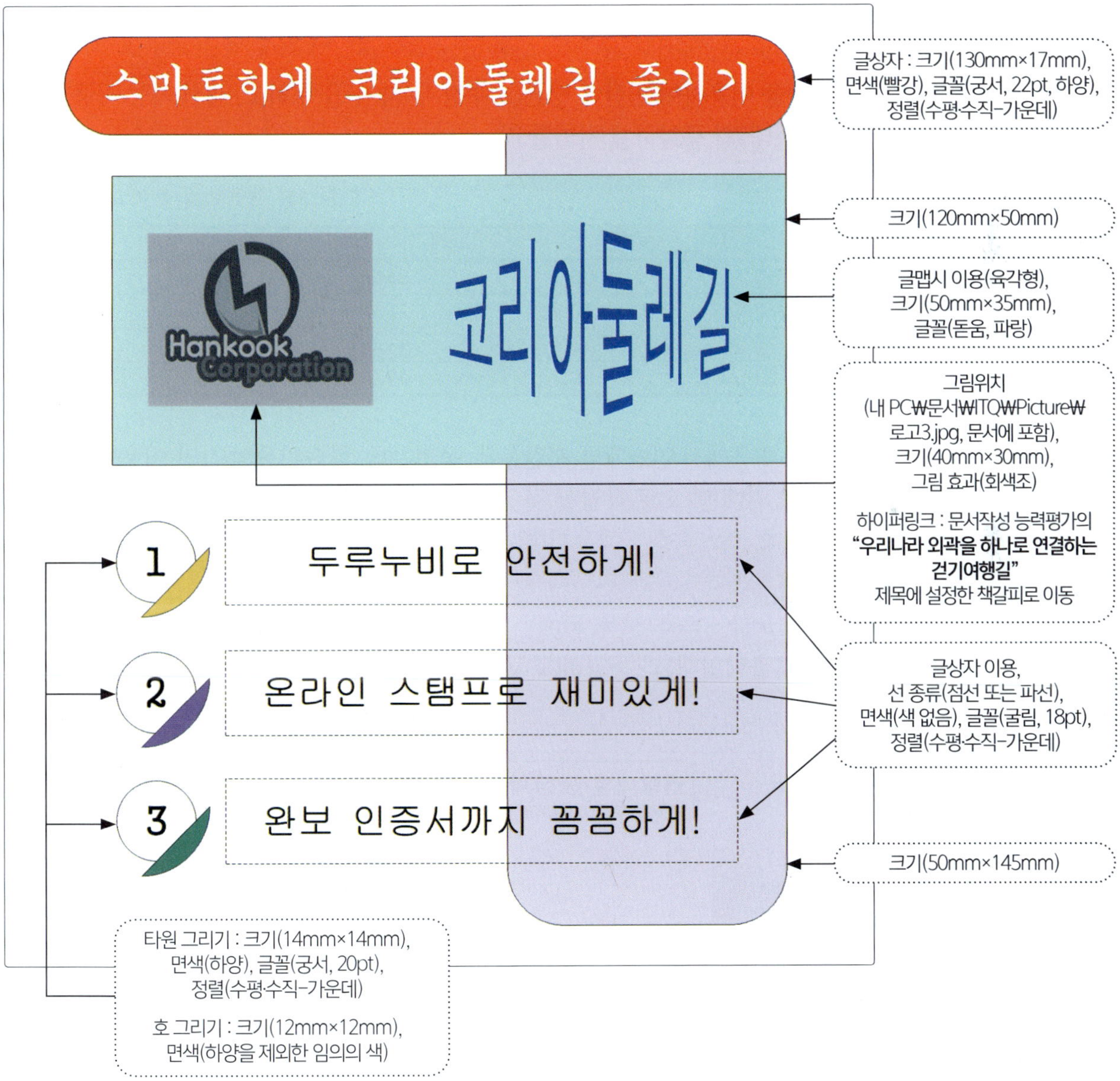

글상자 : 크기(130mm×17mm),
면색(빨강), 글꼴(궁서, 22pt, 하양),
정렬(수평수직-가운데)

크기(120mm×50mm)

글맵시 이용(육각형),
크기(50mm×35mm),
글꼴(돋움, 파랑)

그림위치
(내 PC₩문서₩ITQ₩Picture₩
로고3.jpg, 문서에 포함),
크기(40mm×30mm),
그림 효과(회색조)

하이퍼링크 : 문서작성 능력평가의
**"우리나라 외곽을 하나로 연결하는
걷기여행길"**
제목에 설정한 책갈피로 이동

글상자 이용,
선 종류(점선 또는 파선),
면색(색 없음), 글꼴(굴림, 18pt),
정렬(수평수직-가운데)

크기(50mm×145mm)

타원 그리기 : 크기(14mm×14mm),
면색(하양), 글꼴(궁서, 20pt),
정렬(수평·수직-가운데)

호 그리기 : 크기(12mm×12mm),
면색(하양을 제외한 임의의 색)

1. 다음의《조건》에 따라 스타일 기능을 적용하여《출력형태》와 같이 작성하시오. (50점)

《조건》
(1) 스타일 이름 – learning
(2) 문단 모양 – 왼쪽 여백 : 15pt, 문단 아래 간격 : 10pt
(3) 글자 모양 – 글꼴 : 한글(굴림)/영문(돋움), 크기 : 10pt, 장평 : 95%, 자간 : 5%

《출력형태》

Lifelong learning is the "ongoing, voluntary, and self-motivated" pursuit of knowledge for either personal or professional reasons.

평생학습은 학교교육뿐만 아니라 가정, 사회교육 등을 망라하여 연령에 한정을 두지 않고 전 생애에 걸친 교육으로 조직화되어야 한다는 교육관에 기초를 두고 있다.

2. 다음의《조건》에 따라《출력형태》와 같이 표와 차트를 작성하시오. (100점)

《표 조건》
(1) 표 전체(표, 캡션) – 굴림, 10pt
(2) 정렬 – 문자 : 가운데 정렬, 숫자 : 오른쪽 정렬
(3) 셀 배경(면색) : 노랑
(4) 한글의 계산 기능을 이용하여 빈칸에 평균(소수점 두 자리)을 구하고, 캡션 기능 사용할 것
(5) 선 모양은《출력형태》와 동일하게 처리할 것

《출력형태》

연령대별 평생학습 장애요인(단위 : %)

요인	20대	30대	40대	50대	평균
시간문제	55.1	56.3	58.9	43.9	
동기부족	8.5	10.2	12.4	17.9	
학습비용	13.9	13.4	11.0	12.1	
기타	22.5	20.1	17.7	26.1	

《차트 조건》
(1) 차트 데이터는 표 내용에서 연령대별 시간문제, 동기부족, 학습비용의 값만 이용할 것
(2) 종류 – <묶은 세로 막대형>으로 작업할 것
(3) 제목 – 돋움, 진하게, 12pt, 속성 – 채우기(밝은 색 : 하양), 테두리, 그림자(바깥쪽 : 대각선 오른쪽 아래)
(4) 제목 이외의 전체 글꼴 – 돋움, 보통, 10pt
(5) 축제목과 범례는《출력형태》와 동일하게 처리할 것

《출력형태》

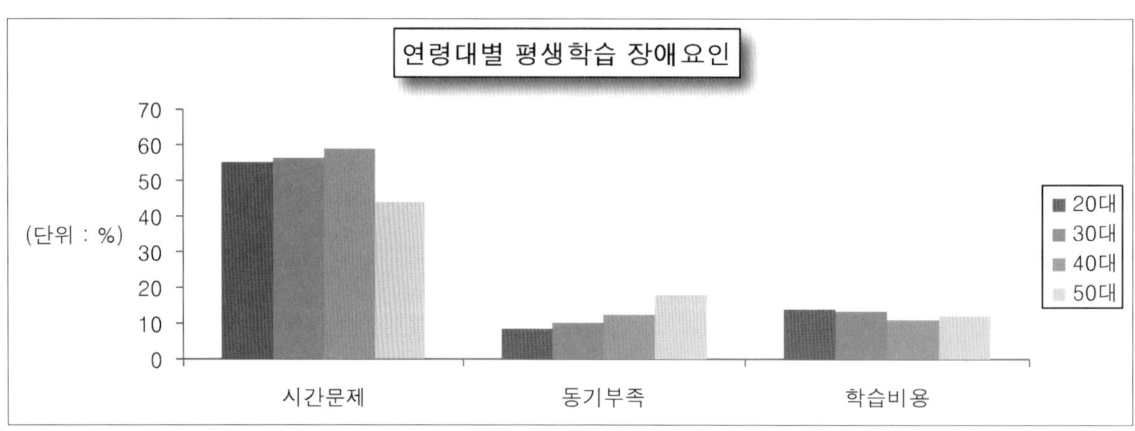

배경 도형 작성 > 글상자 작성 > 그림&글맵시 삽입 > 목차 도형 작성 > 책갈피&하이퍼링크 적용

Check 01 배경 도형 및 글상자 ： 뒤쪽과 중간 도형 및 제목을 작업해요!

뒤쪽 도형 작성 　　　 중간 도형 작성 　　　 글상자 작성

Check 02 그림과 글맵시 ： 로고를 흑백으로 삽입하고 글맵시를 추가해요!

로고 추가 　　　 회색조 작업 　　　 글맵시 작성

Check 03 목차 도형 및 글상자 ： 도형과 글상자를 이용하여 목차를 완성해요!

2개 도형 작성 　　　 글상자 작성 　　　 개체 복사 후 내용 수정

정보기술자격(ITQ) 실전모의고사

과　목	코　드	문제유형	시험시간	수험번호	성　명
아래한글	1111	A	60분		

수험자 유의사항

◎ 수험자는 문제지를 받는 즉시 문제지와 **수험표상의 시험과목(프로그램)이 동일한지 반드시 확인**하여야 합니다.

◎ 파일명은 본인의 "수험번호-성명"으로 입력하여 답안폴더(내 PC₩문서₩ITQ)에 하나의 파일로 저장해야 하며, 답안 파일을 전송하지 않아 미제출로 처리될 경우 실격 처리합니다(예:12345678-홍길동.hwpx).

◎ 답안 작성을 마치면 파일을 저장하고, '답안 전송' 버튼을 선택하여 감독위원 PC로 답안을 전송하십시오. 수험생 정보와 저장한 파일명이 다를 경우 전송되지 않으므로 주의하시기 바랍니다.

◎ 답안 작성 중에도 **주기적으로 저장하고, '답안 전송'**하여야 문제 발생을 줄일 수 있습니다. 작업한 내용을 저장하지 않고 전송할 경우 이전에 저장된 내용이 전송되오니 이점 유의하시기 바랍니다.

◎ 답안문서는 지정된 경로 외의 다른 보조기억장치에 저장하는 경우, 지정된 시험 시간 외에 작성된 파일을 활용할 경우, 기타 통신수단(이메일, 메신저, 네트워크 등)을 이용하여 타인에게 전달 또는 외부 반출하는 경우는 부정 처리합니다.

◎ 시험 중 부주의 또는 고의로 시스템을 파손한 경우는 수험자가 변상해야 하며, <수험자 유의사항>에 기재된 방법대로 이행하지 않아 생기는 불이익은 수험생 당사자의 책임임을 알려 드립니다.

◎ 문제의 조건은 한컴오피스 2022/2020 버전으로 설정되어 있으니 유의하시기 바랍니다.

◎ 시험을 완료한 수험자는 답안파일이 전송되었는지 확인한 후 감독위원의 지시에 따라 문제지를 제출하고 퇴실합니다.

답안 작성요령

◎ **온라인 답안 작성 절차**
　수험자 등록 ⇒ 시험 시작 ⇒ 답안파일 저장 ⇒ 답안 전송 ⇒ 시험 종료

◎ **공통 부문**
- 글꼴에 대한 기본설정은 함초롬바탕, 10포인트, 검정, 줄간격 160%, 양쪽정렬로 합니다.
- 색상은 조건의 색을 적용하고 색의 구분이 안 될 경우에는 RGB 값을 적용하십시오.
  (빨강 255,0,0 / 파랑 0,0,255 / 노랑 255,255,0).
- 각 문항에 주어진 《조건》에 따라 작성하고 언급하지 않은 조건은 《출력형태》와 같이 작성합니다.
- 용지여백은 왼쪽·오른쪽 11mm, 위쪽·아래쪽·머리말·꼬리말 10mm, 제본 0mm로 합니다.
- 그림 삽입 문제의 경우 「내 PC₩문서₩ITQ₩Picture」 폴더에서 지정된 파일을 선택하여 삽입하십시오.
- 삽입한 그림은 반드시 문서에 포함하여 저장해야 합니다(미포함 시 감점 처리).
- 각 항목은 지정된 페이지에 출력형태와 같이 정확히 작성하시기 바라며, 그렇지 않을 경우에 해당 항목은 0점 처리됩니다.
  ※ 페이지구분 : 1페이지 - 기능평가 I (문제번호 표시 : 1. 2.),
  　　　　　　　 2페이지 - 기능평가 II (문제번호 표시 : 3. 4.),
  　　　　　　　 3페이지 - 문서작성 능력평가

◎ **기능평가**
- 문제와 《조건》은 입력하지 않으며 문제번호와 답(《출력형태》)만 작성합니다.
- 4번 문제는 묶기를 했을 경우 0점 처리됩니다.

◎ **문서작성 능력평가**
- A4 용지(210mm×297mm) 1매 크기, 세로 서식 문서로 작성합니다.
- 　　　　 표시는 문서작성에 대한 지시사항이므로 작성하지 않습니다.

맨 뒤쪽 도형 삽입하기

(1) 그리기 도구를 이용하여 작성하고, 모든 도형(글맵시, 지정된 그림 포함)을 《출력형태》와 같이 작성하시오.
(2) 도형의 면색은 지시사항이 없으면 색 없음을 제외하고 서로 다르게 임의로 지정하시오.
   · 크기(50mm×145mm)

1 한글 2022 프로그램을 실행한 후 [06차시] 폴더에서 **06차시(문제).hwpx** 파일을 불러옵니다.

★ Alt + O를 눌러 파일을 불러오는 방법도 있어요.

2 두 번째 페이지의 4. 아랫줄에 커서를 위치시킨 후 [입력] 탭에서 [**직사각형(□)**]을 클릭합니다.

3 적당한 위치에 드래그하여 직사각형 도형을 삽입한 후 도형의 서식을 변경하기 위해 더블클릭합니다.

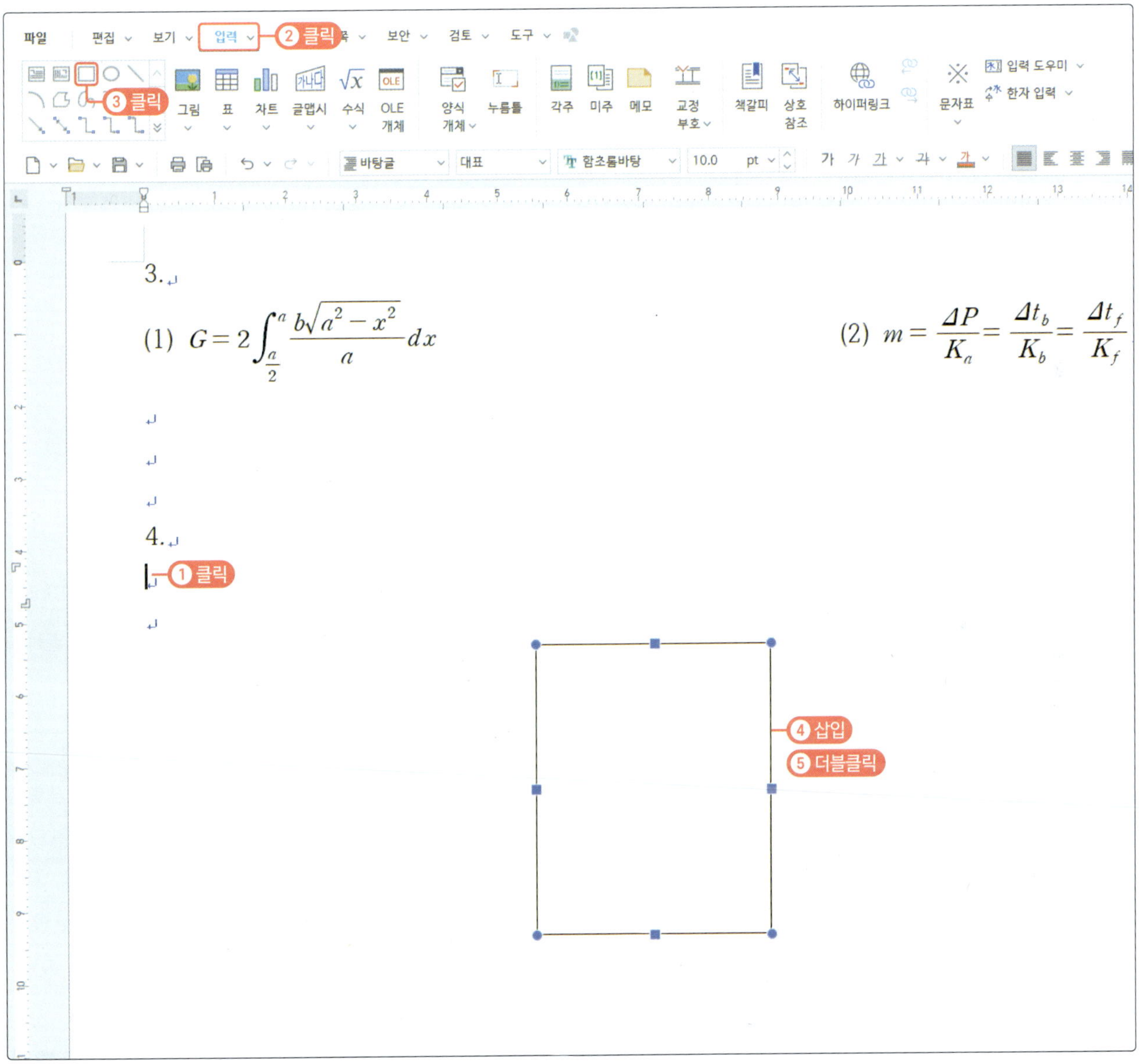

ITQ 꿀팁

맨 뒤쪽 도형을 먼저 만든 후 앞쪽 도형을 차례대로 작성하는 것이 좋아요.

통일 우리의 미래

통일한국
정통성과 민족의 동질성 회복

각주

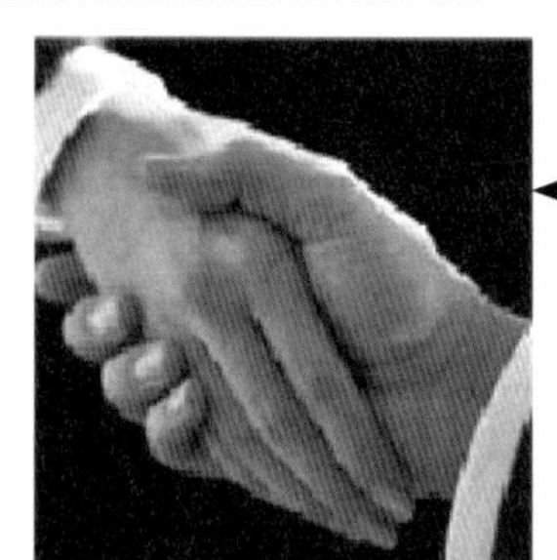

통일은 남북한 국민이 한 민족ⓐ 하나의 국민이라고 느끼고 남북한 단일체제 수립을 넘어 한 마음이 된 상태를 의미한다. 통일은 분단된 국토가 하나 되는 것은 물론 정치적으로 대립되었던 체제를 하나로 만드는 것이고, 경제적으로 서로 다른 제도를 하나로 거듭나게 하는 것이며, 남북주민 사이에 내면화된 이질적인 문화를 하나로 다시 탄생시키는 것이다. 우리가 추구하는 통일은 인류 보편적 가치로 자리 잡은 자유민주주의와 시장경제를 바탕으로 구성원 모두의 자유와 인권이 보장되는 민족공동체의 건설이다.

통일(統一)은 분단으로 인해 굴절된 역사를 바로잡고, 민족공동체 건설을 통해 우리 민족의 총체적 역량을 극대화하기 위해 필요하다. 또한 통일은 분단에 따른 유형, 무형적인 비용을 소멸시키고 새로운 이득(利得)을 창출함으로 인해 국가와 사회뿐 아니라 개인에게도 삶의 질을 향상시킬 것이다. 개인적 차원에서 통일은 이산가족의 고통을 해소하고 남북 간에 자유롭게 오고 가며 살 수 있는 등의 다양한 선택의 기회를 부여하며 인간적인 삶을 보장할 것이다. 통일은 21세기 한민족의 새로운 비상과 선진일류국가로 도약하기 위한 수단으로서 필요하다.

♣ ## 학교 통일교육의 실태와 방향

가. 학교 통일교육의 실태

   ⓐ 대체로 학생들의 부정적인 통일 의식 심화

   ⓑ 정규 수업에 밀려 통일교육의 비활성화

나. 학교 통일교육의 방향

   ⓐ 학생들의 통일문제에 대한 관심과 올바른 통일의식 함양

   ⓑ 통일 미래의 구체적인 모습과 비전 제시

♣ ## 지역별 통일관 현황

지역	위치	운영주체	휴관
서울	서울 구로구 궁동 35번지	서서울생활과학고등학교	매주 일/공휴일
오두산	경기 파주시 통일전망대 내	민간위탁	4-10월/월요일
광주	광주 서구 화정2동	통일교육위원광주협의회	매주 월, 토
부산	부산 부산진구 자유회관 내	자유총연맹 (부산지구)	연중 무휴
기타 지역 현황		경남, 고성, 대전, 양구, 인천, 제주, 청주, 충남	

통일교육 운영계획

ⓐ 언어와 문화상의 공통성에 기초하여 오랜 세월 역사적으로 형성된 사회 집단

⑥

4 [기본] 탭에서 **크기**를, [선] 탭에서 **모서리 곡률**을, [채우기] 탭에서 **면 색**을 지정합니다.

★ '크기 고정' 항목에 체크하면 개체의 너비와 높이가 변경되는 것을 방지할 수 있어요.

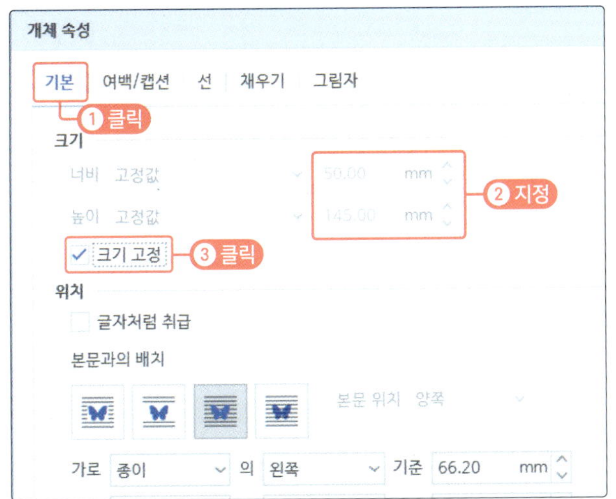 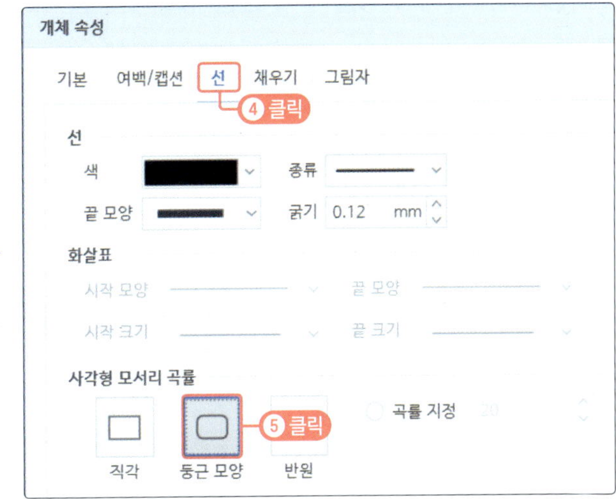

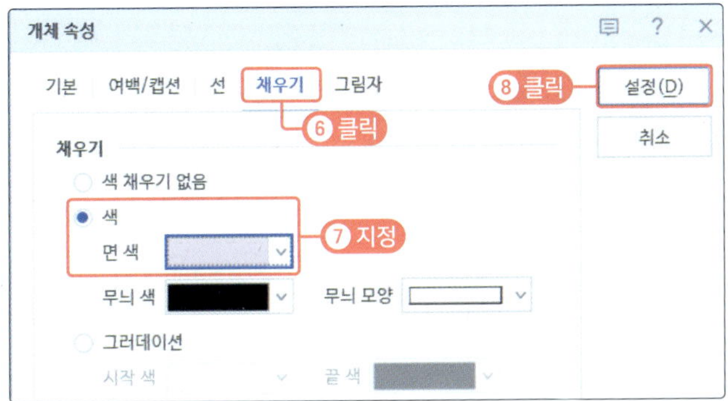

ITQ 꿀팁

· 도형 면 색에 대한 별도의 지시사항이 없으면 '채우기 없음', '하양', '검정'을 제외한 임의의 색상으로 지정합니다.
· 사각형 모서리 곡률은 《출력형태》를 참고하여 작업합니다.

STEP 02 **중간 도형 삽입하기**

(1) 그리기 도구를 이용하여 작성하고, 모든 도형(글맵시, 지정된 그림 포함)을 《출력형태》와 같이 작성하시오.
(2) 도형의 면색은 지시사항이 없으면 색 없음을 제외하고 서로 다르게 임의로 지정하시오.
 · 크기(120mm×50mm)

1 [입력] 탭에서 [**직사각형(□)**]을 선택하여 적당한 위치에 도형을 삽입한 후 더블클릭합니다.

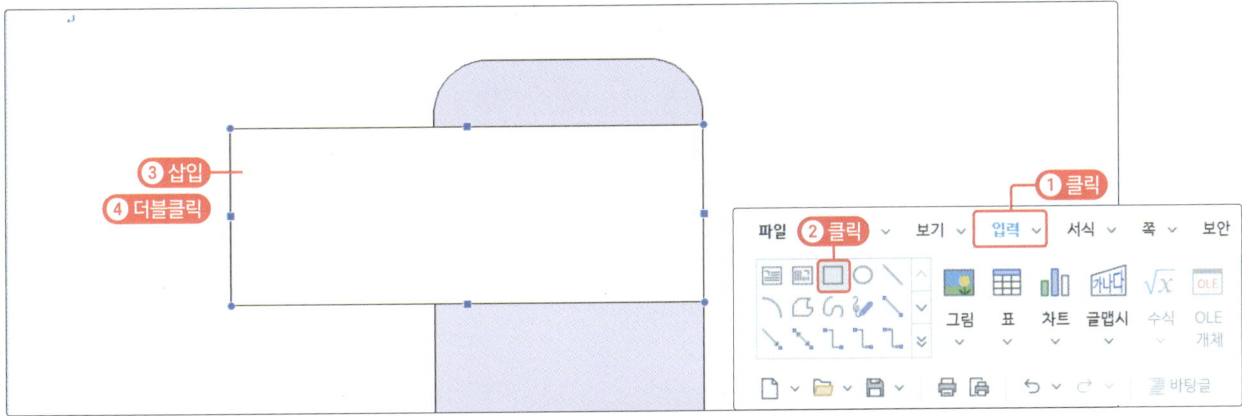

3. 다음 (1), (2)의 수식을 수식 편집기로 각각 입력하시오. (40점)

《출력형태》

(1) $G=2\int_{\frac{a}{2}}^{a}\frac{b\sqrt{a^2-x^2}}{a}dx$

(2) $H_n=\frac{a(r^n-1)}{r-1}=\frac{a(1+r^n)}{1-r}(r\neq 1)$

4. 다음의 《조건》에 따라 《출력형태》와 같이 문서를 작성하시오. (110점)

《조건》 (1) 그리기 도구를 이용하여 작성하고, 모든 도형(글맵시, 지정된 그림 포함)을 《출력형태》와 같이 작성하시오.

(2) 도형의 면색은 지시사항이 없으면 색 없음을 제외하고 서로 다르게 임의로 지정하시오.

《출력형태》

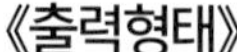

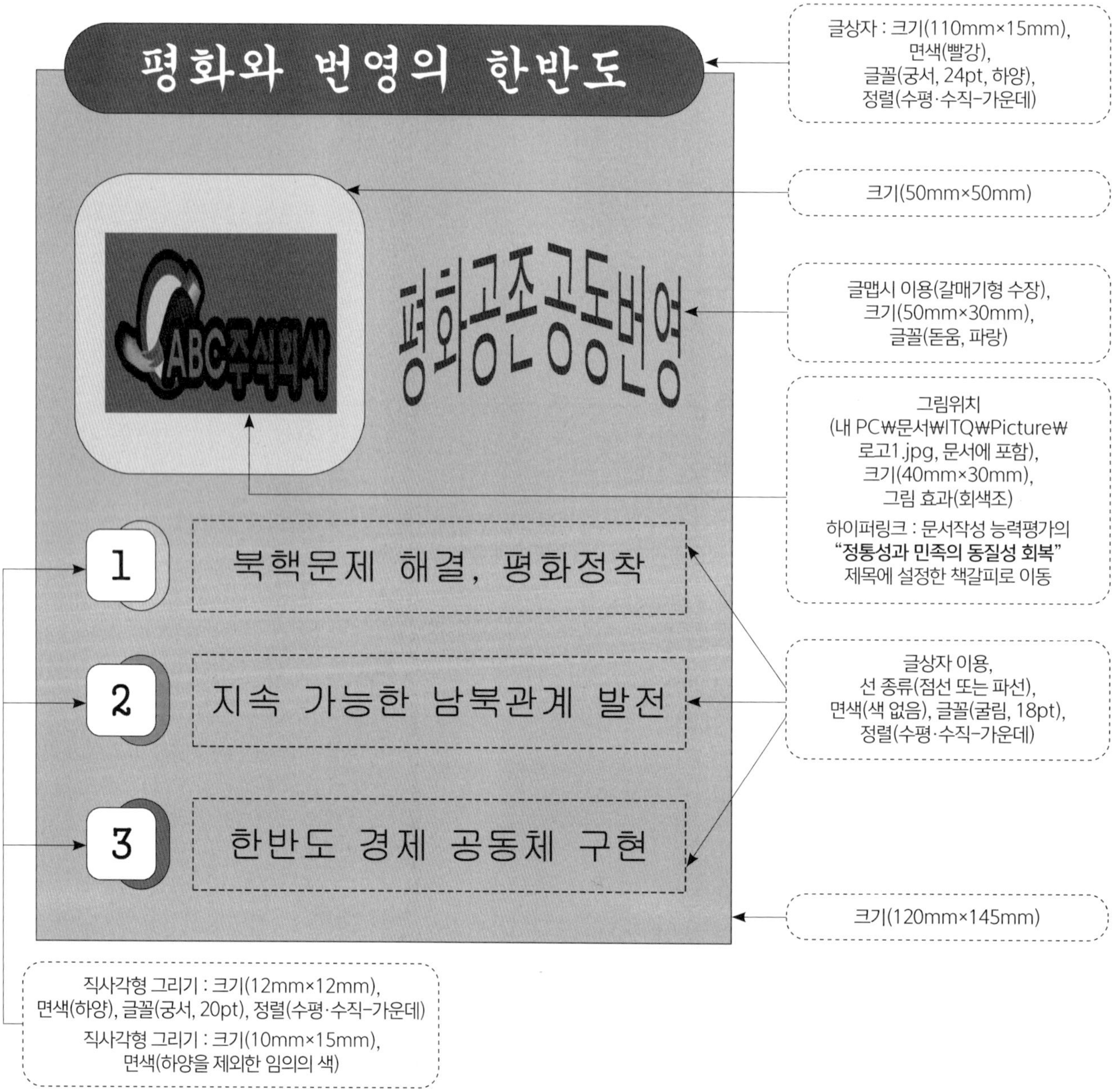
평화와 번영의 한반도
글상자 : 크기(110mm×15mm), 면색(빨강), 글꼴(궁서, 24pt, 하양), 정렬(수평·수직-가운데)
크기(50mm×50mm)
ABC주식회사
평화공존공동번영
글맵시 이용(갈매기형 수장), 크기(50mm×30mm), 글꼴(돋움, 파랑)
그림위치 (내 PC₩문서₩ITQ₩Picture₩로고1.jpg, 문서에 포함), 크기(40mm×30mm), 그림 효과(회색조)
하이퍼링크 : 문서작성 능력평가의 "정통성과 민족의 동질성 회복" 제목에 설정한 책갈피로 이동
1
북핵문제 해결, 평화정착
2
지속 가능한 남북관계 발전
3
한반도 경제 공동체 구현
글상자 이용, 선 종류(점선 또는 파선), 면색(색 없음), 글꼴(굴림, 18pt), 정렬(수평·수직-가운데)
크기(120mm×145mm)
직사각형 그리기 : 크기(12mm×12mm), 면색(하양), 글꼴(궁서, 20pt), 정렬(수평·수직-가운데)
직사각형 그리기 : 크기(10mm×15mm), 면색(하양을 제외한 임의의 색)

2 [기본] 탭에서 **크기**를, [채우기] 탭에서 **면 색**을 지정합니다.

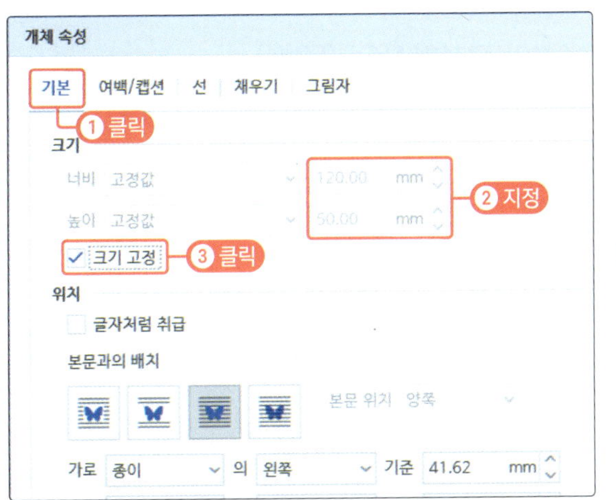
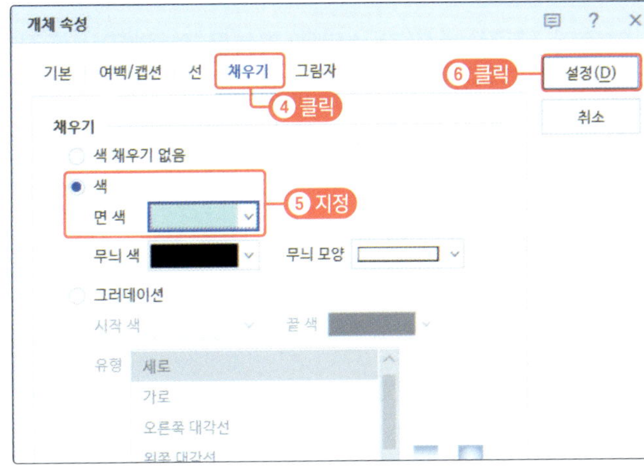

3 도형이 완성되면 076페이지의 《출력형태》를 참고하여 적당한 위치로 이동합니다.

✿ 키보드 방향키(↑, ↓, ←, →)를 눌러 도형의 위치를 세밀하게 변경할 수 있어요.

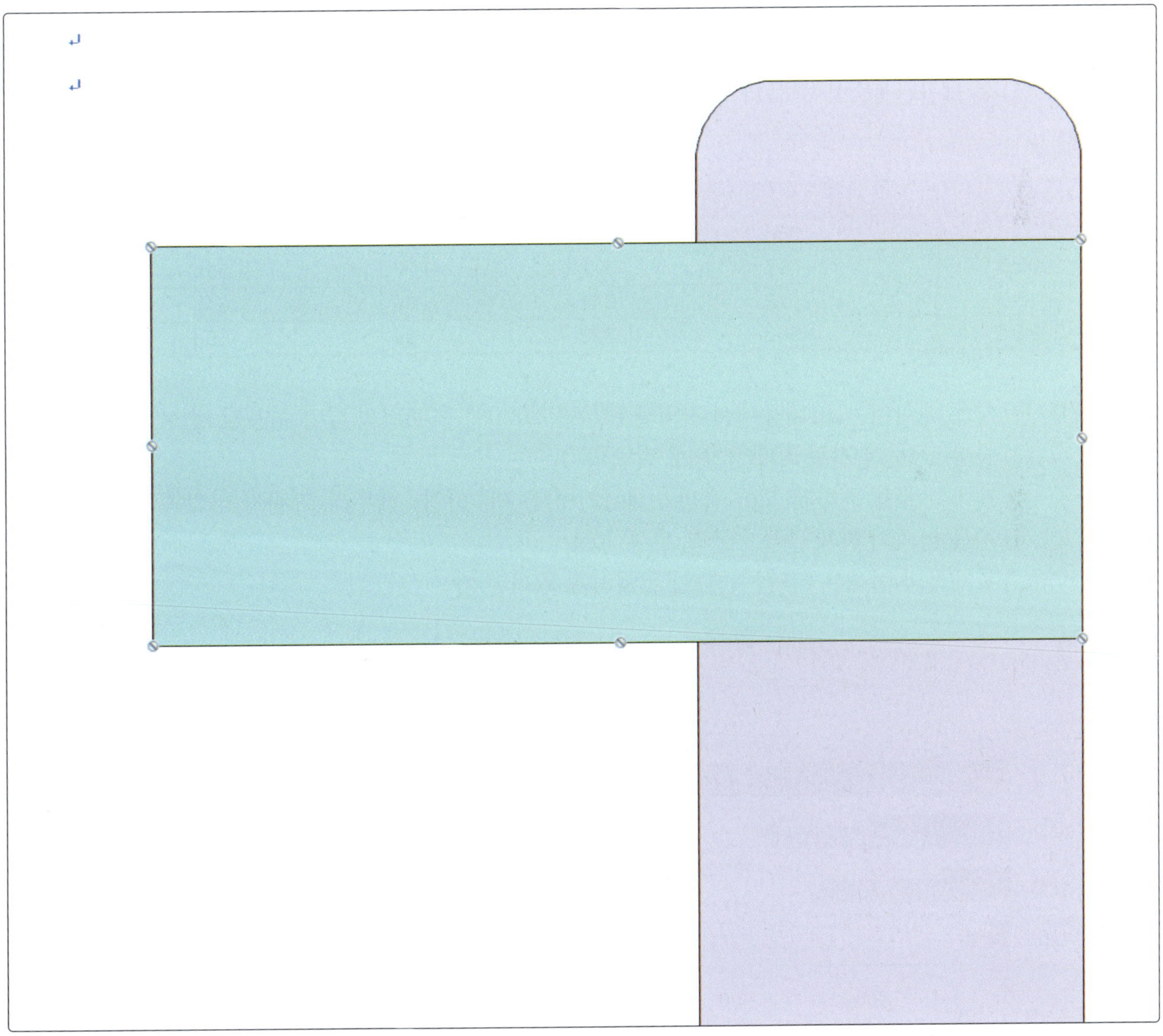

1. 다음의 《조건》에 따라 스타일 기능을 적용하여 《출력형태》와 같이 작성하시오. (50점)

《조건》　(1) 스타일 이름 – unification
　　　　　(2) 문단 모양 – 왼쪽 여백 : 15pt, 문단 아래 간격 : 10pt
　　　　　(3) 글자 모양 – 글꼴 : 한글(돋움)/영문(굴림), 크기 : 10pt, 장평 : 95%, 자간 : 5%

《출력형태》

In 1960, public discussions on unification issues sprang up in various sectors in South Korean society and government felt the need to listen to the public and set up a consistent unification policy.

1960년대 통일 문제에 대한 대중의 논의는 한국 사회의 여러 분야에서 시작되었고, 정부는 국민들의 말에 귀를 기울이고 일관된 통일 정책을 수립할 필요성을 느꼈다.

2. 다음의 《조건》에 따라 《출력형태》와 같이 표와 차트를 작성하시오. (100점)

《표 조건》　(1) 표 전체(표, 캡션) – 돋움, 10pt
　　　　　　(2) 정렬 – 문자 : 가운데 정렬, 숫자 : 오른쪽 정렬
　　　　　　(3) 셀 배경(면색) : 노랑
　　　　　　(4) 한글의 계산 기능을 이용하여 빈칸에 합계를 구하고, 캡션 기능 사용할 것
　　　　　　(5) 선 모양은 《출력형태》와 동일하게 처리할 것

《출력형태》

남북 주요도시 인구현황(단위 : 만 명)

지역	서울	부산	평양	청진	합계
1970년	568	204	98	30	
2000년	1,007	373	277	59	
2018년	972	341	290	64	
2020년	963	339	294	65	

《차트 조건》　(1) 차트 데이터는 표 내용에서 지역별 1970년, 2000년, 2018년의 값만 이용할 것
　　　　　　　(2) 종류 – <묶은 가로 막대형>으로 작업할 것
　　　　　　　(3) 제목 – 굴림, 진하게, 12pt, 속성 – 채우기(밝은 색 : 하양), 테두리, 그림자(바깥쪽 : 아래쪽)
　　　　　　　(4) 제목 이외의 전체 글꼴 – 굴림, 보통, 10pt
　　　　　　　(5) 축제목과 범례는 《출력형태》와 동일하게 처리할 것

《출력형태》

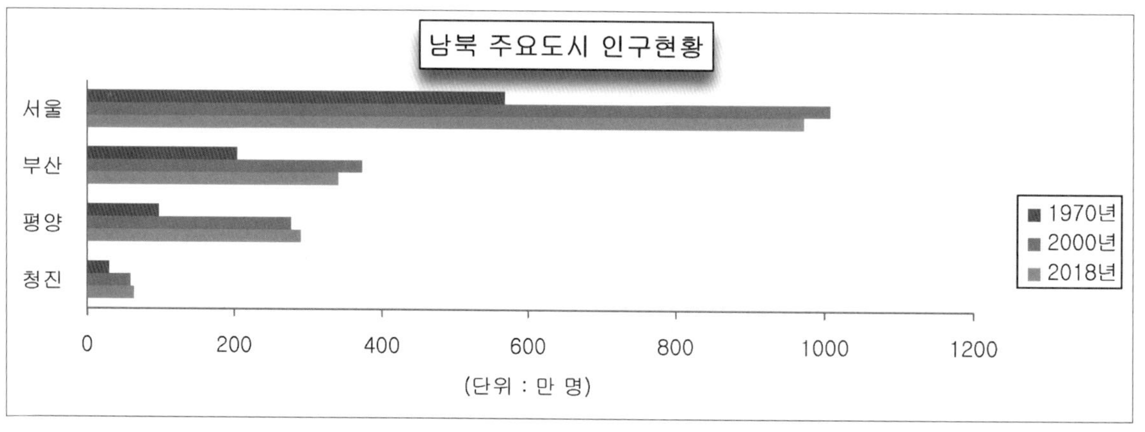

겹쳐진 도형의 순서 변경하기

2개 이상 겹쳐진 도형의 순서를 변경해야 하는 경우에는 도형을 우클릭한 다음 [순서]-[맨 앞으로] 또는 [순서]-[맨 뒤로]를 선택합니다.

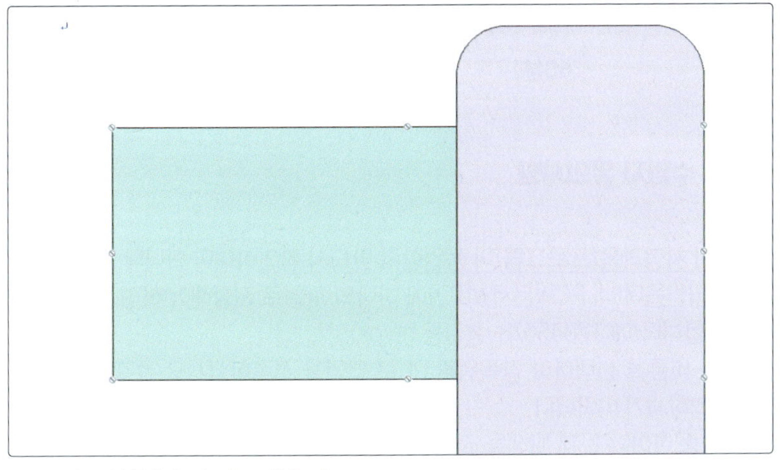

▲ 중간 도형을 [맨 뒤로] 보냈을 때

제목 글상자 삽입하기

(1) 그리기 도구를 이용하여 작성하고, 모든 도형(글맵시, 지정된 그림 포함)을 《출력형태》와 같이 작성하시오.
 • 글상자 : 크기(130mm×17mm), 면색(빨강), 글꼴(궁서, 22pt, 하양), 정렬(수평·수직-가운데)

1 [입력] 탭에서 [가로 글상자(▣)]를 선택하여 적당한 위치에 삽입한 후 더블클릭합니다.

✱ 글상자는 개체의 테두리를 더블클릭하여 [개체 속성] 대화상자로 이동할 수 있어요.

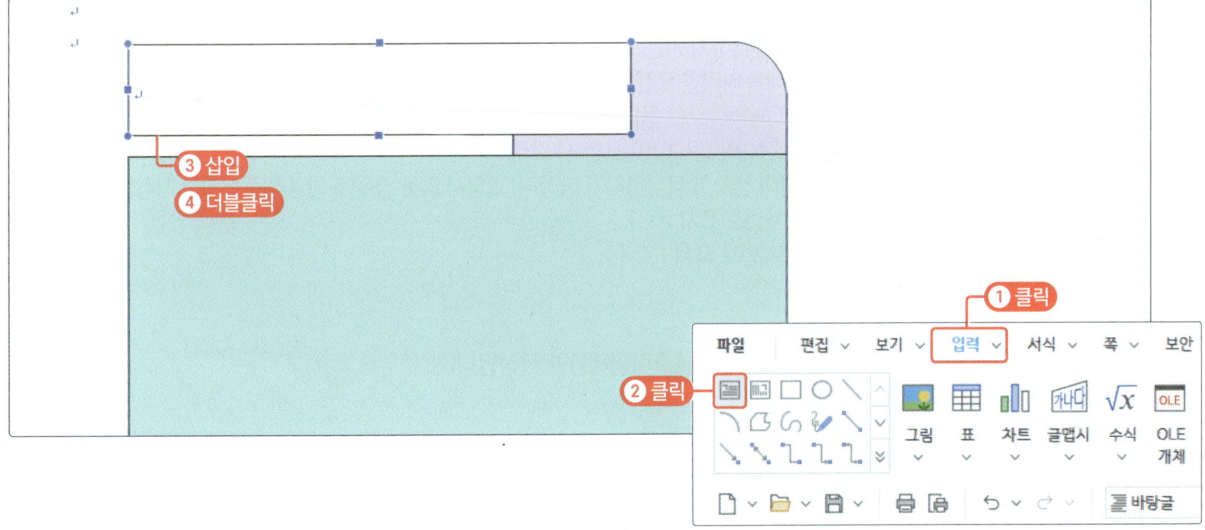

정보기술자격(ITQ) 실전모의고사

과　목	코　드	문제유형	시험시간	수험번호	성　명
아래한글	1111	A	60분		

수험자 유의사항

◎ 수험자는 문제지를 받는 즉시 문제지와 <u>수험표상의 시험과목(프로그램)이 동일한지 반드시 확인</u>하여야 합니다.

◎ 파일명은 본인의 "수험번호-성명"으로 입력하여 답안폴더(내 PC\문서\ITQ)에 하나의 파일로 저장해야 하며, 답안 파일을 전송하지 않아 미제출로 처리될 경우 실격 처리합니다(예:12345678-홍길동.hwpx).

◎ 답안 작성을 마치면 파일을 저장하고, '답안 전송' 버튼을 선택하여 감독위원 PC로 답안을 전송하십시오. 수험생 정보와 저장한 파일명이 다를 경우 전송되지 않으므로 주의하시기 바랍니다.

◎ 답안 작성 중에도 <u>주기적으로 저장하고, '답안 전송'</u>하여야 문제 발생을 줄일 수 있습니다. 작업한 내용을 저장하지 않고 전송할 경우 이전에 저장된 내용이 전송되오니 이점 유의하시기 바랍니다.

◎ 답안문서는 지정된 경로 외의 다른 보조기억장치에 저장하는 경우, 지정된 시험 시간 외에 작성된 파일을 활용할 경우, 기타 통신수단(이메일, 메신저, 네트워크 등)을 이용하여 타인에게 전달 또는 외부 반출하는 경우는 부정 처리합니다.

◎ 시험 중 부주의 또는 고의로 시스템을 파손한 경우는 수험자가 변상해야 하며, <수험자 유의사항>에 기재된 방법대로 이행하지 않아 생기는 불이익은 수험생 당사자의 책임임을 알려 드립니다.

◎ 문제의 조건은 한컴오피스 2022/2020 버전으로 설정되어 있으니 유의하시기 바랍니다.

◎ 시험을 완료한 수험자는 답안파일이 전송되었는지 확인한 후 감독위원의 지시에 따라 문제지를 제출하고 퇴실합니다.

답안 작성요령

◎ **온라인 답안 작성 절차**
　수험자 등록 ⇒ 시험 시작 ⇒ 답안파일 저장 ⇒ 답안 전송 ⇒ 시험 종료

◎ **공통 부문**
- 글꼴에 대한 기본설정은 함초롬바탕, 10포인트, 검정, 줄간격 160%, 양쪽정렬로 합니다.
- 색상은 조건의 색을 적용하고 색의 구분이 안 될 경우에는 RGB 값을 적용하십시오.
  (빨강 255,0,0 / 파랑 0,0,255 / 노랑 255,255,0).
- 각 문항에 주어진 《조건》에 따라 작성하고 언급하지 않은 조건은 《출력형태》와 같이 작성합니다.
- 용지여백은 왼쪽·오른쪽 11mm, 위쪽·아래쪽·머리말·꼬리말 10mm, 제본 0mm로 합니다.
- 그림 삽입 문제의 경우 「내 PC\문서\ITQ\Picture」 폴더에서 지정된 파일을 선택하여 삽입하십시오.
- 삽입한 그림은 반드시 문서에 포함하여 저장해야 합니다(미포함 시 감점 처리).
- 각 항목은 지정된 페이지에 출력형태와 같이 정확히 작성하시기 바라며, 그렇지 않을 경우에 해당 항목은 0점 처리됩니다.
  ※ 페이지구분 : 1페이지 – 기능평가 I (문제번호 표시 : 1. 2.),
  　　　　　　　　 2페이지 – 기능평가 II (문제번호 표시 : 3. 4.),
  　　　　　　　　 3페이지 – 문서작성 능력평가

◎ **기능평가**
- 문제와 《조건》은 입력하지 않으며 문제번호와 답(《출력형태》)만 작성합니다.
- 4번 문제는 묶기를 했을 경우 0점 처리됩니다.

◎ **문서작성 능력평가**
- A4 용지(210mm×297mm) 1매 크기, 세로 서식 문서로 작성합니다.
- 　　　　 표시는 문서작성에 대한 지시사항이므로 작성하지 않습니다.

2 [기본] 탭에서 **크기**를, [선] 탭에서 **모서리 곡률**을, [채우기] 탭에서 **면 색**을 지정합니다.

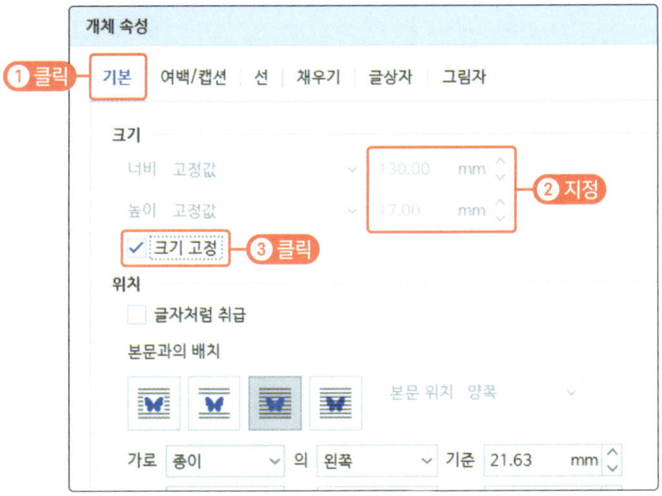

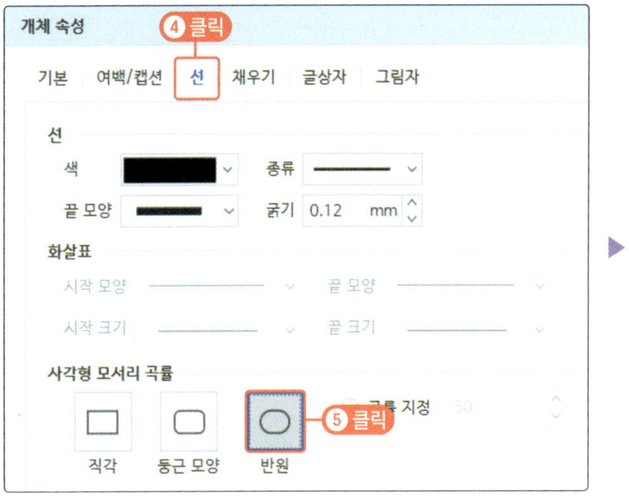

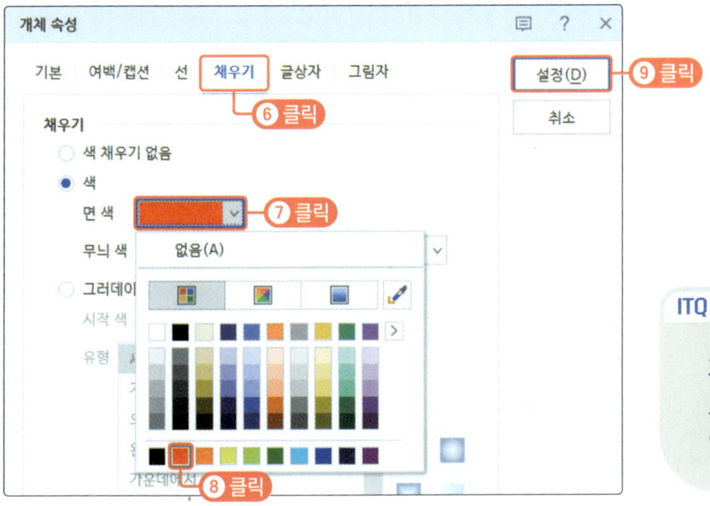

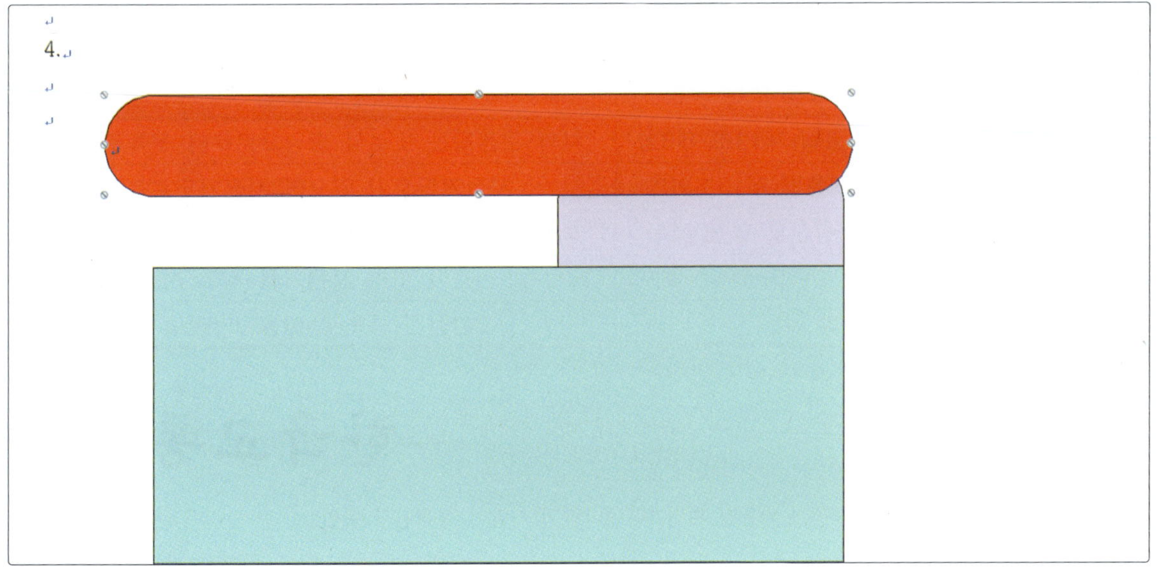

3 글상자가 완성되면 《출력형태》를 참고하여 적당한 위치로 이동합니다.

✿ 삽입된 개체들의 위치를 조정하여 《출력형태》와 비슷하게 맞춰주세요.

글꼴 : 굴림, 18pt, 진하게, 가운데 정렬
책갈피 이름 : 자전거교통
덧말 넣기

머리말 기능
돋움, 10pt, 오른쪽 정렬　→ 자전거 교통포털

안전을 위한 자전거 교육
자전거 안전하게 이용하기

문단 첫 글자 장식 기능
글꼴 : 궁서, 면색 : 노랑

그림위치(내 PC\문서\ITQ\Picture\그림5.jpg, 문서에 포함)
자르기 기능 이용, 크기(40mm×40mm), 바깥 여백 왼쪽 : 2mm

자전거는 걸음마를 하는 유아부터 걷기조차 힘든 노인까지 이용할 수 있는 운동기구이면서 이동수단이다. 유아기에 처음 접하는 유아용 세발자전거는 단순 놀이기구 수준이지만 이때부터 안전이용에 관한 인식을 심어주는 것이 중요(重要)하다.

초등학교에 입학하면서부터 어린이들은 본격적으로 도로교통법에 적용되는 두발 자전거를 이용하게 된다. 자전거의 속도가 빨라지기 때문에 자전거를 조절하는 능력도 향상시켜야 한다. 따라서 자전거를 안전하게 이용할 수 있도록 안전한 자전거 이용방법과 기본적인 교통법규준수에 대한 교육이 반드시 필요하다. 청소년기로 접어드는 중학생에서 성인에 이르기까지 자전거는 교통수단으로 이용되며 이용 도중에 문제가 발생하는 경우에 대비하여 기초적인 정비①와 응급처치에 대한 교육을 해야 한다. 나이가 들면서 신체와 정신의 기능적 불균형, 즉 생각하는 대로 행동이 따르지 않아 안전 등에 문제가 발생할 수 있기 때문에 고령자를 위한 자전거 교육이 필요하다. 자전거 교육은 평생교육이기 때문에 지속적으로 진행되어야 한다. 자전거 이용자로서 지켜야 할 안전한 자전거 이용방법을 제대로 알고 지켜서 밝고 건강한 자전거 생활 문화를 정착(定着)시켜야 한다.

각주

◆ **왜 자전거 타기가 좋을까**

글꼴 : 돋움, 18pt, 하양
음영색 : 파랑

　가. 개인적 이점

　　㉠ 생활 속 운동 : 부족한 운동을 보충할 수 있어 건강을 유지

　　㉡ 스트레스 해소 : 새로운 마음가짐과 건강하고 건전한 정신 함양

　나. 사회적 이점

　　㉠ 경제적 이득 : 인구의 1% 자전거 이용 시 연간 약 2,200억 원 이득

　　㉡ 환경 보전 : 이산화탄소 발생을 연간 600kg 감소 시킴

문단 번호 기능 사용
1수준 : 20pt, 오른쪽정렬,
2수준 : 30pt, 오른쪽정렬
줄 간격 : 180%

표 전체 글꼴 : 돋움, 10pt, 가운데 정렬
셀 배경(그러데이션) : 유형(가로),
시작색(하양), 끝색(노랑)

◆ *자전거 관련 규정 및 안전*

글꼴 : 돋움, 18pt, 기울임, 강조점

구분	항목	관련 규정 또는 상황	내용
규정	우측통행 위반	도로교통법 제13조 제3항	차의 운전자는 도로의 중앙으로부터 우측부분을 통행
	통행방법 위반	도로교통법 제13조의2	자전거도로가 있으면 자전거도로로 통행
안전	도로 횡단 시	자전거횡단도 없을 경우	차의 직진신호에 따라 오른쪽 가장자리로 지나간다.
		자전거횡단도 있을 경우	신호에 따라 자전거를 타고 지나간다.
	자전거 통학 시		안전한 통학로 이용, 안전모 착용

각주 구분선 : 5cm

글꼴 : 궁서, 24pt, 진하게
장평 110%, 오른쪽 정렬　→ **한국교통연구원**

① 앞뒤 브레이크 위치 확인. 차체와 핸들은 올바른지 확인. 타이어의 공기압이 적정한지 확인

쪽 번호 매기기
4로 시작　→ 라

4 Esc 를 눌러 글상자 선택을 해제한 후 글상자 안쪽을 클릭하여 필요한 내용을 입력합니다.

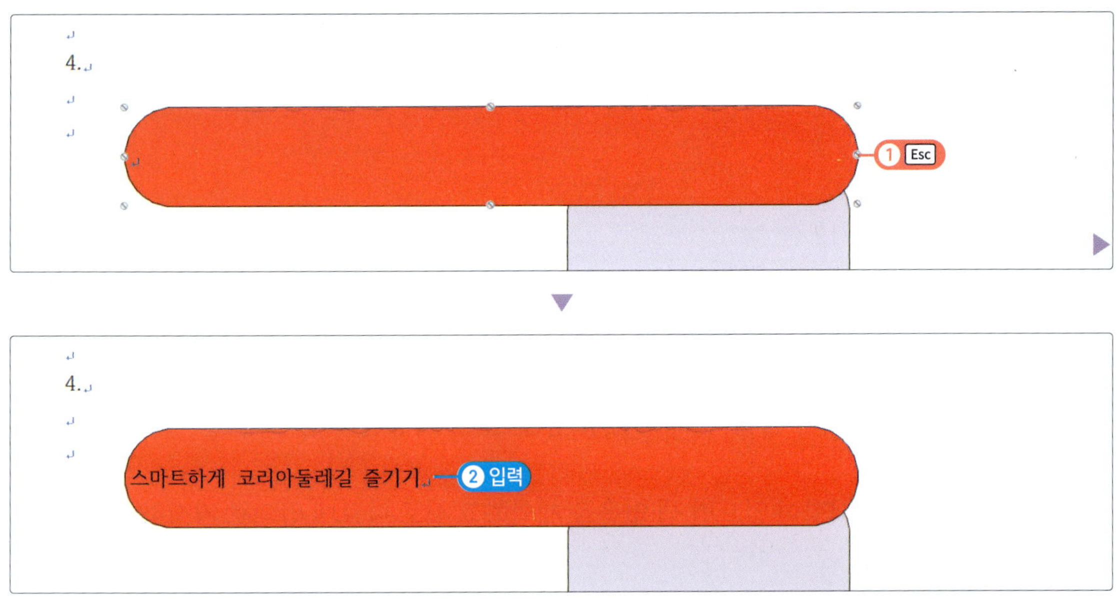

5 입력된 내용을 블록으로 지정한 다음 서식 도구 상자에서 글꼴 서식을 지정합니다.

★ 글꼴을 변경할 때는 [모든 글꼴] 목록에서 찾아 선택해 주세요.

ITQ 꿀팁

글꼴은 '궁서, 돋움, 굴림', 글자 크기는 '20~24pt'가 주로 출제되며, 글자색은 '하양', 정렬은 '수평·수직–가운데'가 고정적으로 출제되고 있어요.

3. 다음 (1), (2)의 수식을 수식 편집기로 각각 입력하시오. (40점)

《출력형태》

$$(1)\ \int_1^2 \frac{\sqrt{3t^2+15-t10-2}}{10-5}\,at = 12 \qquad\qquad (2)\ \Delta W = \frac{1}{2}m(f_x)^2 + \frac{1}{2}m(f_y)^2$$

4. 다음의 《조건》에 따라 《출력형태》와 같이 문서를 작성하시오. (110점)

《조건》　(1) 그리기 도구를 이용하여 작성하고, 모든 도형(글맵시, 지정된 그림 포함)을 《출력형태》와 같이 작성하시오.

(2) 도형의 면색은 지시사항이 없으면 색 없음을 제외하고 서로 다르게 임의로 지정하시오.

《출력형태》

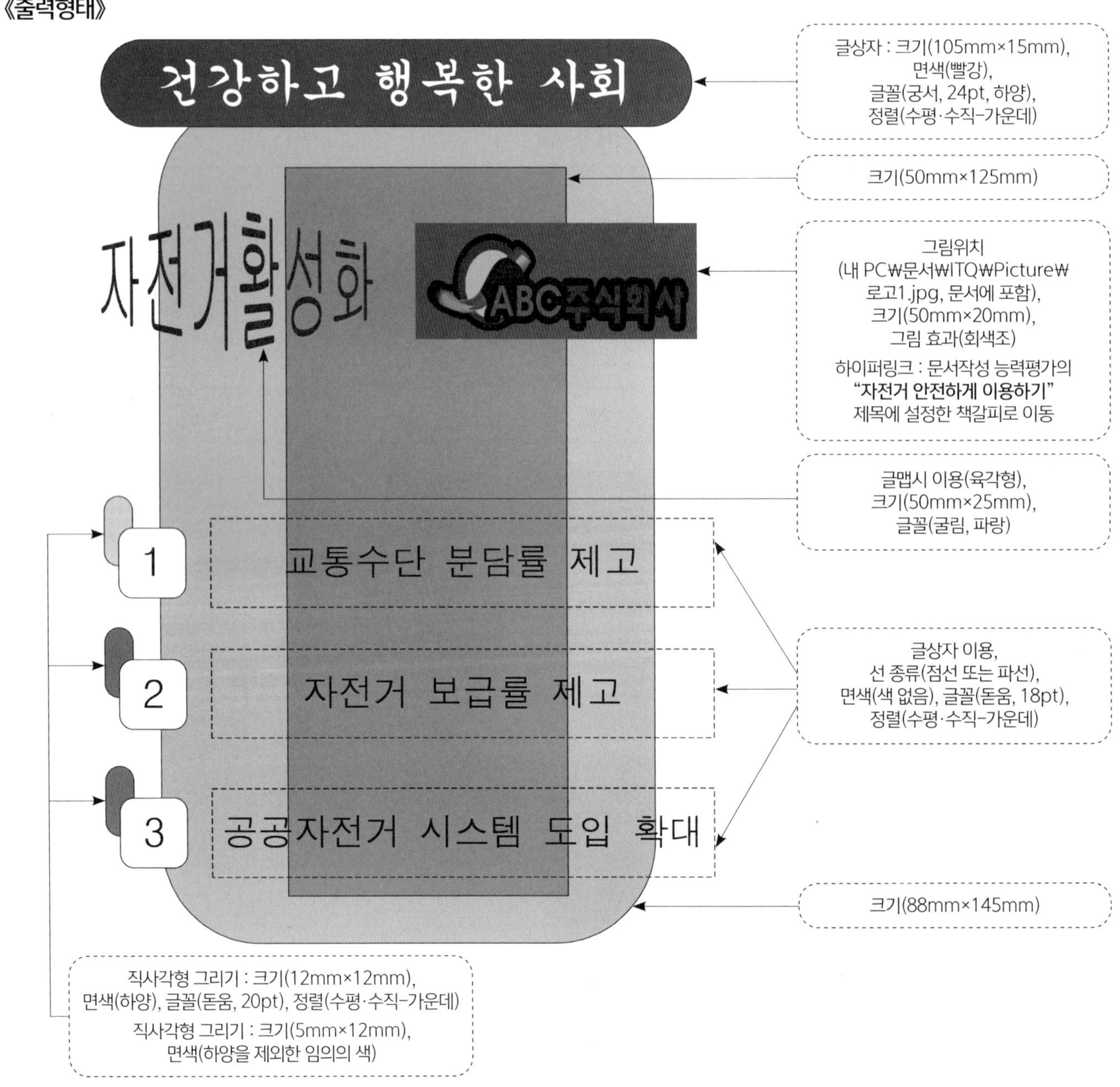

STEP 04 그림 삽입하기

(1) 그리기 도구를 이용하여 작성하고, 모든 도형(글맵시, 지정된 그림 포함)을 《출력형태》와 같이 작성하시오.
 • 그림위치(내 PC₩문서₩ITQ₩Picture₩로고3.jpg, 문서에 포함), 크기(40mm×30mm), 그림 효과(회색조)

1 로고 이미지를 삽입하기 위해 [입력] 탭-**[그림]**을 클릭합니다.

Ctrl+N, I를 눌러 그림을 삽입하는 방법도 있어요.

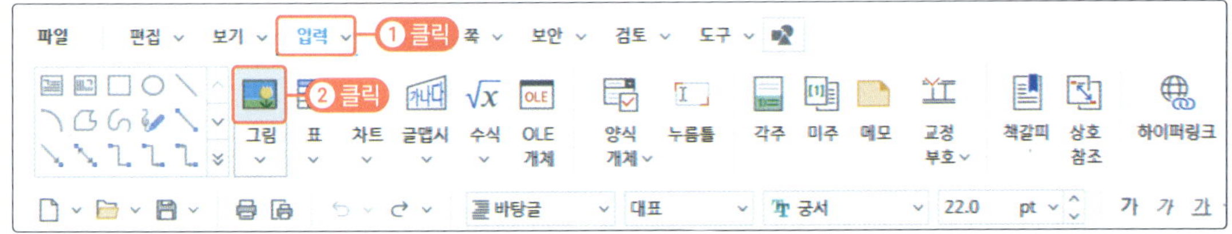

2 [내 PC]-[문서]-[ITQ]-[Picture] 폴더에서 **로고3.jpg**를 선택한 후 옵션을 변경하여 삽입합니다.

3 삽입된 그림의 속성을 변경하기 위해 더블클릭합니다.

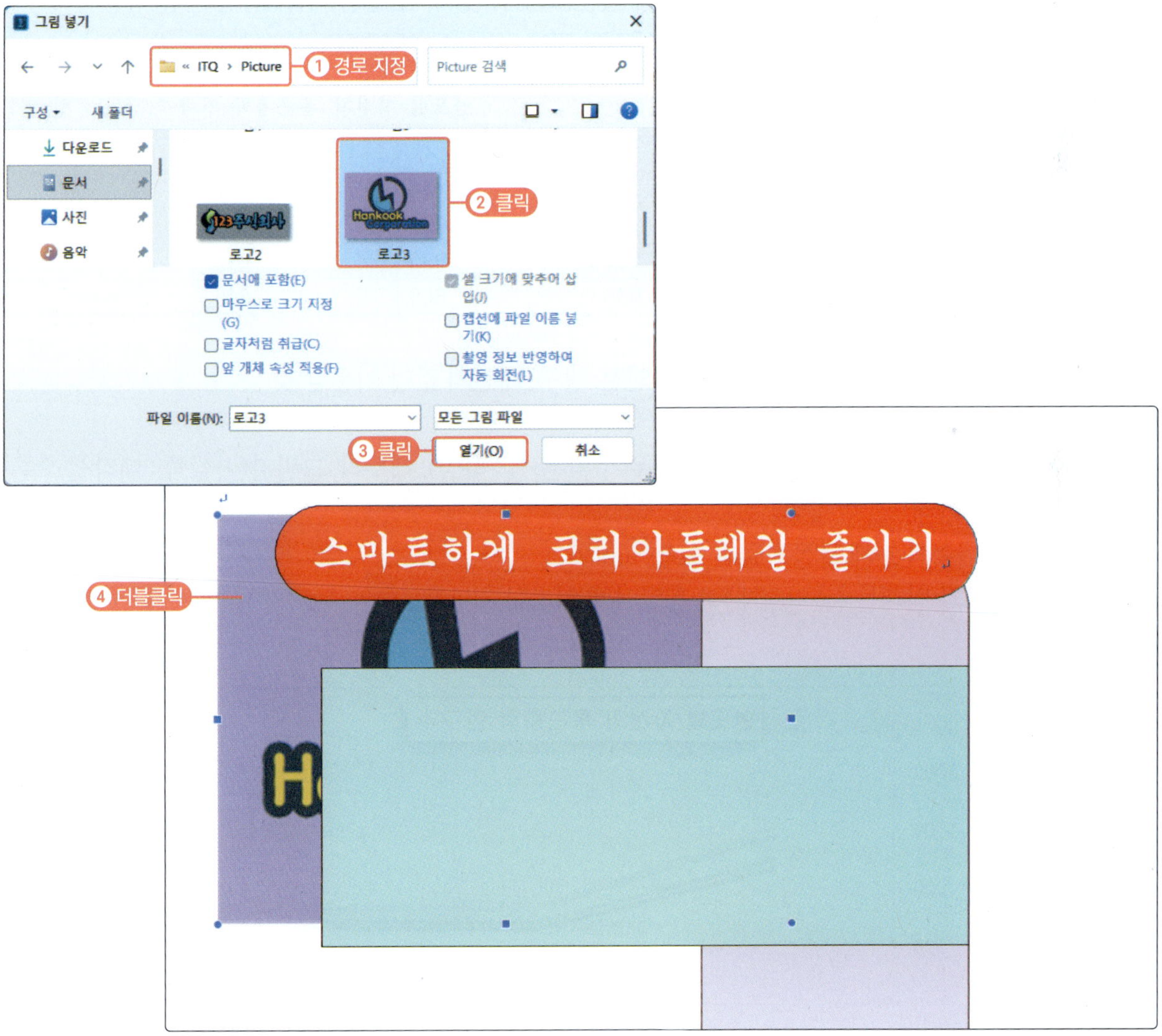

1. 다음의《조건》에 따라 스타일 기능을 적용하여《출력형태》와 같이 작성하시오. (50점)

《조건》
(1) 스타일 이름 – bicycle
(2) 문단 모양 – 첫 줄 들여쓰기 : 15pt, 문단 아래 간격 : 10pt
(3) 글자 모양 – 글꼴 : 한글(돋움)/영문(굴림), 크기 : 10pt, 장평 : 105%, 자간 : -5%

《출력형태》

A bicycle, also called a cycle or bike, is a human-powered or motor-powered, pedal-driven, single-track vehicle, having two wheels attached to a frame, one behind the other.

두 바퀴를 연결해서 발을 박차는 단순하고 원시적인 두 바퀴 탈 것에 대한 상상은 이집트 사원의 벽화, 고대 중국 등 여러 지역에서 나타나고 있으며 맥밀란에 의해 페달식 크랭크가 발명되었다.

2. 다음의《조건》에 따라《출력형태》와 같이 표와 차트를 작성하시오. (100점)

《표 조건》
(1) 표 전체(표, 캡션) – 궁서, 10pt
(2) 정렬 – 문자 : 가운데 정렬, 숫자 : 오른쪽 정렬
(3) 셀 배경(면색) : 노랑
(4) 한글의 계산 기능을 이용하여 빈칸에 평균(소수점 두 자리)을 구하고, 캡션 기능 사용할 것
(5) 선 모양은《출력형태》와 동일하게 처리할 것

《출력형태》

연도별 자전거 통근통학 인구수(단위 : 천 명)

구분	2000년	2005년	2010년	2015년	평균
인천	1,167	1,242	1,444	1,507	
광주	648	702	825	830	
대전	666	712	832	846	
울산	488	530	609	646	

《차트 조건》
(1) 차트 데이터는 표 내용에서 연도별 인천, 광주, 대전의 값만 이용할 것
(2) 종류 – <꺾은선형>으로 작업할 것
(3) 제목 – 굴림, 진하게, 12pt, 속성 – 채우기(밝은 색 : 하양), 테두리, 그림자(바깥쪽 : 대각선 오른쪽 아래)
(4) 제목 이외의 전체 글꼴 – 굴림, 보통, 10pt
(5) 축제목과 범례는《출력형태》와 동일하게 처리할 것

《출력형태》

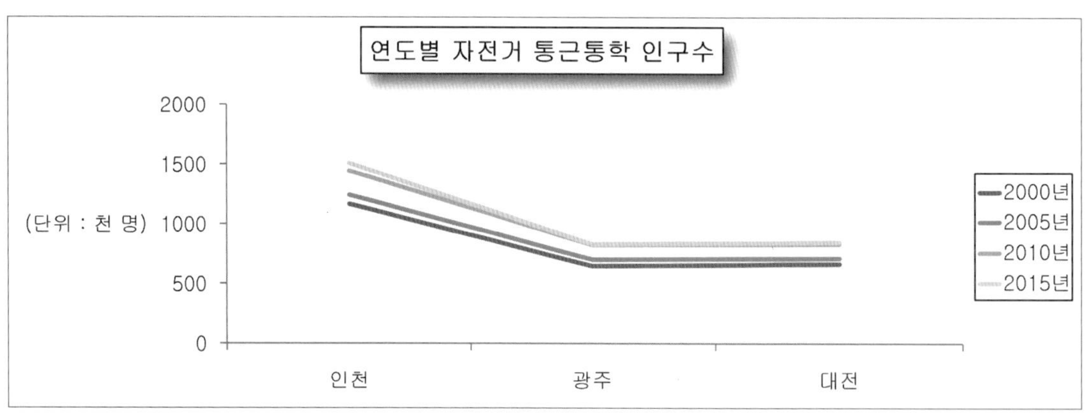

4 [기본] 탭에서 **크기**와 **배치 옵션**을 지정한 후 [그림] 탭에서 **회색조**를 선택합니다.

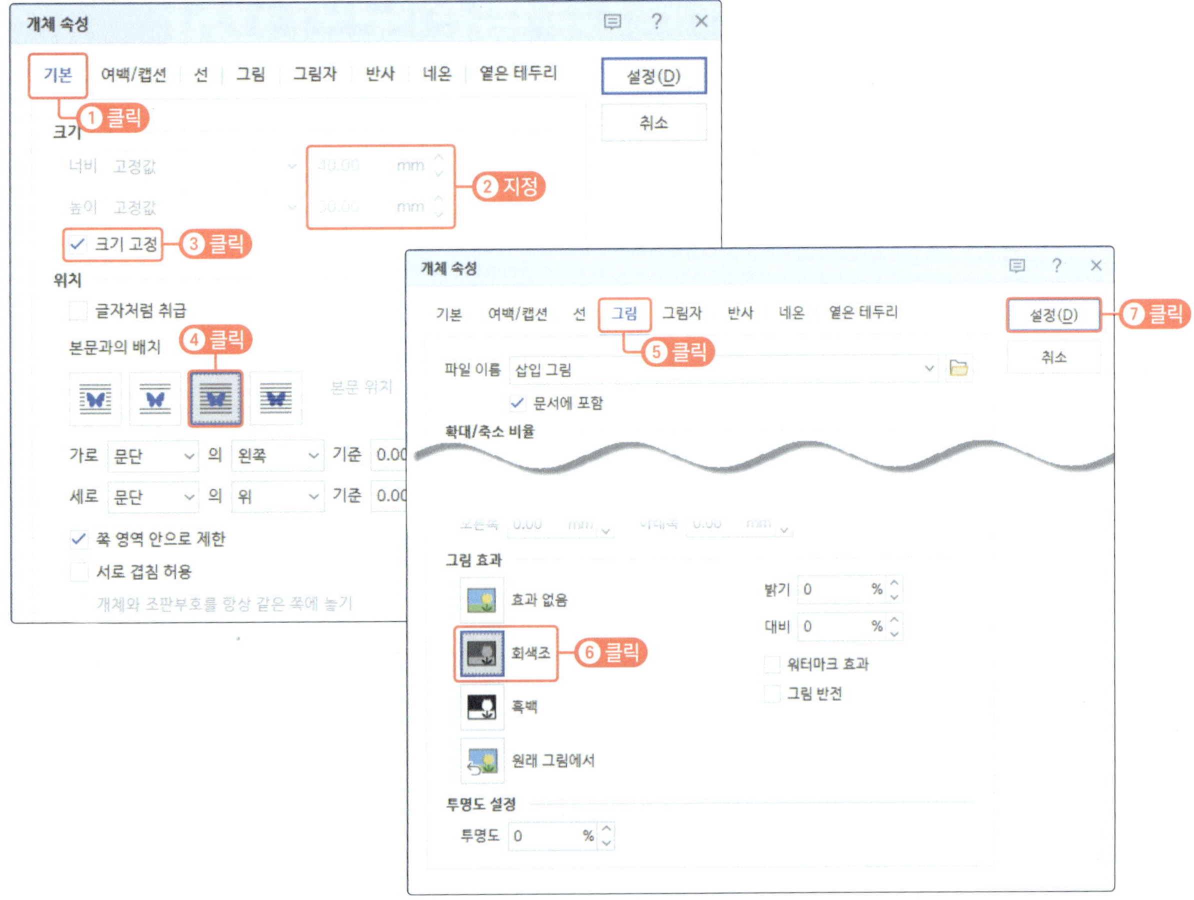

5 그림 속성이 변경되면 076페이지의 《출력형태》를 참고하여 적당한 위치로 이동합니다.

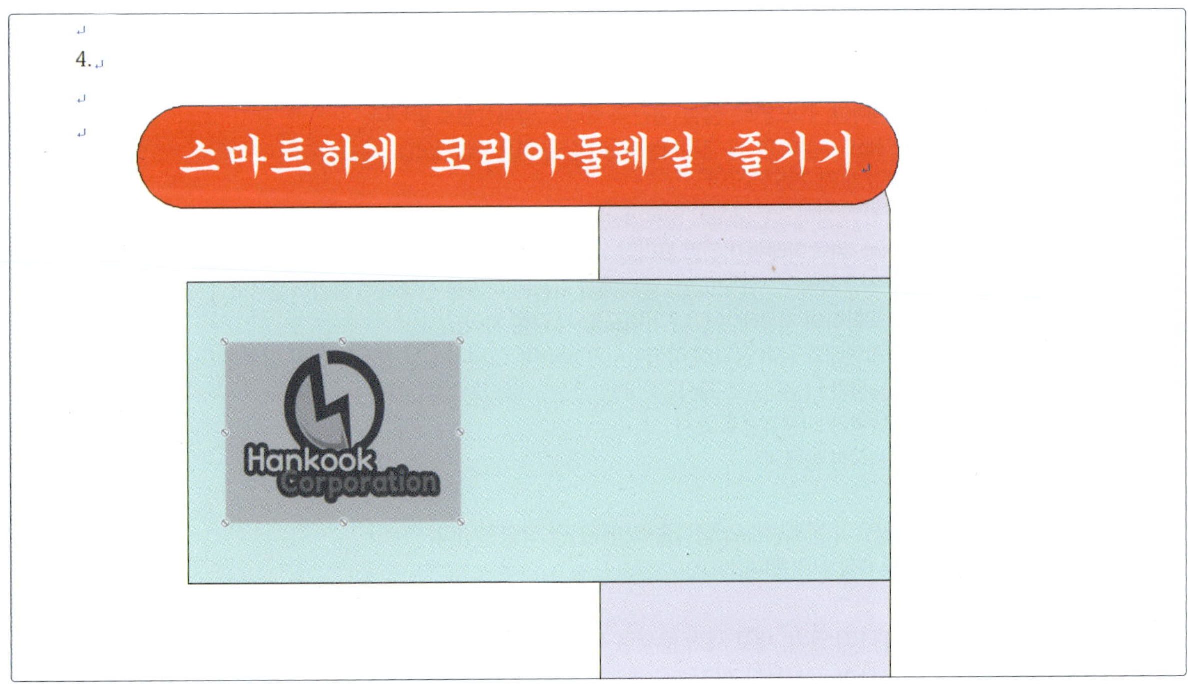

정보기술자격(ITQ) 실전모의고사

과 목	코 드	문제유형	시험시간	수험번호	성 명
아래한글	1111	A	60분		

수험자 유의사항

◎ 수험자는 문제지를 받는 즉시 문제지와 **수험표상의 시험과목(프로그램)이 동일한지 반드시 확인**하여야 합니다.

◎ 파일명은 본인의 "수험번호-성명"으로 입력하여 답안폴더(내 PC\문서\ITQ)에 하나의 파일로 저장해야 하며, 답안 파일을 전송하지 않아 미제출로 처리될 경우 실격 처리합니다(예:12345678-홍길동.hwpx).

◎ 답안 작성을 마치면 파일을 저장하고, '답안 전송' 버튼을 선택하여 감독위원 PC로 답안을 전송하십시오. 수험생 정보와 저장한 파일명이 다를 경우 전송되지 않으므로 주의하시기 바랍니다.

◎ 답안 작성 중에도 **주기적으로 저장하고, '답안 전송'**하여야 문제 발생을 줄일 수 있습니다. 작업한 내용을 저장하지 않고 전송할 경우 이전에 저장된 내용이 전송되오니 이점 유의하시기 바랍니다.

◎ 답안문서는 지정된 경로 외의 다른 보조기억장치에 저장하는 경우, 지정된 시험 시간 외에 작성된 파일을 활용할 경우, 기타 통신수단(이메일, 메신저, 네트워크 등)을 이용하여 타인에게 전달 또는 외부 반출하는 경우는 부정 처리합니다.

◎ 시험 중 부주의 또는 고의로 시스템을 파손한 경우는 수험자가 변상해야 하며, <수험자 유의사항>에 기재된 방법대로 이행하지 않아 생기는 불이익은 수험생 당사자의 책임임을 알려 드립니다.

◎ 문제의 조건은 한컴오피스 2022/2020 버전으로 설정되어 있으니 유의하시기 바랍니다.

◎ 시험을 완료한 수험자는 답안파일이 전송되었는지 확인한 후 감독위원의 지시에 따라 문제지를 제출하고 퇴실합니다.

답안 작성요령

◎ **온라인 답안 작성 절차**

　수험자 등록 ⇒ 시험 시작 ⇒ 답안파일 저장 ⇒ 답안 전송 ⇒ 시험 종료

◎ **공통 부문**

- 글꼴에 대한 기본설정은 함초롬바탕, 10포인트, 검정, 줄간격 160%, 양쪽정렬로 합니다.
- 색상은 조건의 색을 적용하고 색의 구분이 안 될 경우에는 RGB 값을 적용하십시오.
  (빨강 255,0,0 / 파랑 0,0,255 / 노랑 255,255,0).
- 각 문항에 주어진 《조건》에 따라 작성하고 언급하지 않은 조건은 《출력형태》와 같이 작성합니다.
- 용지여백은 왼쪽 ·오른쪽 11mm, 위쪽·아래쪽·머리말·꼬리말 10mm, 제본 0mm로 합니다.
- 그림 삽입 문제의 경우 「내 PC\문서\ITQ\Picture」 폴더에서 지정된 파일을 선택하여 삽입하십시오.
- 삽입한 그림은 반드시 문서에 포함하여 저장해야 합니다(미포함 시 감점 처리).
- 각 항목은 지정된 페이지에 출력형태와 같이 정확히 작성하시기 바라며, 그렇지 않을 경우에 해당 항목은 0점 처리됩니다.
  ※ 페이지구분 : 1페이지 – 기능평가 I (문제번호 표시 : 1. 2.),
  　　　　　　　2페이지 – 기능평가 II (문제번호 표시 : 3. 4.),
  　　　　　　　3페이지 – 문서작성 능력평가

◎ **기능평가**

- 문제와 《조건》은 입력하지 않으며 문제번호와 답(《출력형태》)만 작성합니다.
- 4번 문제는 묶기를 했을 경우 0점 처리됩니다.

◎ **문서작성 능력평가**

- A4 용지(210mm×297mm) 1매 크기, 세로 서식 문서로 작성합니다.
- 　　　　 표시는 문서작성에 대한 지시사항이므로 작성하지 않습니다.

글맵시 삽입하기

> (1) 그리기 도구를 이용하여 작성하고, 모든 도형(글맵시, 지정된 그림 포함)을 《출력형태》와 같이 작성하시오.
>   • 글맵시 이용(육각형), 크기(50mm×35mm), 글꼴(돋움, 파랑)

1 글맵시 삽입을 위해 [입력] 탭에서 **[글맵시]**를 클릭합니다.

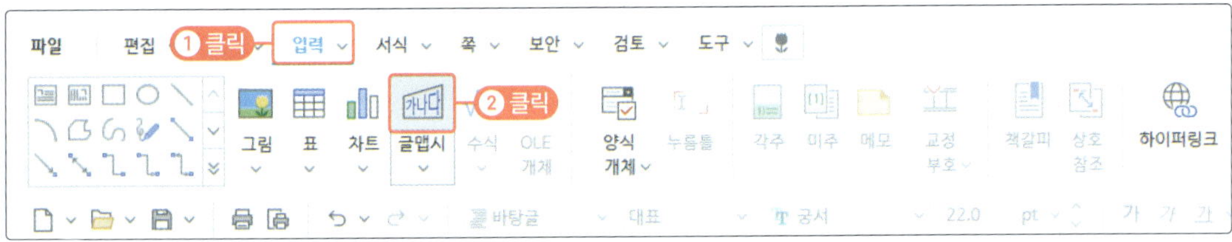

2 글맵시의 내용을 입력한 후 모양, 글꼴을 지정하여 글맵시를 추가합니다.

3 글맵시의 속성을 변경하기 위해 삽입된 글맵시를 더블클릭합니다.

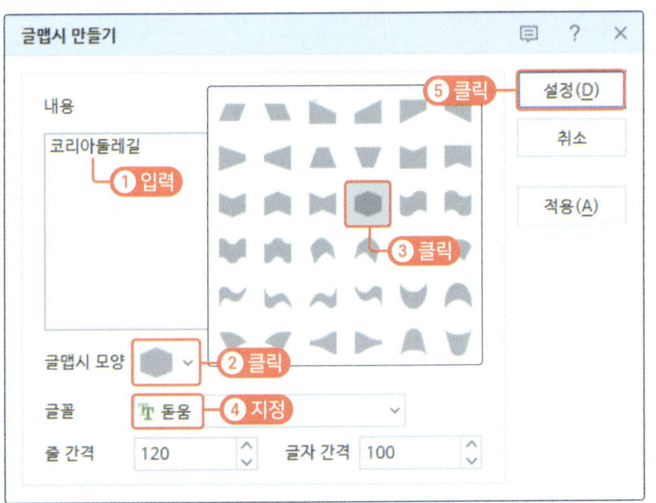

4 [기본] 탭에서 크기와 배치 옵션을 지정한 후 **[채우기]** 탭에서 파랑을 선택합니다.

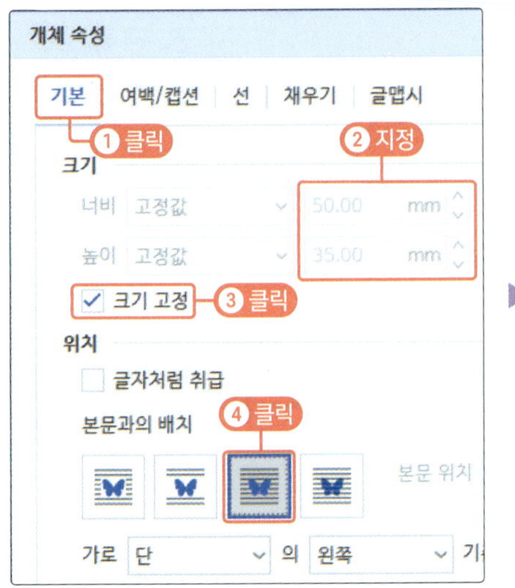

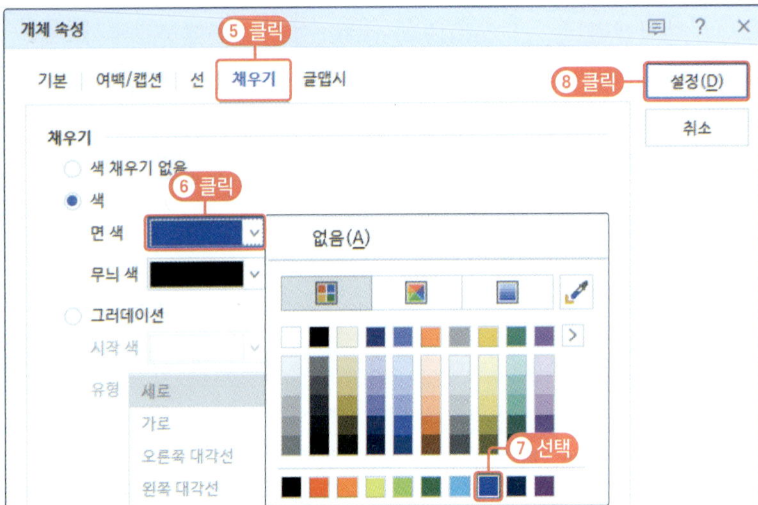

글꼴 : 궁서, 18pt, 진하게, 가운데 정렬
책갈피 이름 : 보안
덧말 넣기

머리말 기능
굴림, 10pt, 오른쪽 정렬 → 인터넷 보호나라

사이버위협
가상통화 거래소 해킹 사고

문단 첫 글자 장식 기능
글꼴 : 돋움, 면색 : 노랑

그림위치(내 PC\문서\ITQ\Picture\그림4.jpg, 문서에 포함)
자르기 기능 이용, 크기(40mm×35mm), 바깥 여백 왼쪽 : 2mm

지난해 가상통화 관련 문제가 최고의 이슈가 되었다. 국내(國內) 가상통화거래소 해킹으로 인한 파산, 정보유출 등 각종 사고가 지속적으로 발생하였고, 각 언론보도를 통해 끊임없이 언급되었다. 또한 자율주행차 등 사물인터넷 관련 사이버 이슈들도 지속적으로 언론에 보도되었으며, 해외에서는 에퀴팩스 개인정보 유출 사고 관련 이슈 등이 보도되었다. 가상통화는 그 자체의 이슈뿐만 아니라 랜섬웨어, 채굴형 악성코드 등과 결합하여 지능화되고 있는 사이버 범죄 세계의 새로운 수익 모델이 되고 있다. 이에 따라 국회 공청회 등에서 법 제정을 위한 논의가 본격적으로 시작되었다.

정보 수집량이 증가하면서 사이버 위협이 확산되고 이를 효과적으로 처리하기 위해선 인공지능기술이 절대적(絶對的)으로 필요한 상황이다. 일반적으로 인공지능기술을 위해서는 데이터모델, 프로세싱 파워, 빅데이터 등 3가지 요소가 필요하다. 이 중에서도 빅데이터, 즉 관련 데이터가 대량으로 필요한데 하나의 기관 데이터 뿐 아니라 타 기관들의 데이터도 필요하게 된다. 따라서 인공지능㉠의 정확도를 높이기 위해서는 데이터 공유가 꼭 필요하고 이를 어떻게 해결하느냐가 관건이다.

각주

♣ 랜섬웨어 감염경로 및 대책

글꼴 : 굴림, 18pt, 하양
음영색 : 빨강

I) 신뢰할 수 없는 사이트

  (i) 단순한 홈페이지 방문만으로도 감염

  (ii) 주로 드라이브 바이 다운로드 기법을 통해 유포

II) 스팸메일 및 스피어피싱

  (i) 출처가 불분명한 e-mail을 통한 파일, 주소 링크

  (ii) 첨부파일 실행 또는 주소 링크 클릭에 주의가 필요

문단 번호 기능 사용
1수준 : 20pt, 오른쪽정렬,
2수준 : 30pt, 오른쪽정렬
줄 간격 : 180%

표 전체 글꼴 : 돋움, 10pt, 가운데 정렬
셀 배경(그러데이션) : 유형(가로),
시작색(하양), 끝색(노랑)

♣ 정보보호지원센터 구축현황

글꼴 : 굴림, 18pt, 기울임, 강조점

센터명	구축시기	위치	관할지역
대구센터	2014년 12월	대구광역시 북구 연암로	대구, 경북
호남센터	2015년 08월	광주광역시 서구 양동	광주, 전남, 전북, 제주
중부센터		청주시 청원구 오창읍	충북, 충남, 대전, 강원
동남센터		부산광역시 해운대구 센터중앙로	부산, 경남
경기센터	2016년 10월	성남시 수정구 대왕판교로	경기

글꼴 : 돋움, 24pt, 진하게
장평 110%, 오른쪽 정렬 → 한국인터넷진흥원

각주 구분선 : 5cm

㉠ 인간의 학습, 추론, 지각 및 자연언어의 이해능력 등을 컴퓨터 프로그램으로 실현한 기술

쪽 번호 매기기
5로 시작 → ⑤

❶ 글맵시의 모양은 '육각형', '나비넥타이' 유형이 자주 출제되고 있습니다. 이 외에도 '팽창', '물결 1', '갈매기형 수장', '역갈매기형 수장' 등 다양한 모양들이 출제된 적이 있으므로, 각 모양의 위치와 특징을 잘 익혀두는 것이 좋아요.

❷ 글맵시 색상은 '빨강'과 '파랑'이 번갈아 출제되고 있습니다. 문제지에 제시된 색상 조건을 정확히 확인한 후 동일한 색을 글맵시에 적용해 주세요.

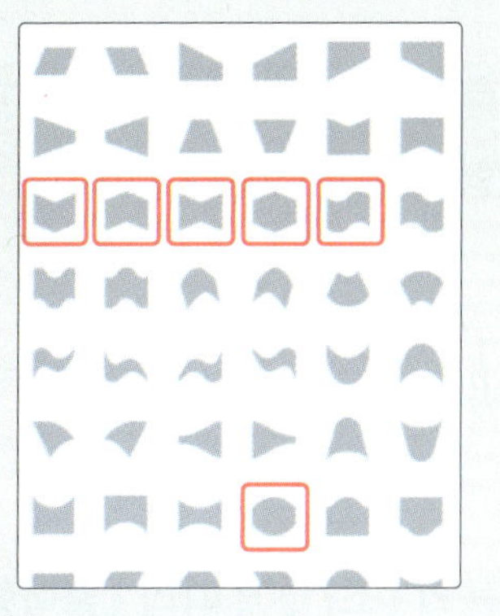

5 글맵시 속성이 변경되면 《출력형태》를 참고하여 각 개체들을 적당한 위치에 배치합니다.

★ Shift 를 누른 채 이동할 개체들을 하나씩 선택하면 여러 개의 개체를 한 번에 이동할 수 있어요.

3. 다음 (1), (2)의 수식을 수식 편집기로 각각 입력하시오. (40점)

《출력형태》

(1) $\int_0^3 \dfrac{\sqrt{6t^2 - 18t + 12}}{5}\, dt = 11$

(2) $\dfrac{b}{\sqrt{a^2 + b^2}} = \dfrac{2\tan\theta}{1 + \tan^2\theta}$

4. 다음의 《조건》에 따라 《출력형태》와 같이 문서를 작성하시오. (110점)

《조건》　　(1) 그리기 도구를 이용하여 작성하고, 모든 도형(글맵시, 지정된 그림 포함)을 《출력형태》와 같이 작성하시오.

　　　　　　(2) 도형의 면색은 지시사항이 없으면 색 없음을 제외하고 서로 다르게 임의로 지정하시오.

《출력형태》

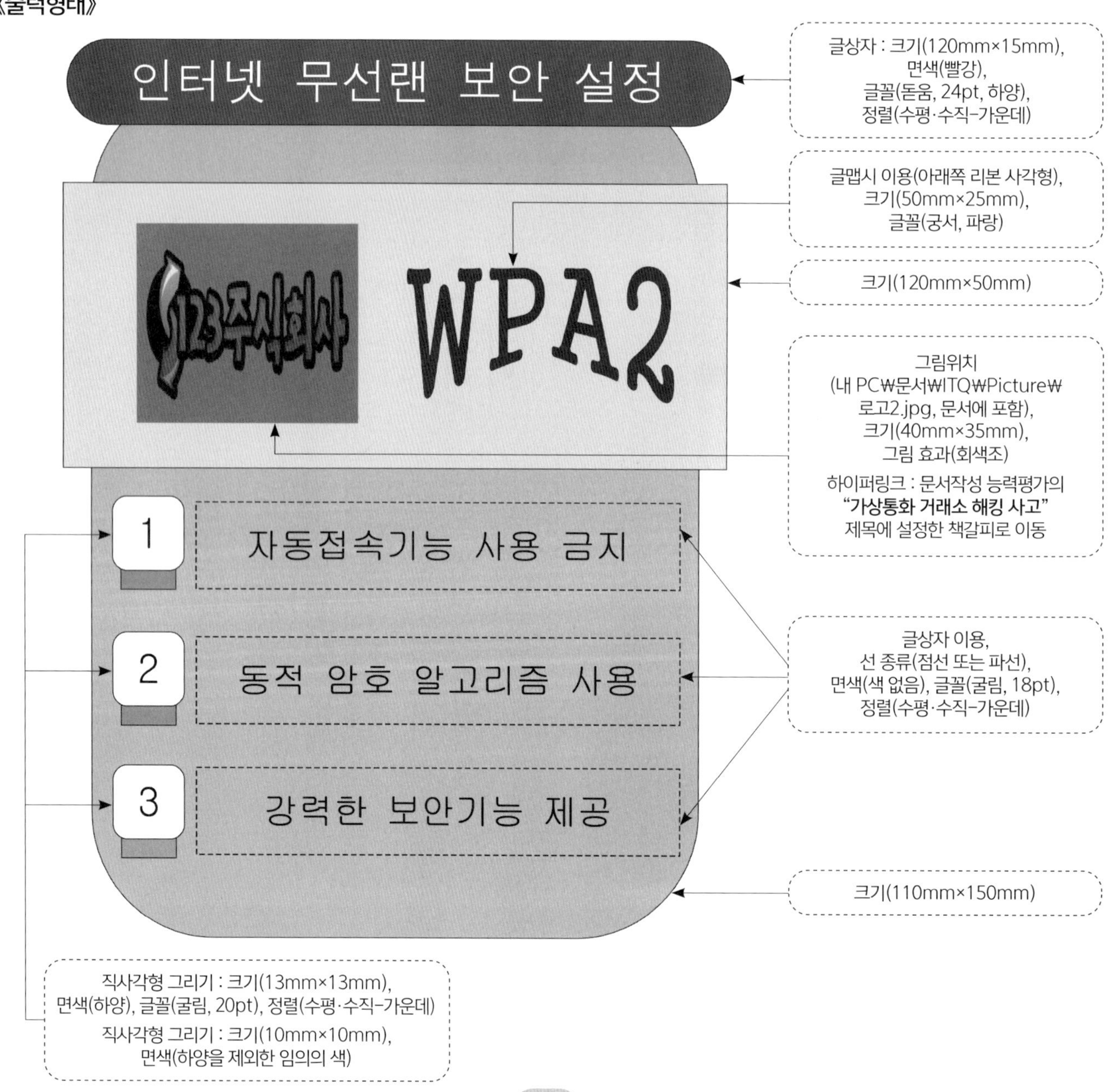

글상자 : 크기(120mm×15mm), 면색(빨강), 글꼴(돋움, 24pt, 하양), 정렬(수평·수직-가운데)

글맵시 이용(아래쪽 리본 사각형), 크기(50mm×25mm), 글꼴(궁서, 파랑)

크기(120mm×50mm)

그림위치
(내 PC₩문서₩ITQ₩Picture₩ 로고2.jpg, 문서에 포함), 크기(40mm×35mm), 그림 효과(회색조)

하이퍼링크 : 문서작성 능력평가의 **"가상통화 거래소 해킹 사고"** 제목에 설정한 책갈피로 이동

글상자 이용, 선 종류(점선 또는 파선), 면색(색 없음), 글꼴(굴림, 18pt), 정렬(수평·수직-가운데)

크기(110mm×150mm)

직사각형 그리기 : 크기(13mm×13mm), 면색(하양), 글꼴(굴림, 20pt), 정렬(수평·수직-가운데)
직사각형 그리기 : 크기(10mm×10mm), 면색(하양을 제외한 임의의 색)

(1) 그리기 도구를 이용하여 작성하고, 모든 도형(글맵시, 지정된 그림 포함)을 《출력형태》와 같이 작성하시오.
(2) 도형의 면색은 지시사항이 없으면 색 없음을 제외하고 서로 다르게 임의로 지정하시오.
  • 타원 그리기 : 크기(14mm×14mm), 면색(하양), 글꼴(궁서, 20pt), 정렬(수평·수직-가운데)
  • 호 그리기 : 크기(12mm×12mm), 면색(하양을 제외한 임의의 색)

1 [입력] 탭에서 [타원(○)]을 선택하여 적당한 위치에 도형을 삽입한 후 더블클릭합니다.

★ 목차 도형은 《출력형태》를 참고하여 뒤쪽에 배치될 도형부터 작업하는 것이 편리해요.

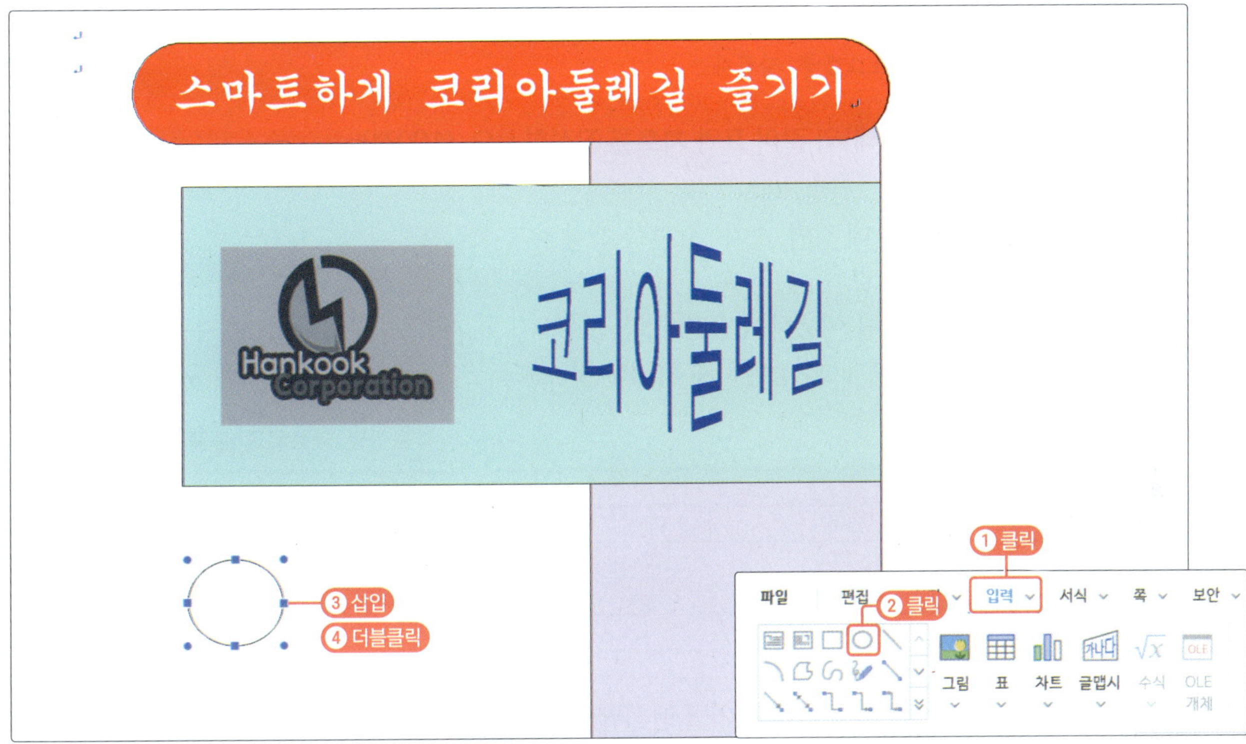

2 [기본] 탭에서 **크기**를, [채우기] 탭에서 **면 색**을 지정합니다.

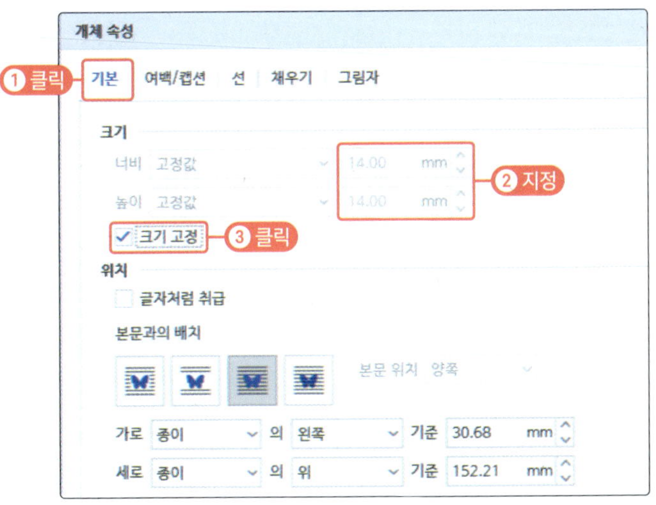

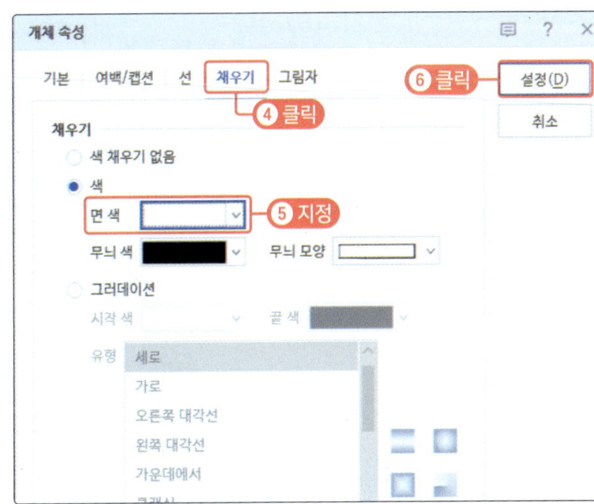

1. 다음의《조건》에 따라 스타일 기능을 적용하여《출력형태》와 같이 작성하시오. (50점)

《조건》　(1) 스타일 이름 – ransomware
　　　　　(2) 문단 모양 – 왼쪽 여백 : 15pt, 문단 아래 간격 : 10pt
　　　　　(3) 글자 모양 – 글꼴 : 한글(궁서)/영문(굴림), 크기 : 10pt, 장평 : 95%, 자간 : 5%

《출력형태》

Ransomware is malicious program that locks the system or encrypts data in combination with ransom and software, and requires money to be paid hostage.

랜섬웨어는 몸값과 소프트웨어의 합성어로 시스템을 잡그거나 데이터를 암호화해 사용할 수 없도록 하고 이를 인질로 금전을 요구하는 악성 프로그램을 말한다.

2. 다음의《조건》에 따라《출력형태》와 같이 표와 차트를 작성하시오. (100점)

《표 조건》　(1) 표 전체(표, 캡션) – 굴림, 10pt
　　　　　　(2) 정렬 – 문자 : 가운데 정렬, 숫자 : 오른쪽 정렬
　　　　　　(3) 셀 배경(면색) : 노랑
　　　　　　(4) 한글의 계산 기능을 이용하여 빈칸에 평균(소수점 두 자리)을 구하고, 캡션 기능 사용할 것
　　　　　　(5) 선 모양은《출력형태》와 동일하게 처리할 것

《출력형태》

분기별 악성코드 통계 현황(단위 : 건)

종류	1분기	2분기	3분기	4분기	평균
랜섬웨어	275	255	347	463	
정보탈취	80	130	44	82	
원격제어	224	38	18	25	
기타	42	13	54	73	

《차트 조건》　(1) 차트 데이터는 표 내용에서 분기별 랜섬웨어, 정보탈취, 원격제어의 값만 이용할 것
　　　　　　　(2) 종류 – <묶은 세로 막대형>으로 작업할 것
　　　　　　　(3) 제목 – 궁서, 진하게, 12pt, 속성 – 채우기(밝은 색 : 하양), 테두리, 그림자(바깥쪽 : 대각선 오른쪽 아래)
　　　　　　　(4) 제목 이외의 전체 글꼴 – 궁서, 보통, 10pt
　　　　　　　(5) 축제목과 범례는《출력형태》와 동일하게 처리할 것

《출력형태》

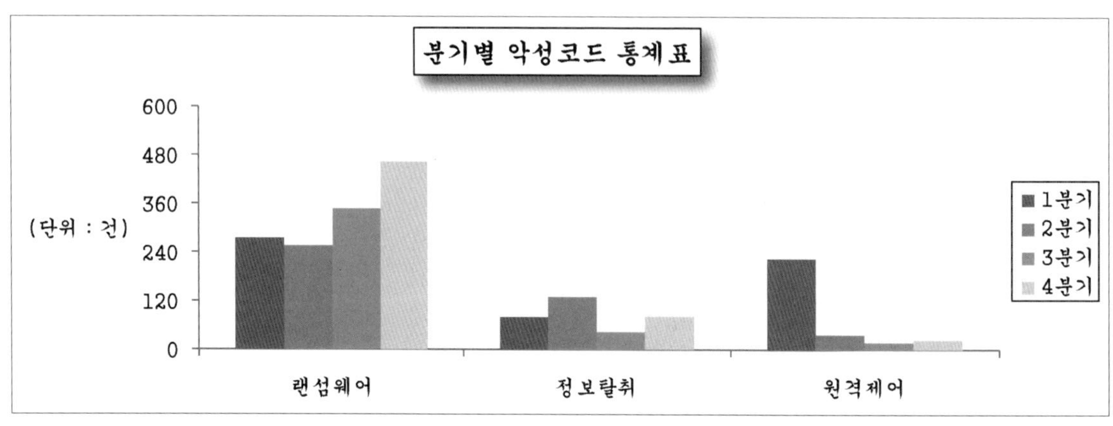

3 도형 위에서 우클릭하여 [도형 안에 글자 넣기]를 선택한 다음 1을 입력합니다.

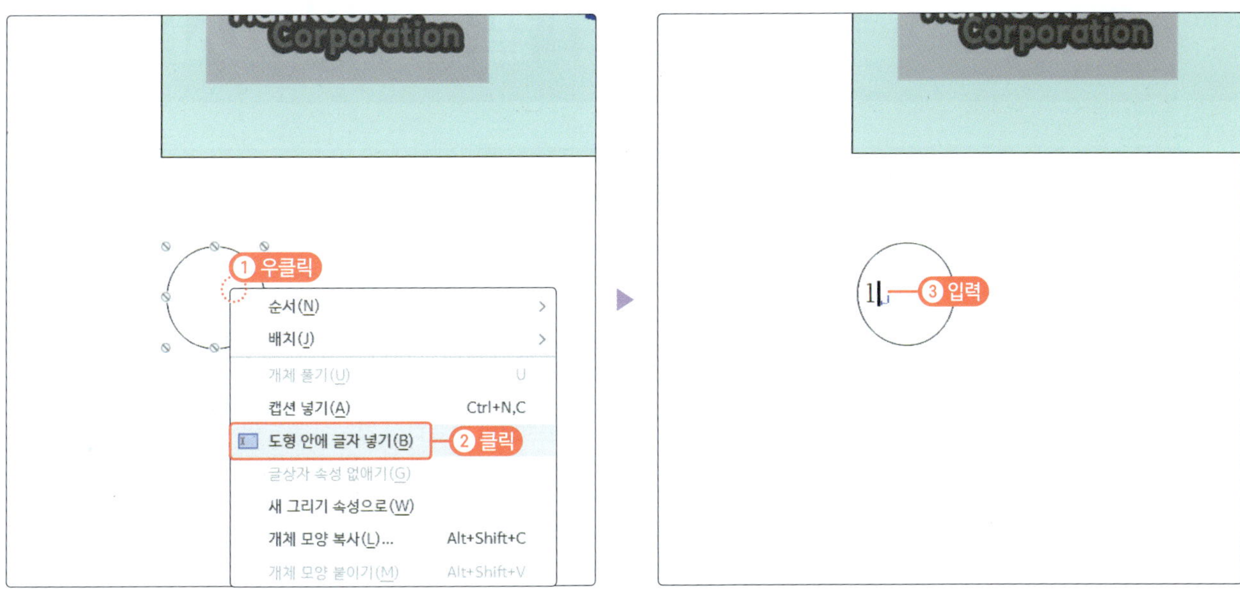

4 입력된 내용을 블록으로 지정한 다음 서식 도구 상자에서 글꼴 서식을 변경합니다.

★ 글꼴을 변경할 때는 [모든 글꼴] 목록에서 찾아 선택해 주세요.

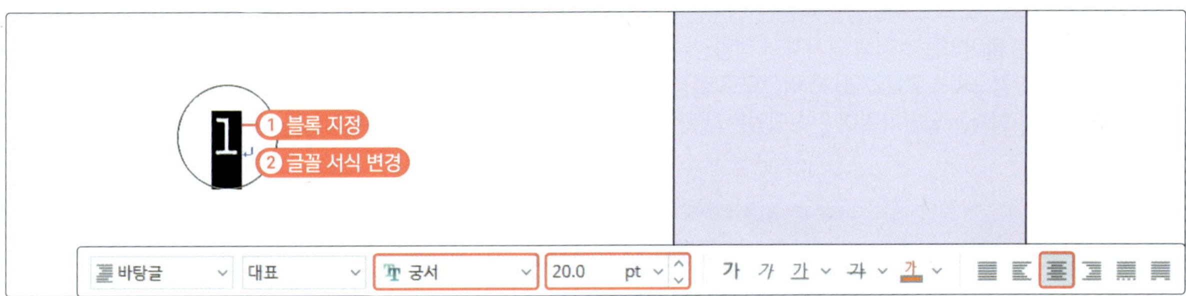

5 [입력] 탭에서 [호(⌒)]를 선택하여 적당한 위치에 도형을 삽입한 후 더블클릭합니다.

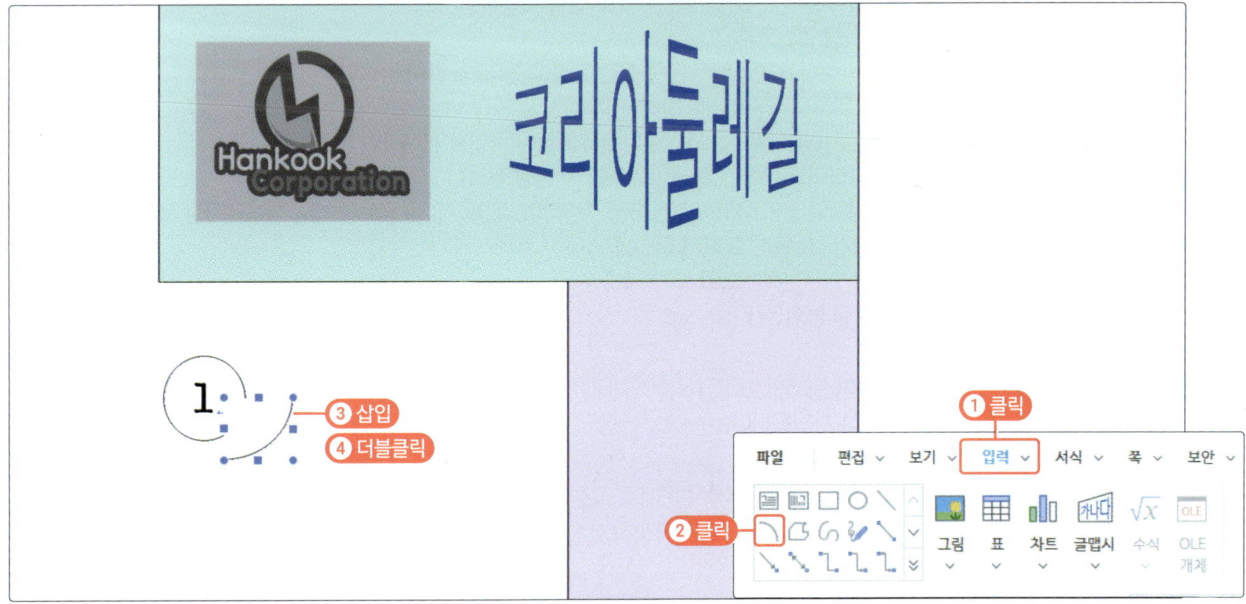

정보기술자격(ITQ) 실전모의고사

과 목	코 드	문제유형	시험시간	수험번호	성 명
아래한글	1111	A	60분		

수험자 유의사항

◎ 수험자는 문제지를 받는 즉시 문제지와 <u>수험표상의 시험과목(프로그램)이 동일한지 반드시 확인</u>하여야 합니다.

◎ 파일명은 본인의 "수험번호-성명"으로 입력하여 답안폴더(내 PC₩문서₩ITQ)에 하나의 파일로 저장해야 하며, 답안 파일을 전송하지 않아 미제출로 처리될 경우 실격 처리합니다(예:12345678-홍길동.hwpx).

◎ 답안 작성을 마치면 파일을 저장하고, '답안 전송' 버튼을 선택하여 감독위원 PC로 답안을 전송하십시오. 수험생 정보와 저장한 파일명이 다를 경우 전송되지 않으므로 주의하시기 바랍니다.

◎ 답안 작성 중에도 <u>주기적으로 저장하고, '답안 전송'</u>하여야 문제 발생을 줄일 수 있습니다. 작업한 내용을 저장하지 않고 전송할 경우 이전에 저장된 내용이 전송되오니 이점 유의하시기 바랍니다.

◎ 답안문서는 지정된 경로 외의 다른 보조기억장치에 저장하는 경우, 지정된 시험 시간 외에 작성된 파일을 활용할 경우, 기타 통신수단(이메일, 메신저, 네트워크 등)을 이용하여 타인에게 전달 또는 외부 반출하는 경우는 부정 처리합니다.

◎ 시험 중 부주의 또는 고의로 시스템을 파손한 경우는 수험자가 변상해야 하며, <수험자 유의사항>에 기재된 방법대로 이행하지 않아 생기는 불이익은 수험생 당사자의 책임임을 알려 드립니다.

◎ 문제의 조건은 한컴오피스 2022/2020 버전으로 설정되어 있으니 유의하시기 바랍니다.

◎ 시험을 완료한 수험자는 답안파일이 전송되었는지 확인한 후 감독위원의 지시에 따라 문제지를 제출하고 퇴실합니다.

답안 작성요령

◎ 온라인 답안 작성 절차

　수험자 등록 ⇒ 시험 시작 ⇒ 답안파일 저장 ⇒ 답안 전송 ⇒ 시험 종료

◎ 공통 부문

- 글꼴에 대한 기본설정은 함초롬바탕, 10포인트, 검정, 줄간격 160%, 양쪽정렬로 합니다.
- 색상은 조건의 색을 적용하고 색의 구분이 안 될 경우에는 RGB 값을 적용하십시오.
  (빨강 255,0,0 / 파랑 0,0,255 / 노랑 255,255,0).
- 각 문항에 주어진 《조건》에 따라 작성하고 언급하지 않은 조건은 《출력형태》와 같이 작성합니다.
- 용지여백은 왼쪽 ·오른쪽 11mm, 위쪽·아래쪽·머리말·꼬리말 10mm, 제본 0mm로 합니다.
- 그림 삽입 문제의 경우 「내 PC₩문서₩ITQ₩Picture」 폴더에서 지정된 파일을 선택하여 삽입하십시오.
- 삽입한 그림은 반드시 문서에 포함하여 저장해야 합니다(미포함 시 감점 처리).
- 각 항목은 지정된 페이지에 출력형태와 같이 정확히 작성하시기 바라며, 그렇지 않을 경우에 해당 항목은 0점 처리됩니다.
  ※ 페이지구분 : 1페이지 - 기능평가 I (문제번호 표시 : 1. 2.),
  　　　　　　　 2페이지 - 기능평가 II (문제번호 표시 : 3. 4.),
  　　　　　　　 3페이지 - 문서작성 능력평가

◎ 기능평가

- 문제와 《조건》은 입력하지 않으며 문제번호와 답(《출력형태》)만 작성합니다.
- 4번 문제는 묶기를 했을 경우 0점 처리됩니다.

◎ 문서작성 능력평가

- A4 용지(210mm×297mm) 1매 크기, 세로 서식 문서로 작성합니다.
- ⬚⬚⬚ 표시는 문서작성에 대한 지시사항이므로 작성하지 않습니다.

6 [기본] 탭-**크기**, [선] 탭-**테두리 모양**, [채우기] 탭-**면 색**을 지정합니다.

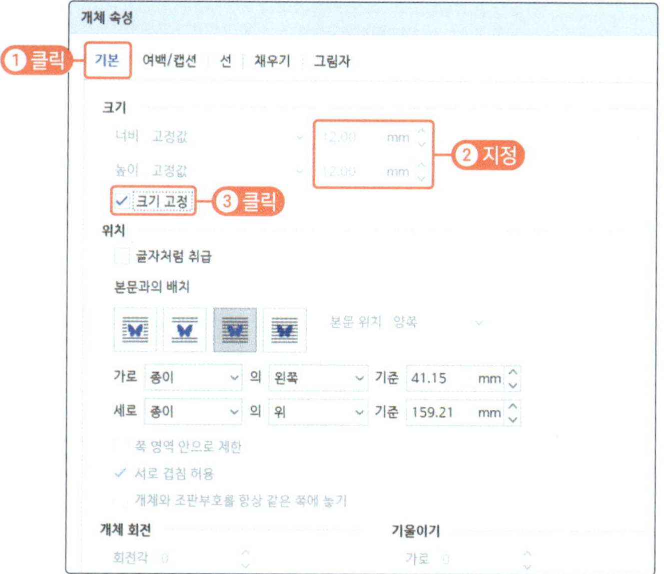

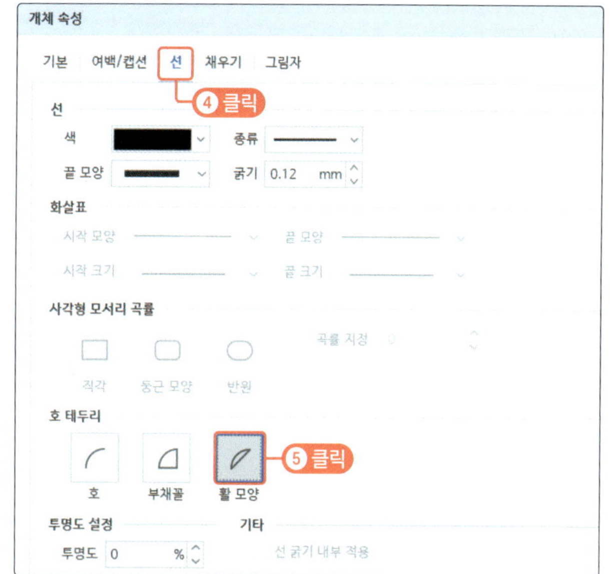

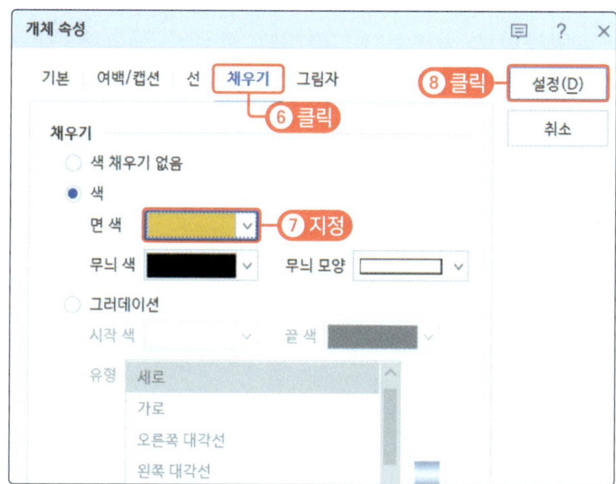

7 도형 편집이 완료되면 076페이지의 《출력형태》를 참고하여 각 개체들을 적당한 위치에 배치합니다.

★ Shift 를 누른 채 이동할 개체들을 하나씩 선택하면 여러 개의 개체를 한 번에 이동할 수 있어요.

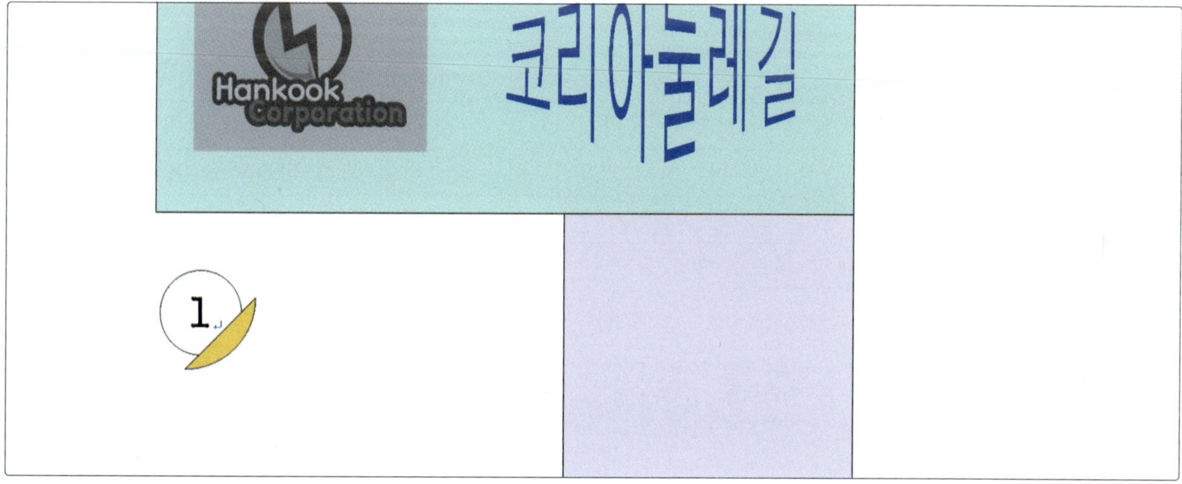

고령사회
치매 부담 없는 행복한 나라

현대 국가는 모두 복지국가Ⓐ를 표방하고 있으나 그 내용이나 정도에 차이가 있다. 대부분의 국가에서는 경제발전과 보건의료의 발달로 인한 평균 수명의 연장, 자녀에 대한 가치관의 변화, 보육 및 교육문제 등으로 출산율이 급격히 저하되어 인구구조의 급속한 고령화 문제에 직면하고 있으며, 이러한 사회변화에 따른 새로운 복지수요를 충족하기 위한 것이 장기요양보장제도이다. 노화(老化) 등에 따라 거동이 불편한 사람에 대하여 신체활동이나 일상가사활동을 지속적으로 지원해주는 문제가 사회적으로 굉장히 필요한 지원이 되었다고 할 수 있는 것이다.

유엔은 고령인구(高齡人口) 비율이 7%를 넘으면 고령화 사회, 14%를 넘으면 고령사회, 20% 이상이면 초고령사회로 분류한다. 고령화 속도가 가장 빠른 것으로 알려진 일본도 1994년부터 고령사회로 들어서는데 24년이 걸렸다. 한국은 2000년 고령화 사회에 진입한지 17년 만인 2017년에 고령사회로 들어섰다. 2019년 한국의 고령인구는 769만 3721명으로 전체 인구의 14.8%를 차지한다. 고령사회로 인한 치매 환자의 증가가 예상되기에 치매가 있어도 불편하지 않은 대한민국을 만들기 위한 우리 모두의 지혜가 필요할 때이다.

♥ ## 대한민국 치매 현주소

　가. 인구 고령화와 치매인구 증가

　　① 65세 이상 인구는 2050년 38.1%로 증가 예상

　　② 2030년에는 전체 노인의 10%가 치매인구로 예상

　나. 치매가족의 고통 심화

　　① 치매환자 감당으로 인한 가족 갈등 심화

　　② 치료 및 간병으로 인한 가계 부담 심화

♥ ## 치매 국가책임제로 달라지는 내용

분야	국가책임제 이전	국가책임제 이후
정보제공	치매 대처 방법 잘 모름	1:1 맞춤형상담, 서비스 연계 및 관리
서비스	경증치매 요양 서비스 받지 못함	경증치매도 장기요양 서비스 혜택 가능
시설확충	치매전문시설 부족, 공격적 환자 거부	입소시설 대폭 확충으로 어르신 돌봄 가능
의료지원	치매 전문 의료기관 부재	중증환자 치매안심요양병원 이용가능
기타	가족들의 피로감 호소	방문요양, 가족휴가제

보건복지부중앙치매센터

Ⓐ 국민의 인간다운 생활을 위해 국가가 적극적으로 복지 혜택을 부여하는 국가

STEP 07 목차 글상자 삽입하기

(1) 그리기 도구를 이용하여 작성하고, 모든 도형(글맵시, 지정된 그림 포함)을 《출력형태》와 같이 작성하시오.
(2) 도형의 면색은 지시사항이 없으면 색 없음을 제외하고 서로 다르게 임의로 지정하시오.
  • 글상자 이용, 선 종류(점선 또는 파선), 면색(색 없음), 글꼴(굴림, 18pt), 정렬(수평·수직-가운데)

1 [입력] 탭에서 **[가로 글상자(▭)]**를 선택하여 적당한 위치에 도형을 삽입한 후 더블클릭합니다.

★ 글상자는 개체의 테두리를 더블클릭하여 [개체 속성]으로 이동할 수 있어요.

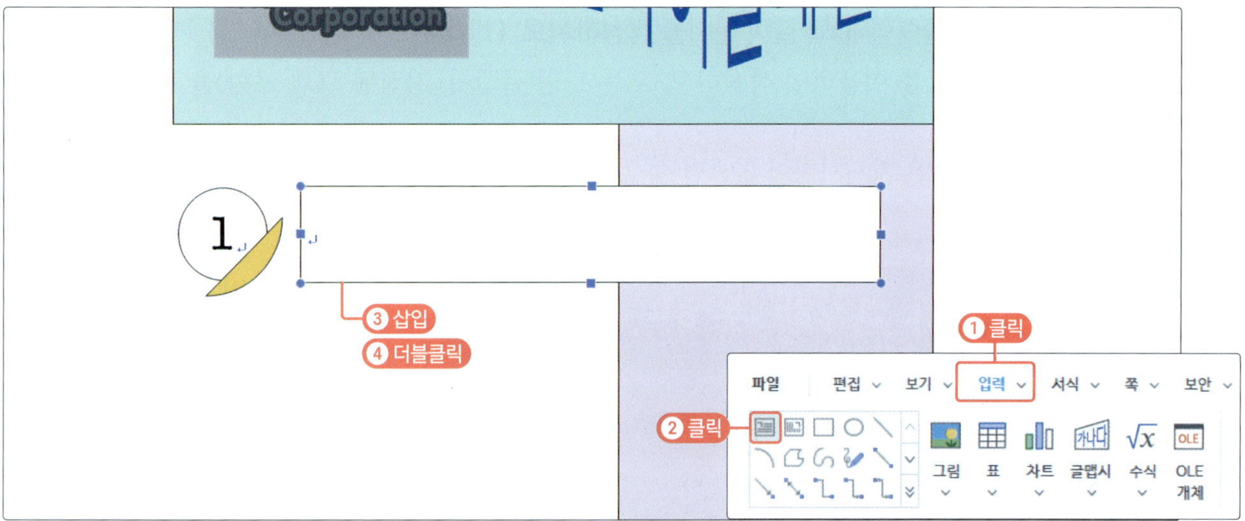

2 [선] 탭에서 **종류**를 변경한 다음 [채우기] 탭에서 **색 채우기 없음**을 지정합니다.

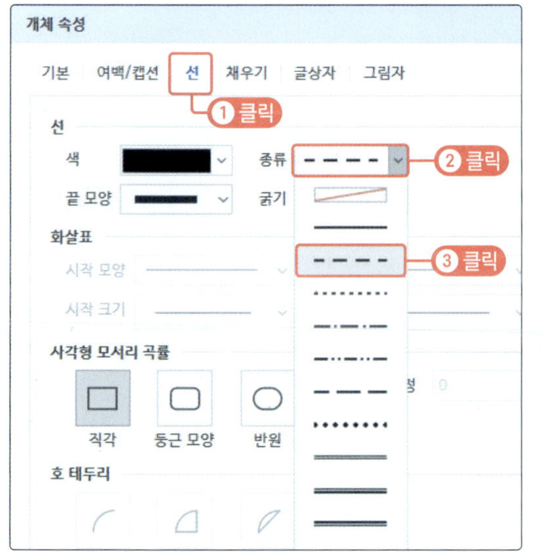

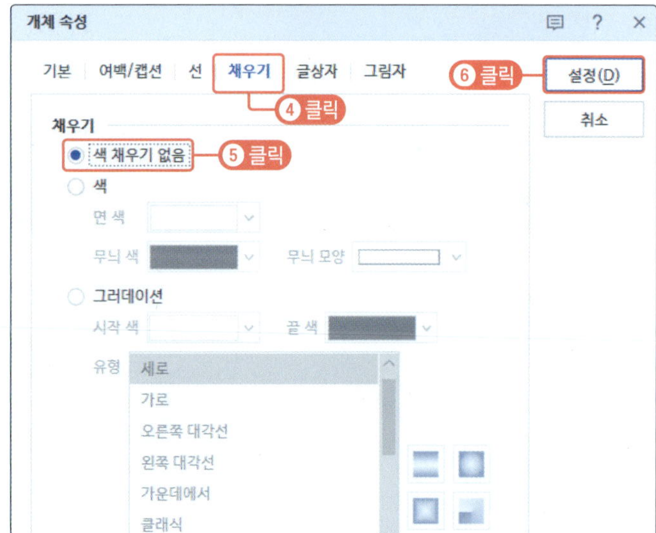

ITQ 꿀팁

• 목차에서 작업하는 글상자의 면 색은 '색 채우기 없음'이 고정적으로 출제되고 있어요.
• 선 종류는 '점선(·········)' 또는 '파선(━ ━ ━ ━)'을 선택합니다.

3. 다음 (1), (2)의 수식을 수식 편집기로 각각 입력하시오. (40점)

《출력형태》

$$(1)\ \frac{1}{\lambda} = 1.097 \times 10^5 \left(\frac{1}{2^2} - \frac{1}{n^2} \right) \qquad (2)\ \int_a^b A(x-a)(x-b)dx = -\frac{A}{6}(b-a)^3$$

4. 다음의 《조건》에 따라 《출력형태》와 같이 문서를 작성하시오. (110점)

《조건》　　(1) 그리기 도구를 이용하여 작성하고, 모든 도형(글맵시, 지정된 그림 포함)을 《출력형태》와 같이
　　　　　　　작성하시오.
　　　　　　(2) 도형의 면색은 지시사항이 없으면 색 없음을 제외하고 서로 다르게 임의로 지정하시오.

《출력형태》

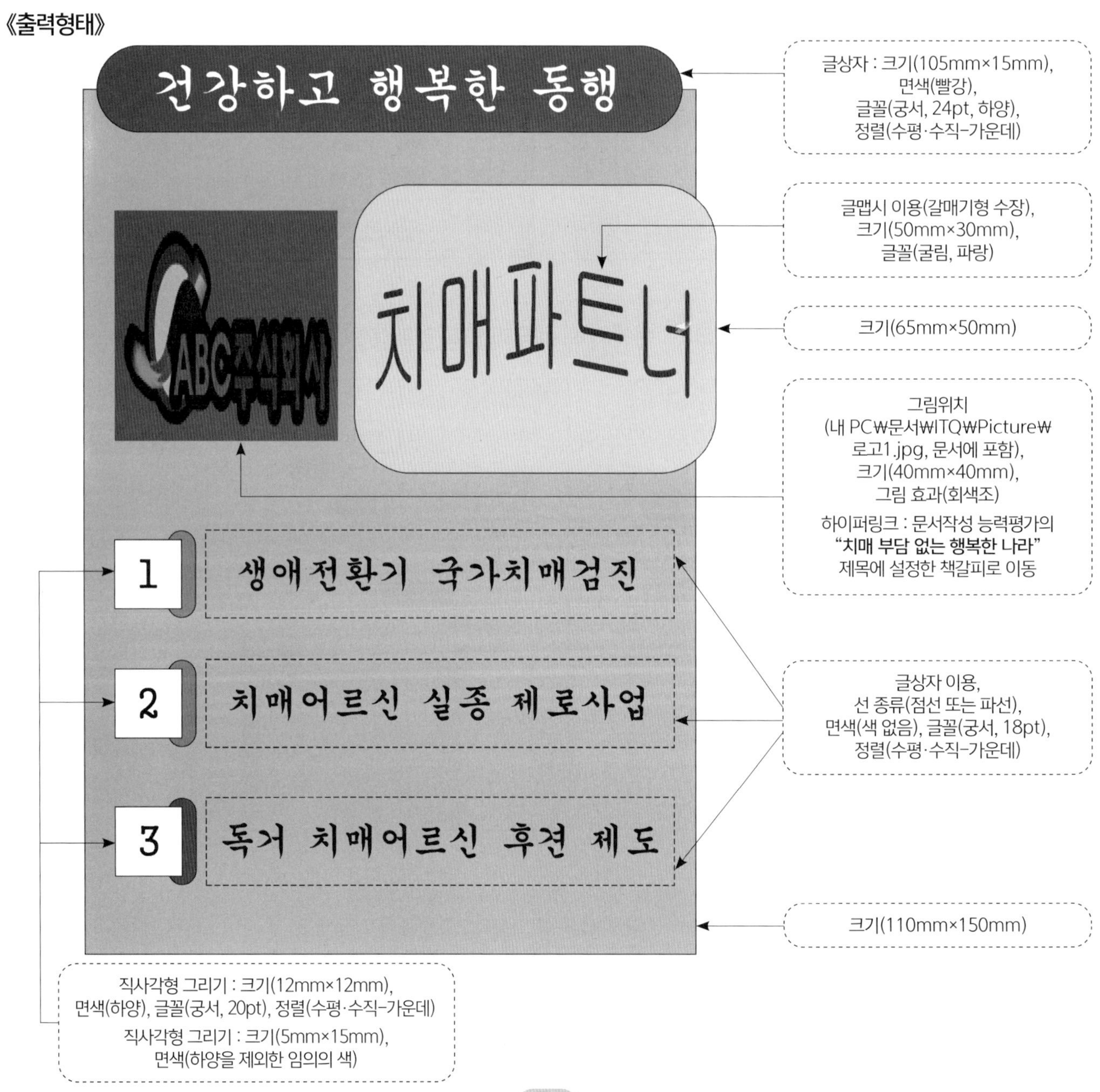

3 글상자에 목차 내용을 입력합니다.

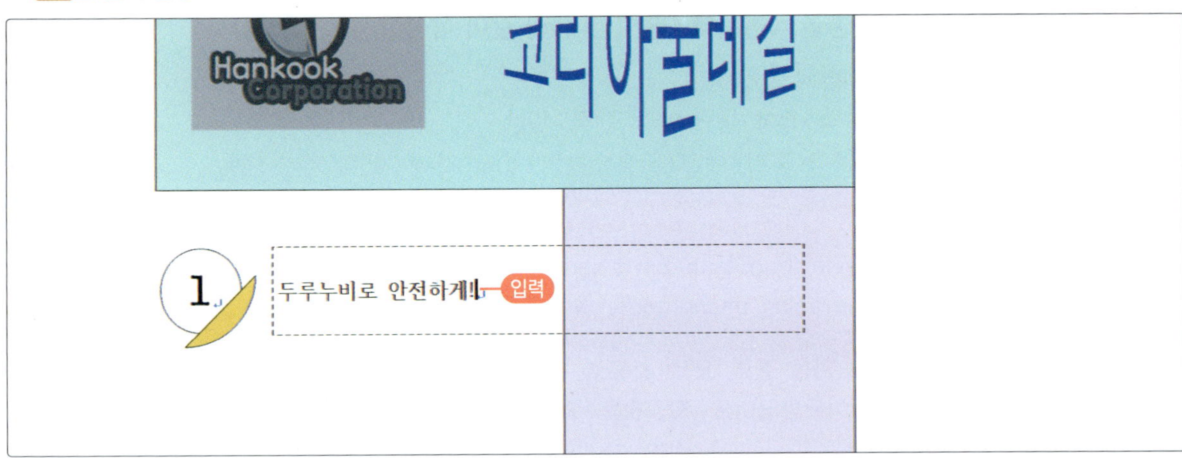

4 입력된 내용을 블록으로 지정한 다음 서식 도구 상자에서 글꼴 서식을 변경합니다.

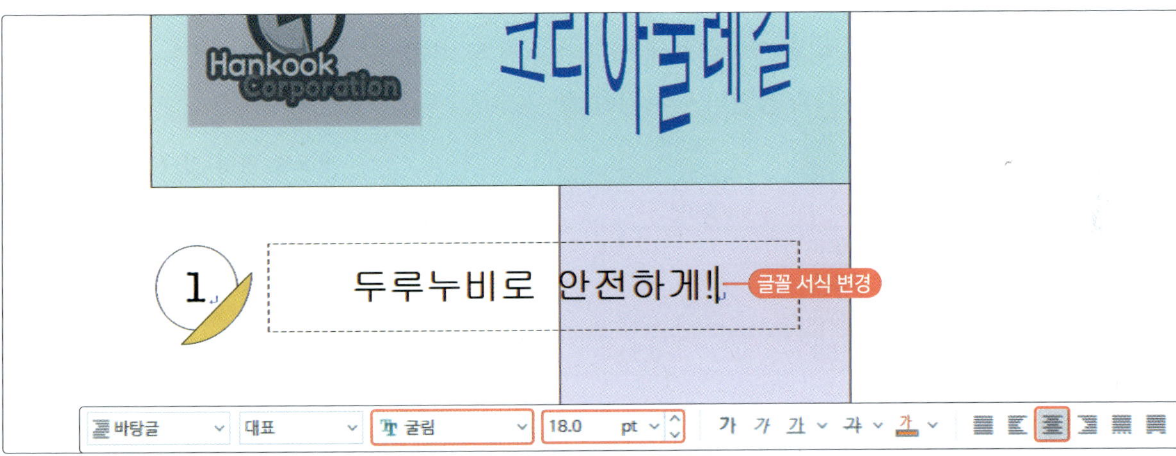

5 Shift 를 누른 채 목차 작성에 사용된 개체들을 모두 선택한 다음 Ctrl + Shift +드래그하여 아래쪽으로 반듯하게 복사합니다.

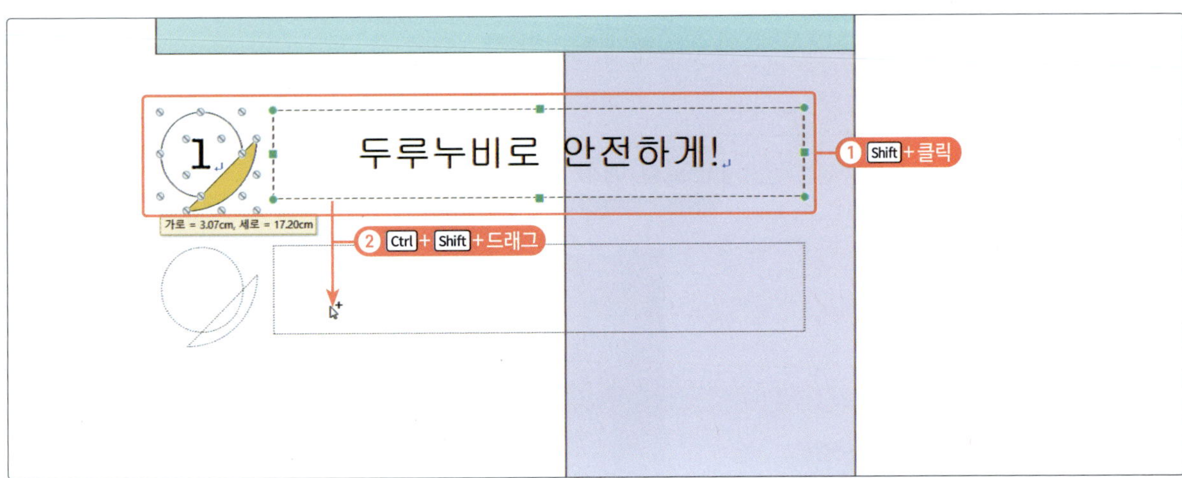

1. 다음의 《조건》에 따라 스타일 기능을 적용하여 《출력형태》와 같이 작성하시오. (50점)

《조건》　　(1) 스타일 이름 – insurance
　　　　　(2) 문단 모양 – 왼쪽 여백 : 15pt, 문단 아래 간격 : 10pt
　　　　　(3) 글자 모양 – 글꼴 : 한글(굴림)/영문(돋움), 크기 : 10pt, 장평 : 95%, 자간 : 5%

《출력형태》

Advanced countries currently provide long-term care service in more various forms prior to our practice because they have experienced the aging phenomenon much earlier.

노인장기요양보험제도는 고령이나 노인성 질병 등의 사유로 일상생활을 혼자서 수행하기 어려운 노인 등에게 신체활동 또는 가사활동 지원 등의 장기요양급여를 제공하는 사회보험제도이다 .

2. 다음의 《조건》에 따라 《출력형태》와 같이 표와 차트를 작성하시오. (100점)

《표 조건》　　(1) 표 전체(표, 캡션) – 궁서, 10pt
　　　　　　(2) 정렬 – 문자 : 가운데 정렬, 숫자 : 오른쪽 정렬
　　　　　　(3) 셀 배경(면색) : 노랑
　　　　　　(4) 한글의 계산 기능을 이용하여 빈칸에 평균(소수점 두 자리)을 구하고, 캡션 기능 사용할 것
　　　　　　(5) 선 모양은 《출력형태》와 동일하게 처리할 것

《출력형태》　　　　　　　　　　　　　　　　　　　　　　　　　연도별 예상 인구지표(단위 : %)

연도	2015년	2020년	2030년	2040년	평균
0~14세	13.8	12.6	11.5	10.8	
15~64세	73.4	71.7	64.0	56.4	
65세 이상	12.8	15.6	24.5	32.8	
인구성장률	0.53	0.31	0.07	−0.32	

《차트 조건》　　(1) 차트 데이터는 표 내용에서 연도별 0~14세, 15~64세, 65세 이상의 값만 이용할 것
　　　　　　　(2) 종류 – <묶은 세로 막대형>으로 작업할 것
　　　　　　　(3) 제목 – 굴림, 진하게, 12pt, 속성 – 채우기(밝은 색 : 하양), 테두리, 그림자(바깥쪽 : 대각선 오른쪽 아래)
　　　　　　　(4) 제목 이외의 전체 글꼴 – 굴림, 보통, 10pt
　　　　　　　(5) 축제목과 범례는 《출력형태》와 동일하게 처리할 것

《출력형태》

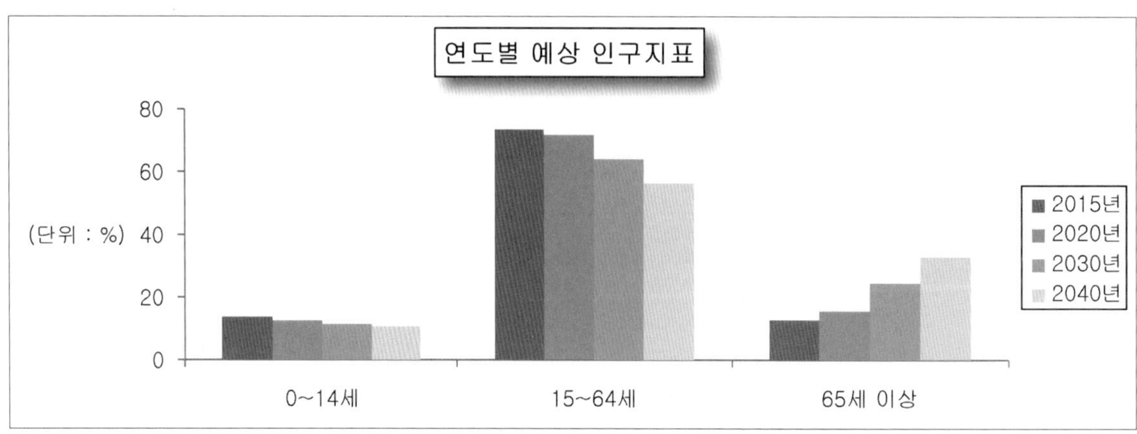

· Ctrl + Shift +드래그 : 선택된 개체를 수평 또는 수직으로 반듯하게 복사
· Ctrl +드래그 : 선택된 개체를 자유로운 위치에 복사

6 똑같은 방법으로 한 번 더 복사합니다.

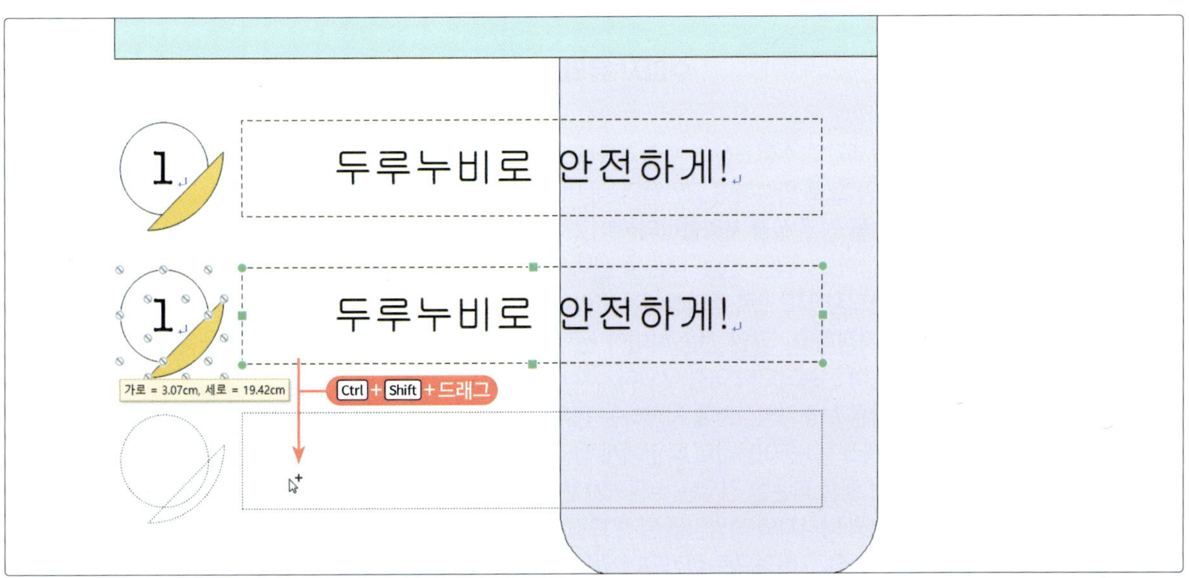

7 복사된 목차 도형과 글상자에 입력된 내용을 수정합니다.

8 호 도형을 더블클릭하여 면 색을 흰색과 검정색을 제외한 임의의 색으로 변경합니다.

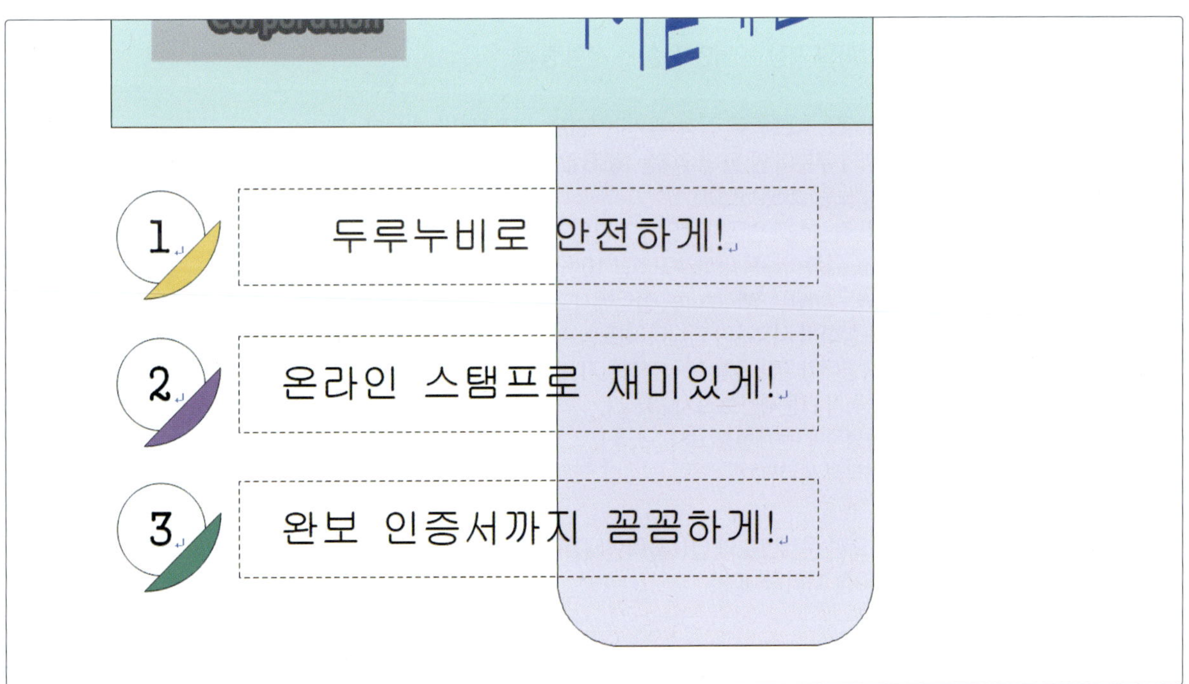

정보기술자격(ITQ) 실전모의고사

과 목	코 드	문제유형	시험시간	수험번호	성 명
아래한글	1111	A	60분		

수험자 유의사항

◎ 수험자는 문제지를 받는 즉시 문제지와 <u>수험표상의 시험과목(프로그램)이 동일한지 반드시 확인</u>하여야 합니다.

◎ 파일명은 본인의 "수험번호–성명"으로 입력하여 답안폴더(내 PC₩문서₩ITQ)에 하나의 파일로 저장해야 하며, 답안 파일을 전송하지 않아 미제출로 처리될 경우 실격 처리합니다(예:12345678–홍길동.hwpx).

◎ 답안 작성을 마치면 파일을 저장하고, '답안 전송' 버튼을 선택하여 감독위원 PC로 답안을 전송하십시오. 수험생 정보와 저장한 파일명이 다를 경우 전송되지 않으므로 주의하시기 바랍니다.

◎ 답안 작성 중에도 <u>주기적으로 저장하고, '답안 전송'</u>하여야 문제 발생을 줄일 수 있습니다. 작업한 내용을 저장하지 않고 전송할 경우 이전에 저장된 내용이 전송되오니 이점 유의하시기 바랍니다.

◎ 답안문서는 지정된 경로 외의 다른 보조기억장치에 저장하는 경우, 지정된 시험 시간 외에 작성된 파일을 활용할 경우, 기타 통신수단(이메일, 메신저, 네트워크 등)을 이용하여 타인에게 전달 또는 외부 반출하는 경우는 부정 처리합니다.

◎ 시험 중 부주의 또는 고의로 시스템을 파손한 경우는 수험자가 변상해야 하며, <수험자 유의사항>에 기재된 방법대로 이행하지 않아 생기는 불이익은 수험생 당사자의 책임임을 알려 드립니다.

◎ 문제의 조건은 한컴오피스 2022/2020 버전으로 설정되어 있으니 유의하시기 바랍니다.

◎ 시험을 완료한 수험자는 답안파일이 전송되었는지 확인한 후 감독위원의 지시에 따라 문제지를 제출하고 퇴실합니다.

답안 작성요령

◎ 온라인 답안 작성 절차

　수험자 등록 ⇒ 시험 시작 ⇒ 답안파일 저장 ⇒ 답안 전송 ⇒ 시험 종료

◎ 공통 부문

　• 글꼴에 대한 기본설정은 함초롬바탕, 10포인트, 검정, 줄간격 160%, 양쪽정렬로 합니다.

　• 색상은 조건의 색을 적용하고 색의 구분이 안 될 경우에는 RGB 값을 적용하십시오.
　　(빨강 255,0,0 / 파랑 0,0,255 / 노랑 255,255,0).

　• 각 문항에 주어진 《조건》에 따라 작성하고 언급하지 않은 조건은 《출력형태》와 같이 작성합니다.

　• 용지여백은 왼쪽 ·오른쪽 11mm, 위쪽·아래쪽·머리말·꼬리말 10mm, 제본 0mm로 합니다.

　• 그림 삽입 문제의 경우 「내 PC₩문서₩ITQ₩Picture」 폴더에서 지정된 파일을 선택하여 삽입하십시오.

　• 삽입한 그림은 반드시 문서에 포함하여 저장해야 합니다(미포함 시 감점 처리).

　• 각 항목은 지정된 페이지에 출력형태와 같이 정확히 작성하시기 바라며, 그렇지 않을 경우에 해당 항목은 0점 처리됩니다.
　　※ 페이지구분 : 1페이지 – 기능평가 I (문제번호 표시 : 1. 2.),
　　　　　　　　　 2페이지 – 기능평가 II (문제번호 표시 : 3. 4.),
　　　　　　　　　 3페이지 – 문서작성 능력평가

◎ 기능평가

　• 문제와 《조건》은 입력하지 않으며 문제번호와 답(《출력형태》)만 작성합니다.

　• 4번 문제는 묶기를 했을 경우 0점 처리됩니다.

◎ 문서작성 능력평가

　• A4 용지(210mm×297mm) 1매 크기, 세로 서식 문서로 작성합니다.

　•　　　　 표시는 문서작성에 대한 지시사항이므로 작성하지 않습니다.

책갈피 및 하이퍼링크 삽입하기

- 책갈피 이름 : 두루누비
- 하이퍼링크 : 문서작성 능력평가의 "우리나라 외곽을 하나로 연결하는 걷기여행길" 제목에 설정한 책갈피로 이동

1 책갈피 삽입을 위해 3페이지 첫 번째 줄에 제목을 입력합니다.

✿ 102페이지의 작성조건을 참고하여 문서의 제목을 입력해 보세요.

2 제목의 맨 앞쪽을 선택하여 커서를 위치시킨 후 [입력] 탭에서 **[책갈피]**를 클릭합니다.

✿ 커서를 위치시킨 후 Ctrl + K , B 를 눌러 책갈피를 입력할 수도 있어요.

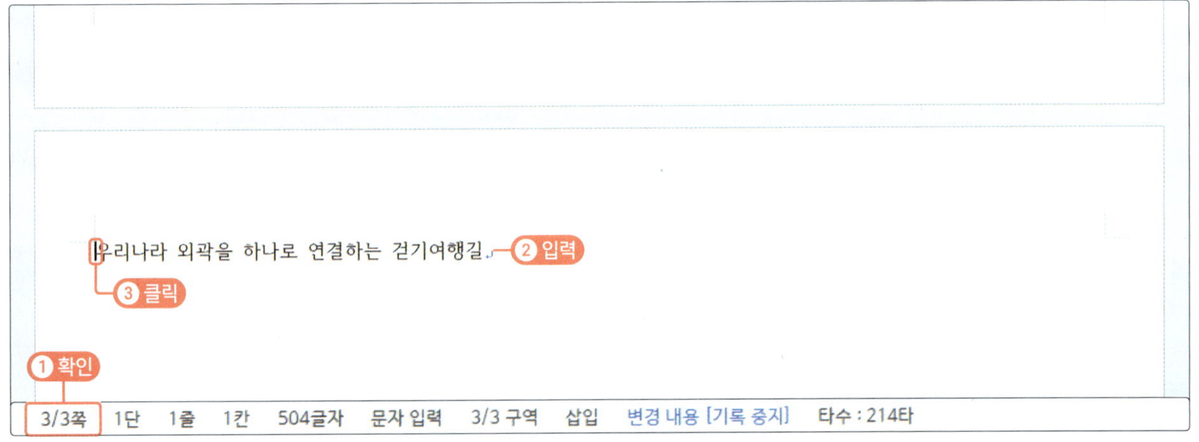

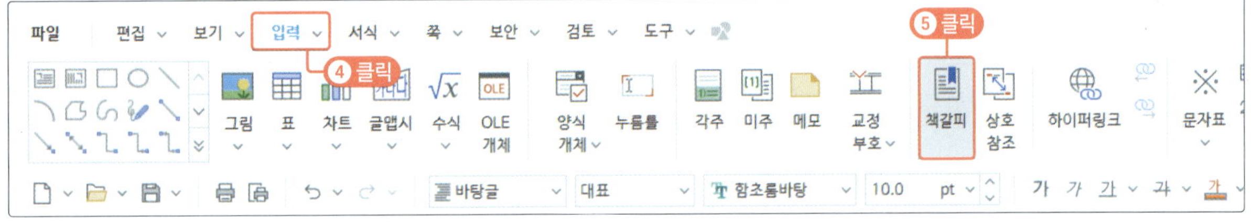

> **ITQ 꿀팁**
>
> - 3페이지의 제목 앞에 책갈피를 지정하는 문제가 고정적으로 출제되고 있어요.
> - 문제지 3페이지의 왼쪽 상단에서 책갈피 이름을 확인할 수 있어요.

3 책갈피 이름을 입력한 후 <넣기>를 클릭합니다.

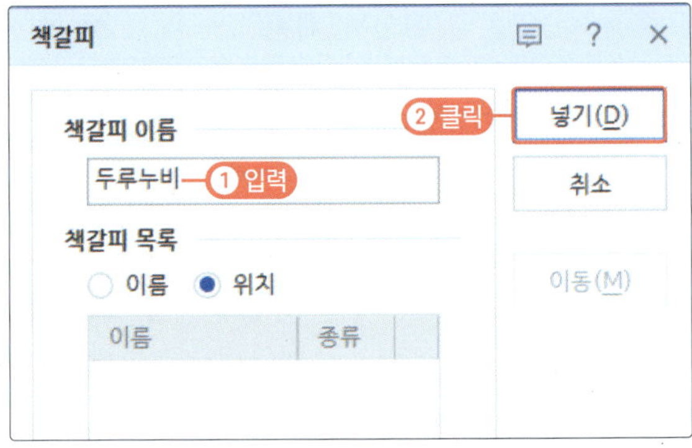

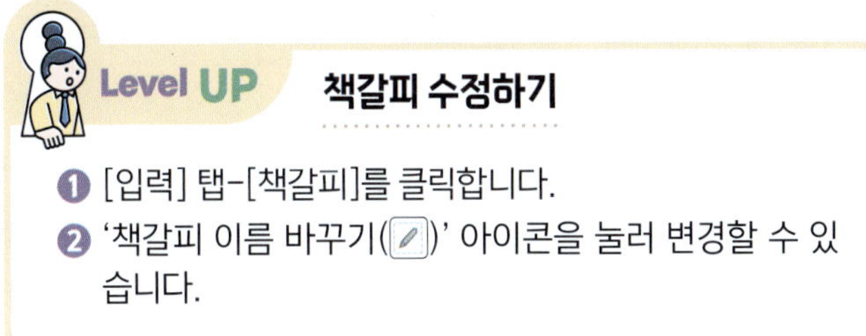

글꼴 : 돋움, 18pt, 진하게, 가운데 정렬
책갈피 이름 : 김치
덧말 넣기

머리말 기능
굴림, 10pt, 오른쪽 정렬　→ 한국의 김치

한국의 전통 식품
세계로 뻗어 나가는 김치

문단 첫 글자 장식 기능
글꼴 : 궁서, 면색 : 노랑

각주

그림위치(내 PC₩문서₩ITQ₩Picture₩그림4.jpg, 문서에 포함)
자르기 기능 이용, 크기(40mm×35mm), 바깥 여백 왼쪽 : 2mm

배추, 무, 오이 등의 채소를 소금에 절이고 고추, 파, 생강 등 여러 가지 양념을 버무려 담근 염장 발효① 식품인 김치는 다방면의 연구를 통해 암을 예방(豫防)하고 살이 빠지며 대장 건강과 피부에도 좋다는 효능이 과학적으로 입증되었다. 미국의 한 건강 관련 잡지는 올리브기름, 콩, 요구르트와 함께 김치를 세계에서 가장 건강한 식품으로 선정한 바 있다.

　김치는 오랜 역사를 자랑하는 만큼 각 지역의 기후와 재배작물에 따라 다양한 특징을 보이고 있다. 오늘날과 같이 교통이 발달(發達)하지 않은 과거에는 해당 지역에서 쉽게 구할 수 있는 재료를 이용해 김치를 담갔다. 또한 각 지역의 기후적 특색에 따라 김치 담그는 방법도 차이를 보이게 되었다. 서울을 비롯한 경기 지역은 짜지도 않고 싱겁지도 않은 중간 맛의 온갖 김치가 다 모여 있다. 경상도는 마늘과 고춧가루를 특히 많이 사용하여 맵고 자극적인 것이 특징이다. 멸치젓섞박지, 부추젓김치, 고추김치, 우엉김치, 부추김치 등이 경상도의 별미김치이다. 전라도 김치는 맵고 짭짤하며 진한 맛과 감칠맛이 나는 것이 특징이다. 씁쓸한 맛의 고들빼기김치와 해남의 갓김치, 나주의 동치미 등이 유명하다.

※ 김치의 원료와 계절별 종류

글꼴 : 굴림, 18pt, 하양
음영색 : 파랑

　A. 김치의 원료

　　1. 주원료 : 배추, 무, 오이, 미나리, 가지, 부추, 고들빼기 등

　　2. 부원료 : 채소류, 과실류, 곡류, 젓갈 등

　B. 김치의 계절별 종류

　　1. 봄과 여름 : 미나리김치, 얼갈이김치, 열무김치, 오이김치 등

　　2. 가을과 겨울 : 총각김치, 가지김치, 굴깍두기, 백김치, 동치미 등

문단 번호 기능 사용
1수준 : 20pt, 오른쪽정렬,
2수준 : 30pt, 오른쪽정렬
줄 간격 : 180%

표 전체 글꼴 : 돋움, 10pt, 가운데 정렬
셀 배경(그러데이션) : 유형(가운데에서),
시작색(하양), 끝색(노랑)

※ *2020 김치로 배우는 체험 및 교육*

글꼴 : 굴림, 18pt, 기울임, 강조점

구분	프로그램	내용	운영기준
체험	김치요리교실	김치를 직접 만들고 만든 김치를 가져가는 체험	10명 이상
	김치과학교실	김치만들기와 초등 교과과정의 과학실험, 미각교육 접목	단체
	주말 김치 체험	체험과 식사를 함께 즐길 수 있는 김치한끼 체험	2팀 이상
교육	김치소믈리에	김치 고수들의 비법을 전수 받는 심화 과정	매주 수(16주)
	김치 최고 전문가	김치 역사, 문화, 과학, 제조기술을 갖춘 전문가 양성	매주 목(12주)

글꼴 : 돋움, 24pt, 진하게
장평 95%, 오른쪽 정렬　→ # 세계김치연구소

각주 구분선 : 5cm

① 미생물이 유기 화합물을 분해하여 알코올류, 유기산류 등을 생성하는 작용

쪽 번호 매기기
2로 시작　→ 나

4 로고와 책갈피를 연결하기 위해 2페이지에 삽입된 로고를 우클릭하여 **[하이퍼링크]**를 선택합니다.

✿ 개체가 선택된 상태에서 `Ctrl`+`K`, `H`를 눌러도 하이퍼링크를 삽입할 수도 있어요.

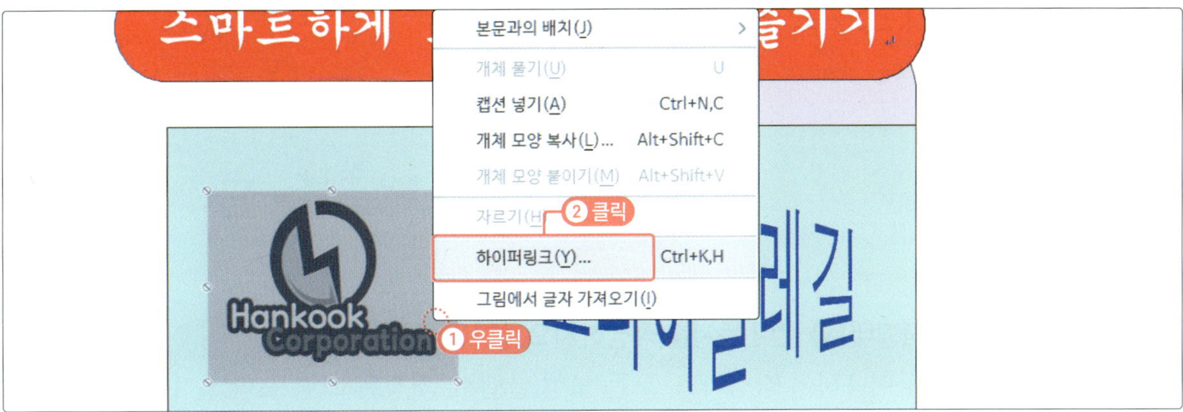

5 [현재 문서]에서 **두루누비**를 선택한 후 <넣기>를 클릭합니다.

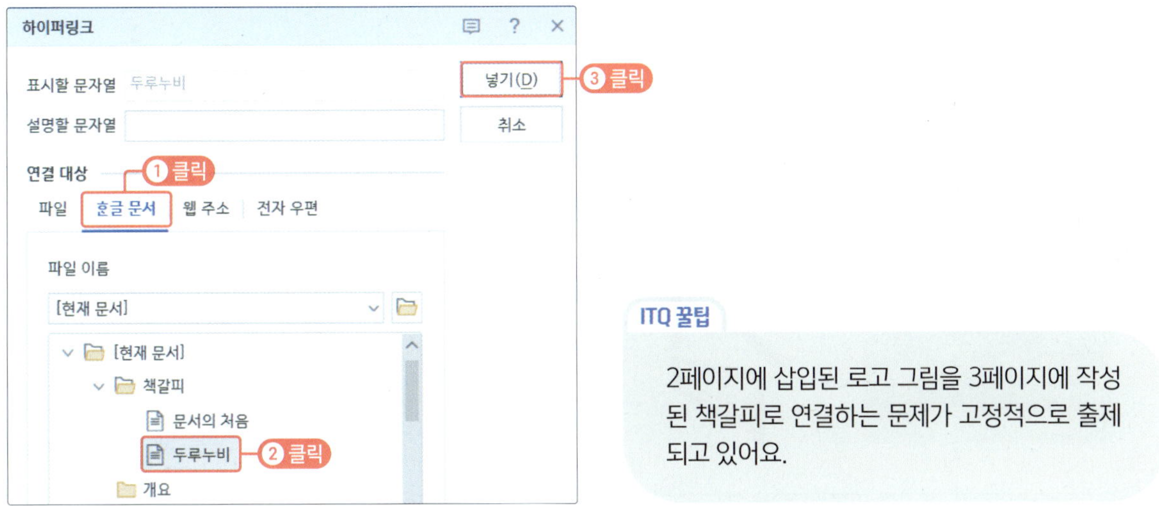

ITQ 꿀팁

2페이지에 삽입된 로고 그림을 3페이지에 작성된 책갈피로 연결하는 문제가 고정적으로 출제되고 있어요.

6 `Ctrl`을 누른 채 로고를 클릭하여 책갈피가 삽입된 3페이지의 첫 번째 줄로 이동하는 것을 확인합니다.

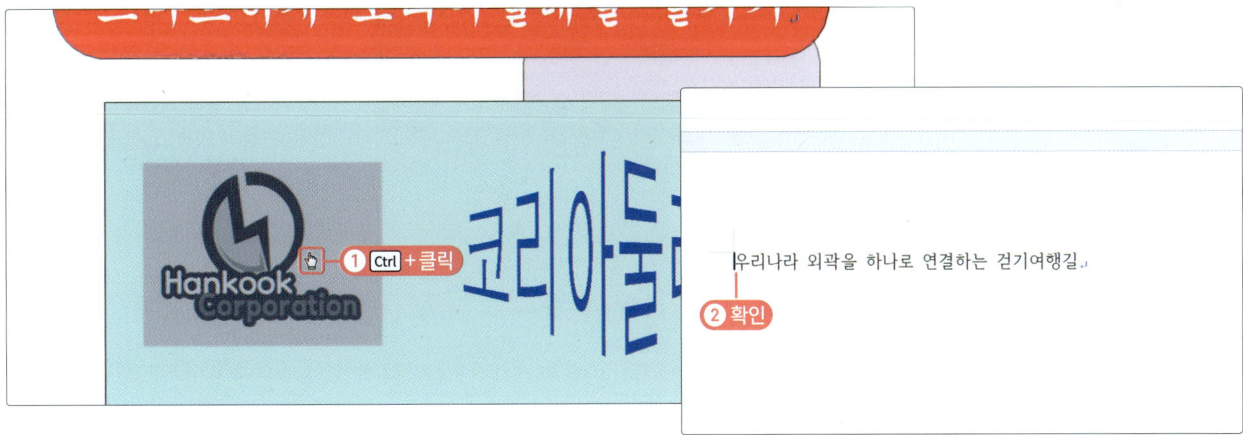

7 작업이 완료되면 서식 도구 상자에서 **[저장하기(🖫)]**를 클릭하거나, `Alt`+`S`를 눌러 답안 파일을 저장합니다.

3. 다음 (1), (2)의 수식을 수식 편집기로 각각 입력하시오. (40점)

《출력형태》

$$(1)\ \frac{1}{2}mf^2 = \frac{1}{2}\frac{(m+M)^2}{b}V^2 \qquad (2)\ \sum_{k=1}^{n}k^3 = \frac{n(n+1)}{2} = \sum_{k=1}^{n}k$$

4. 다음의 《조건》에 따라 《출력형태》와 같이 문서를 작성하시오. (110점)

《조건》 (1) 그리기 도구를 이용하여 작성하고, 모든 도형(글맵시, 지정된 그림 포함)을 《출력형태》와 같이 작성하시오.

(2) 도형의 면색은 지시사항이 없으면 색 없음을 제외하고 서로 다르게 임의로 지정하시오.

《출력형태》

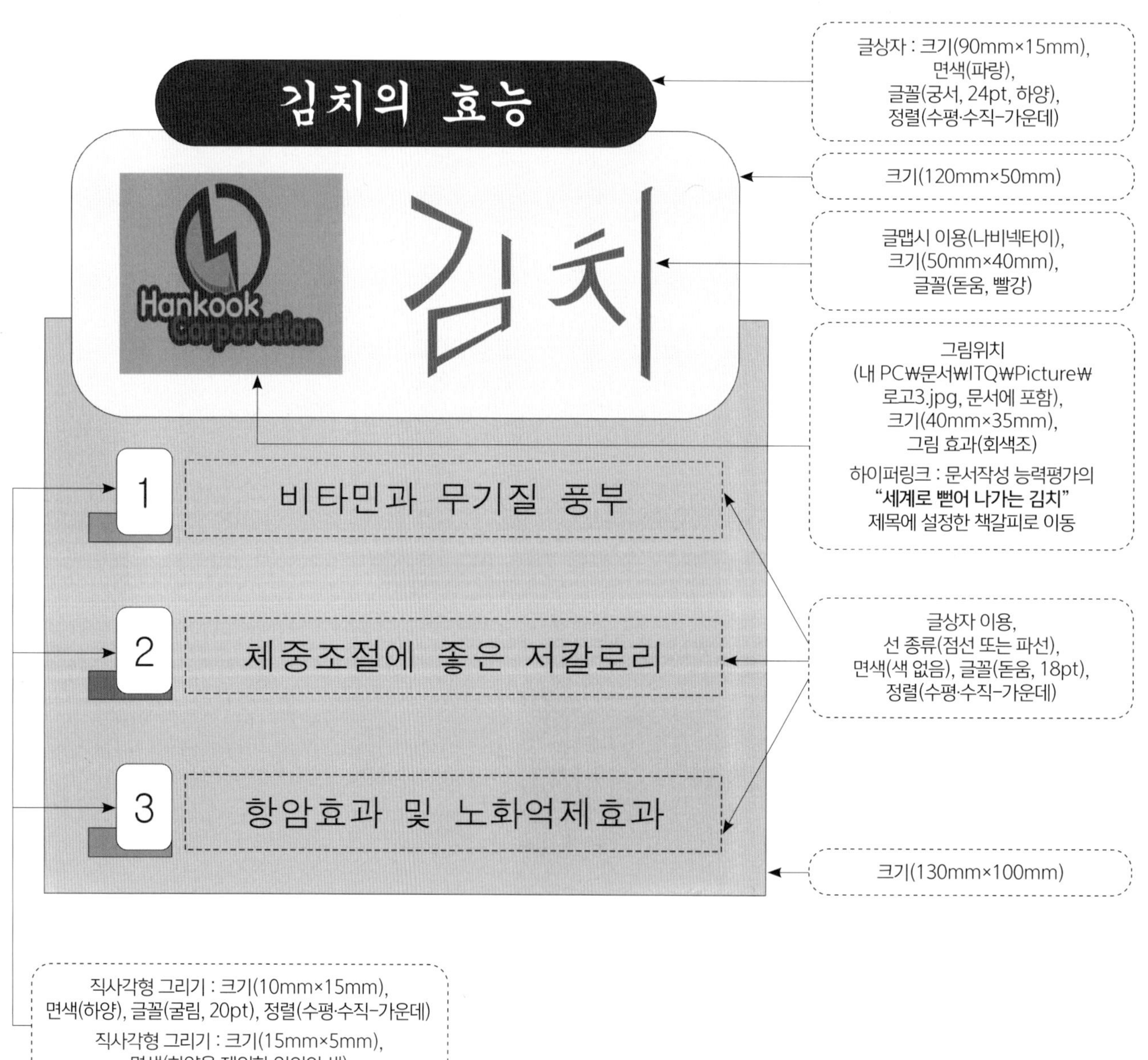

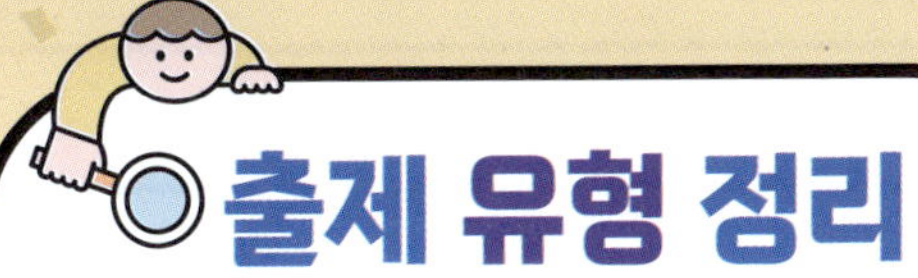

1 다음 조건에 따라 출력형태와 같이 문서를 작성해 보세요.

⊘ **실습파일** : 유형06-1(문제).hwpx   ⊘ **완성파일** : 유형06-1(완성).hwpx

《조건》
(1) 그리기 도구를 이용하여 작성하고, 모든 도형(글맵시, 지정된 그림 포함)을 《출력형태》와 같이 작성하시오.
(2) 도형의 면색은 지시사항이 없으면 색 없음을 제외하고 서로 다르게 임의로 지정하시오.

《출력형태》

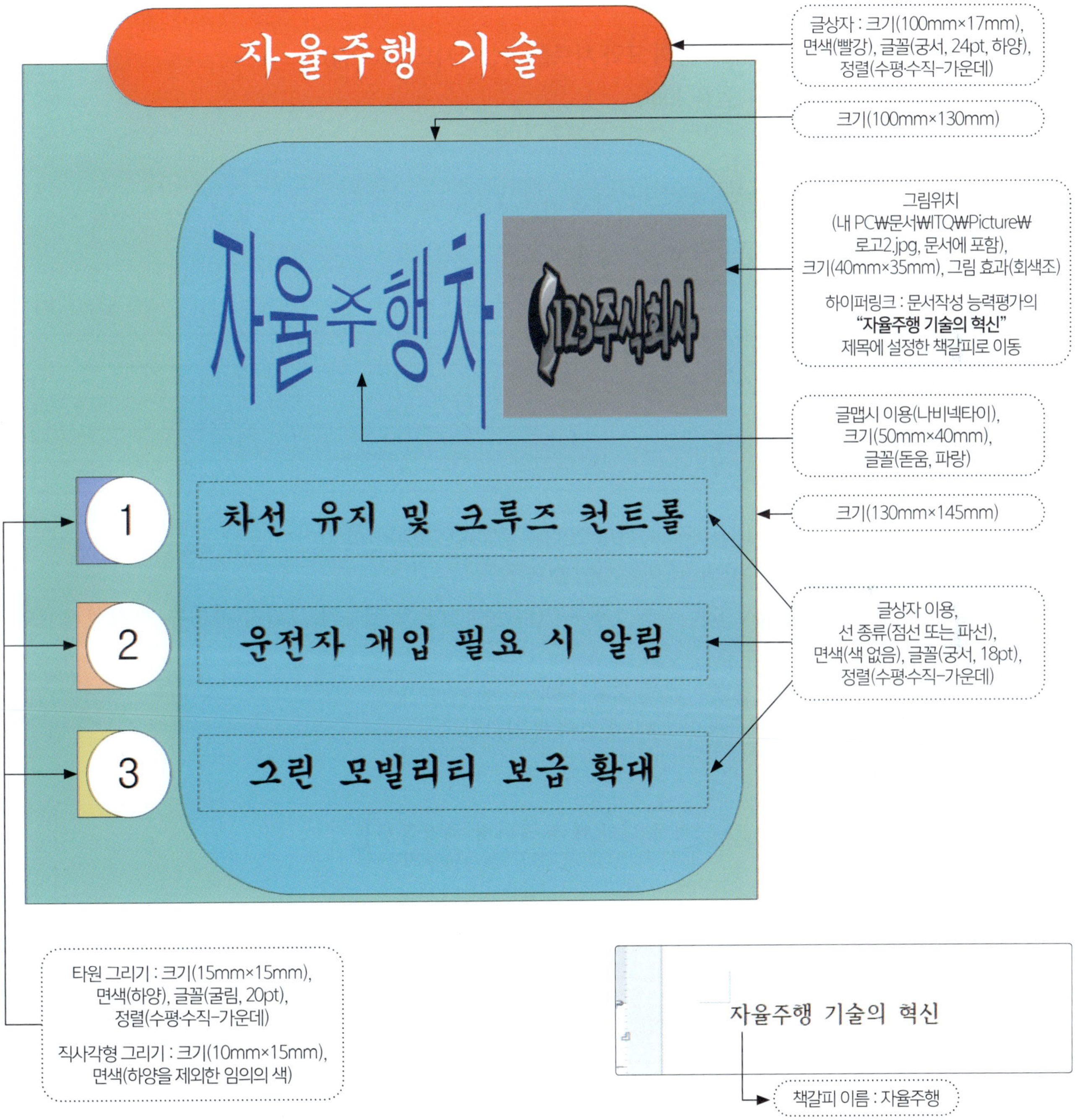

글상자 : 크기(100mm×17mm), 면색(빨강), 글꼴(궁서, 24pt, 하양), 정렬(수평수직-가운데)

크기(100mm×130mm)

그림위치
(내 PC₩문서₩ITQ₩Picture₩로고2.jpg, 문서에 포함),
크기(40mm×35mm), 그림 효과(회색조)

하이퍼링크 : 문서작성 능력평가의 **"자율주행 기술의 혁신"** 제목에 설정한 책갈피로 이동

글맵시 이용(나비넥타이), 크기(50mm×40mm), 글꼴(돋움, 파랑)

크기(130mm×145mm)

글상자 이용, 선 종류(점선 또는 파선), 면색(색 없음), 글꼴(궁서, 18pt), 정렬(수평수직-가운데)

타원 그리기 : 크기(15mm×15mm), 면색(하양), 글꼴(굴림, 20pt), 정렬(수평수직-가운데)

직사각형 그리기 : 크기(10mm×15mm), 면색(하양을 제외한 임의의 색)

책갈피 이름 : 자율주행

1. 다음의 《조건》에 따라 스타일 기능을 적용하여 《출력형태》와 같이 작성하시오. (50점)

《조건》　　(1) 스타일 이름 – kimchi
　　　　　　(2) 문단 모양 – 왼쪽 여백 : 15pt, 문단 아래 간격 : 10pt
　　　　　　(3) 글자 모양 – 글꼴 : 한글(굴림)/영문(돋움), 크기 : 10pt, 장평 : 95%, 자간 : 5%

《출력형태》

While Kimchi, which used to be a daily side dish on the tables of the Korean people is rich in vitamin, which is effective in preventing bacillus proliferation, and contains anticancer compounds.

김치는 익어 가면서 항균 작용을 하게 된다. 숙성 과정 중 발생하는 젖산균은 새콤한 맛을 더해 줄 뿐만 아니라, 장속의 다른 유해균의 작용을 억제하여 이상 발효를 막아주고 병원균을 억제한다.

2. 다음의 《조건》에 따라 《출력형태》와 같이 표와 차트를 작성하시오. (100점)

《표 조건》　(1) 표 전체(표, 캡션) – 돋움, 10pt
　　　　　　(2) 정렬 – 문자 : 가운데 정렬, 숫자 : 오른쪽 정렬
　　　　　　(3) 셀 배경(면색) : 노랑
　　　　　　(4) 한글의 계산 기능을 이용하여 빈칸에 평균(소수점 두 자리)을 구하고, 캡션 기능 사용할 것
　　　　　　(5) 선 모양은 《출력형태》와 동일하게 처리할 것

《출력형태》

미국 절인 배추 국가별 수입동향(단위 : 백만 달러, %)

구분	중국	페루	멕시코	캐나다	평균
2018년	621	658	127	169	
2019년	288	520	148	152	
2020년	577	497	181	168	
점유율(2020년)	24.3	21	7.7	7.1	

《차트 조건》　(1) 차트 데이터는 표 내용에서 국가별 2018년, 2019년, 2020년의 값만 이용할 것
　　　　　　(2) 종류 – <묶은 세로 막대형>으로 작업할 것
　　　　　　(3) 제목 – 궁서, 진하게, 12pt, 속성 – 채우기(밝은 색 : 하양), 테두리, 그림자(바깥쪽 : 대각선 오른쪽 아래)
　　　　　　(4) 제목 이외의 전체 글꼴 – 궁서, 보통, 10pt
　　　　　　(5) 축제목과 범례는 《출력형태》와 동일하게 처리할 것

《출력형태》

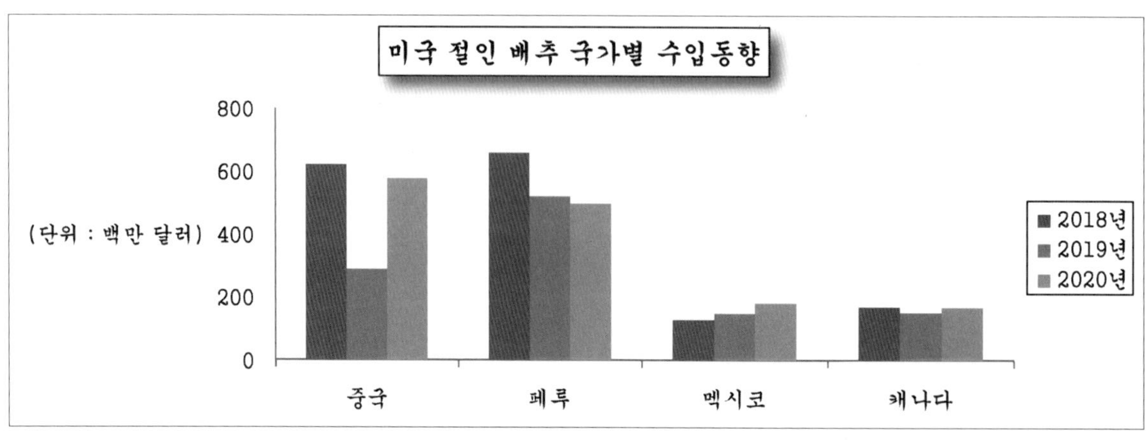

2 다음 조건에 따라 출력형태와 같이 문서를 작성해 보세요.

실습파일 : 유형06-2(문제).hwpx 완성파일 : 유형06-2(완성).hwpx

《조건》

(1) 그리기 도구를 이용하여 작성하고, 모든 도형(글맵시, 지정된 그림 포함)을 《출력형태》와 같이 작성하시오.

(2) 도형의 면색은 지시사항이 없으면 색 없음을 제외하고 서로 다르게 임의로 지정하시오.

《출력형태》

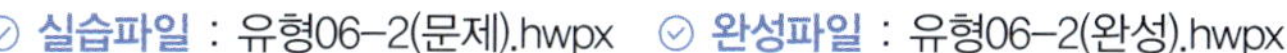

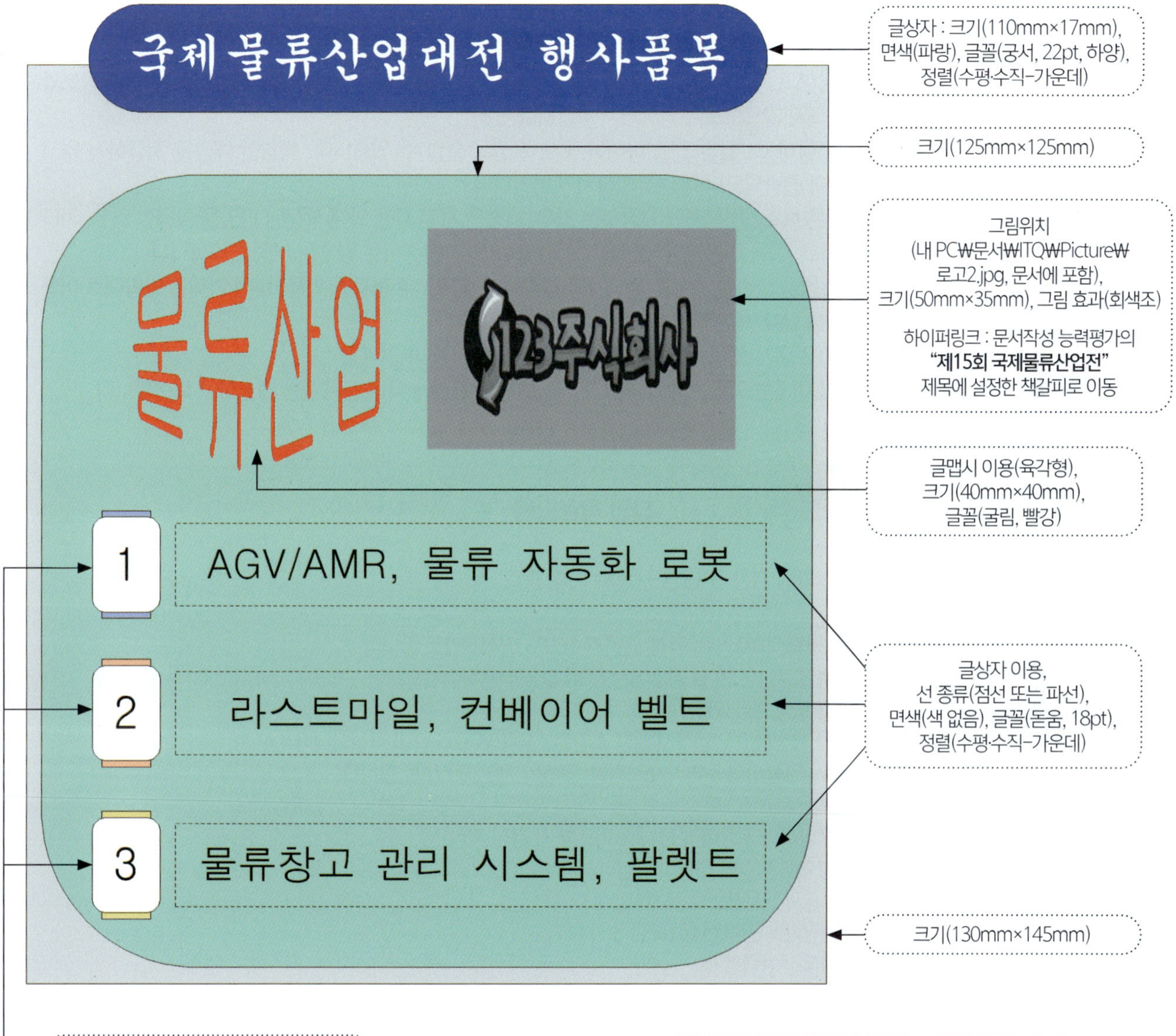

국제물류산업대전 행사품목
물류산업
123주식회사
1
AGV/AMR, 물류 자동화 로봇
2
라스트마일, 컨베이어 벨트
3
물류창고 관리 시스템, 팔렛트
글상자 : 크기(110mm×17mm), 면색(파랑), 글꼴(궁서, 22pt, 하양), 정렬(수평·수직-가운데)
크기(125mm×125mm)
그림위치 (내 PC₩문서₩ITQ₩Picture₩로고2.jpg, 문서에 포함), 크기(50mm×35mm), 그림 효과(회색조)
하이퍼링크 : 문서작성 능력평가의 "제15회 국제물류산업전" 제목에 설정한 책갈피로 이동
글맵시 이용(육각형), 크기(40mm×40mm), 글꼴(굴림, 빨강)
글상자 이용, 선 종류(점선 또는 파선), 면색(색 없음), 글꼴(돋움, 18pt), 정렬(수평·수직-가운데)
크기(130mm×145mm)
직사각형 그리기 : 크기(11mm×15mm), 면색(하양), 글꼴(굴림, 20pt), 정렬(수평·수직-가운데)
직사각형 그리기 : 크기(8mm×17mm), 면색(하양을 제외한 임의의 색)

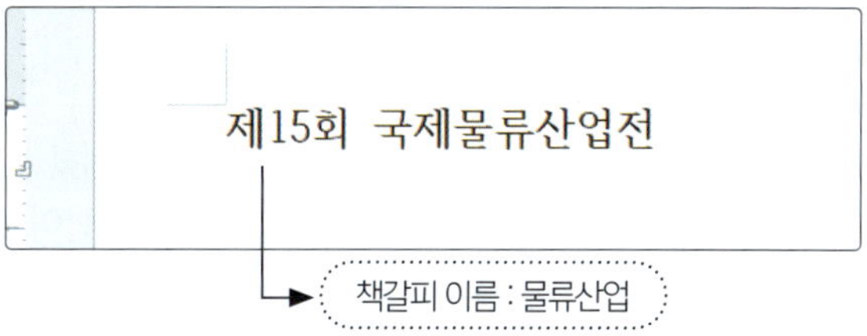

제15회 국제물류산업전
책갈피 이름 : 물류산업

정보기술자격(ITQ) 실전모의고사

과 목	코 드	문제유형	시험시간	수험번호	성 명
아래한글	1111	C	60분		

수험자 유의사항

◎ 수험자는 문제지를 받는 즉시 문제지와 **수험표상의 시험과목(프로그램)이 동일한지 반드시 확인**하여야 합니다.

◎ 파일명은 본인의 "수험번호-성명"으로 입력하여 답안폴더(내 PC₩문서₩ITQ)에 하나의 파일로 저장해야 하며, 답안 파일을 전송하지 않아 미제출로 처리될 경우 실격 처리합니다(예:12345678-홍길동.hwpx).

◎ 답안 작성을 마치면 파일을 저장하고, '답안 전송' 버튼을 선택하여 감독위원 PC로 답안을 전송하십시오. 수험생 정보와 저장한 파일명이 다를 경우 전송되지 않으므로 주의하시기 바랍니다.

◎ 답안 작성 중에도 **주기적으로 저장하고, '답안 전송'**하여야 문제 발생을 줄일 수 있습니다. 작업한 내용을 저장하지 않고 전송할 경우 이전에 저장된 내용이 전송되오니 이점 유의하시기 바랍니다.

◎ 답안문서는 지정된 경로 외의 다른 보조기억장치에 저장하는 경우, 지정된 시험 시간 외에 작성된 파일을 활용할 경우, 기타 통신수단(이메일, 메신저, 네트워크 등)을 이용하여 타인에게 전달 또는 외부 반출하는 경우는 부정 처리합니다.

◎ 시험 중 부주의 또는 고의로 시스템을 파손한 경우는 수험자가 변상해야 하며, <수험자 유의사항>에 기재된 방법대로 이행하지 않아 생기는 불이익은 수험생 당사자의 책임임을 알려 드립니다.

◎ 문제의 조건은 한컴오피스 2022/2020 버전으로 설정되어 있으니 유의하시기 바랍니다.

◎ 시험을 완료한 수험자는 답안파일이 전송되었는지 확인한 후 감독위원의 지시에 따라 문제지를 제출하고 퇴실합니다.

답안 작성요령

◎ **온라인 답안 작성 절차**

   수험자 등록 ⇒ 시험 시작 ⇒ 답안파일 저장 ⇒ 답안 전송 ⇒ 시험 종료

◎ **공통 부문**

- 글꼴에 대한 기본설정은 함초롬바탕, 10포인트, 검정, 줄간격 160%, 양쪽정렬로 합니다.
- 색상은 조건의 색을 적용하고 색의 구분이 안 될 경우에는 RGB 값을 적용하십시오.
  (빨강 255,0,0 / 파랑 0,0,255 / 노랑 255,255,0).
- 각 문항에 주어진 《조건》에 따라 작성하고 언급하지 않은 조건은 《출력형태》와 같이 작성합니다.
- 용지여백은 왼쪽·오른쪽 11mm, 위쪽·아래쪽·머리말·꼬리말 10mm, 제본 0mm로 합니다.
- 그림 삽입 문제의 경우 「내 PC₩문서₩ITQ₩Picture」 폴더에서 지정된 파일을 선택하여 삽입하십시오.
- 삽입한 그림은 반드시 문서에 포함하여 저장해야 합니다(미포함 시 감점 처리).
- 각 항목은 지정된 페이지에 출력형태와 같이 정확히 작성하시기 바라며, 그렇지 않을 경우에 해당 항목은 0점 처리됩니다.
  ※ 페이지구분 : 1페이지 - 기능평가 I (문제번호 표시 : 1. 2.),
               2페이지 - 기능평가 II (문제번호 표시 : 3. 4.),
               3페이지 - 문서작성 능력평가

◎ **기능평가**

- 문제와 《조건》은 입력하지 않으며 문제번호와 답(《출력형태》)만 작성합니다.
- 4번 문제는 묶기를 했을 경우 0점 처리됩니다.

◎ **문서작성 능력평가**

- A4 용지(210mm×297mm) 1매 크기, 세로 서식 문서로 작성합니다.
-        표시는 문서작성에 대한 지시사항이므로 작성하지 않습니다.

◎ 실습파일 : 유형06-3(문제).hwpx   ◎ 완성파일 : 유형06-3(완성).hwpx

《조건》
(1) 그리기 도구를 이용하여 작성하고, 모든 도형(글맵시, 지정된 그림 포함)을 《출력형태》와 같이 작성하시오.
(2) 도형의 면색은 지시사항이 없으면 색 없음을 제외하고 서로 다르게 임의로 지정하시오.

《출력형태》

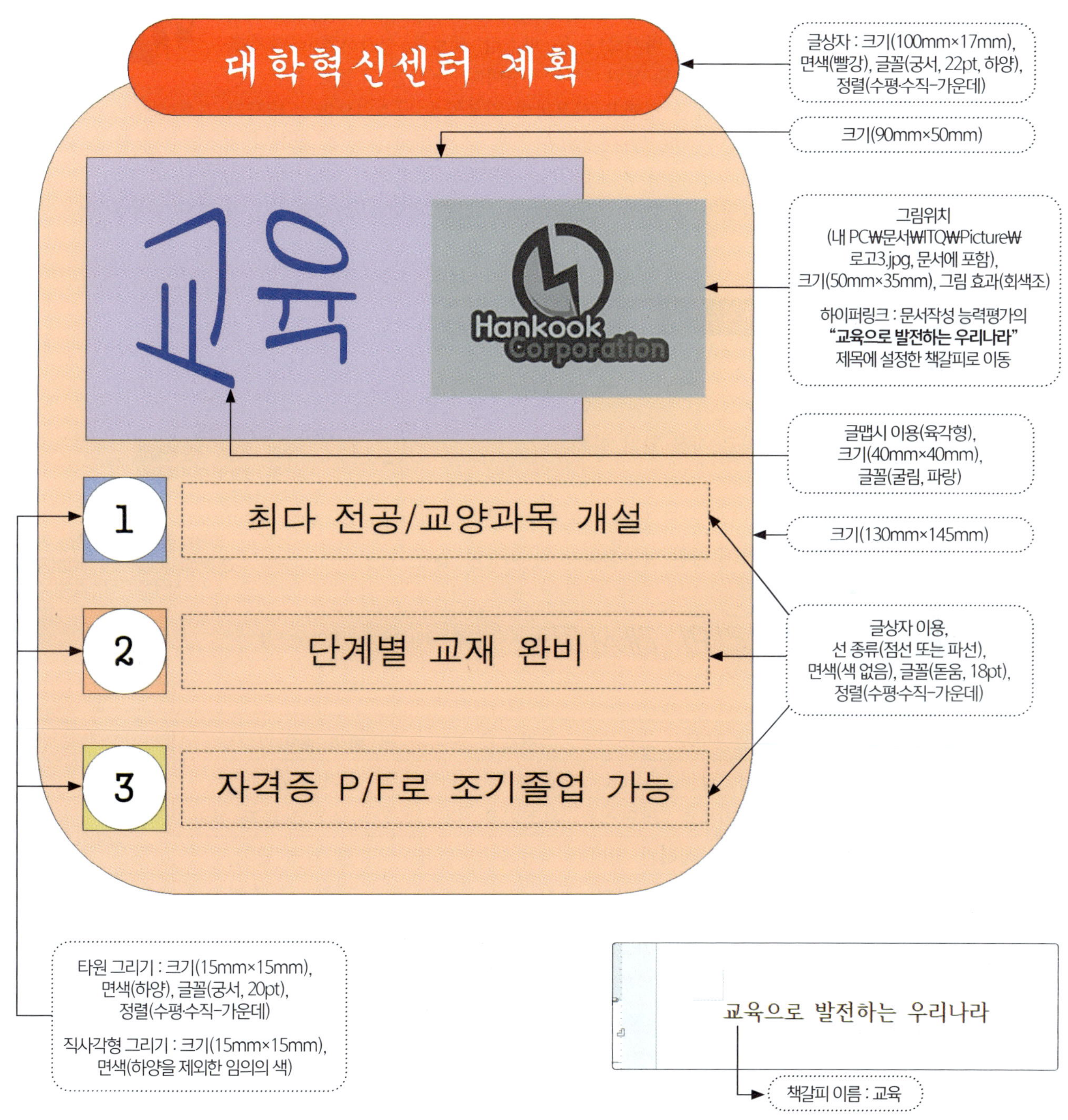

글상자 : 크기(100mm×17mm), 면색(빨강), 글꼴(궁서, 22pt, 하양), 정렬(수평수직-가운데)

크기(90mm×50mm)

그림위치
(내 PC\문서\ITQ\Picture\로고3.jpg, 문서에 포함), 크기(50mm×35mm), 그림 효과(회색조)

하이퍼링크 : 문서작성 능력평가의 **"교육으로 발전하는 우리나라"** 제목에 설정한 책갈피로 이동

글맵시 이용(육각형), 크기(40mm×40mm), 글꼴(굴림, 파랑)

크기(130mm×145mm)

글상자 이용, 선 종류(점선 또는 파선), 면색(색 없음), 글꼴(돋움, 18pt), 정렬(수평수직-가운데)

타원 그리기 : 크기(15mm×15mm), 면색(하양), 글꼴(궁서, 20pt), 정렬(수평수직-가운데)

직사각형 그리기 : 크기(15mm×15mm), 면색(하양을 제외한 임의의 색)

책갈피 이름 : 교육

글꼴 : 돋움, 18pt, 진하게, 가운데 정렬
책갈피 이름 : 라면
덧말 넣기

머리말 기능
굴림, 10pt, 오른쪽 정렬 → 국내 라면 시장

간편한 야식 라면
2020 가공식품 마켓 리포트

문단 첫 글자 장식 기능
글꼴 : 궁서, 면색 : 노랑

그림위치(내 PC\문서\ITQ\Picture\그림4.jpg, 문서에 포함)
자르기 기능 이용, 크기(40mm×35mm), 바깥 여백 왼쪽 : 2mm

우 리나라는 1980년대에 고도의 경제성장과 산업화에 따른 근대화로 기호식 및 간편식, 새로운 식품산업의 발달에 의해 식생활이 변모(變貌)해 왔으며 특히 라면은 친숙한 식품으로 우리의 생활 속에 널리 보급되어 있다. 최근 라면 시장의 특성은 '라면의 변신'과 '생라면'으로 요약할 수 있다. 각주

오뚜기는 파스타[1] 면에 토마토소스를 더한 파스타 라면을 출시했는데, 이 라면은 4mm의 넓은 면을 사용하였다. 건조한 토마토, 마카로니 등 파스타 재료를 첨가하였고 여기에 할라피뇨와 청양고추 등을 더해 매콤한 맛을 살린 것이 특징이다. 농심은 유럽풍 퓨전라면인 드레싱 누들을 출시하였다. 튀기지 않은 건면을 사용하여 칼로리를 낮추었으며 소비자가 기호에 맞게 충분한 토핑을 더해 먹을 수 있도록 기존 제품보다 30% 많은 양의 소스를 제공(提供)했는데, 발사믹 소스를 사용한 '오리엔탈 소스맛'과 고소함을 살린 '참깨 소스맛' 두 가지가 그것이다. 풀무원은 유탕면이 아닌 '튀기지 않고 바람에 말린 생면을 사용한 생라면을 출시했는데, 이 라면의 면발 두께는 2.5mm로 기존 라면보다 넓고 굵으며 감자 전분을 더하여 쫄깃한 식감을 살린 것이 특징이다.

★ 국내 라면 시장의 매출 규모 현황

글꼴 : 굴림, 18pt, 하양
음영색 : 파랑

1) 2020년 매출 규모

　가) 2019년 대비 21.4% 증가

　나) 다양한 종류의 라면 출시로 시장 활기 회복

2) 2020년 소매 매출액

　가) 할인점과 슈퍼마켓 체인에서 가장 많이 판매됨

　나) 묶음 단위의 대량 판매가 용이한 할인점의 소비 비중이 높음

문단 번호 기능 사용
1수준 : 20pt, 오른쪽정렬,
2수준 : 30pt, 오른쪽정렬
줄 간격 : 180%

표 전체 글꼴 : 돋움, 10pt, 가운데 정렬
셀 배경(그러데이션) : 유형(가운데에서),
시작색(하양), 끝색(노랑)

★ 독특한 나만의 라면 레시피

글꼴 : 굴림, 18pt, 기울임, 강조점

레시피 제목	방법	게시자
파채라면	편마늘, 파채, 고춧가루, 라면스프 볶다가 면 넣어 끓이기	살림 고수
라면투움바	버터, 양파, 편마늘, 새우 볶다가 치즈와 면 넣어 볶기	살림 고수
계란마요면	끓인 면에 비빔소스, 라면스프, 치즈가루, 마요네즈 두르고 노른자 섞기	자취생
라면그라탕	양파, 마늘, 베이컨 볶다가 우유를 넣어 끓어오르면 치즈 넣기	자취생
해장라면	다진 마늘, 콩나물, 김치, 김칫국물, 고추를 넣고 고춧가루 추가	슈퍼 레시피

글꼴 : 돋움, 24pt, 진하게
장평 95%, 오른쪽 정렬 → 식품산업통계정보

각주 구분선 : 5cm

[1] 이탈리아식 국수로 밀가루를 달걀에 반죽하여 만들며 마카로니, 스파게티가 대표적

쪽 번호 매기기
4로 시작 → ④

⊘ **실습파일** : 유형06-4(문제).hwpx ⊘ **완성파일** : 유형06-4(완성).hwpx

《조건》
(1) 그리기 도구를 이용하여 작성하고, 모든 도형(글맵시, 지정된 그림 포함)을 《출력형태》와 같이 작성하시오.
(2) 도형의 면색은 지시사항이 없으면 색 없음을 제외하고 서로 다르게 임의로 지정하시오.

《출력형태》

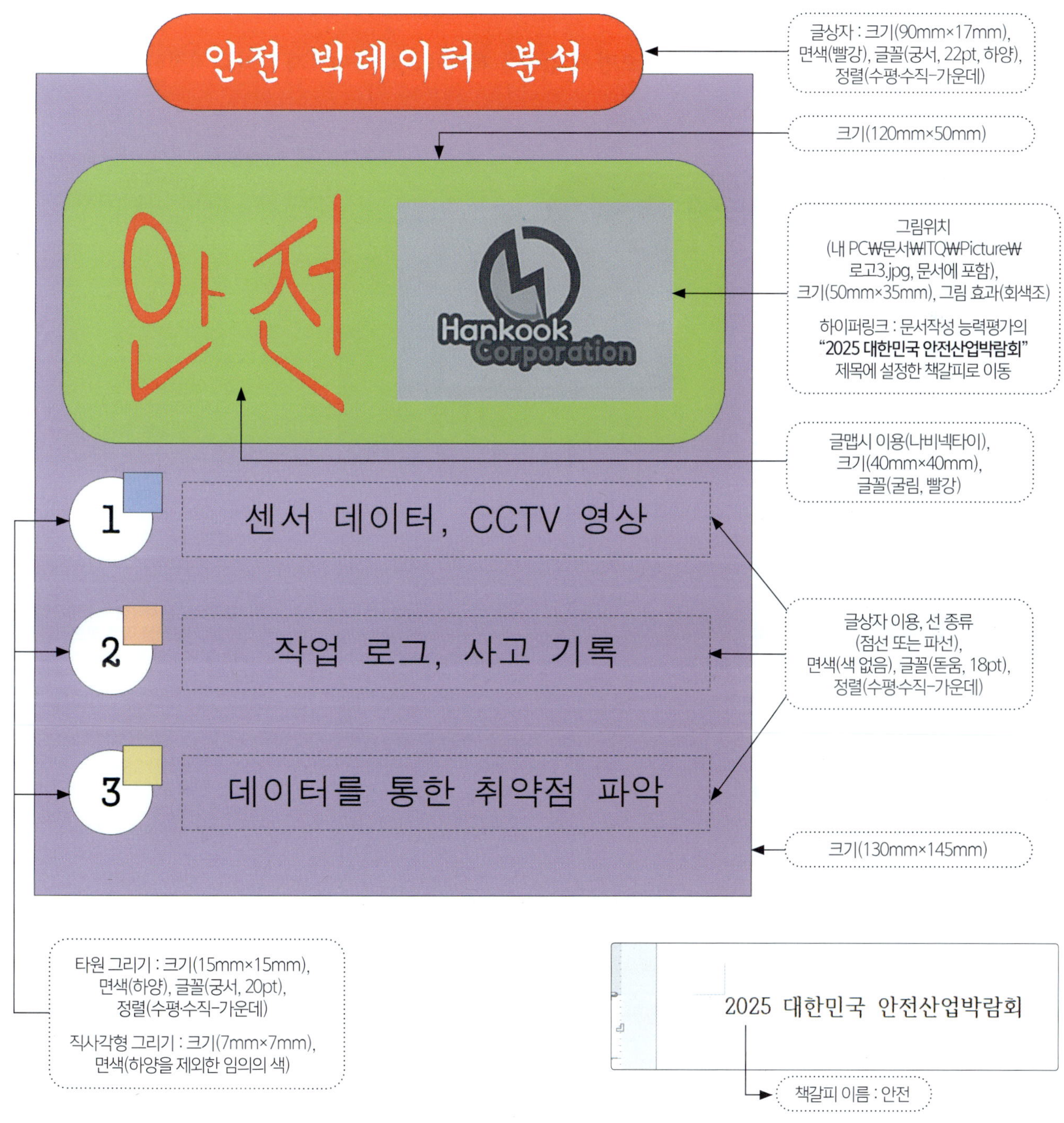

글상자 : 크기(90mm×17mm), 면색(빨강), 글꼴(궁서, 22pt, 하양), 정렬(수평수직-가운데)

크기(120mm×50mm)

그림위치
(내 PC\문서\ITQ\Picture\
로고3.jpg, 문서에 포함),
크기(50mm×35mm), 그림 효과(회색조)

하이퍼링크 : 문서작성 능력평가의
"2025 대한민국 안전산업박람회"
제목에 설정한 책갈피로 이동

글맵시 이용(나비넥타이),
크기(40mm×40mm),
글꼴(굴림, 빨강)

글상자 이용, 선 종류
(점선 또는 파선),
면색(색 없음), 글꼴(돋움, 18pt),
정렬(수평수직-가운데)

크기(130mm×145mm)

타원 그리기 : 크기(15mm×15mm),
면색(하양), 글꼴(궁서, 20pt),
정렬(수평수직-가운데)

직사각형 그리기 : 크기(7mm×7mm),
면색(하양을 제외한 임의의 색)

책갈피 이름 : 안전

3. 다음 (1), (2)의 수식을 수식 편집기로 각각 입력하시오. (40점)

《출력형태》

(1) $F = \dfrac{4\pi^2}{T^2} - 1 = 4\pi^2 K\dfrac{m}{r^2}$
　　　　　　　　　　　　　(2) $P_A = P \times \dfrac{V_A}{V} = P \times \dfrac{V_A}{V_A + V_B}$

4. 다음의 《조건》에 따라 《출력형태》와 같이 문서를 작성하시오. (110점)

《조건》　　(1) 그리기 도구를 이용하여 작성하고, 모든 도형(글맵시, 지정된 그림 포함)을 《출력형태》와 같이
　　　　　　　작성하시오.
　　　　　　(2) 도형의 면색은 지시사항이 없으면 색 없음을 제외하고 서로 다르게 임의로 지정하시오.

《출력형태》

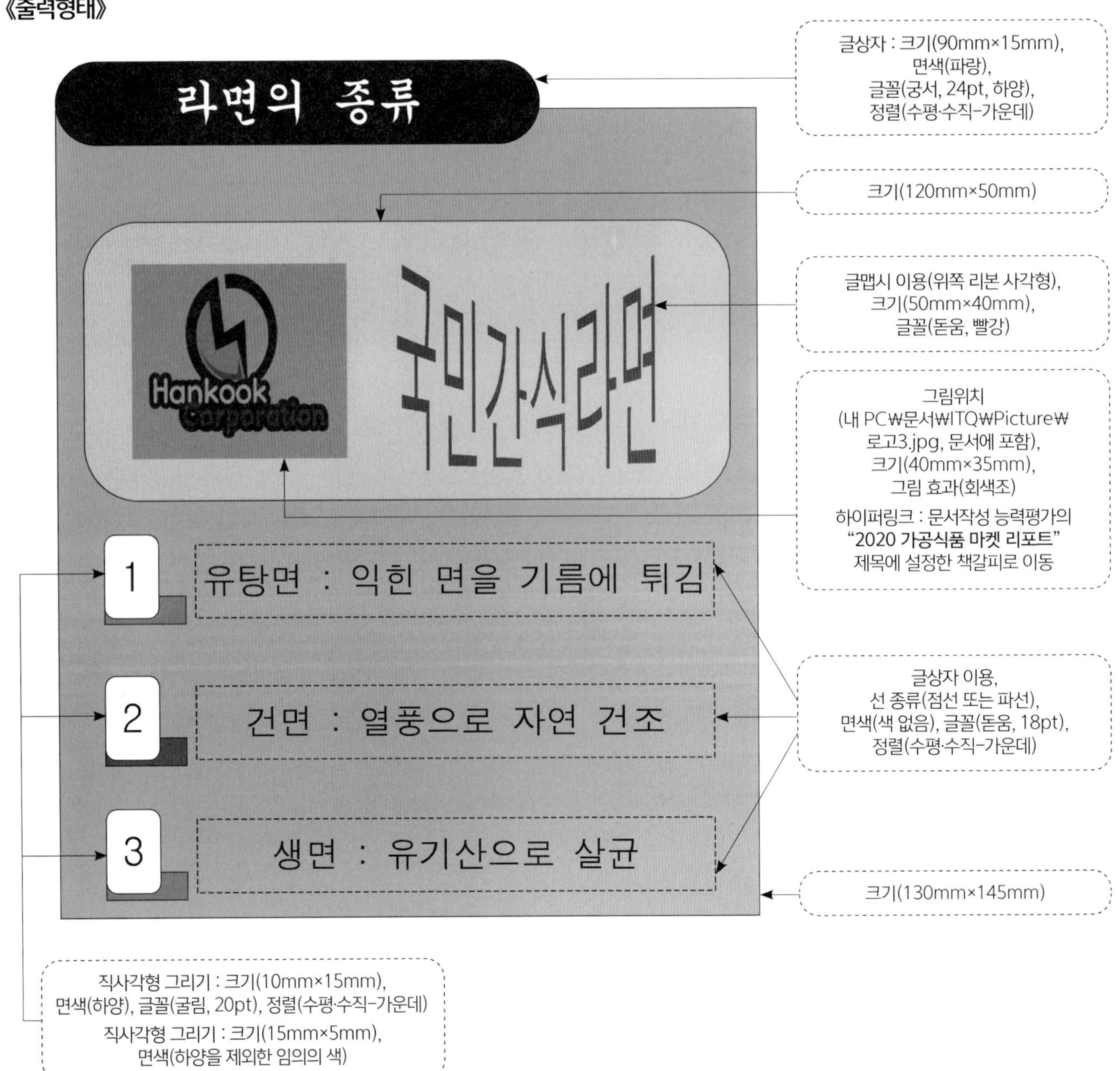

A 로고 이미지와 글맵시를 삽입한 후 편집해 보세요.

◎ **실습파일** : 패턴06-1(문제).hwpx   ◎ **완성파일** : 패턴06-1(완성).hwpx

패턴 01

❶ 그림 삽입(로고3.jpg, 문서에 포함, 40mm×30mm)
❷ 그림 효과(회색조) ❸ 글맵시 삽입(나비넥타이, 50mm×30mm) ❹ 글맵시 글꼴(굴림, 빨강)

패턴 02

❶ 그림 삽입(로고1.jpg, 문서에 포함, 40mm×30mm)
❷ 그림 효과(회색조) ❸ 글맵시 삽입(물결 2, 50mm×35mm) ❹ 글맵시 글꼴(돋움, 파랑)

패턴 03

❶ 그림 삽입(로고2.jpg, 문서에 포함, 40mm×35mm)
❷ 그림 효과(회색조) ❸ 글맵시 삽입(아래쪽 리본 사각형, 50mm×25mm) ❹ 글맵시 글꼴(궁서, 파랑)

패턴 04

❶ 그림 삽입(로고1.jpg, 문서에 포함, 40mm×30mm)
❷ 그림 효과(회색조) ❸ 글맵시 삽입(갈매기형 수장, 50mm×35mm) ❹ 글맵시 글꼴(돋움, 빨강)

패턴 05

❶ 그림 삽입(로고3.jpg, 문서에 포함, 40mm×35mm)
❷ 그림 효과(회색조) ❸ 글맵시 삽입(위쪽 리본 사각형, 50mm×40mm) ❹ 글맵시 글꼴(돋움, 빨강)

패턴 06

❶ 그림 삽입(로고3.jpg, 문서에 포함, 40mm×30mm)
❷ 그림 효과(회색조) ❸ 글맵시 삽입(평행사변형, 50mm×30mm) ❹ 글맵시 글꼴(굴림, 파랑)

1. 다음의 《조건》에 따라 스타일 기능을 적용하여 《출력형태》와 같이 작성하시오. (50점)

《조건》
(1) 스타일 이름 – noodle
(2) 문단 모양 – 왼쪽 여백 : 15pt, 문단 아래 간격 : 10pt
(3) 글자 모양 – 글꼴 : 한글(굴림)/영문(돋움), 크기 : 10pt, 장평 : 95%, 자간 : 5%

《출력형태》

Korean Ramen has become a staple food in Korea. It is the go-to 'meal' for almost every age. Ramen is popular comfort food, mainly because they are cheap, easy to find, and most importantly delicious.

우리나라 라면의 역사는 1963년 9월 식량 부족으로 빈곤했던 시기에 삼양식품이 치킨라면을 선보이면서 시작되었고, 2년 후에 농심에서 롯데라면이 출시되면서 국내 라면 시장이 활성화되었다 .

2. 다음의 《조건》에 따라 《출력형태》와 같이 표와 차트를 작성하시오. (100점)

《표 조건》
(1) 표 전체(표, 캡션) – 돋움, 10pt
(2) 정렬 – 문자 : 가운데 정렬, 숫자 : 오른쪽 정렬
(3) 셀 배경(면색) : 노랑
(4) 한글의 계산 기능을 이용하여 빈칸에 평균(소수점 두 자리)을 구하고, 캡션 기능 사용할 것
(5) 선 모양은 《출력형태》와 동일하게 처리할 것

《출력형태》

소매 채널별 평균 가격 비교(단위 : 십원)

소매 채널	온라인	편의점	일반 식품점	대형마트	평균
봉지라면	275	325	314	315	
짜장라면	332	427	397	367	
비빔라면	285	419	339	354	
용기라면	82	105	94	86	

《차트 조건》
(1) 차트 데이터는 표 내용에서 소매 채널별 봉지라면, 짜장라면, 비빔라면의 값만 이용할 것
(2) 종류 – <꺾은선형>으로 작업할 것
(3) 제목 – 궁서, 진하게, 12pt, 속성 – 채우기(밝은 색 : 하양), 테두리, 그림자(바깥쪽 : 대각선 오른쪽 아래)
(4) 제목 이외의 전체 글꼴 – 궁서, 보통, 10pt
(5) 축제목과 범례는 《출력형태》와 동일하게 처리할 것

《출력형태》

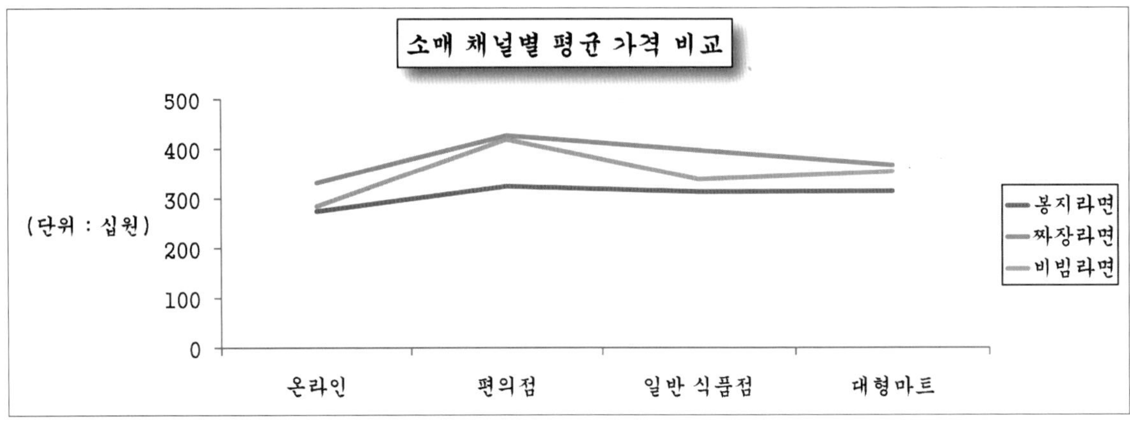

⊘ 실습파일 : 패턴06-2(문제).hwpx   ⊘ 완성파일 : 패턴06-2(완성).hwpx

패턴 01

❶ 직사각형 그리기 : 크기(10mm×15mm), 면색(하양), 글꼴(굴림, 20pt), 정렬(수평·수직-가운데)
❷ 직사각형 그리기 : 크기(15mm×5mm), 면색(하양을 제외한 임의의 색)
❸ 글상자 삽입 : 선 종류(점선 또는 파선), 면색(색 없음), 글꼴(돋움, 18pt), 정렬(수평·수직-가운데)

| 1 | 평생학습의 전문화 |
| 2 | 프로그램의 다양화 |

패턴 02

❶ 직사각형 그리기 : 크기(16mm×10mm), 면색(하양), 글꼴(돋움, 20pt), 정렬(수평·수직-가운데)
❷ 타원 그리기 : 크기(6mm×6mm), 면색(하양을 제외한 임의의 색)
❸ 글상자 삽입 : 선 종류(점선 또는 파선), 면색(색 없음), 글꼴(궁서, 17pt), 정렬(수평·수직-가운데)

| 1 | 1대당 온실가스 연간 2톤 감축 |
| 2 | 미세먼지, 탄화수소 발생 억제 |

패턴 03

❶ 직사각형 그리기 : 크기(12mm×12mm), 면색(하양), 글꼴(궁서, 20pt), 정렬(수평·수직-가운데)
❷ 직사각형 그리기 : 크기(5mm×15mm), 면색(하양을 제외한 임의의 색)
❸ 글상자 삽입 : 선 종류(점선 또는 파선), 면색(색 없음), 글꼴(굴림, 18pt), 정렬(수평·수직-가운데)

| A | 비타민과 무기질 풍부 |
| B | 체중조절에 좋은 저칼로리 |

정보기술자격(ITQ) 실전모의고사

과 목	코 드	문제유형	시험시간	수험번호	성 명
아래한글	1111	B	60분		

수험자 유의사항

◎ 수험자는 문제지를 받는 즉시 문제지와 **수험표상의 시험과목(프로그램)이 동일한지 반드시 확인**하여야 합니다.

◎ 파일명은 본인의 "수험번호-성명"으로 입력하여 답안폴더(내 PC₩문서₩ITQ)에 하나의 파일로 저장해야 하며, 답안 파일을 전송하지 않아 미제출로 처리될 경우 실격 처리합니다(예:12345678-홍길동.hwpx).

◎ 답안 작성을 마치면 파일을 저장하고, '답안 전송' 버튼을 선택하여 감독위원 PC로 답안을 전송하십시오. 수험생 정보와 저장한 파일명이 다를 경우 전송되지 않으므로 주의하시기 바랍니다.

◎ 답안 작성 중에도 **주기적으로 저장하고, '답안 전송'**하여야 문제 발생을 줄일 수 있습니다. 작업한 내용을 저장하지 않고 전송할 경우 이전에 저장된 내용이 전송되오니 이점 유의하시기 바랍니다.

◎ 답안문서는 지정된 경로 외의 다른 보조기억장치에 저장하는 경우, 지정된 시험 시간 외에 작성된 파일을 활용할 경우, 기타 통신수단(이메일, 메신저, 네트워크 등)을 이용하여 타인에게 전달 또는 외부 반출하는 경우는 부정 처리합니다.

◎ 시험 중 부주의 또는 고의로 시스템을 파손한 경우는 수험자가 변상해야 하며, <수험자 유의사항>에 기재된 방법대로 이행하지 않아 생기는 불이익은 수험생 당사자의 책임임을 알려 드립니다.

◎ 문제의 조건은 한컴오피스 2022/2020 버전으로 설정되어 있으니 유의하시기 바랍니다.

◎ 시험을 완료한 수험자는 답안파일이 전송되었는지 확인한 후 감독위원의 지시에 따라 문제지를 제출하고 퇴실합니다.

답안 작성요령

◎ 온라인 답안 작성 절차

　수험자 등록 ⇒ 시험 시작 ⇒ 답안파일 저장 ⇒ 답안 전송 ⇒ 시험 종료

◎ 공통 부문

· 글꼴에 대한 기본설정은 함초롬바탕, 10포인트, 검정, 줄간격 160%, 양쪽정렬로 합니다.
· 색상은 조건의 색을 적용하고 색의 구분이 안 될 경우에는 RGB 값을 적용하십시오.
　(빨강 255,0,0 / 파랑 0,0,255 / 노랑 255,255,0).
· 각 문항에 주어진 《조건》에 따라 작성하고 언급하지 않은 조건은 《출력형태》와 같이 작성합니다.
· 용지여백은 왼쪽·오른쪽 11mm, 위쪽·아래쪽·머리말·꼬리말 10mm, 제본 0mm로 합니다.
· 그림 삽입 문제의 경우 「내 PC₩문서₩ITQ₩Picture」 폴더에서 지정된 파일을 선택하여 삽입하십시오.
· 삽입한 그림은 반드시 문서에 포함하여 저장해야 합니다(미포함 시 감점 처리).
· 각 항목은 지정된 페이지에 출력형태와 같이 정확히 작성하시기 바라며, 그렇지 않을 경우에 해당 항목은 0점 처리됩니다.
　※ 페이지구분 : 1페이지 – 기능평가 I (문제번호 표시 : 1. 2.),
　　　　　　　　　2페이지 – 기능평가 II (문제번호 표시 : 3. 4.),
　　　　　　　　　3페이지 – 문서작성 능력평가

◎ 기능평가

· 문제와 《조건》은 입력하지 않으며 문제번호와 답(《출력형태》)만 작성합니다.
· 4번 문제는 묶기를 했을 경우 0점 처리됩니다.

◎ 문서작성 능력평가

· A4 용지(210mm×297mm) 1매 크기, 세로 서식 문서로 작성합니다.
· 　　　　　 표시는 문서작성에 대한 지시사항이므로 작성하지 않습니다.

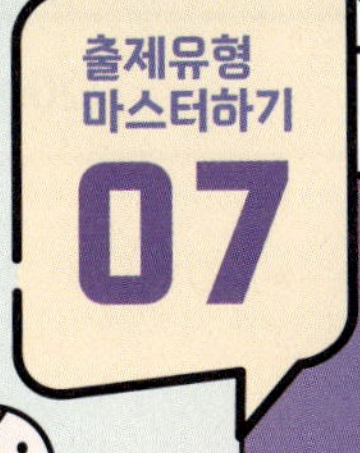

[문서작성 능력평가] 문서 편집

⊘ 실습파일 : 07차시(문제).hwpx   ⊘ 완성파일 : 07차시(완성).hwpx

[배점] 200점 (500점 만점)

글꼴 : 돋움, 18pt, 진하게, 가운데 정렬
책갈피 이름 : 두루누비
덧말 넣기

머리말 기능
굴림, 10pt, 오른쪽 정렬 → 걷기여행

문단 첫 글자 장식 기능
글꼴 : 궁서, 면색 : 노랑

초장거리 코리아둘레길
우리나라 외곽을 하나로 연결하는 걷기여행길

각주

그림위치(내 PC\문서\ITQ\
Picture\그림4.jpg, 문서에 포함)
자르기 기능 이용, 크기(40mm×
40mm), 바깥 여백 왼쪽 : 2mm

코 리아둘레길은 동해안, 서해안, 남해안 및 DMZ 접경지역 등 우리나라 외곽을 하나로 연결하는 약 4,500km의 초장거리 걷기여행길⑦이다. '대한민국을 재발견하며 함께 걷는 길'을 비전으로 '평화, 만남, 치유, 상생'의 가치를 구현(具現)한다.

해파랑길은 부산 오륙도 해맞이공원에서 강원 고성 통일전망대까지 이어지는 여정으로 동해안의 해변길, 숲길, 마을길 등 총 50개 코스로 구성되어 있다. 이름은 동해의 상징인 해와 푸른 바다색, 함께(랑)를 조합한 것으로 떠오르는 해와 푸른 바다를 감상하며 파도소리를 벗삼아 함께 걷는 길을 의미(意味)한다. 남파랑길은 남쪽의 쪽빛 바다와 함께 걷는 길이라는 뜻으로, 부산 오륙도 해맞이공원에서 전남 해남 땅끝마을까지 남해안을 따라 이어진 걷기여행길이다. 총 90개 코스로 이루어져 있으며, 남해의 아름다운 해안경관(海岸景觀)과 대도시의 화려함과 농산어촌마을의 소박함을 모두 경험할 수 있다. 서해랑길은 전남 해남 땅끝에서 인천 강화까지 연결되는 걷기여행길로, 109개 코스로 구성되어 있다. 이름 그대로 서쪽의 파도와 함께 걷는 길을 의미한다. 서해랑길을 따라 천천히 걷다보면 유네스코 세계유산으로 지정된 드넓은 갯벌과 황홀한 일몰, 종교와 문물교류의 역사를 만나게 된다.

♣ 코리아둘레길 지킴이 모집

글꼴 : 돋움, 18pt, 하양
음영색 : 파랑

　가. 활동기간 및 역할
　　ⓐ 활동기간 : 2025년 04월 - 2025년 11월 (약 8개월)
　　ⓑ 활동내용 : 코리아둘레길 안전성, 편의성, 쾌적성 점검
　나. 지원조건
　　ⓐ 사전필수교육 참가 가능자
　　ⓑ 담당코스 정기 3회 이상 활동 가능자

문단 번호 기능 사용
1수준 : 20pt, 오른쪽 정렬,
2수준 : 30pt, 오른쪽 정렬
줄 간격 : 180%

♣ 코리아둘레길 코스 안내

글꼴 : 돋움, 18pt, 밑줄, 강조점

표 전체 글꼴 : 굴림, 10pt, 가운데 정렬
셀 배경(그러데이션) : 유형(가로),
　시작색(노랑), 끝색(하양)

구간	구분	설명	소요 시간
부산	남파랑길	정겨운 부산 사투리를 들으며 알자배기 부산 여행	26시간~ 38시간
창원	남파랑길	벚꽃 즈려밟고 그림같이 아름다운 창원 반 바퀴	
삼척-동해	해파랑길	편안한 숲길과 화려한 기암절벽이 조화로운 길	
강릉	해파랑길	강릉 바우길과의 행복한 만남	
서산-당진	서해랑길	서해안 바닷길 따라 굽이굽이 숨겨진 보물찾기	

각주 구분선 : 5cm

글꼴 : 궁서, 24pt, 진하게
장평 105%, 오른쪽 정렬
→한국관광공사

⑦ 관련 프로그램 : 길동무 프로그램, 축제 이벤트 프로그램, 테마 프로그램 등

쪽 번호 매기기
4로 시작 → 정

글꼴 : 돋움, 18pt, 진하게, 가운데 정렬
책갈피 이름 : 상담
덧말 넣기

머리말 기능
굴림, 10pt, 오른쪽 정렬 → 사이버 폭력의 특성

사이버 폭력의 ^{지도방안} 이해와 대책방안

문단 첫 글자 장식 기능
글꼴 : 궁서, 면색 : 노랑

각주

그림위치(내 PC\문서\ITQ\Picture\그림5.jpg, 문서에 포함)
자르기 기능 이용, 크기(40mm×35mm), 바깥 여백 왼쪽 : 2mm

사이버 폭력(暴力)의 정의는 개인이나 집단이 인터넷①, 전화기 등 정보나 정보통신 기술을 이용하여 글, 이미지, 음성 등으로 금품갈취, 협박, 따돌림, 강제적 심부름, 성희롱, 성폭력 등 정신적, 물질적 피해를 입히는 모든 범죄행위로 사이버 따돌림, 사이버 모욕, 사이버 명예훼손, 사이버 성희롱, 사이버 스토킹, 사이버 갈취 등의 행위를 말한다. 사이버 폭력이 증가하는 이유는 인터넷이 발달하면서 중고등학생 뿐만 아니라 초등학생까지도 스마트폰을 지니고 있을 정도로 누구나 마음만 먹으면 쉽게 사이버 공간에 접할 수 있기 때문이다.

사이버 학교폭력도 마찬가지로, 피해를 당하면 '보복하고 싶다'라는 감정이 앞서게 되고, 이것이 피해자가 가해자로, 가해자가 피해자로 반복되는 악순환(惡循環)으로 계속된다. 적절한 때에, 적절한 방법으로 자녀가 잘 치유되어 피해자, 가해자라는 이름에서 벗어나도록 하는 것, 악순환에 빠지지 않도록 하는 것이 가장 중요하다. 우리 아이들이 사이버 학교폭력에 관계된 어떤 피해자도, 가해자도 되지 않도록 주의를 기울이고, 아이들의 가장 든든한 울타리가 되어 주어야 한다.

♥ 사이버 세상의 순기능과 역기능

글꼴 : 굴림, 18pt, 하양
음영색 : 파랑

I. 사이버 세상의 순기능

   i. 정보검색이 신속하고 다양한 콘텐츠의 창출과 활용이 가능

   ii. 시공간을 초월하여 다양한 사람들과의 네트워크가 가능

II. 사이버 세상의 역기능

   i. 좋지 않은 소문은 사이버 상에서 순식간에 퍼짐

   ii. 다른 사람을 험담하는 글을 올리면, 많은 사람들이 공유하게 됨

문단 번호 기능 사용
1수준 : 20pt, 오른쪽정렬,
2수준 : 30pt, 오른쪽정렬
줄 간격 : 180%

표 전체 글꼴 : 돋움, 10pt, 가운데 정렬
셀 배경(그러데이션) : 유형(가운데에서),
시작색(하양), 끝색(노랑)

♥ *사이버 폭력의 원인*

글꼴 : 굴림, 18pt, 기울임, 강조점

구분		세부 내용
개인적 요인	심리적	질투, 시기, 높은 공격성, 충동성, 스트레스, 낮은 자아 존중감
	매체관인	인터넷 중독, 윤리의식, 사이버 폭력 용인태도, 기기 접근성, 익명성
관계적 요인	교사	교사의 지지 및 친밀감, 부모의 사이버매체 관리 및 감독 정도
	부모	부모의 양육태도, 친밀감, 의사소통 및 가정폭력 경험
	또래	또래의 지지 및 비행친구 수

글꼴 : 돋움, 24pt, 진하게
장평 95%, 오른쪽 정렬

청소년사이버상담센터

각주 구분선 : 5cm

① 아르파네트에서 시작된 세계 최대 규모의 컴퓨터 통신망

쪽 번호 매기기
5로 시작 → 마

문서 내용 입력 〉 조건에 맞추어 문서 편집 〉 머리말 입력 〉 문단 첫 글자 장식 〉

각주 입력 〉 그림 삽입 〉 문단 번호 입력 〉 표 작업 〉 기관명 서식 변경 〉 쪽 번호 매기기

Check 01 문서 작성 ： 문서에 필요한 내용을 입력하고 편집해요!

문서 내용을 입력

조건에 맞추어 문서 편집

문단 번호 모양 적용

표 작업 & 기관명 & 쪽 번호

3. 다음 (1), (2)의 수식을 수식 편집기로 각각 입력하시오. (40점)

《출력형태》

(1) $m = \dfrac{\Delta P}{K_a} = \dfrac{\Delta t_b}{K_b} = \dfrac{\Delta t_f}{K_f}$

(2) $\displaystyle\int_0^1 (\sin x + \frac{x}{2}) dx = \int_0^1 \frac{1 + \sin x}{2} dx$

4. 다음의 《조건》에 따라 《출력형태》와 같이 문서를 작성하시오. (110점)

《조건》　　(1) 그리기 도구를 이용하여 작성하고, 모든 도형(글맵시, 지정된 그림 포함)을 《출력형태》와 같이
작성하시오.

　　　　　　(2) 도형의 면색은 지시사항이 없으면 색 없음을 제외하고 서로 다르게 임의로 지정하시오.

《출력형태》

문서 내용 입력한 후 제목 편집하기

· 글꼴 : 돋움, 18pt, 진하게, 가운데 정렬   · 덧말 넣기

1 한글 2022 프로그램을 실행한 후 [07차시] 폴더에서 **07차시(문제).hwpx** 파일을 불러옵니다.

★ [Alt]+[O]를 눌러 파일을 불러오는 방법도 있어요.

2 3페이지에 입력된 제목 뒤쪽에 커서를 위치시킨 후 [Enter]를 두 번 눌러 본문 내용을 입력합니다.

★ 오탈자 없이 정확하게 입력하며, 4번째 줄 '해파랑길은' 앞부분은 두 칸 띄어쓰기 해주세요.

우리나라 외곽을 하나로 연결하는 걷기여행길↵ — ① 클릭 ② Enter (2번)

③ 입력 → 코리아둘레길은 동해안, 서해안, 남해안 및 DMZ 접경지역 등 우리나라 외곽을 하나로 연결하는 약 4,500km의 초장거리 걷기여행길이다. '대한민국을 재발견하며 함께 걷는 길'을 비전으로 '평화, 만남, 치유, 상생'의 가치를 구현한다.↵ 해파랑길은 부산 오륙도 해맞이공원에서 강원 고성 통일전망대까지 이어지는 여정으로 동해안의 해변길, 숲길, 마을길 등 총 50개 코스로 구성되어 있다. 이름은 동해의 상징인 해와 푸른 바다색, 함께(랑)를 조합한 것으로 떠오르는 해와 푸른 바다를 감상하며 파도소리를 벗삼아 함께 걷는 길을 의미한다. 남파랑길은 남쪽의 쪽빛 바다와 함께 걷는 길이라는 뜻으로, 부산 오륙도 해맞이공원에서 전남 해남 땅끝마을까지 남해안을 따라 이어진 걷기여행길이다. 총 90개 코스로 이루어져 있으며, 남해의 아름다운 해안경관과 대도시의 화려함과 농산어촌마을의 소박함을 모두 경험할 수 있다. 서해랑길은 전남 해남 땅끝에서 인천 강화까지 연결되는 걷기여행길로, 109개 코스로 구성되어 있다. 이름 그대로 서쪽의 파도와 함께 걷는 길을 의미한다. 서해랑길을 따라 천천히 걷다보면 유네스코 세계유산으로 지정된 드넓은 갯벌과 황홀한 일몰, 종교와 문물교류의 역사를 만나게 된다.↵

3 제목을 블록으로 지정한 다음 서식 도구 상자에서 글꼴 서식을 변경합니다.

★ 글꼴을 변경할 때는 [모든 글꼴] 목록에서 찾아 선택해 주세요.

우리나라 외곽을 하나로 연결하는 걷기여행길 — 글꼴 변경

코리아둘레길은 동해안, 서해안, 남해안 및 DMZ 접경지역 등 우리나라 외곽을 하나로 연결하는 약 4,500km의 초장거리 걷기여행길이다. '대한민국을 재발견하며 함께 걷는 길'을 비전으로 '평화, 만남, 치유, 상생'의 가치를 구현한다. 해파랑길은 부산 오륙도 해맞이공원에서 강원 고성 통일전망대까지 이어지는 여정으로 동해안의 해변길, 숲길, 마을길 등 총 50개 코스로 구성되어 있다. 이름은 동해의 상징인 해와 푸른 바다색, 함께(랑)를 조합한 것으로 떠오르는 해와 푸른 바다를 감상하며 파도소리를 벗삼아 함께 걷는 길을 의미한다. 남파랑길은 남쪽의 쪽빛 바다와 함께 걷는 길이라는 뜻으로, 부산 오륙도 해맞이공원에서 전남 해남 땅끝마을까지 남해안을 따라 이어진 걷기여행길이다. 총 90개 코스로 이루어져 있으며, 남해의 아름다운 해안경관과 대도시의 화려함과 농산어촌마을의 소박함을 모두 경험할 수 있다. 서해랑길은 전남 해남 땅끝에서 인천 강화까지 연결되는 걷기여행길로, 109개 코스로 구성되어 있다. 이름 그대로 서쪽...

바탕글 | 대표 | 돋움 | 18.0 pt | 가 가 가 과 가 |

1. 다음의《조건》에 따라 스타일 기능을 적용하여《출력형태》와 같이 작성하시오. (50점)

《조건》　　(1) 스타일 이름 – counseling
　　　　　(2) 문단 모양 – 왼쪽 여백 : 15pt, 문단 아래 간격 : 10pt
　　　　　(3) 글자 모양 – 글꼴 : 한글(굴림)/영문(돋움), 크기 : 10pt, 장평 : 95%, 자간 : 5%

《출력형태》

If you need help with crisis or psychological problems such as youth violence, you can get services such as crisis intervention and emergency rescue through the local youth counseling welfare center.

청소년 폭력 등과 같은 위기문제나 심리문제로 도움이 필요한 경우 언제든지 지역 내 청소년상담복지센터를 통해 위기개입, 긴급구조 등 서비스를 제공받을 수 있다.

2. 다음의《조건》에 따라《출력형태》와 같이 표와 차트를 작성하시오. (100점)

《표 조건》　　(1) 표 전체(표, 캡션) – 돋움, 10pt
　　　　　　(2) 정렬 – 문자 : 가운데 정렬, 숫자 : 오른쪽 정렬
　　　　　　(3) 셀 배경(면색) : 노랑
　　　　　　(4) 한글의 계산 기능을 이용하여 빈칸에 합계를 구하고, 캡션 기능 사용할 것
　　　　　　(5) 선 모양은《출력형태》와 동일하게 처리할 것

《출력형태》　　　　　　　　　　　　　　　　　　사이버범죄 연도별 검거 현황(단위 : 건)

구분	도박	해킹	음란물	기타	합계
2018년	246	49	274	104	
2017년	462	90	212	89	
2016년	783	45	286	169	
2015년	280	44	290	100	

《차트 조건》　(1) 차트 데이터는 표 내용에서 구분별 2018년, 2017년, 2016년의 값만 이용할 것
　　　　　　(2) 종류 – <묶은 가로 막대형>으로 작업할 것
　　　　　　(3) 제목 – 궁서, 진하게, 12pt, 속성 – 채우기(밝은 색 : 하양), 테두리, 그림자(바깥쪽 : 대각선 오른쪽 아래)
　　　　　　(4) 제목 이외의 전체 글꼴 – 궁서, 보통, 10pt
　　　　　　(5) 축제목과 범례는《출력형태》와 동일하게 처리할 것

《출력형태》

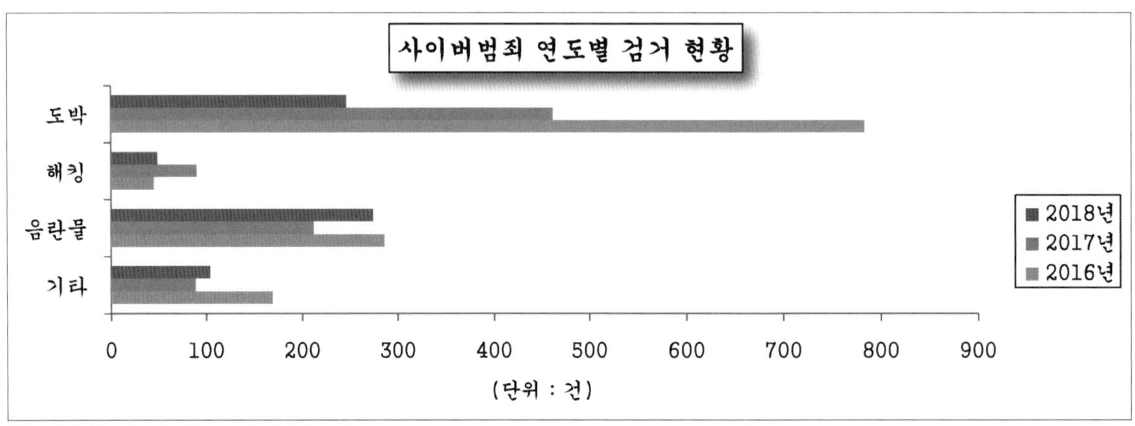

4 제목이 블록으로 지정된 상태에서 덧말을 입력하기 위해 [입력] 탭에서 [**덧말 넣기**]를 클릭합니다.

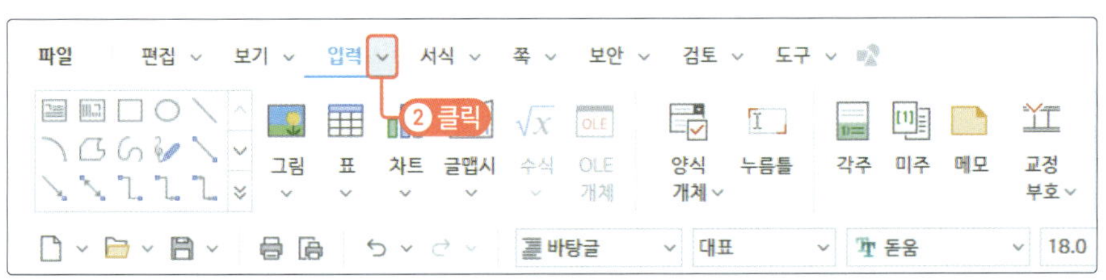

5 덧말 입력 칸에 **초장거리 코리아둘레길**을 입력합니다.

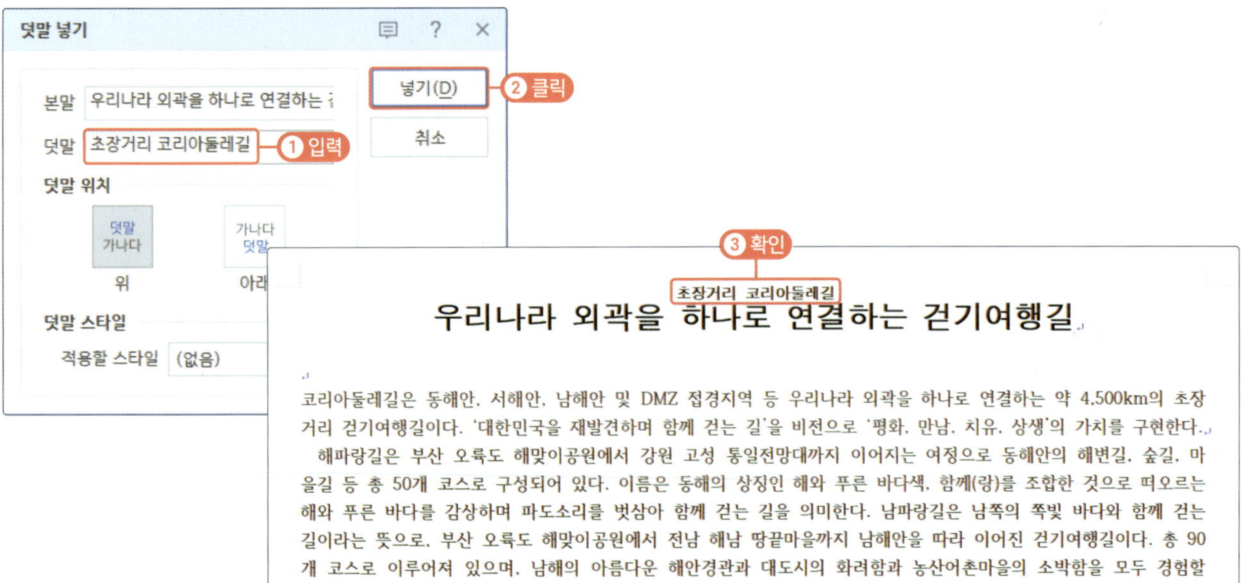

ITQ 꿀팁

· 3페이지 문서 제목에 덧말을 입력하는 문제가 고정적으로 출제되고 있어요.
· 위쪽에 덧말을 넣는 것이 기본값이지만 《출력형태》를 참고하여 덧말의 위치를 지정해요.
· 입력된 덧말을 더블클릭하면 내용을 수정할 수 있어요.

정보기술자격(ITQ) 실전모의고사

과 목	코 드	문제유형	시험시간	수험번호	성 명
아래한글	1111	A	60분		

수험자 유의사항

◎ 수험자는 문제지를 받는 즉시 문제지와 **수험표상의 시험과목(프로그램)이 동일한지 반드시 확인**하여야 합니다.

◎ 파일명은 본인의 "수험번호-성명"으로 입력하여 답안폴더(내 PC₩문서₩ITQ)에 하나의 파일로 저장해야 하며, 답안 파일을 전송하지 않아 미제출로 처리될 경우 실격 처리합니다(예:12345678-홍길동.hwpx).

◎ 답안 작성을 마치면 파일을 저장하고, '답안 전송' 버튼을 선택하여 감독위원 PC로 답안을 전송하십시오. 수험생 정보와 저장한 파일명이 다를 경우 전송되지 않으므로 주의하시기 바랍니다.

◎ 답안 작성 중에도 **주기적으로 저장하고, '답안 전송'**하여야 문제 발생을 줄일 수 있습니다. 작업한 내용을 저장하지 않고 전송할 경우 이전에 저장된 내용이 전송되오니 이점 유의하시기 바랍니다.

◎ 답안문서는 지정된 경로 외의 다른 보조기억장치에 저장하는 경우, 지정된 시험 시간 외에 작성된 파일을 활용할 경우, 기타 통신수단(이메일, 메신저, 네트워크 등)을 이용하여 타인에게 전달 또는 외부 반출하는 경우는 부정 처리합니다.

◎ 시험 중 부주의 또는 고의로 시스템을 파손한 경우는 수험자가 변상해야 하며, <수험자 유의사항>에 기재된 방법대로 이행하지 않아 생기는 불이익은 수험생 당사자의 책임임을 알려 드립니다.

◎ 문제의 조건은 한컴오피스 2022/2020 버전으로 설정되어 있으니 유의하시기 바랍니다.

◎ 시험을 완료한 수험자는 답안파일이 전송되었는지 확인한 후 감독위원의 지시에 따라 문제지를 제출하고 퇴실합니다.

답안 작성요령

◎ **온라인 답안 작성 절차**
   수험자 등록 ⇒ 시험 시작 ⇒ 답안파일 저장 ⇒ 답안 전송 ⇒ 시험 종료

◎ **공통 부문**
- 글꼴에 대한 기본설정은 함초롬바탕, 10포인트, 검정, 줄간격 160%, 양쪽정렬로 합니다.
- 색상은 조건의 색을 적용하고 색의 구분이 안 될 경우에는 RGB 값을 적용하십시오.
  (빨강 255,0,0 / 파랑 0,0,255 / 노랑 255,255,0).
- 각 문항에 주어진 《조건》에 따라 작성하고 언급하지 않은 조건은 《출력형태》와 같이 작성합니다.
- 용지여백은 왼쪽·오른쪽 11mm, 위쪽·아래쪽·머리말·꼬리말 10mm, 제본 0mm로 합니다.
- 그림 삽입 문제의 경우 「내 PC₩문서₩ITQ₩Picture」 폴더에서 지정된 파일을 선택하여 삽입하십시오.
- 삽입한 그림은 반드시 문서에 포함하여 저장해야 합니다(미포함 시 감점 처리).
- 각 항목은 지정된 페이지에 출력형태와 같이 정확히 작성하시기 바라며, 그렇지 않을 경우에 해당 항목은 0점 처리됩니다.
  ※ 페이지구분 : 1페이지 – 기능평가 I (문제번호 표시 : 1. 2.),
                    2페이지 – 기능평가 II (문제번호 표시 : 3. 4.),
                    3페이지 – 문서작성 능력평가

◎ **기능평가**
- 문제와 《조건》은 입력하지 않으며 문제번호와 답(《출력형태》)만 작성합니다.
- 4번 문제는 묶기를 했을 경우 0점 처리됩니다.

◎ **문서작성 능력평가**
- A4 용지(210mm×297mm) 1매 크기, 세로 서식 문서로 작성합니다.
-        표시는 문서작성에 대한 지시사항이므로 작성하지 않습니다.

머리말 입력 및 편집하기

- 머리말 기능(굴림, 10pt, 오른쪽 정렬)

1 3페이지가 선택된 상태에서 [쪽] 탭-[머리말]-[위쪽]-**[모양 없음]**을 클릭합니다.

✿ Ctrl + N , H 를 눌러 머리말을 추가하는 방법도 있어요.

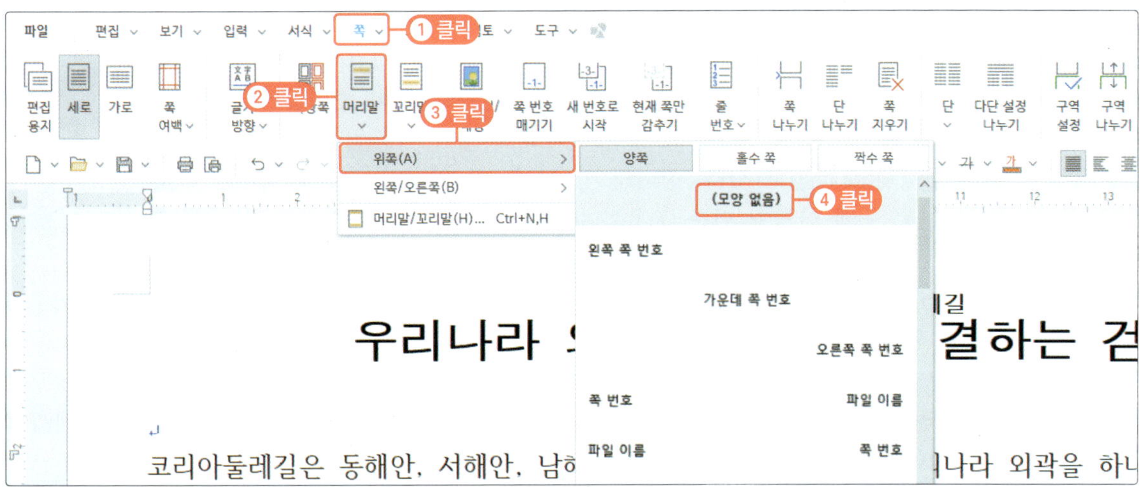

2 머리말 입력 부분이 활성화되면 문제지를 참고하여 필요한 내용을 입력합니다.

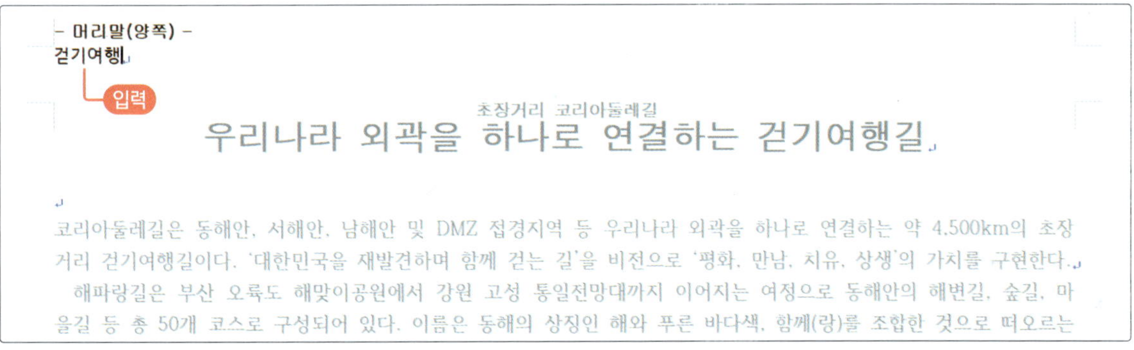

3 입력된 내용을 블록으로 지정한 다음 서식 도구 상자에서 글꼴 서식을 변경합니다.

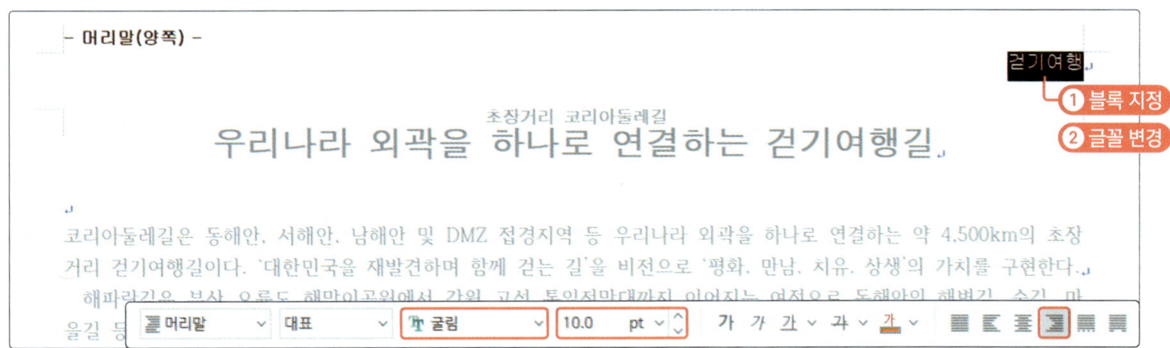

글꼴 : 굴림, 18pt, 진하게, 가운데 정렬
책갈피 이름 : 남원
덧말 넣기

머리말 기능
돋움, 10pt, 오른쪽 정렬 → 행복도시　남원

춘향골 명품 도시
함께 떠나요! 남원 여행

문단 첫 글자 장식 기능
글꼴 : 궁서, 면색 : 노랑

그림위치(내 PC₩문서₩ITQ₩Picture₩그림4.jpg, 문서에 포함)
자르기 기능 이용, 크기(40mm×35mm), 바깥 여백 왼쪽 : 2mm

남원은 동편제 소리의 발상지이며 춘향가와 흥부가의 배경지로서 국악의 역사가 보존 전승되어 온 국악의 본고장으로, 오늘날 동편제 판소리를 정형화한 가왕 송흥록이 태어난 유서 깊은 곳이다. 춘향이의 사연이 얽혀 있는 곳이 많은 관계로 흔히 춘향골이라 부른다. 이에 춘향의 절개와 정절을 부덕의 상징으로 숭상(崇尙)하고 숭모하기 위한 춘향제 가 매년 5월 5일을 전후하여 개최(開催)되고 있다. 신비의 영약으로 잘 알려진 고로쇠 약수 가 지리산 뱀사골, 달궁, 반야봉 등에 군락을 이룬 고로쇠나무에서 매년 우수 무렵부터 경 칩을 지나 보름 정도까지 약 1개월간 채취되어 점차 국민들로부터 각광을 받고 있어 이 또 한 널리 알리고자 축제화하였다. 바래봉 자락에서는 해마다 4월 말에서 5월 중순경까지 철쭉⊙이 장관을 이루어 마치 진홍색 물감을 풀어 놓은 듯 환상적인 비경으로 관광객들을 사로잡고 있다.

각주

또한 남원은 고려 말(1380년) 이성계 장군이 삼남을 휩쓸고 노략질을 하는 왜적을 물리친 황산이 있는 곳으로 고려 사, 용비어천가의 고사에 따라 선조 10년(1577년)에 황산대첩비가 건립되었으며, 왜장 아지발도가 이성계의 화살에 맞아 죽을 때 흘린 피가 바위에 붉게 물들어 지금까지 남아 있다는 피바위로도 유명하다.

♥ 남원의 축제 및 문화 예술

글꼴 : 궁서, 18pt, 하양
음영색 : 빨강

① 남원의 대표적 축제
　(ㄱ) 사랑 이야기 축제 : 춘향제
　(ㄴ) 향토 문화 축제 : 흥부제
② 남원의 대표적 문화 예술
　(ㄱ) 국악 분야 : 남원 판소리
　(ㄴ) 국보 : 실상사 백장암 삼층 석탑

문단 번호 기능 사용
1수준 : 20pt, 오른쪽정렬,
2수준 : 30pt, 오른쪽정렬
줄 간격 : 180%

표 전체 글꼴 : 굴림, 10pt, 가운데 정렬
셀 배경(그러데이션) : 유형(가로),
시작색(하양), 끝색(노랑)

♥ 남원 축제 세부내용

글꼴 : 궁서, 18pt, 기울임, 강조점

구분	시기	장소	주요 행사
바래봉 눈꽃축제	12-2월	운봉읍 용산리	눈썰매 운영, 눈꽃 등반, 눈조각 전시
바래봉 철쭉제	3-5월	운봉읍	철쭉제례, 기념식, 철쭉길 등반대회
고로쇠약수제		산내면 부운리	풍년기원 산신제, 지리산골 터울림
남원흥부제	10월	춘향문화 예술회관	남원농악경연, 각종 백일장, 흥부전 한마당
뱀사골 단풍축제		산내면 와운길	산신제와 등산대회, 판소리 체험

글꼴 : 돋움, 24pt, 진하게
장평 105%, 오른쪽 정렬 → 남원시문화관광

각주 구분선 : 5cm

⊙ 한국, 중국, 일본 등에 분포하며 걸음을 머뭇거리게 한다는 뜻의 척촉이 변해서 된 이름

쪽 번호 매기기
2로 시작 → ②

4 작업이 완료되면 [머리말/꼬리말] 탭에서 **[닫기]**를 클릭합니다.

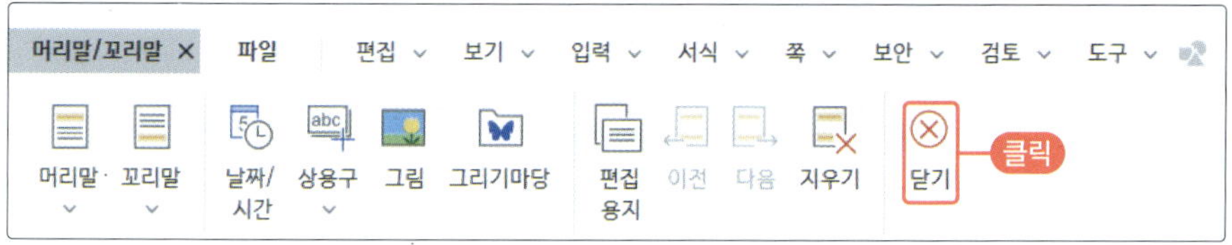

> **ITQ 꿀팁**
>
> · 3페이지 우측 상단에 머리말을 입력하는 문제가 고정적으로 출제되고 있어요.
> · 입력된 머리말을 더블클릭하면 내용과 글꼴 서식 등을을 수정할 수 있어요.

STEP 03 문단 첫 글자 장식 후 한자 입력하기

· 문단 첫 글자 장식 기능(글꼴 : 궁서, 면색 : 노랑)

1 첫 번째 문단의 맨 앞쪽에 커서를 위치시킨 후 [서식] 탭-[문단 첫 글자 장식]을 클릭합니다.

★ 첫 글자를 블록으로 지정하지 않고, 앞쪽에 커서를 위치시켜 주세요.

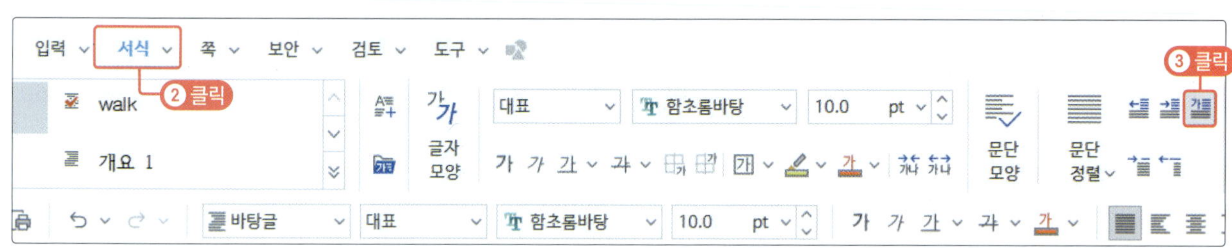

3. 다음 (1), (2)의 수식을 수식 편집기로 각각 입력하시오. (40점)

《출력형태》

$$(1)\ g = \frac{GM}{R^2} = \frac{6.67 \times 10^{-11} \times 6.0 \times 10^{24}}{(6.4 \times 10^7)^2} \qquad (2)\ \int_0^3 \frac{\sqrt{6t^2 - 18t + 12}}{5}\, dt = 11$$

4. 다음의 《조건》에 따라 《출력형태》와 같이 문서를 작성하시오. (110점)

《조건》   (1) 그리기 도구를 이용하여 작성하고, 모든 도형(글맵시, 지정된 그림 포함)을 《출력형태》와 같이 작성하시오.

            (2) 도형의 면색은 지시사항이 없으면 색 없음을 제외하고 서로 다르게 임의로 지정하시오.

《출력형태》

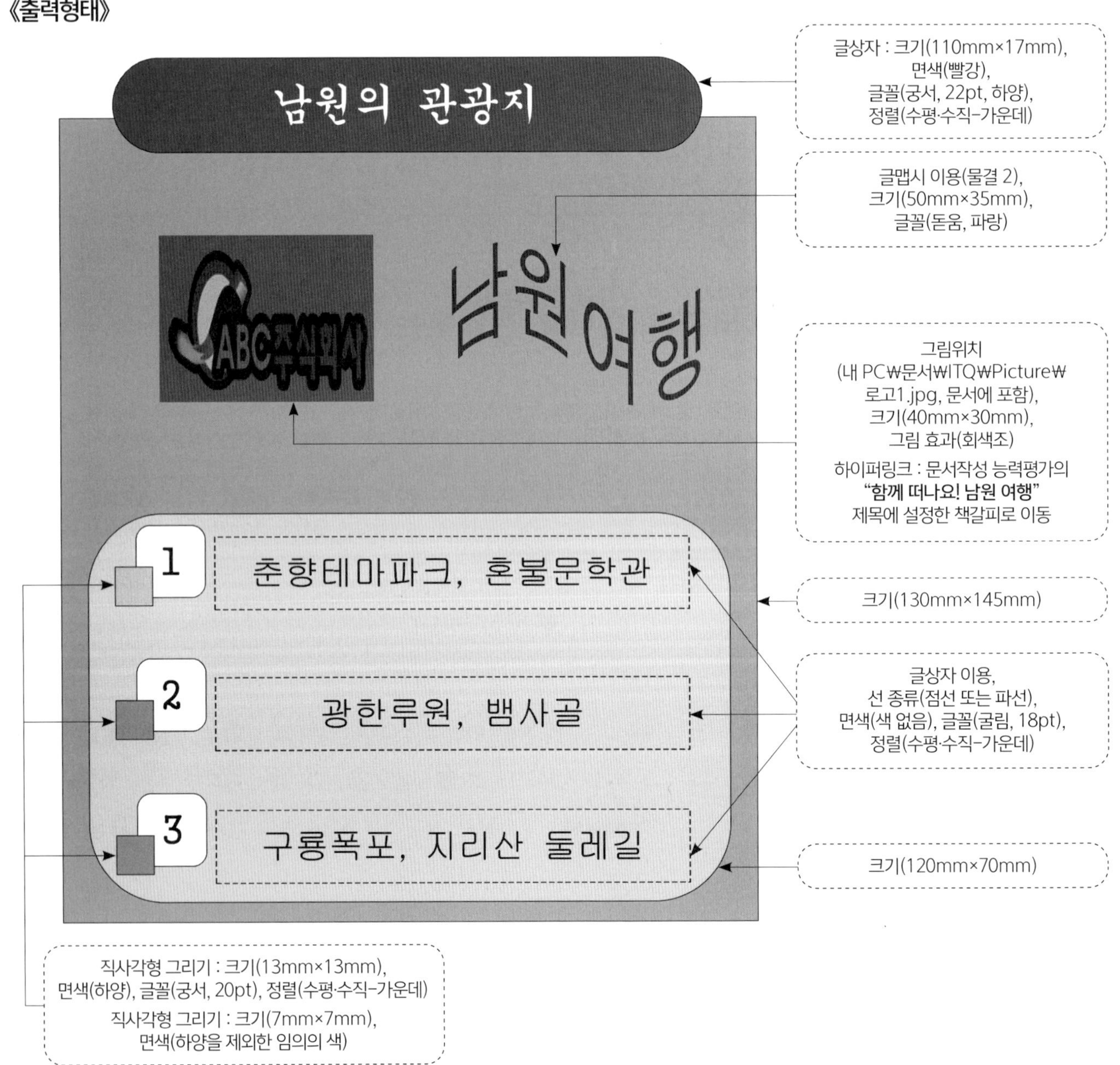

2 문단 첫 글자의 **모양**, **글꼴**, **면 색**을 지정한 후 <설정>을 클릭합니다.

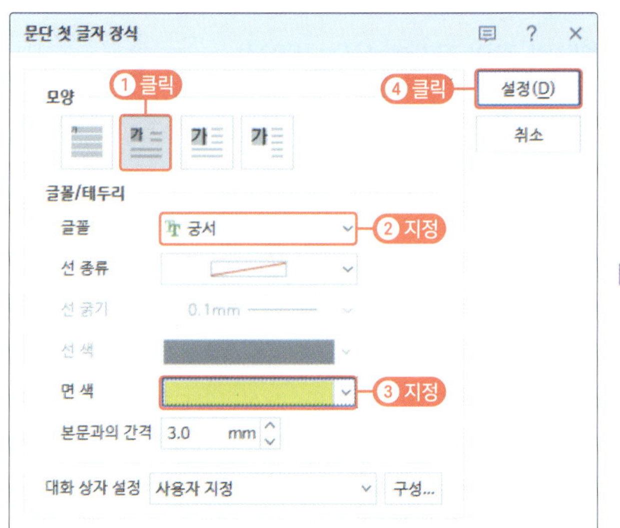
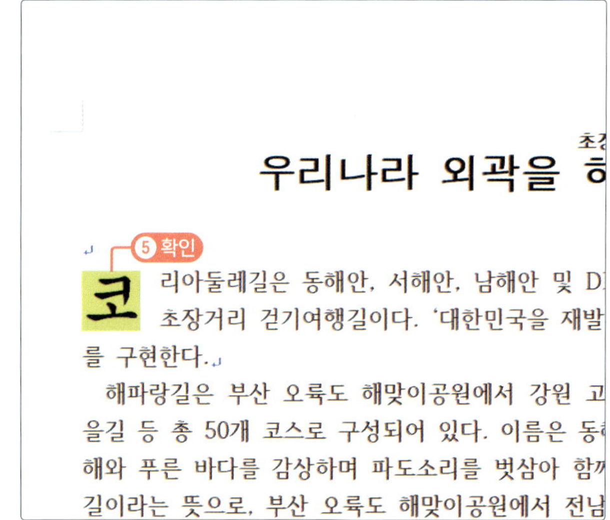

> **ITQ 꿀팁**
>
> 문단 첫 글자 장식 기능은 첫 글자의 모양, 글꼴, 색상 등을 지정하는 문제로 고정 출제되고 있으니 반드시 숙지해 두세요.

3 본문 내용에서 한자로 변환할 단어인 **해안경관**을 블록으로 지정한 다음 한자를 누릅니다.

★ 내용이 블록으로 지정된 상태에서 F9를 눌러도 결과는 동일해요.

> 해와 푸른 바다를 감상하며 파도소리를 벗삼아 함께 걷는 길을 의미한다. 남파랑길은 남쪽의 쪽빛 바다와 함
> 길이라는 뜻으로, 부산 오륙도 해맞이공원에서 전남 해남 땅끝마을까지 남해안을 따라 이어진 걷기여행길이디
> 개 코스로 이루어져 있으며, 남해의 아름다운 해안경관과 대도시의 화려함과 농산어촌마을의 소박함을 모두
> 수 있다. 서해랑길은 전남 해남 땅끝에서 인천 강화까지 연결되는 걷기여행길로, 109개 코스로 구성되어 있
> 그대로 서쪽의 파도와 함께 걷는 길을 의미한다. 서해랑길을 따라 천천히 걷다보면 유네스코 세계유산으로 지
> 넓은 갯벌과 황홀한 일몰, 종교와 문물교류의 역사를 만나게 된다.

4 입력 형식을 한글(漢字)로 지정한 다음 문제지와 동일한 한자를 찾아 선택합니다.

1. 다음의 《조건》에 따라 스타일 기능을 적용하여 《출력형태》와 같이 작성하시오. (50점)

《조건》
    (1) 스타일 이름 – namwon
    (2) 문단 모양 – 왼쪽 여백 : 15pt, 문단 아래 간격 : 10pt
    (3) 글자 모양 – 글꼴 : 한글(돋움)/영문(굴림), 크기 : 10pt, 장평 : 95%, 자간 : 5%

《출력형태》

Namwon is a city of culture and tourism, where you can enjoy pristine natural landscape and colorful festivals all year around including the Chunhyang Festival.

남원은 판소리 다섯 마당 중 춘향가와 흥부가의 배경지가 될 만큼 예로부터 국악의 산실이었으며 , 우리 민족의 영원한 '사랑의 지침서'인 고전 춘향전의 발상지이다 .

2. 다음의 《조건》에 따라 《출력형태》와 같이 표와 차트를 작성하시오. (100점)

《표 조건》
    (1) 표 전체(표, 캡션) – 돋움, 10pt
    (2) 정렬 – 문자 : 가운데 정렬, 숫자 : 오른쪽 정렬
    (3) 셀 배경(면색) : 노랑
    (4) 한글의 계산 기능을 이용하여 빈칸에 합계를 구하고, 캡션 기능 사용할 것
    (5) 선 모양은 《출력형태》와 동일하게 처리할 것

《출력형태》

남원 축제 방문객 현황(단위 : 만 명)

구분	2016년	2017년	2018년	2019년	합계
바래봉 철쭉제	32	28	29	19	
남원춘향제	23	19	27	28	
남원흥부제	28	18	18	19	
바래봉 눈꽃축제	21	14	21	20	

《차트 조건》
    (1) 차트 데이터는 표 내용에서 연도별 바래봉 철쭉제, 남원춘향제, 남원흥부제의 값만 이용할 것
    (2) 종류 – <묶은 세로 막대형>으로 작업할 것
    (3) 제목 – 굴림, 진하게, 12pt, 속성 – 채우기(밝은 색 : 하양), 테두리, 그림자(바깥쪽 : 대각선 오른쪽 아래)
    (4) 제목 이외의 전체 글꼴 – 굴림, 보통, 10pt
    (5) 축제목과 범례는 《출력형태》와 동일하게 처리할 것

《출력형태》

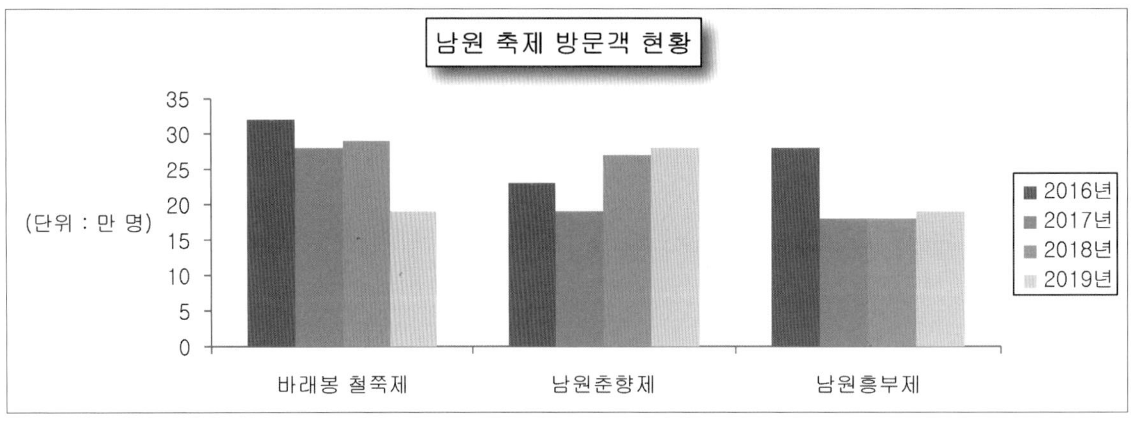

5 한자가 표시되면 《출력형태》를 참고하여 아래와 같이 수정합니다.

해맞이공원에서 전남 해남 땅끝마을까지 남해안을 따라 해의 아름다운 해안(海岸)경관(景觀)과 대도시의 화려함 ⋯ 전남 해남 땅끝에서 인천 강화까지 연결되는 걷기여행 ▶

해맞이공원에서 전남 해남 땅끝마을까지 남해안을 따라 해의 아름다운 해안(海岸)경관(景觀)과 대도시의 화려함 전남 해남 땅끝에서 인천 강화까지 연결되는 걷기여

블록 지정 후 삭제

▶ 해맞이공원에서 전남 해남 땅끝마을까지 남해안을 따라 해의 아름다운 해안(海岸景觀)과 대도시의 화려함과 농산 해남 땅끝에서 인천 클릭 까지 연결되는 걷기여행길로,

▶ 해맞이공원에서 전남 해남 땅끝마을까지 남해안을 따라 해의 아름다운 해안경관(海岸景觀)과 대도시의 화려함과 남 해남 땅끝에서 인천 입력 까지 연결되는 걷기여행길로,

---

Level UP — 한자 입력 형식 알아보기

- 漢字 : 한자만 입력 ▶ 韓國
- 漢字(한글) : 한자 입력 후 괄호 안에 한글 입력 ▶ 韓國(한국)
- 한글(漢字) : 한글 입력 후 괄호 안에 한자 입력 ▶ 한국(韓國)

---

6 같은 방법으로 나머지 한자를 변환해 봅니다.

고 초장거리 걷기여행길이다. '대한민국을 재발견하며 함께 걷는 길'을 비전으로 '평화, 만남, 치유, 상생'의 가치를 구현(具現)한다.

해파랑길은 부산 오륙도 해맞이공원에서 강원 고성 통일전망대까지 이어지는 여정으로 동해안의 해변길, 숲길, 마을길 등 총 50개 코스로 구성되어 있다. 이름은 동해의 상징인 해와 푸른 바다색, 함께(랑)를 조합한 것으로 떠오르는 해와 푸른 바다를 감상하며 파도소리를 벗삼아 함께 걷는 길을 의미(意味)한다. 남파랑길은 남쪽의 쪽빛 바다와 함께 걷는 길이라는 뜻으로, 부산 오륙도 해맞이공원에서 전남 해남 땅끝마을까지 남해안을 따라 이어진 걷기여행길이다. 총 90개 코스로 이루어져 있으며, 남해의 아름다운 해안경관(海岸景觀)과 대도시의 화려함과 농산어촌마을의 소박함을 모두 경험할 수 있다. 서해랑길은 전남 해남 땅끝에서 인천 강화까지 연결되는 걷기여행길로, 109개 코스로 구성

STEP 04 — 각주 입력하기

- 각주 → 각주 구분선 : 5cm

1 각주를 입력할 단어(걷기여행길) 뒤쪽에 커서를 위치시킨 후 [입력] 탭에서 [각주]를 클릭합니다.

★ 커서를 위치시킨 후 Ctrl + N, N을 눌러 각주를 입력할 수도 있어요.

코 리아둘레길은 동해안, 서해안, 남해안 및 DMZ 접경지역 등 우리나라 외곽을 하나로 연결하는 약 4,500km의 초장거리 걷기여행길이다. '대한민국을 재발견하며 함께 걷는 길'을 비전으로 '평화, 만남, 치유, 상생'의 가치를 구현(具現)한다.

해파랑길은 부산 오륙도 해맞이공원에서 강원 고성 통일전망대까지 이어지는 여정으로 동해안의 해변길, 숲길, 마을길 등 총 50개 코스로 구성되어 있다. 이름은 동해의 상징인 해와 푸른 바다색, 함께(랑)를 조합한 것으로 떠오르는 해와 푸른 바다를 감상하며 파도소리를 벗삼아 함께 걷는 길을 의미(意味)한다. 남파랑길은 남쪽의 쪽빛 바다와 함께 걷는 길이라는 뜻으로, 부산 오륙도 해맞이공원에

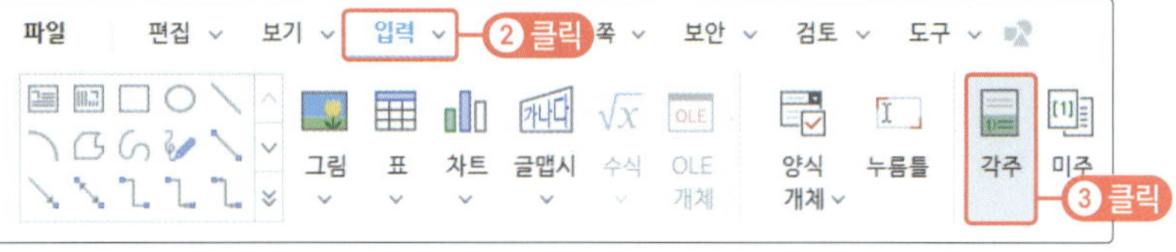

정보기술자격(ITQ) 실전모의고사

과 목	코 드	문제유형	시험시간	수험번호	성 명
아래한글	1111	C	60분		

수험자 유의사항

◎ 수험자는 문제지를 받는 즉시 문제지와 <u>수험표상의 시험과목(프로그램)이 동일한지 반드시 확인</u>하여야 합니다.

◎ 파일명은 본인의 "수험번호−성명"으로 입력하여 답안폴더(내 PC₩문서₩ITQ)에 하나의 파일로 저장해야 하며, 답안 파일을 전송하지 않아 미제출로 처리될 경우 실격 처리합니다(예:12345678−홍길동.hwpx).

◎ 답안 작성을 마치면 파일을 저장하고, '답안 전송' 버튼을 선택하여 감독위원 PC로 답안을 전송하십시오. 수험생 정보와 저장한 파일명이 다를 경우 전송되지 않으므로 주의하시기 바랍니다.

◎ 답안 작성 중에도 <u>주기적으로 저장하고, '답안 전송'</u>하여야 문제 발생을 줄일 수 있습니다. 작업한 내용을 저장하지 않고 전송할 경우 이전에 저장된 내용이 전송되오니 이점 유의하시기 바랍니다.

◎ 답안문서는 지정된 경로 외의 다른 보조기억장치에 저장하는 경우, 지정된 시험 시간 외에 작성된 파일을 활용할 경우, 기타 통신수단(이메일, 메신저, 네트워크 등)을 이용하여 타인에게 전달 또는 외부 반출하는 경우는 부정 처리합니다.

◎ 시험 중 부주의 또는 고의로 시스템을 파손한 경우는 수험자가 변상해야 하며, <수험자 유의사항>에 기재된 방법대로 이행하지 않아 생기는 불이익은 수험생 당사자의 책임임을 알려 드립니다.

◎ 문제의 조건은 한컴오피스 2022/2020 버전으로 설정되어 있으니 유의하시기 바랍니다.

◎ 시험을 완료한 수험자는 답안파일이 전송되었는지 확인한 후 감독위원의 지시에 따라 문제지를 제출하고 퇴실합니다.

답안 작성요령

◎ 온라인 답안 작성 절차

    수험자 등록 ⇒ 시험 시작 ⇒ 답안파일 저장 ⇒ 답안 전송 ⇒ 시험 종료

◎ 공통 부문

- 글꼴에 대한 기본설정은 함초롬바탕, 10포인트, 검정, 줄간격 160%, 양쪽정렬로 합니다.
- 색상은 조건의 색을 적용하고 색의 구분이 안 될 경우에는 RGB 값을 적용하십시오.
  (빨강 255,0,0 / 파랑 0,0,255 / 노랑 255,255,0).
- 각 문항에 주어진 《조건》에 따라 작성하고 언급하지 않은 조건은 《출력형태》와 같이 작성합니다.
- 용지여백은 왼쪽 ·오른쪽 11mm, 위쪽·아래쪽·머리말·꼬리말 10mm, 제본 0mm로 합니다.
- 그림 삽입 문제의 경우 「내 PC₩문서₩ITQ₩Picture」 폴더에서 지정된 파일을 선택하여 삽입하십시오.
- 삽입한 그림은 반드시 문서에 포함하여 저장해야 합니다(미포함 시 감점 처리).
- 각 항목은 지정된 페이지에 출력형태와 같이 정확히 작성하시기 바라며, 그렇지 않을 경우에 해당 항목은 0점 처리됩니다.
  ※ 페이지구분 : 1페이지 − 기능평가 I (문제번호 표시 : 1. 2.),
                2페이지 − 기능평가 II (문제번호 표시 : 3. 4.),
                3페이지 − 문서작성 능력평가

◎ 기능평가

- 문제와 《조건》은 입력하지 않으며 문제번호와 답(《출력형태》)만 작성합니다.
- 4번 문제는 묶기를 했을 경우 0점 처리됩니다.

◎ 문서작성 능력평가

- A4 용지(210mm×297mm) 1매 크기, 세로 서식 문서로 작성합니다.
- (　　　　) 표시는 문서작성에 대한 지시사항이므로 작성하지 않습니다.

2 각주 입력 부분이 활성화되면 문제지를 참고하여 각주 내용을 입력합니다.

입력

3 [주석] 탭에서 각주의 **번호 모양**과 **구분선의 길이**를 지정한 다음 <닫기>를 클릭합니다.

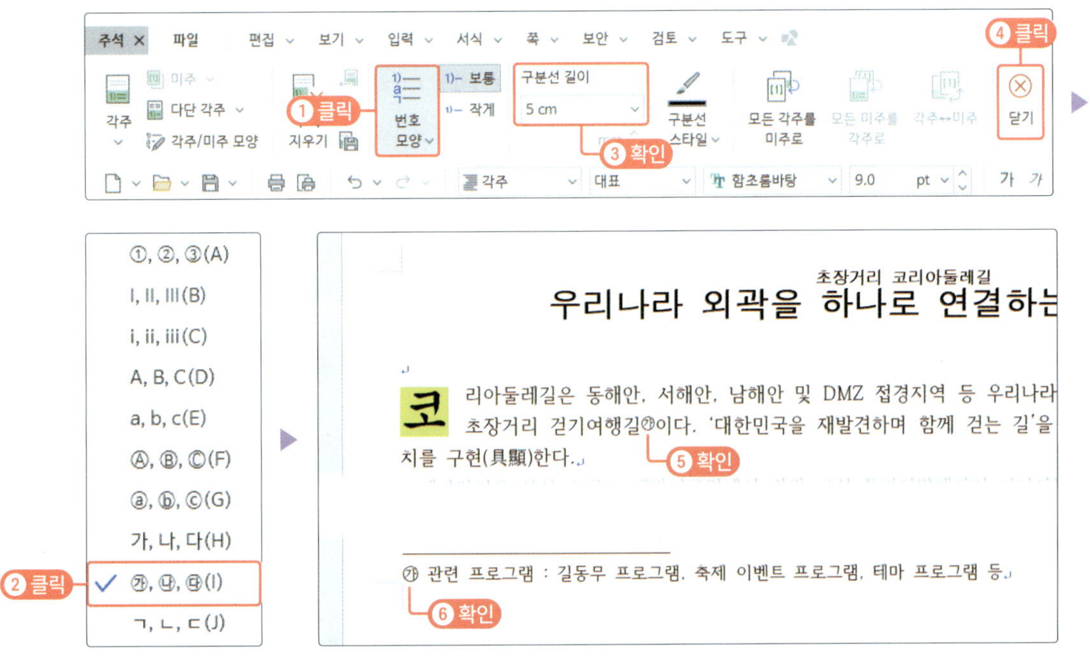

STEP 05 · 그림 삽입하기

- 그림 삽입 → 그림위치(내 PC₩문서₩ITQ₩Picture₩그림4.jpg, 문서에 포함), 자르기 기능 이용, 크기(40mm×40mm), 바깥 여백 왼쪽 : 2mm

1 그림을 삽입하기 위해 [입력] 탭-[**그림**]을 클릭합니다.

★ Ctrl + N , I 를 눌러 그림을 삽입하는 방법도 있어요.

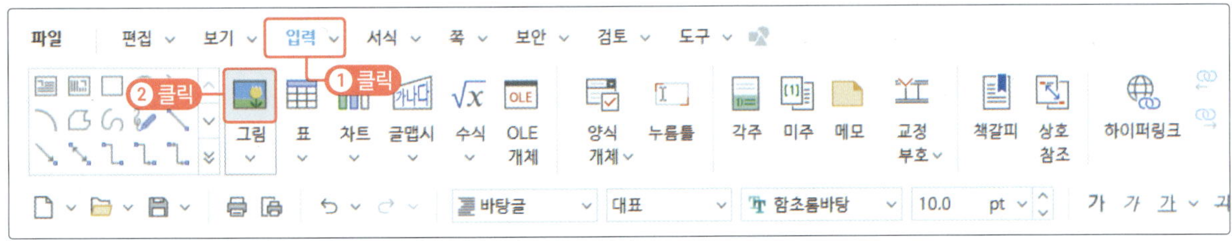

글꼴 : 굴림, 18pt, 진하게, 가운데 정렬
책갈피 이름 : 산업혁명
덧말 넣기

머리말 기능
돋움, 10pt, 오른쪽 정렬 → 4차 산업혁명

융합 기술 혁명
4차 산업혁명과 한국의 미래

문단 첫 글자 장식 기능
글꼴 : 궁서, 면색 : 노랑

각주

그림위치(내 PC₩문서₩ITQ₩Picture₩그림4.jpg, 문서에 포함)
자르기 기능 이용, 크기(40mm×35mm), 바깥 여백 왼쪽 : 2mm

미래의 일자리는 200만 개가 새롭게 증가하지만 700만 개는 사라질 것으로 전망하면서 세계의 주목을 받았다. 현행 사무와 행정, 제조업 등의 일자리는 대규모로 감소할 것으로 예상되고 비즈니스, 금융, 컴퓨터 분야 등의 일자리가 새롭게 나타날 것으로 예상되었다. 4차 산업혁명ⓐ은 현재 청년 일자리 부족이 심각한 사회 문제로 제기(提起)되고 있는 한국에도 큰 시사점을 주고 있는 상황이다. 4차 산업혁명은 3차 산업혁명의 토대 위에 물리, 디지털, 바이오 기술의 융합을 특징으로 하고 있고, 교육에서도 이러닝 기반의 새로운 혁신(革新)이 예고되고 있다.

정부에서는 4차 산업혁명 준비의 중요성을 인식하고 '4차 산업혁명과 한국의 미래'라는 주제로 미래 교육 포럼을 기획하고 있다. 미국, 독일 등 선진국과의 4차 산업혁명 준비 정도를 비교 및 점검하고 밝은 미래를 위해 한국이 준비해야 할 핵심 사항들을 분야별 전문가 강연을 통해 공유할 수 있는 장을 마련할 예정이다. 이번 행사는 과학기술정보통신부와 교육부가 공동 주최하고 4차산업혁명포럼추진위원회에서 추진할 계획이다. 이번 행사를 통해 우리 청소년들에게 불확실한 미래를 대비할 수 있는 기회가 제공되길 바란다.

★ **4차 산업혁명의 주요 기술**

글꼴 : 궁서, 18pt, 하양
음영색 : 빨강

① 디지털 기술

　(ㄱ) 자료의 디지털화를 통한 복합적인 분석

　(ㄴ) 사물 인터넷, 인공지능, 빅 데이터, 공유 플랫폼

② 바이오 기술

　(ㄱ) 생물학 정보의 분석 및 기술 정밀화를 통한 건강 증진

　(ㄴ) 유전공학, 합성 생물학, 바이오 프린팅

문단 번호 기능 사용
1수준 : 20pt, 오른쪽정렬,
2수준 : 30pt, 오른쪽정렬
줄 간격 : 180%

표 전체 글꼴 : 굴림, 10pt, 가운데 정렬
셀 배경(그러데이션) : 유형(가로),
시작색(하양), 끝색(노랑)

★ *미래 직업 세계의 변화*

글꼴 : 궁서, 18pt, 기울임, 강조점

구분	분야	내용
세분화 및 전문화	기후변화 전문가	기후의 변화 요인을 파악하여 관련 정책을 수립하는 역할
	노년 플래너	노인들의 건강, 일, 경제, 정서 등의 업무를 전문적으로 수행
융합형	홀로그램 전시기획가	홀로그램 기술을 공연이나 전시에 활용하여 콘텐츠를 기획
	사용자 경험 디자이너	사용자의 경험을 중시하여 제품이나 서비스를 생산
과학기술 진보	아바타 개발자	인간의 뇌와 컴퓨터를 연계하여 가상 공간에서의 아바타 개발

글꼴 : 돋움, 24pt, 진하게
장평 105%, 오른쪽 정렬 → **포럼추진위원회**

각주 구분선 : 5cm

ⓐ 물질적 재화의 생산에 무생물적 자원을 광범위하게 이용하는 조직적 경제 과정

쪽 번호 매기기
4로 시작 → iv

2 [내 PC]–[문서]–[ITQ]–[Picture] 폴더에서 **그림4.jpg**를 선택한 후 옵션을 변경하여 삽입합니다.

3 그림이 삽입되면 [그림] 탭–[**자르기**]를 클릭합니다.

리아둘레길은 동해안, 서해안, 남해안 및 DMZ 접경지역 등 우리나라 외곽을 하나로 연결하는 약 4,500km의 초장거리 걷기여행길㉮이다. '대한민국을 재발견하며 함께 걷는 길'을 비전으로 '평화, 만남, 치유, 상생'의 가치를 구현(具顯)한다.

해파랑길은 부산 강원 고성 통일전망로 동해안의 해변길, 코스로 구성되어 있인 해와 푸른 바다 것으로 떠오르는 해며 파도소리를 벗삼(意味)한다. 남파랑길 함께 걷는 길이라는 맞이공원에서 전남

오륙도 해맞이공원에서 대까지 이어지는 여정으 숲길, 마을길 등 총 50개 다. 이름은 동해의 상징색, 함께(랑)를 조합한 와 푸른 바다를 감상하아 함께 걷는 길을 의미은 남쪽의 쪽빛 바다와 뜻으로, 부산 오륙도 해해남 땅끝마을까지 남해

3. 다음 (1), (2)의 수식을 수식 편집기로 각각 입력하시오. (40점)

《출력형태》

(1) $\dfrac{a^4}{T^2} - 1 = \dfrac{G}{4\pi^2}(M+m)$

(2) $\displaystyle\int_0^1 (\sin x + \dfrac{x}{2})dx = \int_0^1 \dfrac{1+\sin x}{2}dx$

4. 다음의 《조건》에 따라 《출력형태》와 같이 문서를 작성하시오. (110점)

《조건》　(1) 그리기 도구를 이용하여 작성하고, 모든 도형(글맵시, 지정된 그림 포함)을 《출력형태》와 같이 작성하시오.

　　　　　(2) 도형의 면색은 지시사항이 없으면 색 없음을 제외하고 서로 다르게 임의로 지정하시오.

《출력형태》

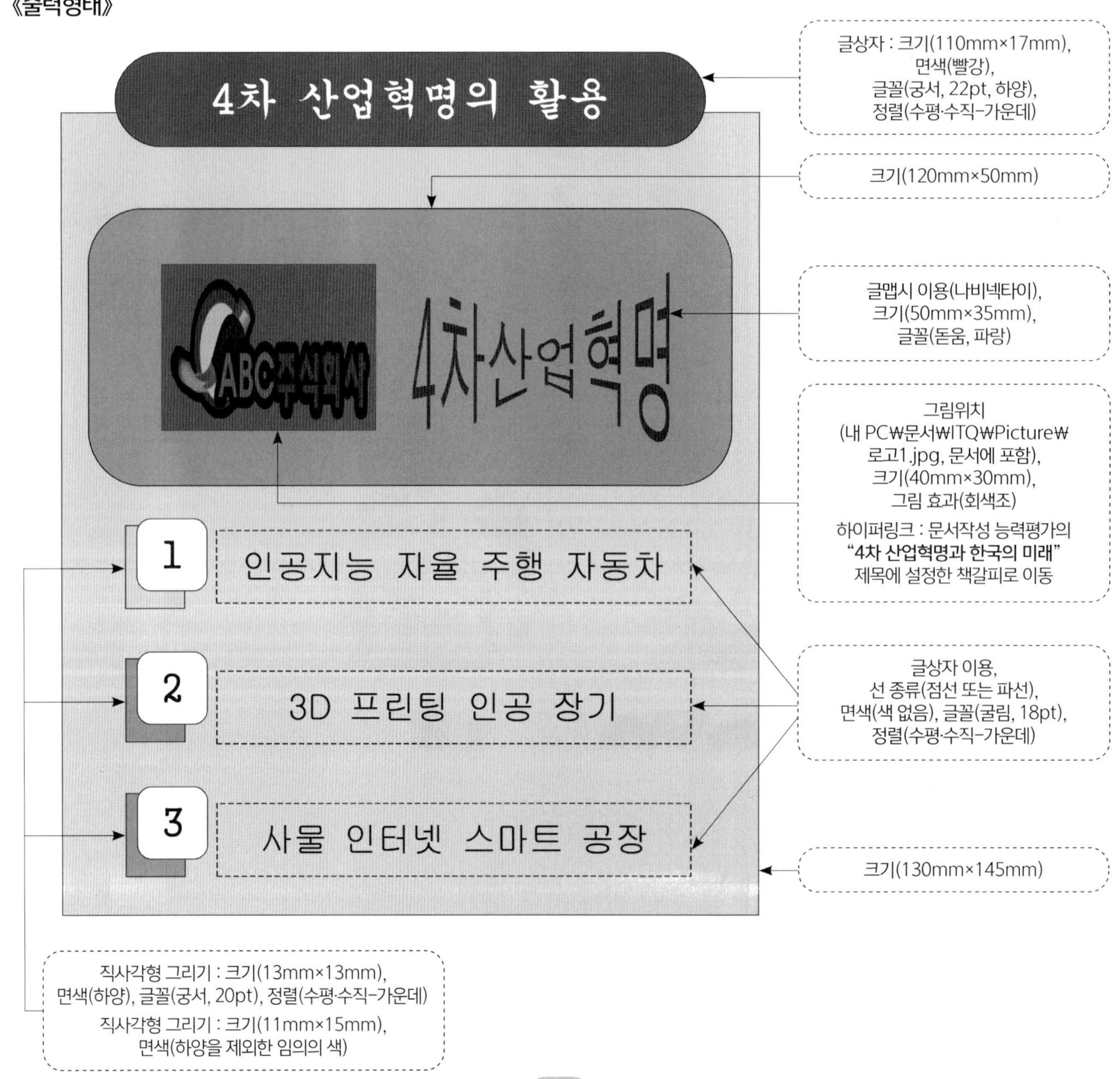

4 자르기 핸들을 드래그하여 필요한 그림만 남겨줍니다.

★ 그림 자르기가 완료되면 [Esc]를 눌러주세요.

5 자르기가 완료된 그림의 속성을 지정하기 위해 그림을 더블클릭합니다.

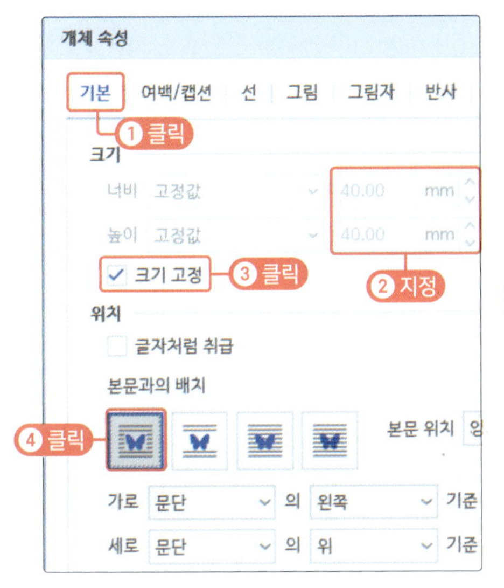

6 [기본] 탭에서 그림의 크기(40mm×40mm), 본문과의 배치(**어울림**)을 지정한 후 [여백/캡션] 탭에서 바깥여백(**왼쪽 2mm**)을 적용합니다.

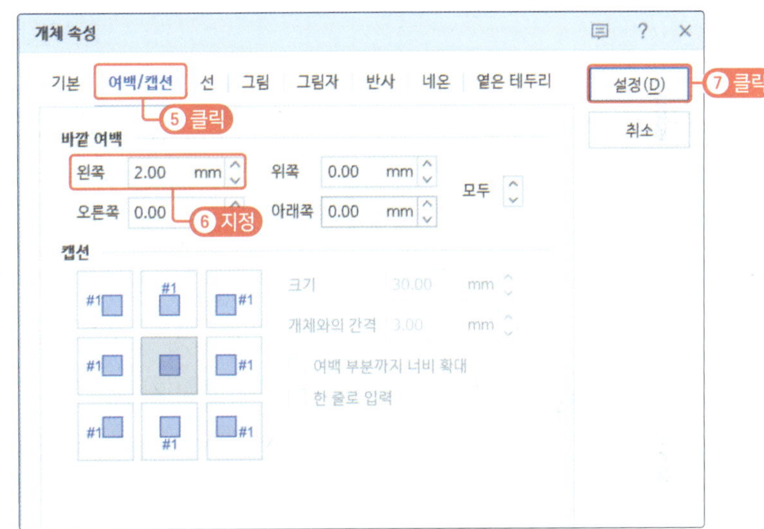

7 그림의 속성 지정이 완료되면 그림의 위치를 아래와 같이 맞춰줍니다.

1. 다음의 《조건》에 따라 스타일 기능을 적용하여 《출력형태》와 같이 작성하시오. (50점)

《조건》
(1) 스타일 이름 – revolution
(2) 문단 모양 – 왼쪽 여백 : 15pt, 문단 아래 간격 : 10pt
(3) 글자 모양 – 글꼴 : 한글(돋움)/영문(굴림), 크기 : 10pt, 장평 : 95%, 자간 : 5%

《출력형태》

The Fourth Industrial Revolution is the current trend of automation and data exchange in manufacturing technologies. It includes the internet of things and cloud computing.

4차 산업혁명이란 유전자, 나노, 인공지능, 사물인터넷, 빅데이터, 모바일 등 모든 기술이 융합하여 물리학, 디지털, 생물학 분야가 상호 교류하여 파괴적 혁신을 일으키는 혁명이라 할 수 있다.

2. 다음의 《조건》에 따라 《출력형태》와 같이 표와 차트를 작성하시오. (100점)

《표 조건》
(1) 표 전체(표, 캡션) – 돋움, 10pt
(2) 정렬 – 문자 : 가운데 정렬, 숫자 : 오른쪽 정렬
(3) 셀 배경(면색) : 노랑
(4) 한글의 계산 기능을 이용하여 빈칸에 합계를 구하고, 캡션 기능 사용할 것
(5) 선 모양은 《출력형태》와 동일하게 처리할 것

《출력형태》

4차 산업의 지역별 사업체수(단위 : 백 개)

구분	2017년	2018년	2019년	2020년	합계
대전	12	13	15	15	
부산	22	23	26	27	
대구	16	17	19	20	
인천	20	21	23	25	✕

《차트 조건》
(1) 차트 데이터는 표 내용에서 연도별 대전, 부산, 대구의 값만 이용할 것
(2) 종류 – <묶은 세로 막대형>으로 작업할 것
(3) 제목 – 굴림, 진하게, 12pt, 속성 – 채우기(밝은 색 : 하양), 테두리, 그림자(바깥쪽 : 대각선 오른쪽 아래)
(4) 제목 이외의 전체 글꼴 – 굴림, 보통, 10pt
(5) 축제목과 범례는 《출력형태》와 동일하게 처리할 것

《출력형태》

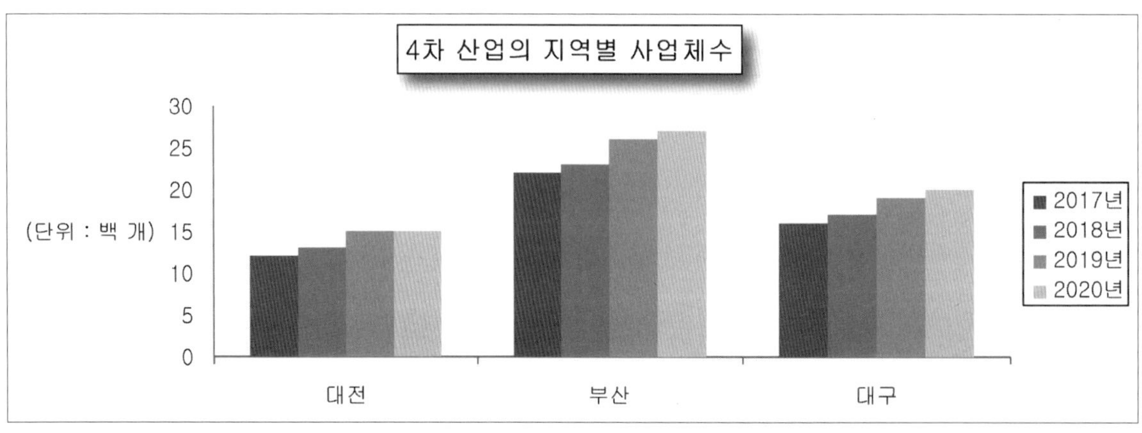

· 그림이 삽입된 끝 줄이 문제지와 다르면 감점 요인이 될 수 있으니, 오탈자와 띄어쓰기를 꼼꼼하게 확인해 주세요.
· 그림이 선택된 상태에서 방향키(↑, ↓, ←, →)를 눌러 그림의 위치를 미세하게 조절할 수 있어요.

코리아둘레길은 동해안, 서해안, 남해안 및 DMZ 접경지역 등 우리나라 외곽을 하나로 연결하는 약 4,500km의 초장거리 걷기여행길㉮이다. '대한민국을 재발견하며 함께 걷는 길'을 비전으로 '평화, 만남, 치유, 상생'의 가치를 구현(具現)한다.

해파랑길은 부산 오륙도 해맞이공원에서 강원 고성 통일전망대까지 이어지는 여정으로 동해안의 해변길, 숲길, 마을길 등 총 50개 코스로 구성되어 있다. 이름은 동해의 상징인 해와 푸른 바다색, 함께(랑)를 조합한 것으로 떠오르는 해와 푸른 바다를 감상하며 파도소리를 벗삼아 함께 걷는 길을 의미(意味)한다. 남파랑길은 남쪽의 쪽빛 바다와 함께 걷는 길이라는 뜻으로, 부산 오륙도 해맞이공원에서 전남 해남 땅끝마을까지 남해안을 따라 이어진 걷기여행길이다. 총 90개 코스로 이루어져 있으며, 남해의 아름다운 해안경관(海岸景觀)과 대도시의 화려함과 농산어촌마을의 소박함을 모두 경험할 수 있다. 서해랑길은 전남 해남 땅끝에서 인천 강화까지 연결되는 걷기여행길로, 109개 코스로 구성되어 있다. 이름 그대로 서쪽의 파도와 함께 걷는 길을 의미한다. 서해랑길을 따라 천천히 걷다보면 유네스코 세계유산으로 지정된 드넓은 갯벌과 황홀한 일몰, 종교와 문물교류의 역사를 만나게 된다.

STEP 06 문서의 나머지 내용 입력하기

1 문장의 맨 뒤쪽에 커서를 위치시킨 후 [Enter]를 두 번 눌러 나머지 내용을 입력합니다.

어진 걷기여행길이다. 총 90개 코스로 이루어져 있으며, 남해의 아름다운 해안경관(海岸景觀)과 대도시의 화려함과 농산어촌마을의 소박함을 모두 경험할 수 있다. 서해랑길은 전남 해남 땅끝에서 인천 강화까지 연결되는 걷기여행길로, 109개 코스로 구성되어 있다. 이름 그대로 서쪽의 파도와 함께 걷는 길을 의미한다. 서해랑길을 따라 천천히 걷다보면 유네스코 세계유산으로 지정된 드넓은 갯벌과 황홀한 일몰, 종교와 문물교류의 역사를 만나게 된다. ─① Enter 2번

 ② 입력─ 코리아둘레길 지킴이 모집
활동기간 및 역할
활동기간 : 2025년 04월 - 2025년 11월 (약 8개월)
활동내용 : 코리아둘레길 안전성, 편의성, 쾌적성 점검
지원조건
사전필수교육 참가 가능자
담당코스 정기 3회 이상 활동 가능자

코리아둘레길 코스 안내

[문서작성 능력평가] 문제는 작업량이 많기 때문에 작성 도중 수시로 문서를 저장하도록 해요. 서식 도구 상자에서 [저장하기(💾)]를 클릭하거나, [Alt]+[S]를 눌러 답안 파일을 저장할 수 있어요.

정보기술자격(ITQ) 실전모의고사

과 목	코 드	문제유형	시험시간	수험번호	성 명
아래한글	1111	B	60분		

수험자 유의사항

◎ 수험자는 문제지를 받는 즉시 문제지와 **수험표상의 시험과목(프로그램)이 동일한지 반드시 확인**하여야 합니다.

◎ 파일명은 본인의 "수험번호-성명"으로 입력하여 답안폴더(내 PC\문서\ITQ)에 하나의 파일로 저장해야 하며, 답안 파일을 전송하지 않아 미제출로 처리될 경우 실격 처리합니다(예:12345678-홍길동.hwpx).

◎ 답안 작성을 마치면 파일을 저장하고, '답안 전송' 버튼을 선택하여 감독위원 PC로 답안을 전송하십시오. 수험생 정보와 저장한 파일명이 다를 경우 전송되지 않으므로 주의하시기 바랍니다.

◎ 답안 작성 중에도 **주기적으로 저장하고, '답안 전송'**하여야 문제 발생을 줄일 수 있습니다. 작업한 내용을 저장하지 않고 전송할 경우 이전에 저장된 내용이 전송되오니 이점 유의하시기 바랍니다.

◎ 답안문서는 지정된 경로 외의 다른 보조기억장치에 저장하는 경우, 지정된 시험 시간 외에 작성된 파일을 활용할 경우, 기타 통신수단(이메일, 메신저, 네트워크 등)을 이용하여 타인에게 전달 또는 외부 반출하는 경우는 부정 처리합니다.

◎ 시험 중 부주의 또는 고의로 시스템을 파손한 경우는 수험자가 변상해야 하며, <수험자 유의사항>에 기재된 방법대로 이행하지 않아 생기는 불이익은 수험생 당사자의 책임임을 알려 드립니다.

◎ 문제의 조건은 한컴오피스 2022/2020 버전으로 설정되어 있으니 유의하시기 바랍니다.

◎ 시험을 완료한 수험자는 답안파일이 전송되었는지 확인한 후 감독위원의 지시에 따라 문제지를 제출하고 퇴실합니다.

답안 작성요령

◎ **온라인 답안 작성 절차**

수험자 등록 ⇒ 시험 시작 ⇒ 답안파일 저장 ⇒ 답안 전송 ⇒ 시험 종료

◎ **공통 부문**

- 글꼴에 대한 기본설정은 함초롬바탕, 10포인트, 검정, 줄간격 160%, 양쪽정렬로 합니다.
- 색상은 조건의 색을 적용하고 색의 구분이 안 될 경우에는 RGB 값을 적용하십시오.
  (빨강 255,0,0 / 파랑 0,0,255 / 노랑 255,255,0).
- 각 문항에 주어진 《조건》에 따라 작성하고 언급하지 않은 조건은 《출력형태》와 같이 작성합니다.
- 용지여백은 왼쪽·오른쪽 11mm, 위쪽·아래쪽·머리말·꼬리말 10mm, 제본 0mm로 합니다.
- 그림 삽입 문제의 경우 「내 PC\문서\ITQ\Picture」 폴더에서 지정된 파일을 선택하여 삽입하십시오.
- 삽입한 그림은 반드시 문서에 포함하여 저장해야 합니다(미포함 시 감점 처리).
- 각 항목은 지정된 페이지에 출력형태와 같이 정확히 작성하시기 바라며, 그렇지 않을 경우에 해당 항목은 0점 처리됩니다.
  ※ 페이지구분 : 1페이지 - 기능평가 I (문제번호 표시 : 1. 2.),
  　　　　　　　 2페이지 - 기능평가 II (문제번호 표시 : 3. 4.),
  　　　　　　　 3페이지 - 문서작성 능력평가

◎ **기능평가**

- 문제와 《조건》은 입력하지 않으며 문제번호와 답(《출력형태》)만 작성합니다.
- 4번 문제는 묶기를 했을 경우 0점 처리됩니다.

◎ **문서작성 능력평가**

- A4 용지(210mm×297mm) 1매 크기, 세로 서식 문서로 작성합니다.
- 　　　　 표시는 문서작성에 대한 지시사항이므로 작성하지 않습니다.

2 [입력] 탭–[표]를 선택해 **줄 개수(6)**와 **칸 개수(4)**를 입력한 후 <만들기>를 클릭합니다.

✦ Ctrl+N, T를 눌러 표를 삽입하는 방법도 있어요.

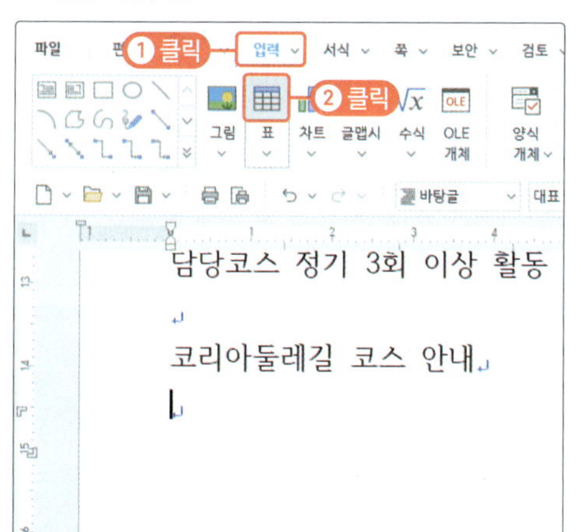
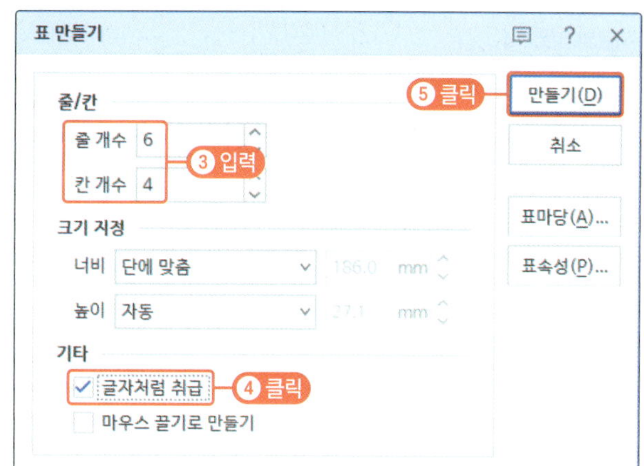

3 표 아랫줄을 클릭한 후 Enter를 눌러 기관명을 입력합니다.

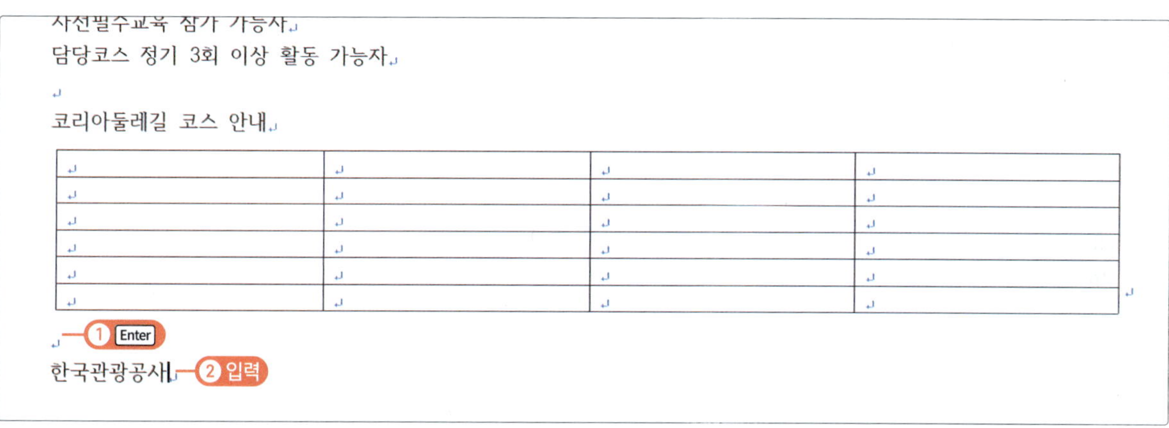

4 코리아둘레길 앞쪽을 선택한 후 [입력] 탭–[문자표]–**[문자표]**를 클릭합니다.

✦ Ctrl+F10을 눌러 문자표 대화상자로 이동할 수도 있어요.

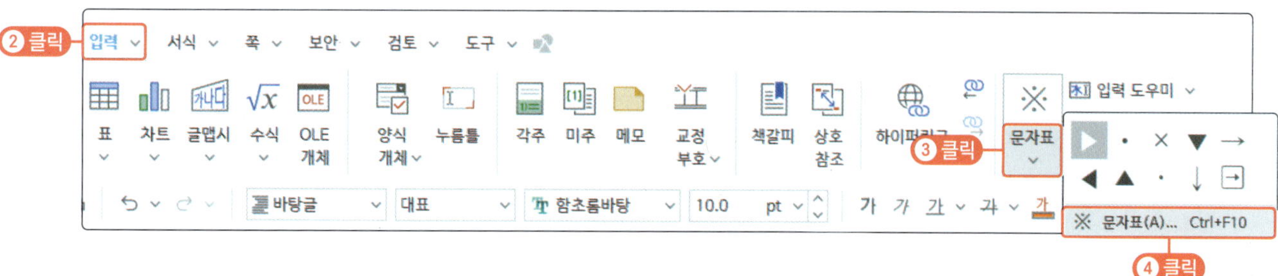

민관거버넌스 프로그램 구축

강 원 산간지역의 하천 수질은 점오염원보다는 농업비점오염 및 농촌비점오염원의 유입으로 인한 오염(汚染)이 매우 크다. 지형 경사가 큰 산간지역의 특성으로 인하여 우기 시 다량으로 유출되는 토사가 하천으로 유입되면서 수질을 오염시키고, 하류지역 농경지에 토사가 퇴적/매몰되어 부정적인 영향을 미치고 있다. 비점오염원ⓐ의 특성상 배출범위가 광범위하여 수집을 통한 관리가 불가능한 것이 현실이다.

정부에서는 비점오염원 배출 저감을 위한 다양한 방안을 강구하였으나 효과(效果)를 보지 못하였고, 이에 농업비점오염원 배출 저감을 위한 배출원에서부터 사전 예방적 차원의 관리가 중요하다는 것을 인지하게 되었으며, 이를 위해서는 주민과 농업인의 비점오염원 배출 저감 교육과 홍보가 필요하고 주민의 적극적 참여가 매우 중요하다는 것을 강조하게 되었다. 따라서 소하천 수질 관리를 위해서 농업농촌비점오염의 사전 예방적 관리에 주민과 농업인의 적극적 참여를 유도해야 한다. 또한 고령화되는 농촌지역의 특성을 감안한 역량강화 프로그램을 개발 및 운영하여 주민 스스로 지역 환경을 개선하고 지켜나갈 수 있도록 주민의 관심을 유도하는 것이 필요하다.

※ 주민참여 공론장의 목적 및 주요 내용

가. 주민참여 공론장의 목적

  ㉠ 강원산간 흙탕물 발생 및 수질오염에 대한 의견 공유

  ㉡ 소하천 수질개선을 위한 공동의 목표 수립

나. 주민참여 공론장의 주요 내용

  ㉠ 간담회를 통한 소하천 문제점 공유 및 개선안 논의

  ㉡ 수질오염 개선방안을 위한 공론장 운영

※ 비점오염원 인식교육

구분	교육주제	교육내용	장소
정화활동	수질개선 EM교육	도시의 평균대기질 농도 파악	거주민 인근하천
주민참여	인식개선 교육	미생물을 이용한 쌀뜨물 발효액 만들기	주민센터 교육장
주민실천	실생활 적용교육	토사유출 및 농업비점오염원 관리 필요성	평생교육기관
실천심화	역량강화 교육	비점오염원 저감 시설의 주민참여 관리 방안	평생교육기관
교육시기 운영계획		강원 산간 지역의 주민실천 사업은 농사시기를 고려할 것	

원주지방환경청

ⓐ 불특정 장소에서 불특정하게 수질오염물질을 배출하는 배출원

5 [한글(HNC) 문자표] 탭의 [**전각 기호(일반)**] 영역에서 문제지와 동일한 특수문자(♣)를 선택하여 <넣기>를 클릭합니다.

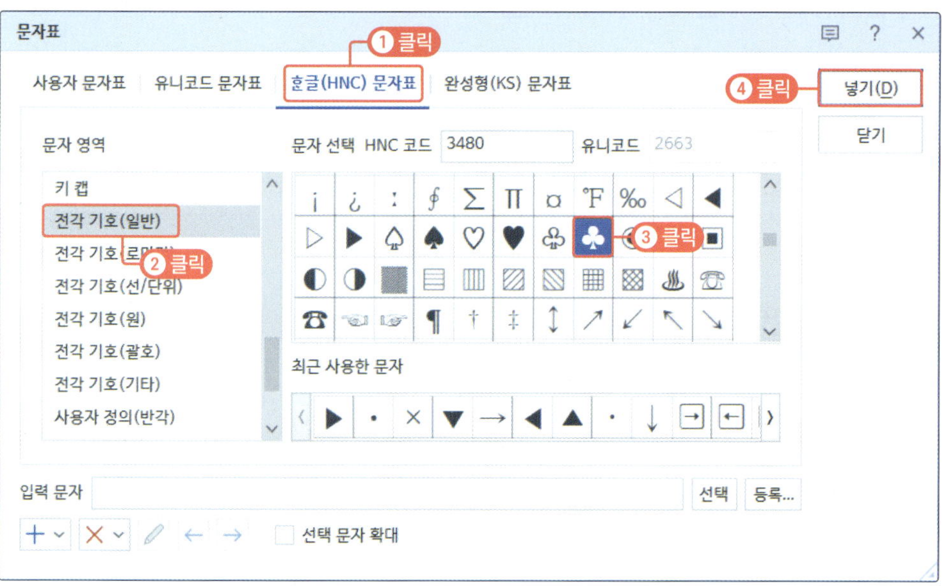

6 특수문자가 입력되면 Space Bar 를 눌러 한 칸 띄운 후 똑같은 방법으로 표제목에도 특수 문자를 입력합니다.

산어촌마을의 소박함을 모두 경험할 수 있다. 서해랑길은 전남 해남 땅끝에서 인천 강화까지 연결되는 걷기여행 109개 코스로 구성되어 있다. 이름 그대로 서쪽의 파도와 함께 걷는 길을 의미한다. 서해랑길을 따라 천천히 걷 면 유네스코 세계유산으로 지정된 드넓은 갯벌과 황홀한 일몰, 종교와 문물교류의 역사를 만나게 된다.

♣ 코리아둘레길 지킴이 모집
활동기간 및 역할
활동기간 : 2025년 04월 – 2025년 11월 (약 8개월)
활동내용 : 코리아둘레길 안전성, 편의성, 쾌적성 점검
지원조건
사전필수교육 참가 가능자
담당코스 정기 3회 이상 활동 가능자

♣ 코리아둘레길 코스 안내

한국관광공사

3. 다음 (1), (2)의 수식을 수식 편집기로 각각 입력하시오. (40점)

《출력형태》

(1) $\dfrac{V_2}{V_1} = \dfrac{0.90 \times 10^3}{1.0 \times 10^3} = 0.80$

(2) $\displaystyle\int_a^b A(x-a)(x-b)dx = -\dfrac{A}{6}(b-a)^3$

4. 다음의 《조건》에 따라 《출력형태》와 같이 문서를 작성하시오. (110점)

《조건》
(1) 그리기 도구를 이용하여 작성하고, 모든 도형(글맵시, 지정된 그림 포함)을 《출력형태》와 같이 작성하시오.
(2) 도형의 면색은 지시사항이 없으면 색 없음을 제외하고 서로 다르게 임의로 지정하시오.

《출력형태》

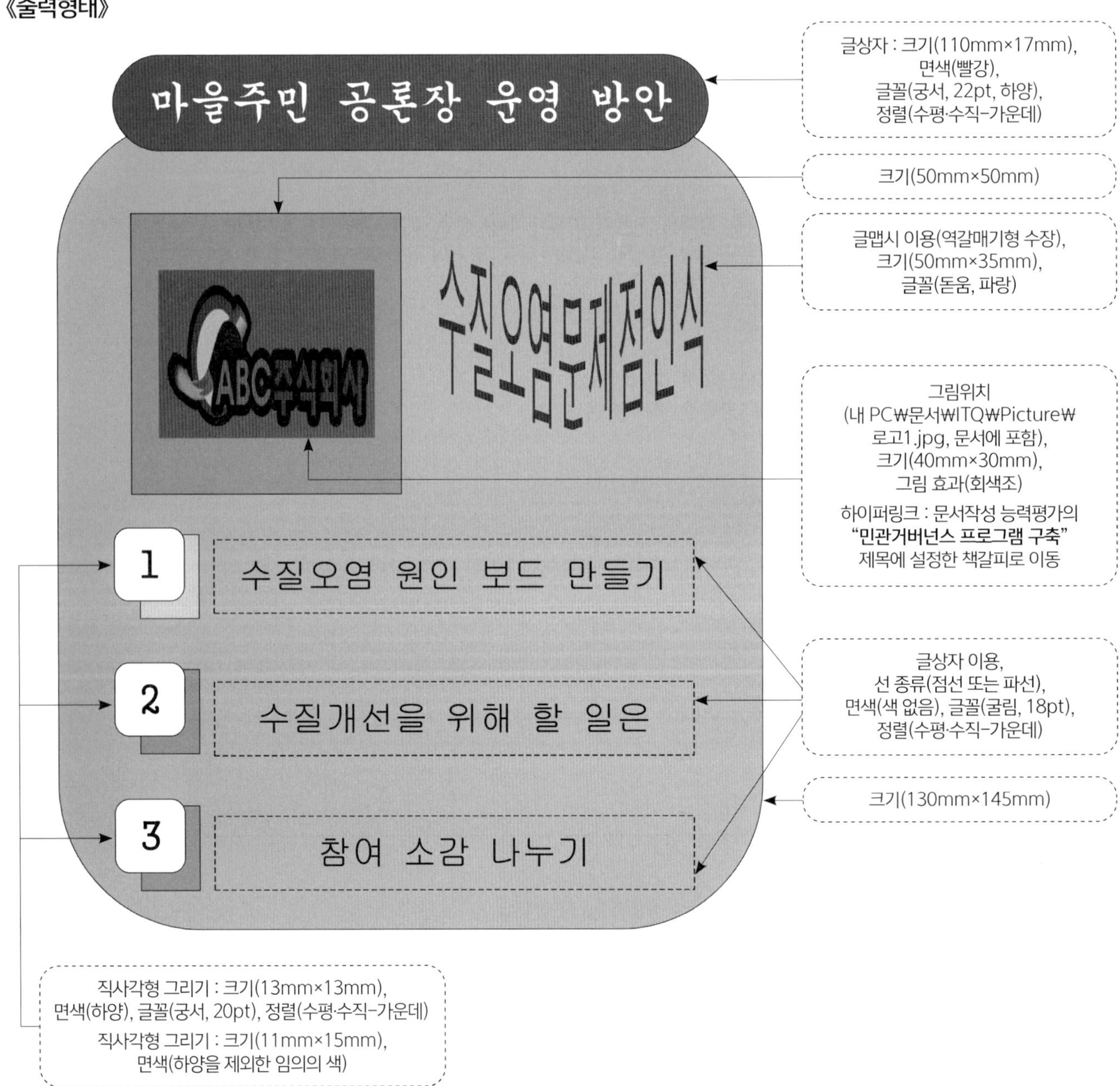

소제목과 표제목 편집하기

- 글꼴 : 돋움, 18pt, 하양, 음영색 : 파랑
- 글꼴 : 돋움, 18pt, 밑줄, 강조점

1 소제목을 편집하기 위해 내용을 블록으로 지정한 다음 서식 도구 상자에서 **글꼴(돋움)**과 글자 크기(18pt)를 적용합니다.

2 아래와 같이 블록으로 지정한 후 우클릭하여 **[글자 모양]**을 선택합니다.

★ 텍스트가 블록으로 지정된 상태에서 Alt + L을 눌러도 결과는 동일해요.

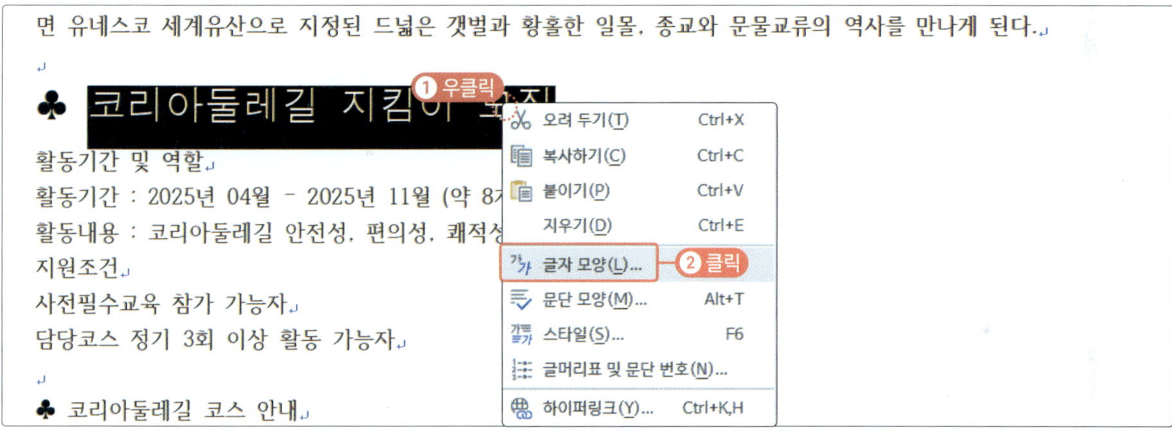

3 [기본] 탭에서 **글자 색(하양)**과 **음영 색(파랑)**을 지정한 후 <설정>을 클릭합니다.

1. 다음의 《조건》에 따라 스타일 기능을 적용하여 《출력형태》와 같이 작성하시오. (50점)

《조건》
 (1) 스타일 이름 – governance
 (2) 문단 모양 – 왼쪽 여백 : 15pt, 문단 아래 간격 : 10pt
 (3) 글자 모양 – 글꼴 : 한글(돋움)/영문(굴림), 크기 : 10pt, 장평 : 95%, 자간 : 5%

《출력형태》

Create a framework for governance that forms a private council that links local resources and improves the water quality of private small rivers, centered on local residents.

소하천 지역 주민과 농업인을 중심으로 하는 민간 소하천 수질개선 지역공동체 구성과 지역자원을 연계한 민간 협의체를 구성하는 거버넌스 프레임 워크를 만듭니다.

2. 다음의 《조건》에 따라 《출력형태》와 같이 표와 차트를 작성하시오. (100점)

《표 조건》
 (1) 표 전체(표, 캡션) – 돋움, 10pt
 (2) 정렬 – 문자 : 가운데 정렬, 숫자 : 오른쪽 정렬
 (3) 셀 배경(면색) : 노랑
 (4) 한글의 계산 기능을 이용하여 빈칸에 합계를 구하고, 캡션 기능 사용할 것
 (5) 선 모양은 《출력형태》와 동일하게 처리할 것

《출력형태》

전국 수계 수질개선 지역공동체 현황(단위 : 개)

구분	한강	낙동강	금강	섬진강	합계
환경시민단체	21	13	18	10	
지역마을주민	34	21	16	9	
교육기관	45	28	15	11	
정화시설	9	5	3	2	

《차트 조건》
 (1) 차트 데이터는 표 내용에서 구분별 환경시민단체, 지역마을주민, 교육기관의 값만 이용할 것
 (2) 종류 – <묶은 가로 막대형>으로 작업할 것
 (3) 제목 – 굴림, 진하게, 12pt, 속성 – 채우기(밝은 색 : 하양), 테두리, 그림자(바깥쪽 : 대각선 오른쪽 아래)
 (4) 제목 이외의 전체 글꼴 – 굴림, 보통, 10pt
 (5) 축제목과 범례는 《출력형태》와 동일하게 처리할 것

《출력형태》

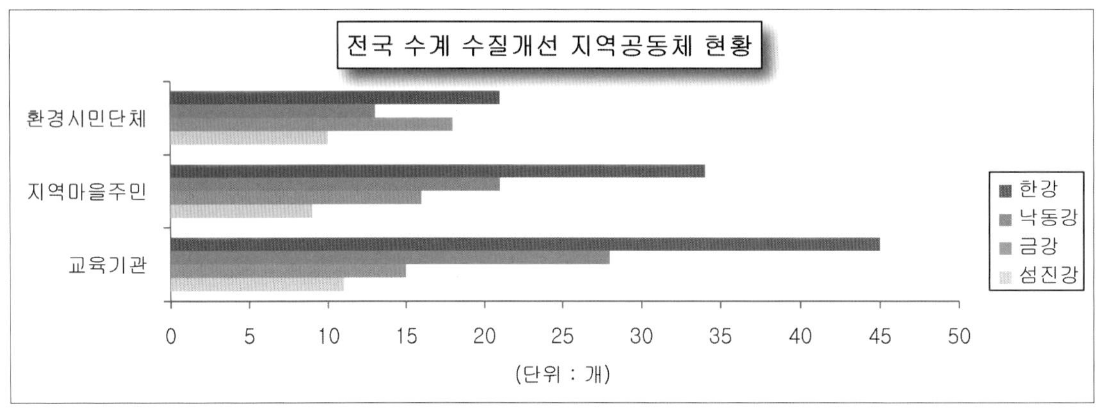

4 이번에는 표제목을 블록으로 지정한 다음 서식 도구 상자에서 **글꼴(돋움)**과 **글자 크기(18pt)**를 적용합니다.

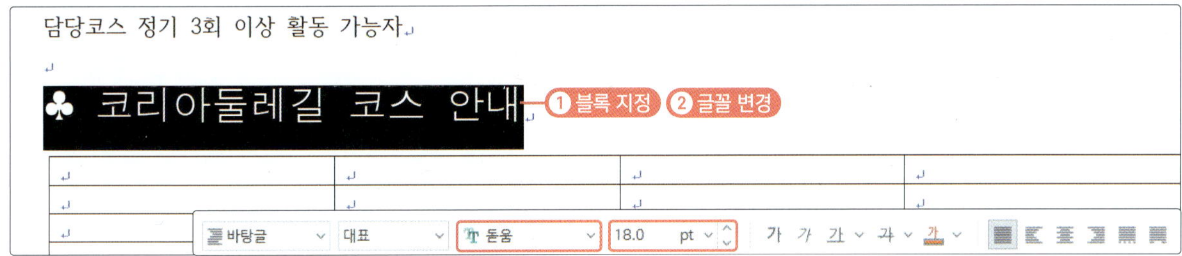

5 문자표를 제외한 내용을 블록으로 지정한 다음 서식 도구 상자에서 밑줄을 적용합니다.

★ 텍스트가 블록으로 지정된 상태에서 Alt+L을 눌러도 결과는 동일해요.

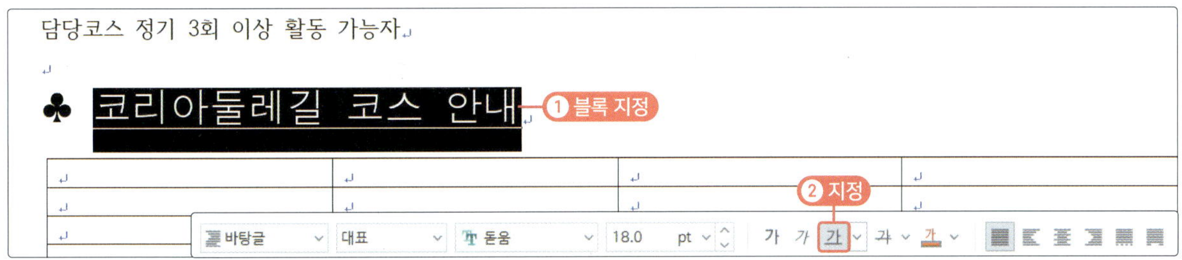

6 강조점을 적용하기 위해 아래와 같이 블록으로 지정한 후 우클릭하여 **[글자 모양]**을 선택합니다.

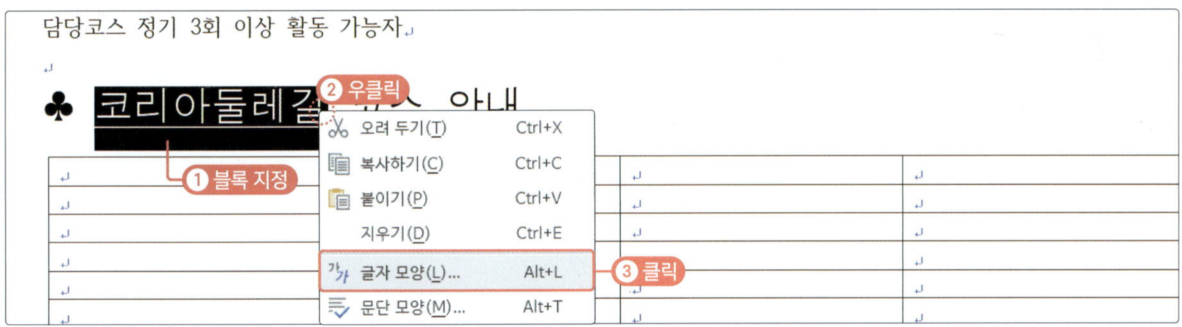

7 [확장] 탭에서 **강조점**을 문제지와 동일한 모양으로 선택한 후 <설정>을 클릭합니다.

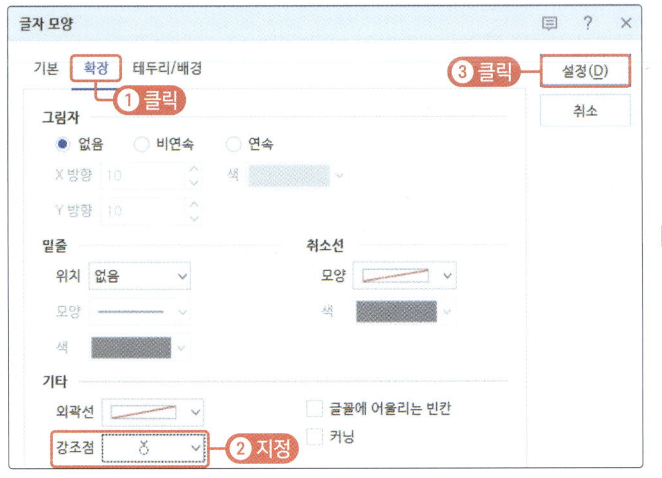

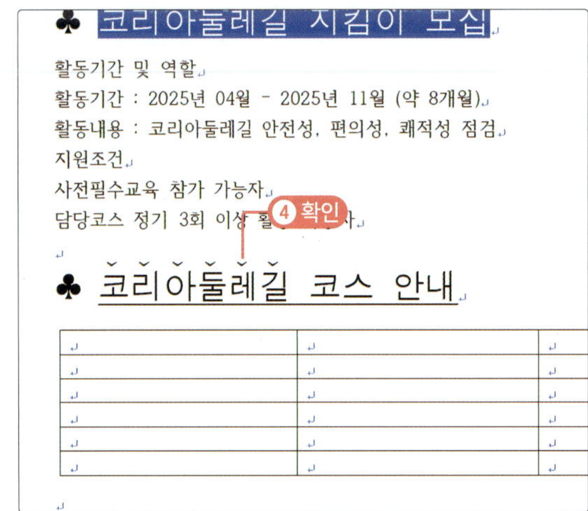

정보기술자격(ITQ) 실전모의고사

과 목	코 드	문제유형	시험시간	수험번호	성 명
아래한글	1111	A	60분		

수험자 유의사항

◎ 수험자는 문제지를 받는 즉시 문제지와 <u>수험표상의 시험과목(프로그램)이 동일한지 반드시 확인</u>하여야 합니다.

◎ 파일명은 본인의 "수험번호-성명"으로 입력하여 답안폴더(내 PC₩문서₩ITQ)에 하나의 파일로 저장해야 하며, 답안 파일을 전송하지 않아 미제출로 처리될 경우 실격 처리합니다(예:12345678-홍길동.hwpx).

◎ 답안 작성을 마치면 파일을 저장하고, '답안 전송' 버튼을 선택하여 감독위원 PC로 답안을 전송하십시오. 수험생 정보와 저장한 파일명이 다를 경우 전송되지 않으므로 주의하시기 바랍니다.

◎ 답안 작성 중에도 <u>주기적으로 저장하고, '답안 전송'</u>하여야 문제 발생을 줄일 수 있습니다. 작업한 내용을 저장하지 않고 전송할 경우 이전에 저장된 내용이 전송되오니 이점 유의하시기 바랍니다.

◎ 답안문서는 지정된 경로 외의 다른 보조기억장치에 저장하는 경우, 지정된 시험 시간 외에 작성된 파일을 활용할 경우, 기타 통신수단(이메일, 메신저, 네트워크 등)을 이용하여 타인에게 전달 또는 외부 반출하는 경우는 부정 처리합니다.

◎ 시험 중 부주의 또는 고의로 시스템을 파손한 경우는 수험자가 변상해야 하며, <수험자 유의사항>에 기재된 방법대로 이행하지 않아 생기는 불이익은 수험생 당사자의 책임임을 알려 드립니다.

◎ 문제의 조건은 한컴오피스 2022/2020 버전으로 설정되어 있으니 유의하시기 바랍니다.

◎ 시험을 완료한 수험자는 답안파일이 전송되었는지 확인한 후 감독위원의 지시에 따라 문제지를 제출하고 퇴실합니다.

답안 작성요령

◎ 온라인 답안 작성 절차

　　수험자 등록 ⇒ 시험 시작 ⇒ 답안파일 저장 ⇒ 답안 전송 ⇒ 시험 종료

◎ 공통 부문

- 글꼴에 대한 기본설정은 함초롬바탕, 10포인트, 검정, 줄간격 160%, 양쪽정렬로 합니다.
- 색상은 조건의 색을 적용하고 색의 구분이 안 될 경우에는 RGB 값을 적용하십시오.
  (빨강 255,0,0 / 파랑 0,0,255 / 노랑 255,255,0).
- 각 문항에 주어진 《조건》에 따라 작성하고 언급하지 않은 조건은 《출력형태》와 같이 작성합니다.
- 용지여백은 왼쪽·오른쪽 11mm, 위쪽·아래쪽·머리말·꼬리말 10mm, 제본 0mm로 합니다.
- 그림 삽입 문제의 경우 「내 PC₩문서₩ITQ₩Picture」 폴더에서 지정된 파일을 선택하여 삽입하십시오.
- 삽입한 그림은 반드시 문서에 포함하여 저장해야 합니다(미포함 시 감점 처리).
- 각 항목은 지정된 페이지에 출력형태와 같이 정확히 작성하시기 바라며, 그렇지 않을 경우에 해당 항목은 0점 처리됩니다.
  ※ 페이지구분 : 1페이지 – 기능평가 I (문제번호 표시 : 1. 2.),
  　　　　　　　　 2페이지 – 기능평가 II (문제번호 표시 : 3. 4.),
  　　　　　　　　 3페이지 – 문서작성 능력평가

◎ 기능평가

- 문제와 《조건》은 입력하지 않으며 문제번호와 답(《출력형태》)만 작성합니다.
- 4번 문제는 묶기를 했을 경우 0점 처리됩니다.

◎ 문서작성 능력평가

- A4 용지(210mm×297mm) 1매 크기, 세로 서식 문서로 작성합니다.
- 　　　　 표시는 문서작성에 대한 지시사항이므로 작성하지 않습니다.

8 똑같은 방법으로 안내를 블록으로 지정한 후 강조점을 적용해 보세요.

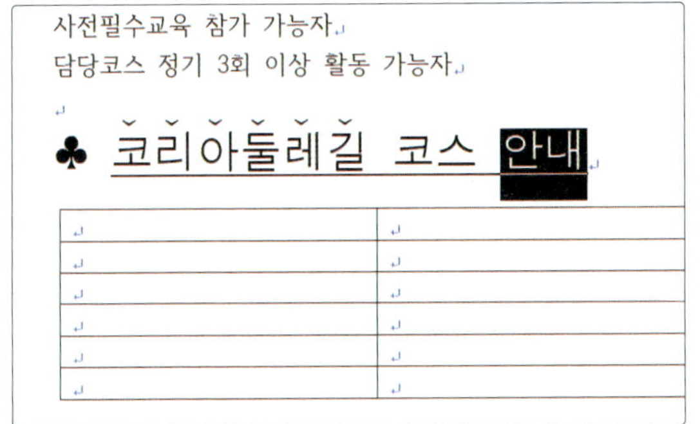
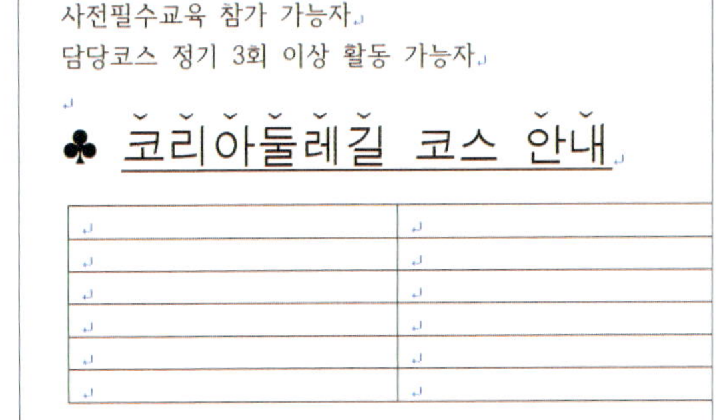

ITQ 꿀팁

· 소제목의 글자 색을 '흰색'으로, 음영 색을 '파랑' 또는 '빨강'으로 지정하는 문제가 고정적으로 출제되고 있어요.
· 표제목의 강조점은 ⍟ 모양과 ⍟ 모양이 주로 출제되고 있어요.

STEP 08 문단 번호 입력하기

· 문단 번호 기능 사용 → 1수준 : 20pt, 오른쪽 정렬, 2수준 : 30pt, 오른쪽 정렬 / 줄 간격 : 180%

1 소제목 아래쪽 문단 전체를 블록으로 지정한 후 [서식] 탭-[문단 번호]-**[문단 번호 모양]**을 클릭합니다.

★ 텍스트가 블록으로 지정된 상태에서 Ctrl + K , N 을 눌러도 문단 번호를 지정할 수 있어요.

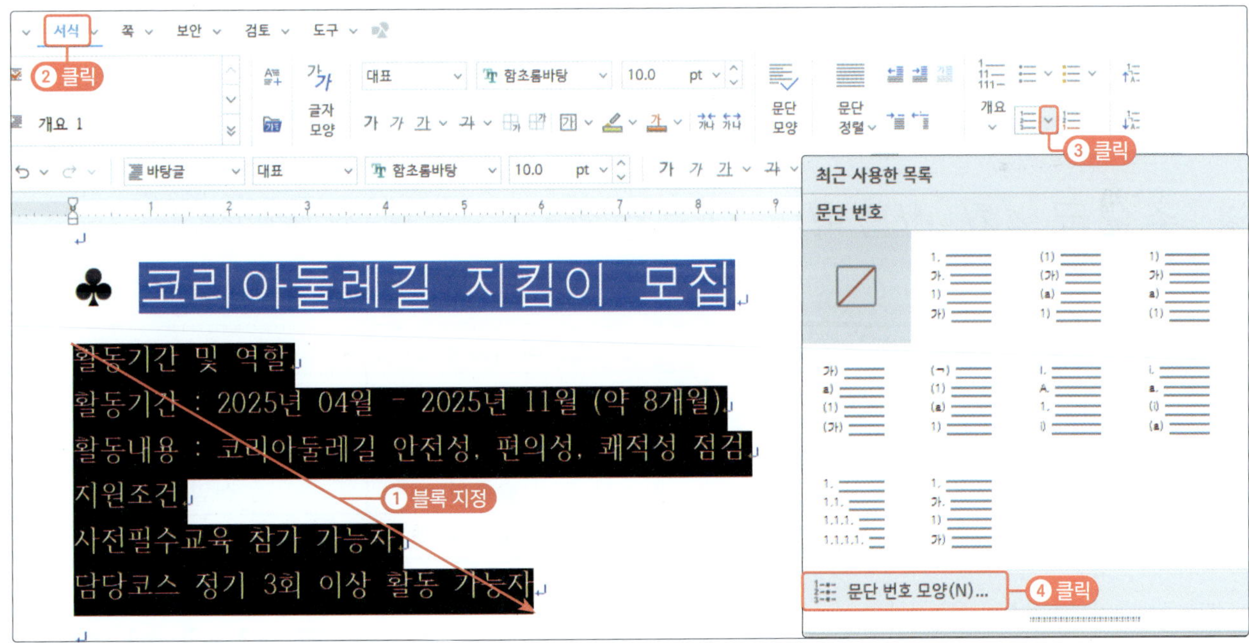

글꼴 : 궁서, 18pt, 진하게, 가운데 정렬
책갈피 이름 : 산업혁명
덧말 넣기

문단 첫 글자 장식 기능
글꼴 : 돋움, 면색 : 노랑

머리말 기능
굴림, 10pt, 오른쪽 정렬 → 4차 산업혁명

제4차 산업혁명
미래사회 변화에 대한 전략적 대응

그림위치(내 PC₩문서₩ITQ₩Picture₩그림4.jpg, 문서에 포함)
자르기 기능 이용, 크기(40mm×40mm), 바깥 여백 왼쪽 : 2mm

벨 이 최초의 실용적인 전화기를 발명(發明)하지 않았다면 오늘날의 스마트폰은 존재하지 않았을 것이고 여전히 파발마나 횃불을 통해 장거리 의사소통을 했을지도 모른다. 인류 역사 변화의 중심에는 새로운 기술의 등장과 혁신이 자리하고 있었고, 새로운 기술의 등장은 단순히 기술의 변화에 그치지 않고 전 세계의 사회 및 경제구조에 큰 변화(變化)를 일으켰다. 기술 혁신과 이로 인해 일어난 사회, 경제 변화가 크게 나타난 시기를 우리는 산업혁명이라고 부른다.

2019년 다보스포럼에서는 '제4차 산업혁명'이라는 의제가 다시 논의되어졌다. 다보스포럼은 제4차 산업혁명이 가까운 미래에 도래할 것이고, 이로 인해 일자리 지형 변화라는 사회 구조적 변화가 나타날 것이라고 전망하고 있다. 또한 제4차 산업혁명을 디지털 혁명에 기반을 두고 물리적 공간, 디지털적 공간 및 생물학적 공간의 경계가 희석되는 기술융합의 시대라고 정의하면서, 사이버물리시스템ⓐ에 기반을 둔 제4차 산업혁명은 기계와 제품이 지능을 가지게 되고 인터넷 네트워크로 연결되어 있어 스스로 학습능력을 갖추게 되어 전 세계의 산업구조 및 시장경제 모델에 커다란 영향을 미칠 것으로 전망하고 있다.

각주

※ 4차 산업혁명을 이끄는 기술

글꼴 : 굴림, 18pt, 하양
음영색 : 파랑

1. 디지털 기술
　　가. 사물 인터넷 : 공급망 모니터링 시스템 등에 활용
　　나. 주문형 경제 : 우버와 같은 플랫폼 비즈니스
2. 생물학 기술
　　가. 합성생물학 : DNA 데이터로 유기체 제작
　　나. 바이오프린팅 : 3D 프린터로 피부, 뼈, 심장 등 배양

문단 번호 기능 사용
1수준 : 20pt, 오른쪽정렬,
2수준 : 30pt, 오른쪽정렬
줄 간격 : 180%

표 전체 글꼴 : 돋움, 10pt, 가운데 정렬
셀 배경(그러데이션) : 유형(가로),
시작색(하양), 끝색(노랑)

※ 주요국 4차 산업혁명 대응현황

글꼴 : 굴림, 18pt, 기울임, 강조점

구분	미국	독일	일본
주요 정책	AMP 2.0	인더스트리 4.0	4차 산업혁명 선도전략
특징	기술자금 보유한 민간 주도	중견, 중소기업 혁신참여 유도	산업구조 재편기회로 활용
추진 주체	민간 주도	민/관 공동	
핵심 기술	빅데이터, 인공지능	자동화 설비/솔루션	산업용 로봇
	공통 : 산업용 사물 인터넷 등		

글꼴 : 궁서, 24pt, 진하게
장평 95%, 오른쪽 정렬 → **정보통신기획평가원**

각주 구분선 : 5cm

ⓐ 자동적, 지능적으로 제어되고 모니터링 되는 다양한 물리적 개체들로 구성된 시스템

쪽 번호 매기기
5로 시작 → 마

2 문단 번호 모양에서 첫 번째 모양을 선택한 다음 <사용자 정의>를 클릭합니다.

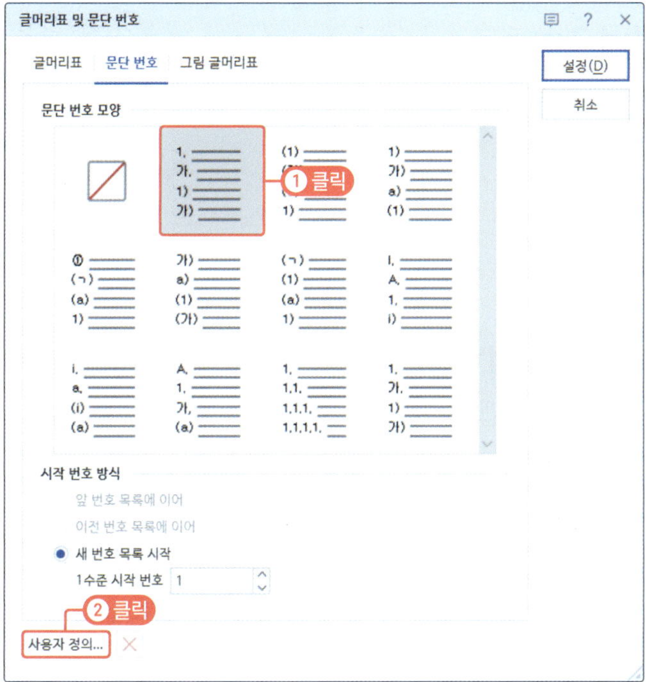

3 1 수준에서 번호 모양(**가,나,다**), 너비 조정(**20pt**), 정렬(**오른쪽**)을 지정합니다.

★ 102페이지의 《출력형태》에 따라 '1 수준'의 번호 모양이 '가.' 형태로 표시되어야 해요.

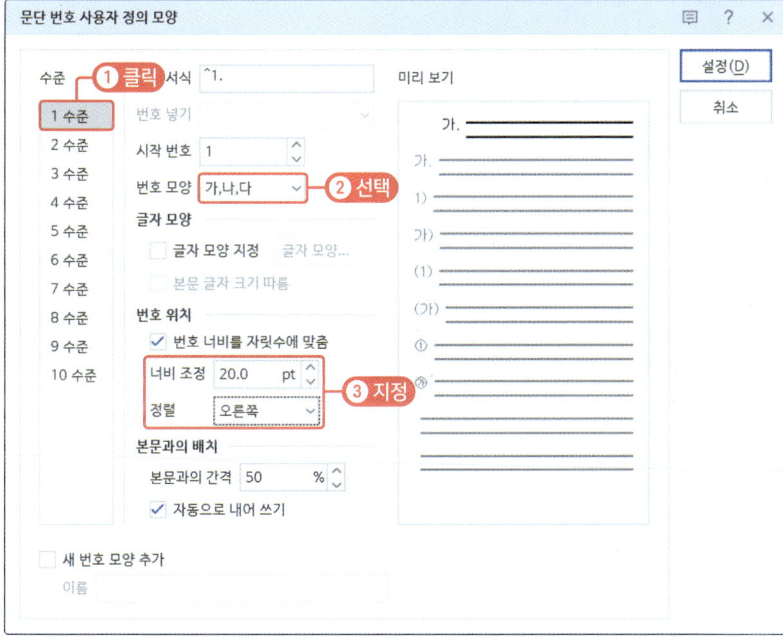

3. 다음 (1), (2)의 수식을 수식 편집기로 각각 입력하시오. (40점)

《출력형태》

(1) $R_H = \dfrac{1}{hc} \times \dfrac{2\pi^2 K^2 me^4}{h^2}$

(2) $V = \dfrac{1}{R}\displaystyle\int_0^q qdq = \dfrac{1}{2}\dfrac{q^2}{R}$

4. 다음의 《조건》에 따라 《출력형태》와 같이 문서를 작성하시오. (110점)

《조건》　　(1) 그리기 도구를 이용하여 작성하고, 모든 도형(글맵시, 지정된 그림 포함)을 《출력형태》와 같이 작성하시오.

　　　　　　(2) 도형의 면색은 지시사항이 없으면 색 없음을 제외하고 서로 다르게 임의로 지정하시오.

《출력형태》

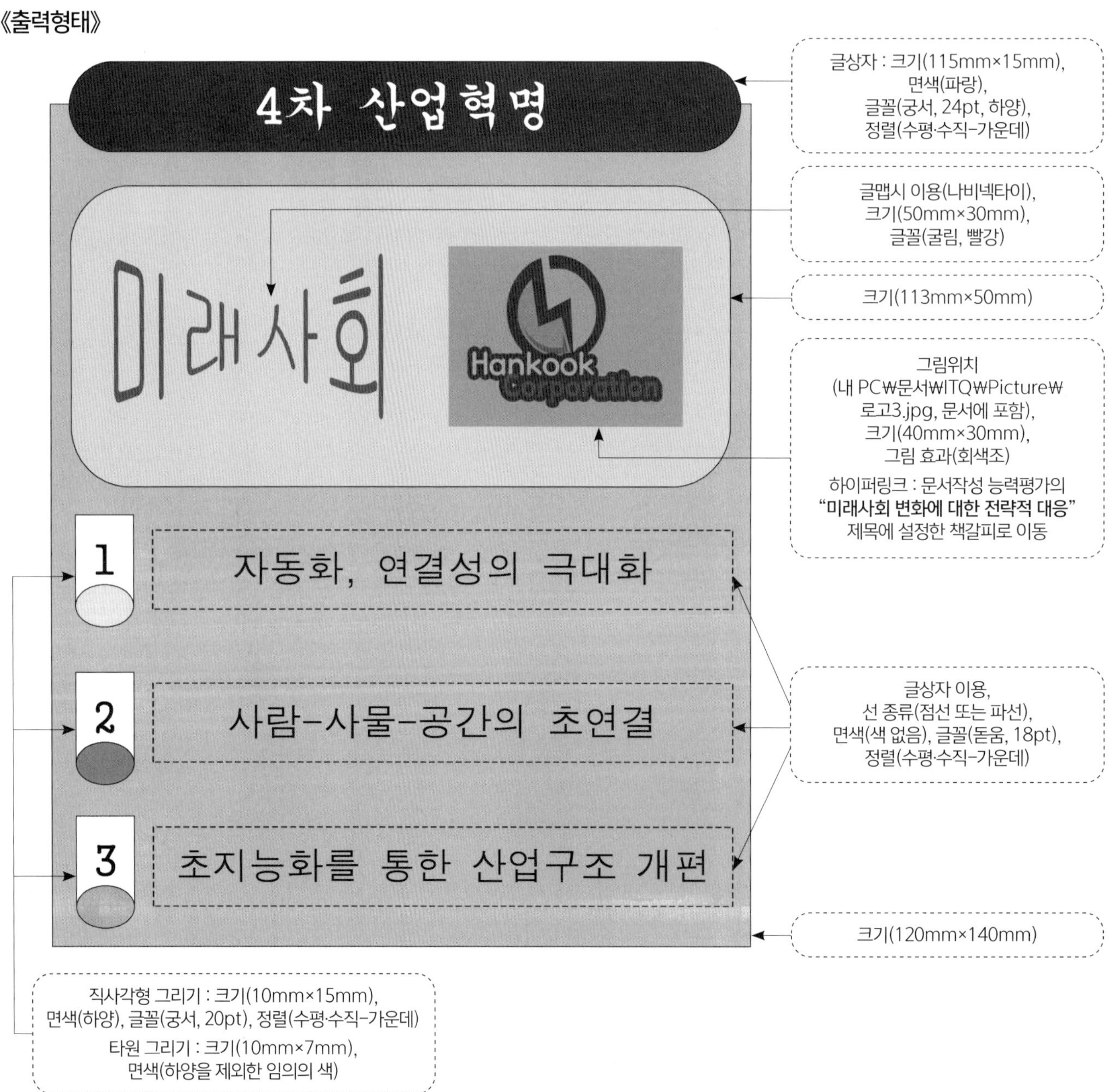

4 이번에는 2 수준을 선택한 후 번호 모양(ⓐ,ⓑ,ⓒ), 너비 조정(**30pt**), 정렬(**오른쪽**)을 지정합니다.

★ 102페이지의 《출력형태》에 따라 '2 수준'의 번호 모양이 'ⓐ' 형태로 표시되어야 하므로 '^2.' 뒤에 마침표(.)를 삭제해요.

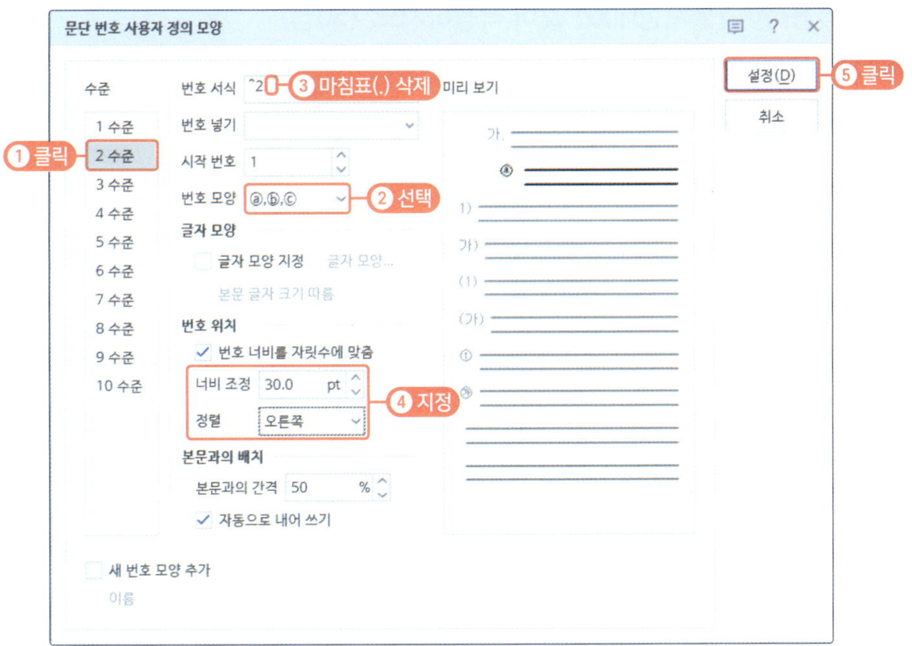

5 새롭게 추가된 문단 번호 모양을 확인한 후 <설정>을 클릭합니다.

6 Esc 를 눌러 블록이 해제되면 문단에 적용된 번호 모양을 확인합니다.

★ 현재 적용된 문단 번호는 1 수준 번호 모양이에요.

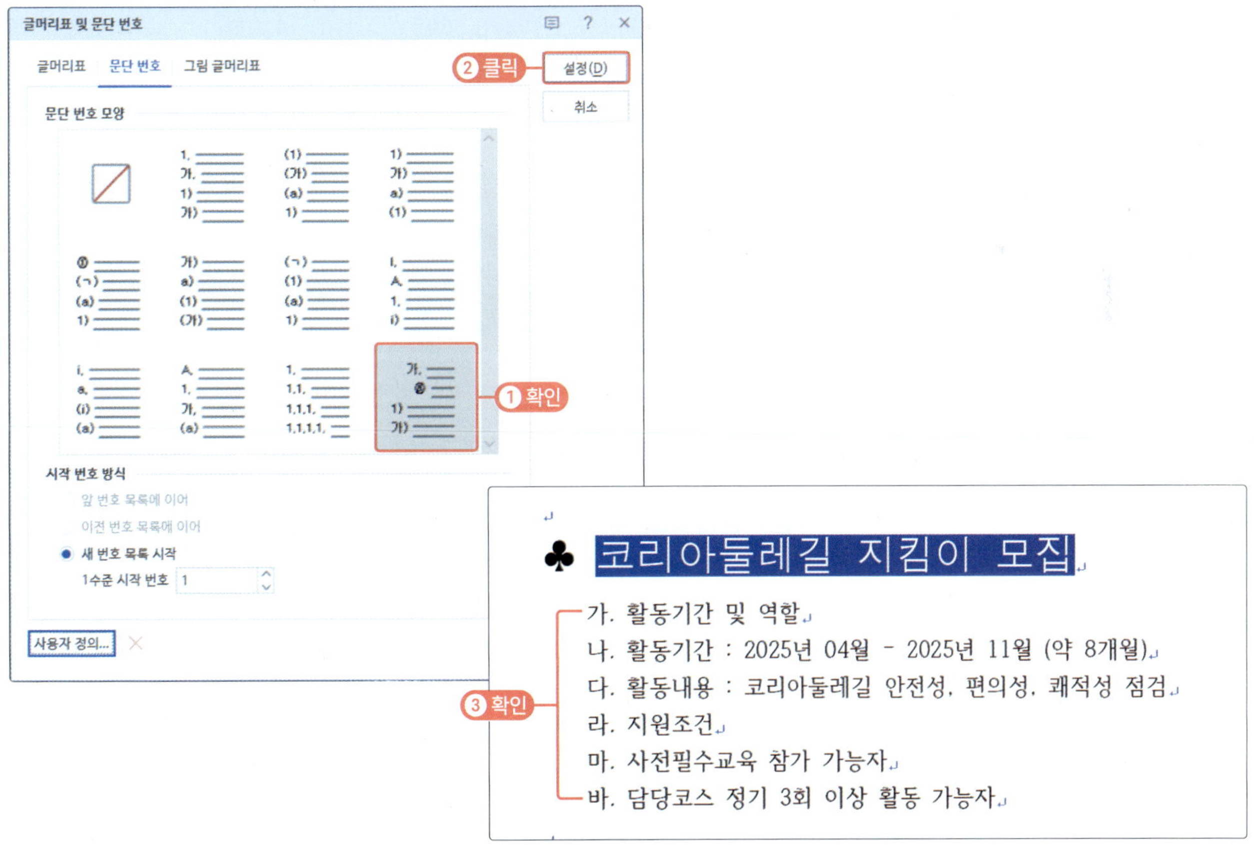

1. 다음의 《조건》에 따라 스타일 기능을 적용하여 《출력형태》와 같이 작성하시오. (50점)

《조건》　(1) 스타일 이름 – revolution

　　　　(2) 문단 모양 – 첫 줄 들여쓰기 : 10pt, 문단 아래 간격 : 10pt

　　　　(3) 글자 모양 – 글꼴 : 한글(굴림)/영문(돋움), 크기 : 10pt, 장평 : 105%, 자간 : –5%

《출력형태》

The Fourth Industrial Revolution is building on the Third, the digital revolution that has been occurring since the middle of the last century. It is characterized by a fusion of technologies.

4차 산업혁명은 인공지능을 통해 실재와 가상이 통합돼 사물을 자동적, 지능적으로 제어할 수 있는 가상 물리 시스템의 구축이 기대되는 산업상의 변화로 인공지능, 로봇기술, 생명과학이 주도할 것으로 예상된다.

2. 다음의 《조건》에 따라 《출력형태》와 같이 표와 차트를 작성하시오. (100점)

《표 조건》　(1) 표 전체(표, 캡션) – 돋움, 10pt

　　　　　(2) 정렬 – 문자 : 가운데 정렬, 숫자 : 오른쪽 정렬

　　　　　(3) 셀 배경(면색) : 노랑

　　　　　(4) 한글의 계산 기능을 이용하여 빈칸에 평균(소수점 두 자리)을 구하고, 캡션 기능 사용할 것

　　　　　(5) 선 모양은 《출력형태》와 동일하게 처리할 것

《출력형태》

4차 산업혁명 관련기술 특허출원(단위 : 건)

기술	2016년	2017년	2018년	2019년	평균
인공지능	1,315	2,216	3,054	4,011	
디지털 헬스케어	3,140	3,047	3,530	4,109	
자율주행	2,896	3,018	3,304	3,986	
지능형 로봇	1,320	1,115	1,485	1,980	

《차트 조건》　(1) 차트 데이터는 표 내용에서 연도별 인공지능, 디지털 헬스케어, 자율주행의 값만 이용할 것

　　　　　(2) 종류 – <묶은 세로 막대형>으로 작업할 것

　　　　　(3) 제목 – 궁서, 진하게, 12pt, 속성 – 채우기(밝은 색 : 하양), 테두리, 그림자(바깥쪽 : 대각선 오른쪽 아래)

　　　　　(4) 제목 이외의 전체 글꼴 – 궁서, 보통, 10pt

　　　　　(5) 축제목과 범례는 《출력형태》와 동일하게 처리할 것

《출력형태》

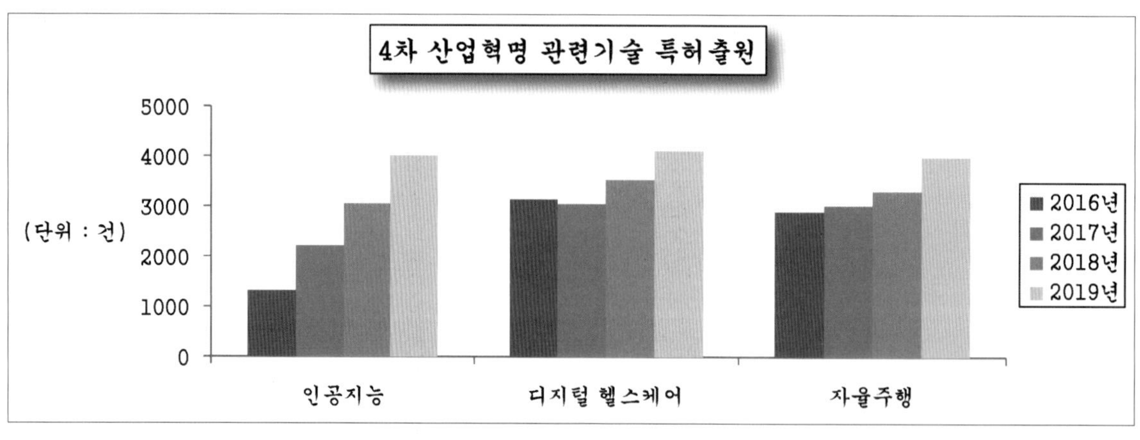

7 문단 번호 수준을 한 단계 감소시키기 위해 둘째 줄과 셋째 줄을 블록으로 지정한 후 [서식] 탭-[한 수준 감소]
를 클릭합니다.

★ 텍스트가 블록으로 지정된 상태에서 Ctrl + + (숫자 패드)를 눌러도 문단 번호 수준을 감소시킬 수 있어요.

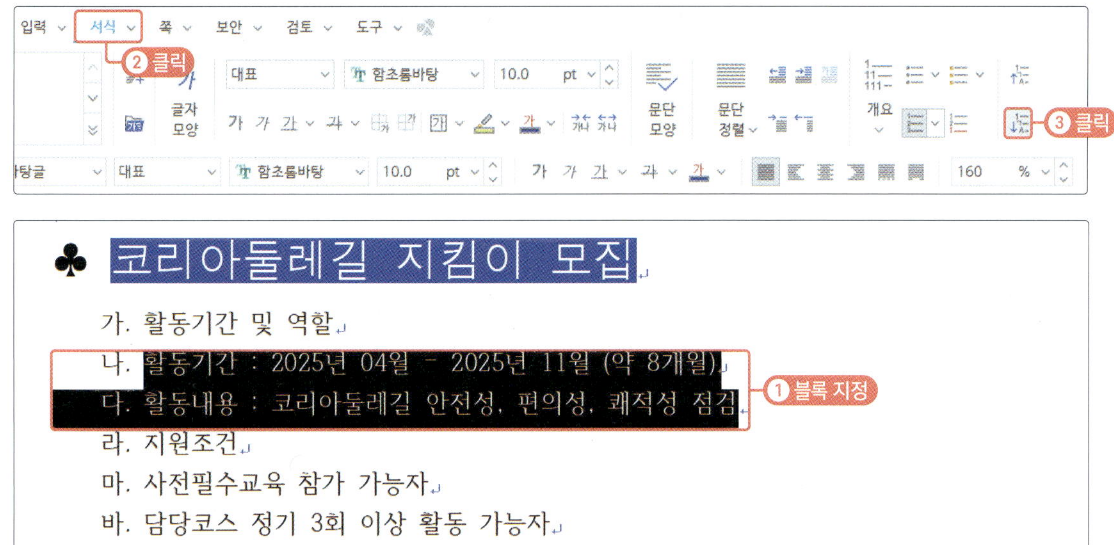

8 똑같은 방법으로 다섯째 줄과 여섯째 줄도 문단 번호를 한 수준 감소시킵니다.

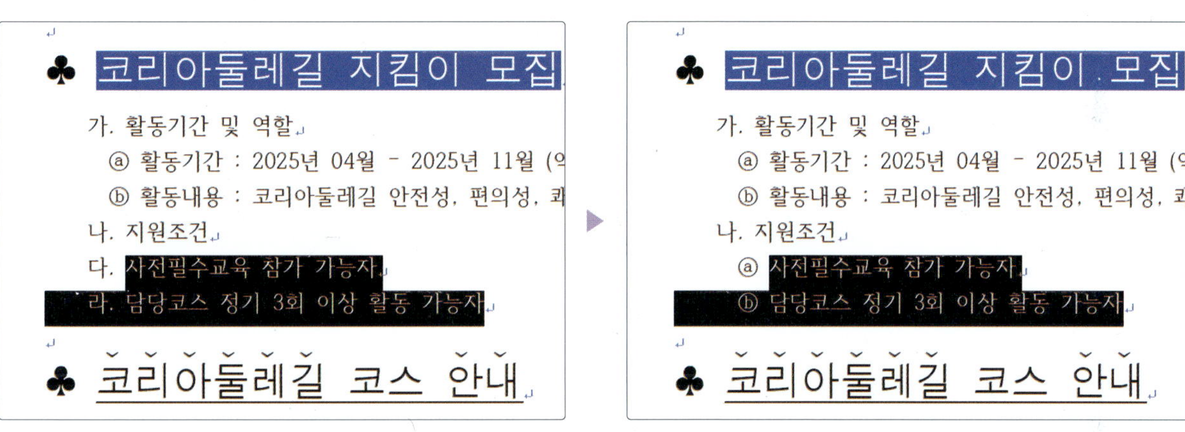

9 문단 번호가 적용된 내용 전체를 블록으로 지정한 다음 서식 도구 상자에서 줄 간격을 180%로 변경합니다.

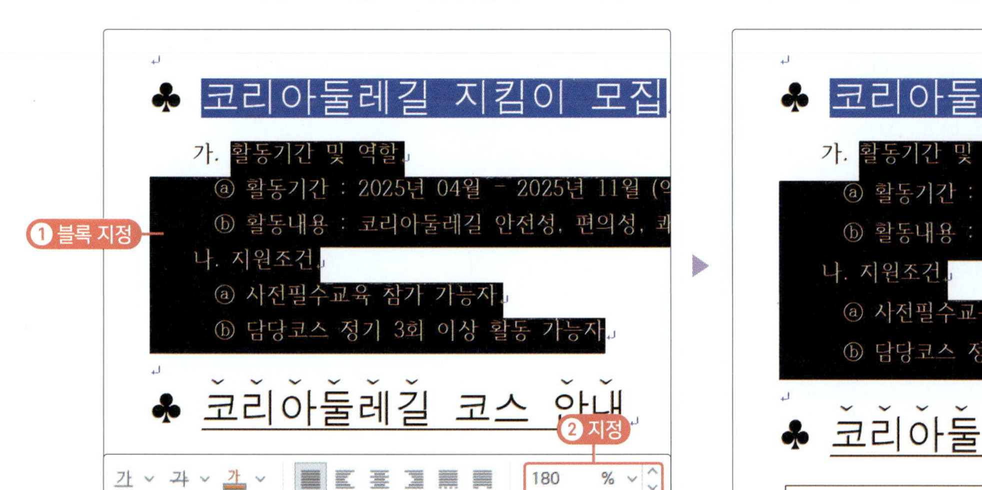
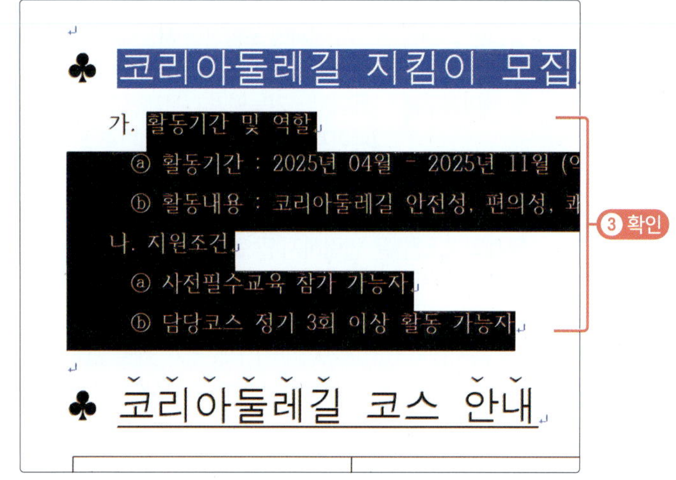

정보기술자격(ITQ) 실전모의고사

과 목	코 드	문제유형	시험시간	수험번호	성 명
아래한글	1111	C	60분		

수험자 유의사항

◎ 수험자는 문제지를 받는 즉시 문제지와 **수험표상의 시험과목(프로그램)이 동일한지 반드시 확인**하여야 합니다.

◎ 파일명은 본인의 "수험번호–성명"으로 입력하여 답안폴더(내 PC₩문서₩ITQ)에 하나의 파일로 저장해야 하며, 답안 파일을 전송하지 않아 미제출로 처리될 경우 실격 처리합니다(예:12345678–홍길동.hwpx).

◎ 답안 작성을 마치면 파일을 저장하고, '답안 전송' 버튼을 선택하여 감독위원 PC로 답안을 전송하십시오. 수험생 정보와 저장한 파일명이 다를 경우 전송되지 않으므로 주의하시기 바랍니다.

◎ 답안 작성 중에도 **주기적으로 저장하고, '답안 전송'**하여야 문제 발생을 줄일 수 있습니다. 작업한 내용을 저장하지 않고 전송할 경우 이전에 저장된 내용이 전송되오니 이점 유의하시기 바랍니다.

◎ 답안문서는 지정된 경로 외의 다른 보조기억장치에 저장하는 경우, 지정된 시험 시간 외에 작성된 파일을 활용할 경우, 기타 통신수단(이메일, 메신저, 네트워크 등)을 이용하여 타인에게 전달 또는 외부 반출하는 경우는 부정 처리합니다.

◎ 시험 중 부주의 또는 고의로 시스템을 파손한 경우는 수험자가 변상해야 하며, <수험자 유의사항>에 기재된 방법대로 이행하지 않아 생기는 불이익은 수험생 당사자의 책임임을 알려 드립니다.

◎ 문제의 조건은 한컴오피스 2022/2020 버전으로 설정되어 있으니 유의하시기 바랍니다.

◎ 시험을 완료한 수험자는 답안파일이 전송되었는지 확인한 후 감독위원의 지시에 따라 문제지를 제출하고 퇴실합니다.

답안 작성요령

◎ 온라인 답안 작성 절차

수험자 등록 ⇒ 시험 시작 ⇒ 답안파일 저장 ⇒ 답안 전송 ⇒ 시험 종료

◎ 공통 부문

- 글꼴에 대한 기본설정은 함초롬바탕, 10포인트, 검정, 줄간격 160%, 양쪽정렬로 합니다.
- 색상은 조건의 색을 적용하고 색의 구분이 안 될 경우에는 RGB 값을 적용하십시오.
  (빨강 255,0,0 / 파랑 0,0,255 / 노랑 255,255,0).
- 각 문항에 주어진 《조건》에 따라 작성하고 언급하지 않은 조건은 《출력형태》와 같이 작성합니다.
- 용지여백은 왼쪽·오른쪽 11mm, 위쪽·아래쪽·머리말·꼬리말 10mm, 제본 0mm로 합니다.
- 그림 삽입 문제의 경우 「내 PC₩문서₩ITQ₩Picture」 폴더에서 지정된 파일을 선택하여 삽입하십시오.
- 삽입한 그림은 반드시 문서에 포함하여 저장해야 합니다(미포함 시 감점 처리).
- 각 항목은 지정된 페이지에 출력형태와 같이 정확히 작성하시기 바라며, 그렇지 않을 경우에 해당 항목은 0점 처리됩니다.
  ※ 페이지구분 : 1페이지 – 기능평가 I (문제번호 표시 : 1. 2.),
  　　　　　　　2페이지 – 기능평가 II (문제번호 표시 : 3. 4.),
  　　　　　　　3페이지 – 문서작성 능력평가

◎ 기능평가

- 문제와 《조건》은 입력하지 않으며 문제번호와 답(《출력형태》)만 작성합니다.
- 4번 문제는 묶기를 했을 경우 0점 처리됩니다.

◎ 문서작성 능력평가

- A4 용지(210mm×297mm) 1매 크기, 세로 서식 문서로 작성합니다.
- 　　　　 표시는 문서작성에 대한 지시사항이므로 작성하지 않습니다.

- 표 전체 글꼴 : 굴림, 10pt, 가운데 정렬

1 표에 내용을 입력하기 전에 셀 전체를 블록으로 지정한 다음 Ctrl + ↓를 1~2번 눌러 표의 높이를 변경합니다.

★ 표의 높이는 채점 대상이 아니지만 문제지와 비슷하게 맞추기 위해 변경했어요.

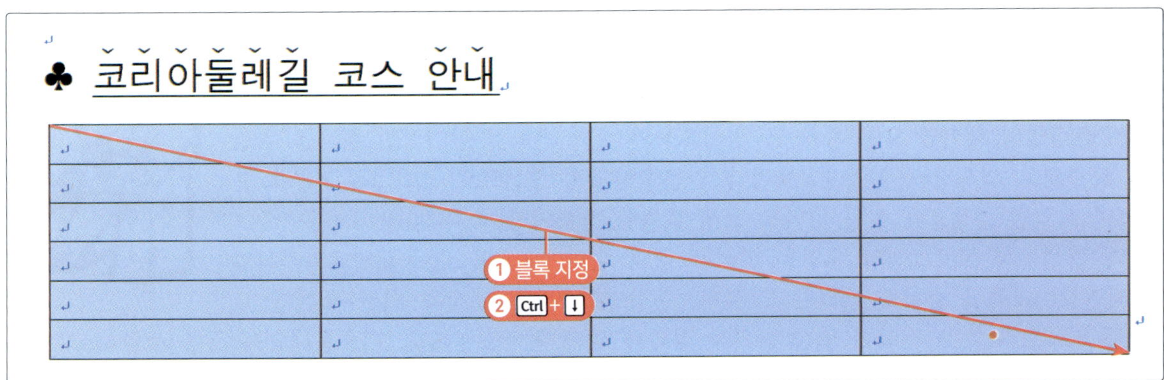

2 서식 도구 상자에서 **글꼴(굴림)**, **글자 크기(10pt)**, **가운데 정렬**을 지정합니다.

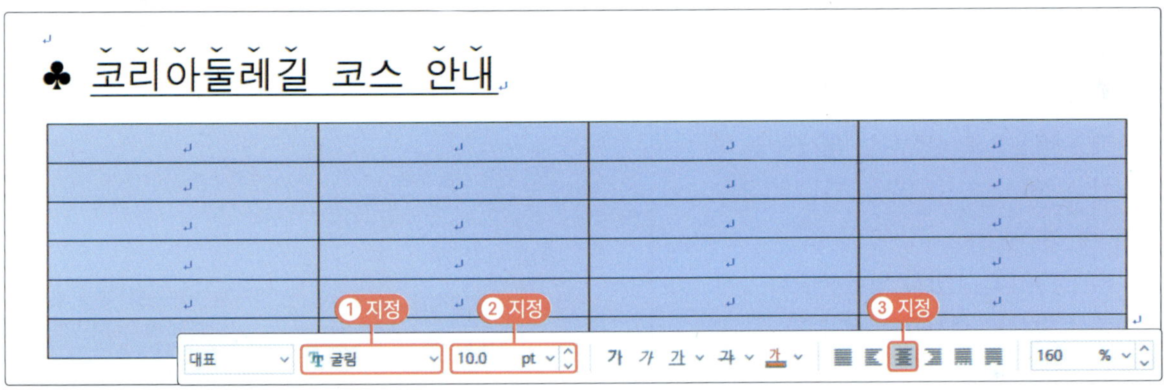

3 특정 부분의 셀을 합치기 위해 아래와 같이 셀을 블록으로 지정한 다음 우클릭하여 **[셀 합치기]**를 선택합니다.

★ 셀이 선택된 상태에서 M을 눌러 셀을 병합할 수도 있어요.

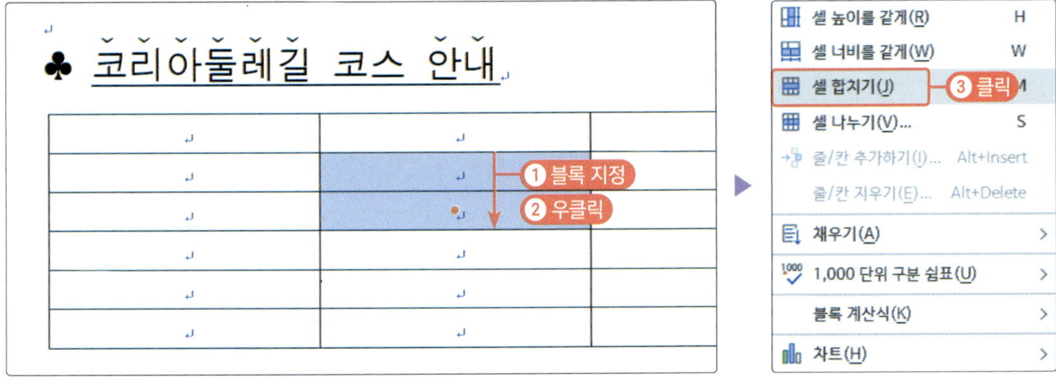

글꼴 : 궁서, 18pt, 진하게, 가운데 정렬
책갈피 이름 : 평생교육
덧말 넣기

머리말 기능
굴림, 10pt, 오른쪽 정렬 → 평생 교육

100세 시대 ^{배우는 기쁨} 평생교육 활성화

문단 첫 글자 장식 기능
글꼴 : 돋움, 면색 : 노랑

각주

그림위치(내 PC₩문서₩ITQ₩Picture₩그림5.jpg, 문서에 포함)
자르기 기능 이용, 크기(40mm×40mm), 바깥 여백 왼쪽 : 2mm

현대사회를 학습과 교육적 시각에서 보면 현대사회는 지식근로자를 필요로 하는 지식 기반사회이다. 평생교육⊙은 100세 시대에 그 중요성이 더욱 강조되고 있다. 평생교육에 대한 수요(需要)가 지속적으로 증가하고 있지만 단기 성과 위주로 운영되는 한계점을 보이고 있다. 중장년의 재취업 요구 증가 등 평생교육의 수요 변화로 장기적인 성과를 위한 프로그램이 요구되고 있으나 문화예술교육이나 인문교양교육 중심으로 교육프로그램이 운영되고 있으며 지역별 평생교육 전문 인력도 크게 부족한 상황이다.

우리나라의 평생교육 프로그램의 유형을 분석한 결과 문화예술교육, 인문교양교육, 직업능력교육, 시민참여교육의 순서로 나타났다. 특히, 중장년의 인생이모작을 위한 재취업 요구의 증가 등 평생교육 수요 변화에 맞춰 장기적 성과를 위해 학력보완교육, 기초문해교육 등을 보완하고 직업능력교육 강화에 역점을 둘 필요성이 제기되었다. 정부는 평생교육의 중요성을 인식하고 평생학습을 통한 삶의 질 향상, 인생 제2막을 위한 고용가능성 증진, 사회통합 증진, 지속가능한 발전이 국민의 행복을 보장한다고 보고 100세 시대 국가평생학습체제 구축(構築)을 중요 과제로 선정하였다.

★ 2021 국가평생학습박람회

글꼴 : 굴림, 18pt, 하양
음영색 : 파랑

A. 주제 및 기간

  1. 주제 : 배움으로 성장하는 평생학습

  2. 기간 : 2021. 3. 15.(월) - 3. 19.(금)

B. 주최 및 장소

  1. 주최 : 경기도 고양시 일산서구

  2. 장소 : 박람회 전시관 태평양홀

문단 번호 기능 사용
1수준 : 20pt, 오른쪽정렬,
2수준 : 30pt, 오른쪽정렬
줄 간격 : 180%

표 전체 글꼴 : 돋움, 10pt, 가운데 정렬
셀 배경(그러데이션) : 유형(가로),
시작색(하양), 끝색(노랑)

★ 평생교육 주제별 프로그램

글꼴 : 굴림, 18pt, 기울임, 강조점

평생교육관		직업능력 특별관	
문해교육	한글교육 등	재취업 교육	재취업을 위한 이직, 전직 프로그램
인문교육	인문학 등	창업 교육	창업, 창직 및 폐업 관련 프로그램
교양교육	국제 예절 등	귀농 교육	귀농, 귀촌 교육 프로그램
시민교육	세계시민교육 등	사회공헌 교육	사회봉사 등 사회공헌 프로그램
평생학습 추구		인생 2막 준비	

각주 구분선 : 5cm

글꼴 : 궁서, 24pt, 진하게
장평 95%, 오른쪽 정렬

평생교육박람위원회

⊙ 유아에서 시작하여 노년에 이르기까지 평생에 걸친 교육

쪽 번호 매기기
2로 시작 → ii

4 셀이 하나로 병합된 것을 확인한 다음 동일한 방법으로 나머지 셀을 합쳐줍니다.

▼

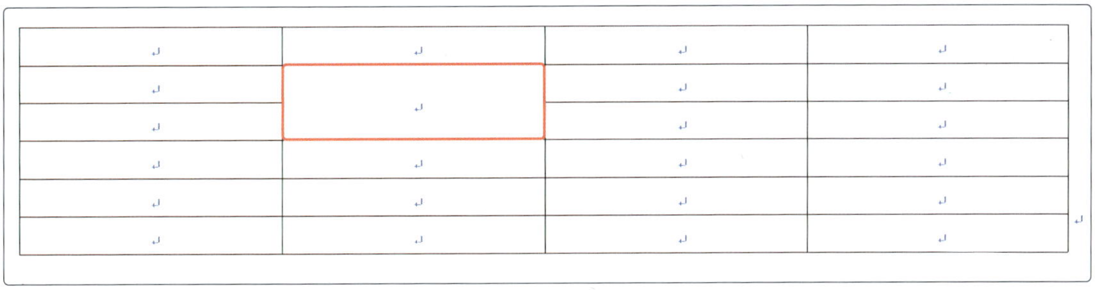

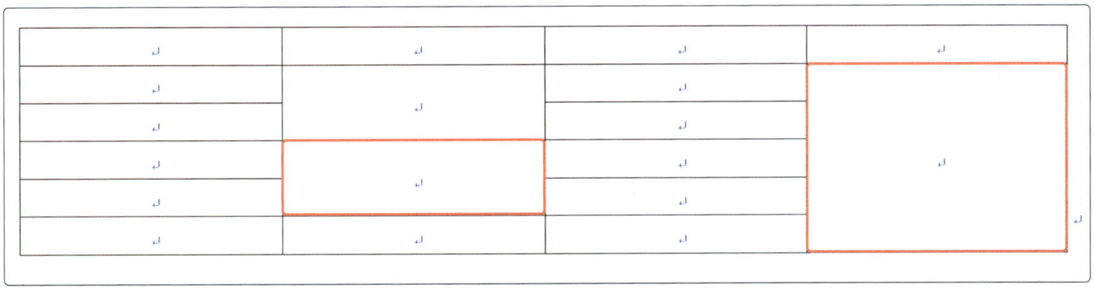

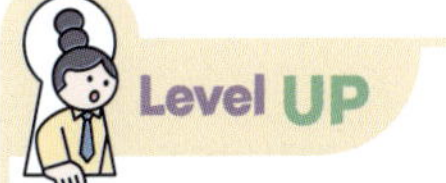

Level UP 셀 나누기

❶ 셀에 커서를 위치시킨 후 우클릭하여 [셀 나누기]를 선택합니다.

▶

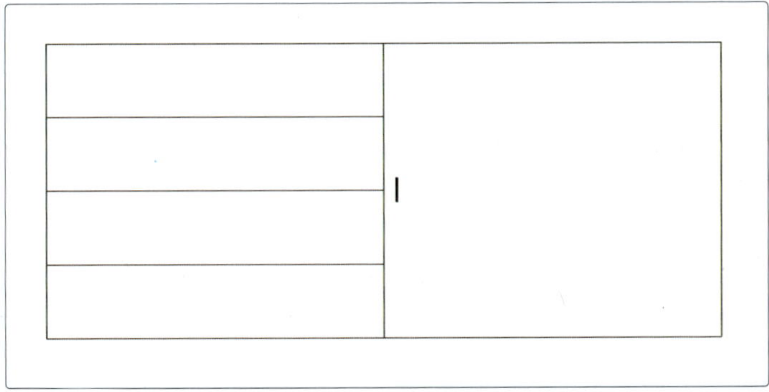

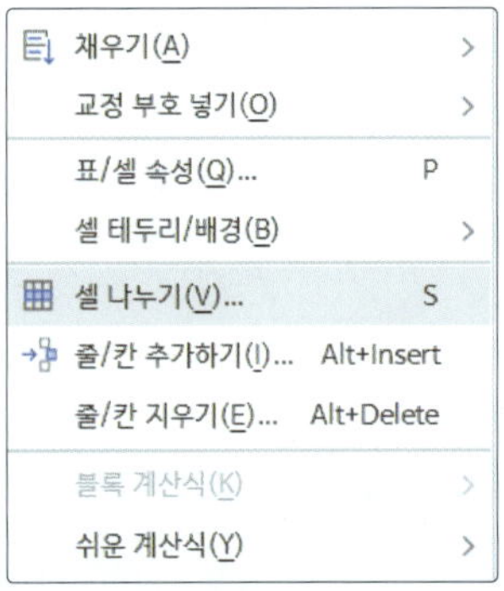

❷ 줄 개수 & 칸 개수를 입력한 후 <나누기>를 클릭합니다.

▶

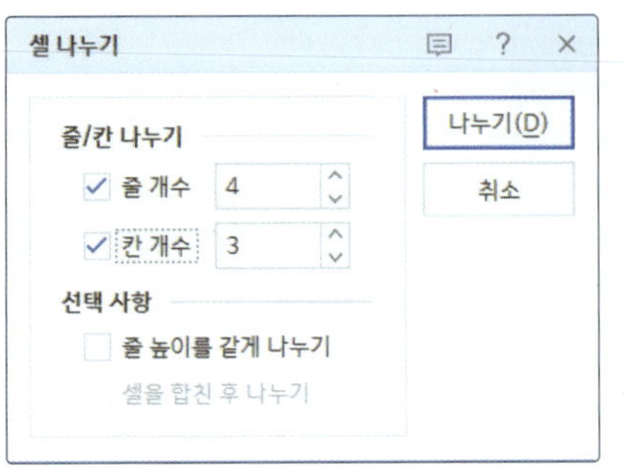

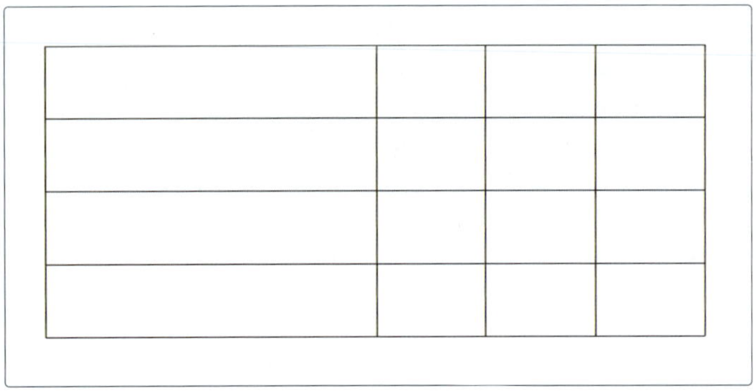

3. 다음 (1), (2)의 수식을 수식 편집기로 각각 입력하시오. (40점)

《출력형태》

(1) $\dfrac{h_1}{h_2} = (\sqrt{a})^{M_2 - M_1} \fallingdotseq 2.5^{M_2 - M_1}$

(2) $\displaystyle\sum_{k=1}^{n} k^3 = \frac{n(n+1)}{2} = \sum_{k=1}^{n} k$

4. 다음의 《조건》에 따라 《출력형태》와 같이 문서를 작성하시오. (110점)

《조건》　(1) 그리기 도구를 이용하여 작성하고, 모든 도형(글맵시, 지정된 그림 포함)을 《출력형태》와 같이
　　　　　　작성하시오.

　　　　　(2) 도형의 면색은 지시사항이 없으면 색 없음을 제외하고 서로 다르게 임의로 지정하시오.

《출력형태》

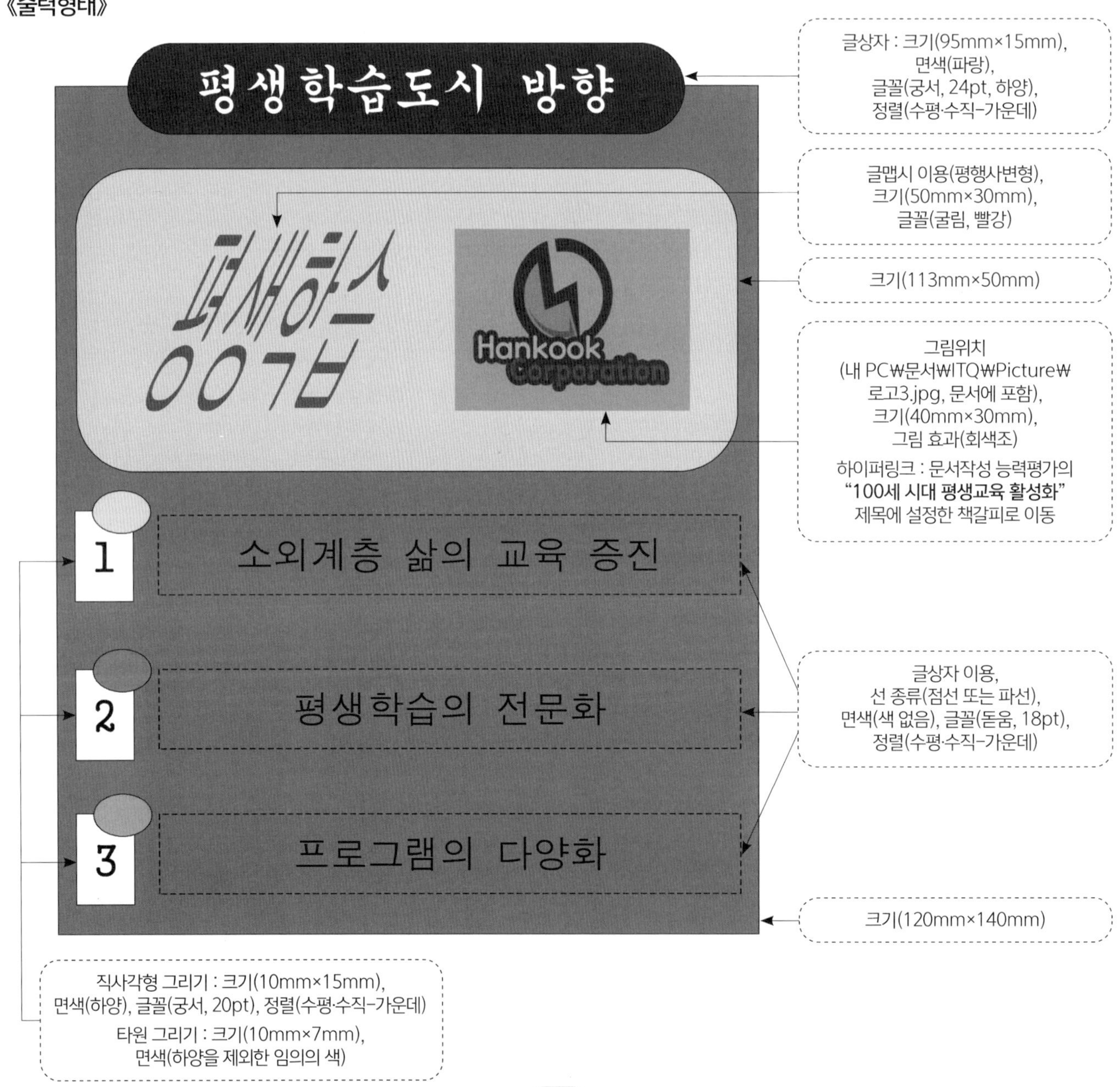

5 아래와 같이 셀 안쪽의 테두리를 왼쪽으로 드래그하여 첫 번째 셀의 너비를 줄여줍니다.

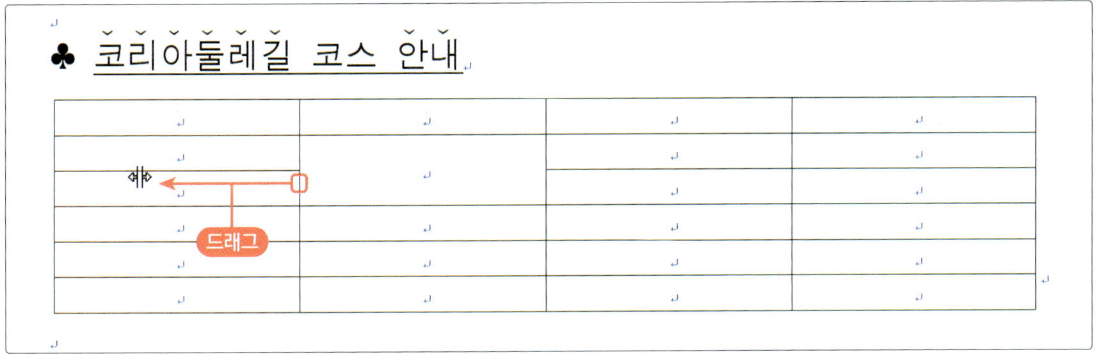

6 똑같은 방법으로 셀의 너비를 조절해 보세요.

7 셀을 선택한 후 문제지를 참고하여 표 안에 필요한 내용을 입력합니다.

★ 셀 안에 내용을 입력한 후 Tab 또는 방향키(↑,↓,←,→)를 눌러 다른 셀로 이동해요.

★ 소요 시간의 내용은 Enter 를 눌러 《출력형태》와 같이 2줄로 입력해 주세요.

구간	구분	설명	소요 시간
부산	남파랑길	정겨운 부산 사투리를 들으며 알자배기 부산 여행	26시간~ 38시간
창원		벚꽃 즈려밟고 그림같이 아름다운 창원 반 바퀴	
삼척-동해	해파랑길	편안한 숲길과 화려한 기암절벽이 조화로운 길	
강릉		강릉 바우길과의 행복한 만남	
서산-당진	서해랑길	서해안 바닷길 따라 굽이굽이 숨겨진 보물찾기	

1. 다음의 《조건》에 따라 스타일 기능을 적용하여 《출력형태》와 같이 작성하시오. (50점)

《조건》　　(1) 스타일 이름 - lifelong
　　　　　　(2) 문단 모양 - 첫 줄 들여쓰기 : 10pt, 문단 아래 간격 : 10pt
　　　　　　(3) 글자 모양 - 글꼴 : 한글(굴림)/영문(돋움), 크기 : 10pt, 장평 : 105%, 자간 : -5%

《출력형태》

　Lifelong education is the "ongoing, voluntary" pursuit of knowledge for either personal or professional reasons. Therefore, it not only enhances social inclusion, but also self sustainability.

　학교교육과 사회교육을 포함하는 평생교육은 개인의 전 생애에 걸쳐 사회, 경제, 문화적으로 발달하는 것을 돕는다. 백세시대를 맞아 평생교육이 중요해지고 있으며 평생교육의 실현을 위한 다각적 방법이 필요하다.

2. 다음의 《조건》에 따라 《출력형태》와 같이 표와 차트를 작성하시오. (100점)

《표 조건》　　(1) 표 전체(표, 캡션) - 돋움, 10pt
　　　　　　　(2) 정렬 - 문자 : 가운데 정렬, 숫자 : 오른쪽 정렬
　　　　　　　(3) 셀 배경(면색) : 노랑
　　　　　　　(4) 한글의 계산 기능을 이용하여 빈칸에 평균(소수점 두 자리)을 구하고, 캡션 기능 사용할 것
　　　　　　　(5) 선 모양은《출력형태》와 동일하게 처리할 것

《출력형태》　　　　　　　　　　　　　　　　　　　　　　연도별 평생교육 학습자 수(단위 : 십 명)

지역	2016년	2017년	2018년	2019년	평균
서울	5,110	8,122	9,802	9,302	
부산	3,174	4,541	4,621	4,502	
대구	3,892	3,470	4,553	4,972	
경기	11,021	13,040	1,860	1,820	

《차트 조건》　(1) 차트 데이터는 표 내용에서 연도별 서울, 부산, 대구의 값만 이용할 것
　　　　　　　(2) 종류 - <묶은 세로 막대형>으로 작업할 것
　　　　　　　(3) 제목 - 궁서, 진하게, 12pt, 속성 - 채우기(밝은 색 : 하양), 테두리, 그림자(바깥쪽 : 대각선 오른쪽 아래)
　　　　　　　(4) 제목 이외의 전체 글꼴 - 궁서, 보통, 10pt
　　　　　　　(5) 축제목과 범례는《출력형태》와 동일하게 처리할 것

《출력형태》

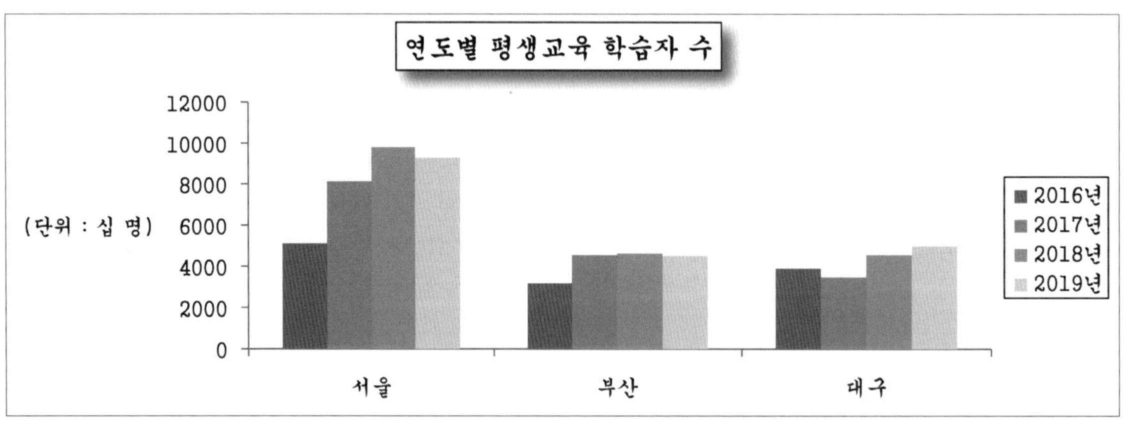

표 테두리 및 배경 지정하기

- 셀 배경(그러데이션) : 유형(가로), 시작색(노랑), 끝색(하양)

1 첫 번째 행을 블록으로 지정한 후 우클릭하여 [셀 테두리/배경]-[각 셀마다 적용]을 선택합니다.

★ 셀이 블록으로 지정된 상태에서 □을 누르는 방법도 있어요.

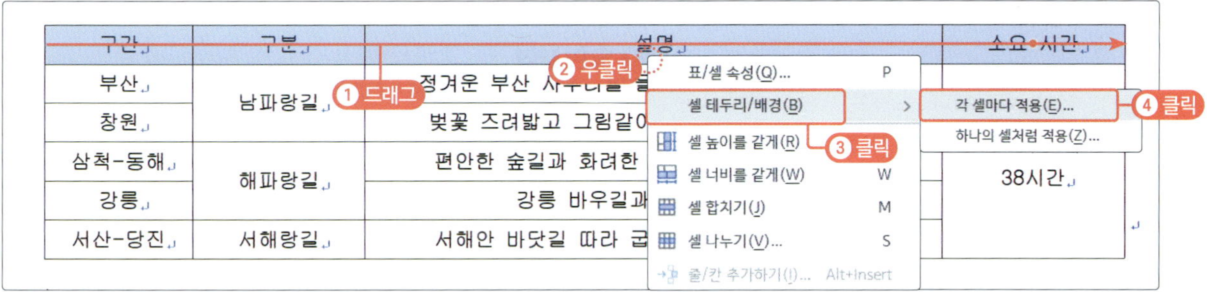

2 [테두리] 탭에서 **이중 실선과 위쪽 테두리, 아래쪽 테두리**를 각각 선택합니다.

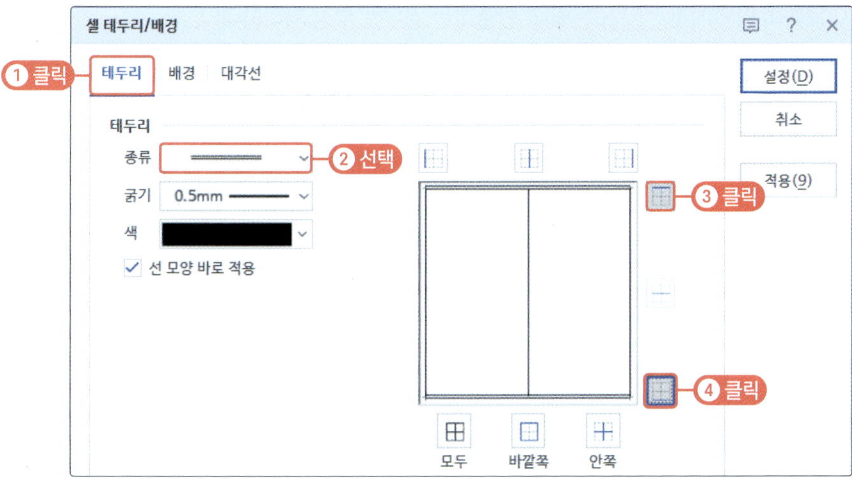

3 이번에는 [배경] 탭에서 그러데이션의 **시작 색(노랑), 끝 색(하양), 유형(가로)**를 선택하여 적용합니다.

정보기술자격(ITQ) 실전모의고사

과 목	코 드	문제유형	시험시간	수험번호	성 명
아래한글	1111	B	60분		

수험자 유의사항

◎ 수험자는 문제지를 받는 즉시 문제지와 **수험표상의 시험과목(프로그램)이 동일한지 반드시 확인**하여야 합니다.

◎ 파일명은 본인의 "수험번호-성명"으로 입력하여 답안폴더(내 PC\문서\ITQ)에 하나의 파일로 저장해야 하며, 답안 파일을 전송하지 않아 미제출로 처리될 경우 실격 처리합니다(예:12345678-홍길동.hwpx).

◎ 답안 작성을 마치면 파일을 저장하고, '답안 전송' 버튼을 선택하여 감독위원 PC로 답안을 전송하십시오. 수험생 정보와 저장한 파일명이 다를 경우 전송되지 않으므로 주의하시기 바랍니다.

◎ 답안 작성 중에도 **주기적으로 저장하고, '답안 전송'**하여야 문제 발생을 줄일 수 있습니다. 작업한 내용을 저장하지 않고 전송할 경우 이전에 저장된 내용이 전송되오니 이점 유의하시기 바랍니다.

◎ 답안문서는 지정된 경로 외의 다른 보조기억장치에 저장하는 경우, 지정된 시험 시간 외에 작성된 파일을 활용할 경우, 기타 통신수단(이메일, 메신저, 네트워크 등)을 이용하여 타인에게 전달 또는 외부 반출하는 경우는 부정 처리합니다.

◎ 시험 중 부주의 또는 고의로 시스템을 파손한 경우는 수험자가 변상해야 하며, <수험자 유의사항>에 기재된 방법대로 이행하지 않아 생기는 불이익은 수험생 당사자의 책임임을 알려 드립니다.

◎ 문제의 조건은 한컴오피스 2022/2020 버전으로 설정되어 있으니 유의하시기 바랍니다.

◎ 시험을 완료한 수험자는 답안파일이 전송되었는지 확인한 후 감독위원의 지시에 따라 문제지를 제출하고 퇴실합니다.

답안 작성요령

◎ 온라인 답안 작성 절차

수험자 등록 ⇒ 시험 시작 ⇒ 답안파일 저장 ⇒ 답안 전송 ⇒ 시험 종료

◎ 공통 부문

- 글꼴에 대한 기본설정은 함초롬바탕, 10포인트, 검정, 줄간격 160%, 양쪽정렬로 합니다.
- 색상은 조건의 색을 적용하고 색의 구분이 안 될 경우에는 RGB 값을 적용하십시오.
  (빨강 255,0,0 / 파랑 0,0,255 / 노랑 255,255,0).
- 각 문항에 주어진 《조건》에 따라 작성하고 언급하지 않은 조건은 《출력형태》와 같이 작성합니다.
- 용지여백은 왼쪽·오른쪽 11mm, 위쪽·아래쪽·머리말·꼬리말 10mm, 제본 0mm로 합니다.
- 그림 삽입 문제의 경우 「내 PC\문서\ITQ\Picture」 폴더에서 지정된 파일을 선택하여 삽입하십시오.
- 삽입한 그림은 반드시 문서에 포함하여 저장해야 합니다(미포함 시 감점 처리).
- 각 항목은 지정된 페이지에 출력형태와 같이 정확히 작성하시기 바라며, 그렇지 않을 경우에 해당 항목은 0점 처리됩니다.
  ※ 페이지구분 : 1페이지 - 기능평가 I (문제번호 표시 : 1. 2.),
  　　　　　　　 2페이지 - 기능평가 II (문제번호 표시 : 3. 4.),
  　　　　　　　 3페이지 - 문서작성 능력평가

◎ 기능평가

- 문제와 《조건》은 입력하지 않으며 문제번호와 답(《출력형태》)만 작성합니다.
- 4번 문제는 묶기를 했을 경우 0점 처리됩니다.

◎ 문서작성 능력평가

- A4 용지(210mm×297mm) 1매 크기, 세로 서식 문서로 작성합니다.
- 　　　　 표시는 문서작성에 대한 지시사항이므로 작성하지 않습니다.

4 표 전체 셀을 블록으로 지정한 다음 우클릭하여 [셀 테두리/배경]–[**각 셀마다 적용**]을 선택합니다.

★ 셀이 블록으로 지정된 상태에서 [L]을 누르는 방법도 있어요.

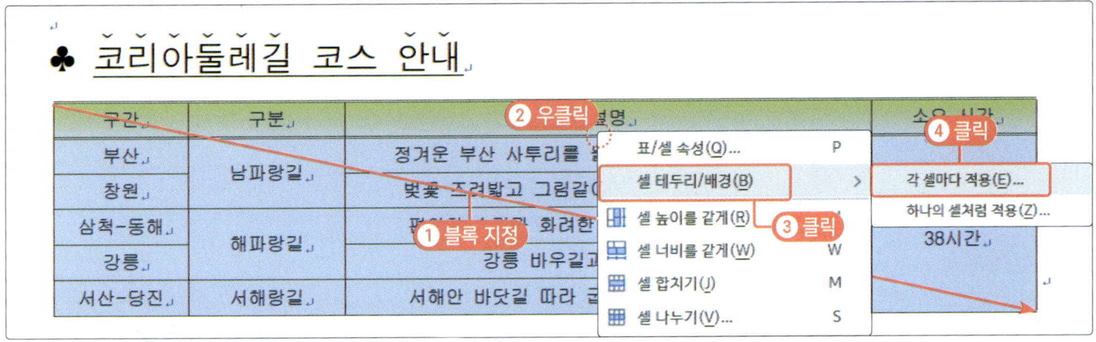

5 [테두리] 탭에서 종류를 **없음**으로 지정한 다음 **왼쪽 테두리**, **오른쪽 테두리**를 선택하여 적용합니다.

★ 표 왼쪽 오른쪽 끝의 테두리가 없어진 것을 확인할 수 있어요.

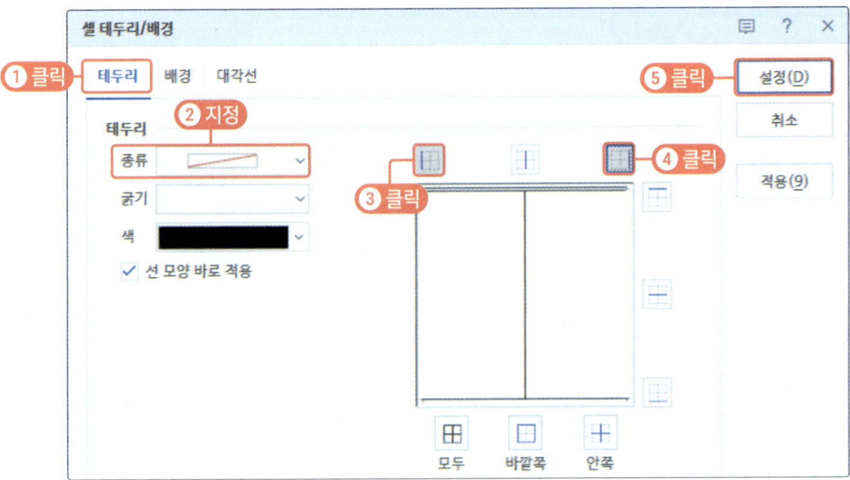

6 다시 표 전체 셀을 블록으로 지정한 다음 우클릭하여 [셀 테두리/배경]–[**각 셀마다 적용**]을 선택합니다.

★ 셀이 블록으로 지정된 상태에서 [L]을 누르는 방법도 있어요.

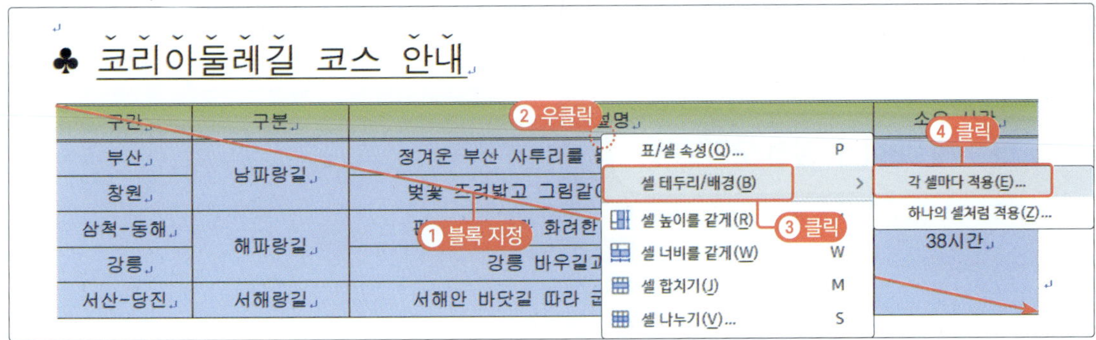

7 [테두리] 탭에서 **이중 실선**과 **아래쪽 테두리**를 선택하여 적용합니다.

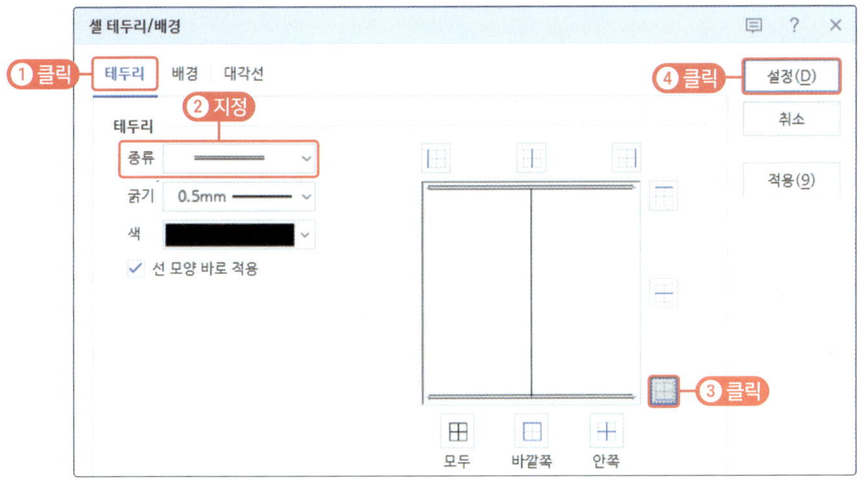

8 Esc 를 눌러 블록을 해제한 후 완성된 표를 확인합니다.

♣ 코리아둘레길 코스 안내

구간	구분	설명	소요 시간
부산	남파랑길	정겨운 부산 사투리를 들으며 알자배기 부산 여행	26시간~ 38시간
창원		벚꽃 즈려밟고 그림같이 아름다운 창원 반 바퀴	
삼척–동해	해파랑길	편안한 숲길과 화려한 기암절벽이 조화로운 길	
강릉		강릉 바우길과의 행복한 만남	
서산–당진	서해랑길	서해안 바닷길 따라 굽이굽이 숨겨진 보물찾기	

STEP 11 기관명 서식 변경 후 쪽 번호 매기기

- 기관명 → 글꼴 : 궁서, 24pt, 진하게, 장평 105%, 오른쪽 정렬
- 쪽 번호 → 쪽 번호 매기기, 4로 시작

1 기관명을 편집하기 위해 내용을 블록으로 지정한 후 서식 도구 상자에서 **오른쪽 정렬**을 클릭합니다.

2 글자 서식을 한 번에 변경하기 위해 텍스트 위에서 우클릭한 후 **[글자 모양]**을 선택합니다.

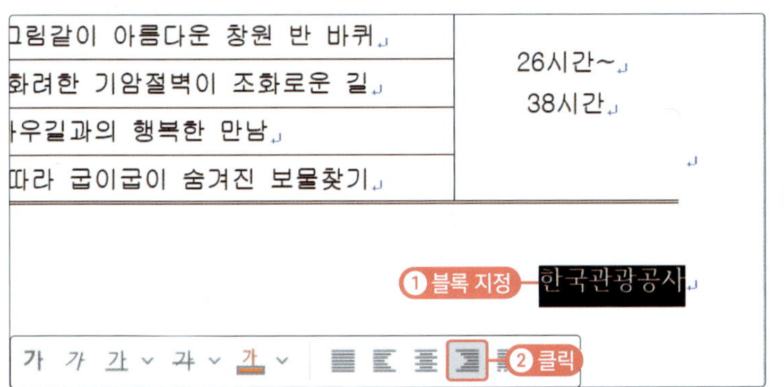

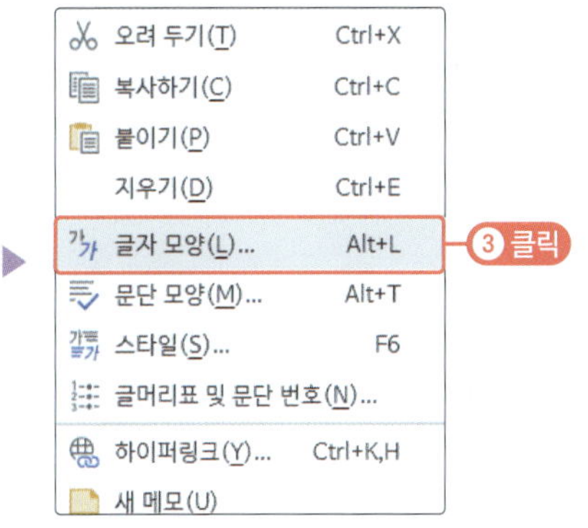

PART
2
실전
모의고사
실전모의고사를 통해 시험을 완벽하게
대비할 수 있습니다.

3 [기본] 탭에서 기준 크기(**24pt**), 글꼴(**궁서**), 장평(**105%**), **진하게**를 선택하여 적용합니다.

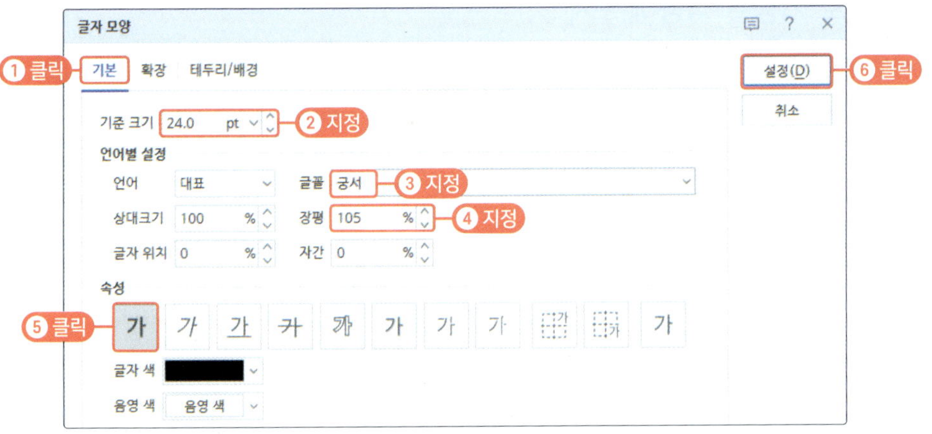

4 문서의 세 번째 페이지가 선택된 상태에서 [쪽] 탭-[**쪽 번호 매기기**]를 클릭하여 페이지 번호를 적용합니다.

✿ Ctrl + N , P 를 눌러 쪽 번호를 매길 수도 있어요.

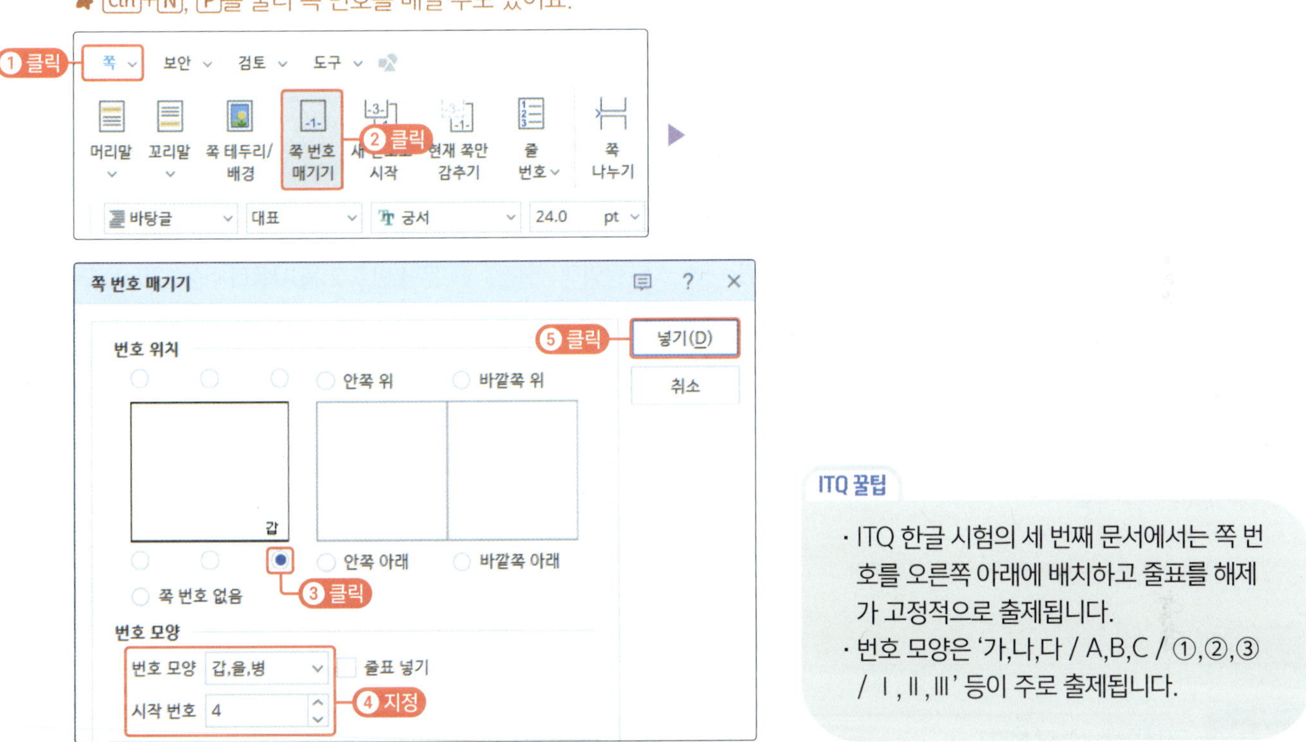

5 문서의 오른쪽 하단에 쪽 번호가 삽입된 것을 확인한 다음 서식 도구 상자에서 [**저장하기(🖫)**]를 클릭하거나, Alt + S 를 눌러 답안 파일을 저장합니다.

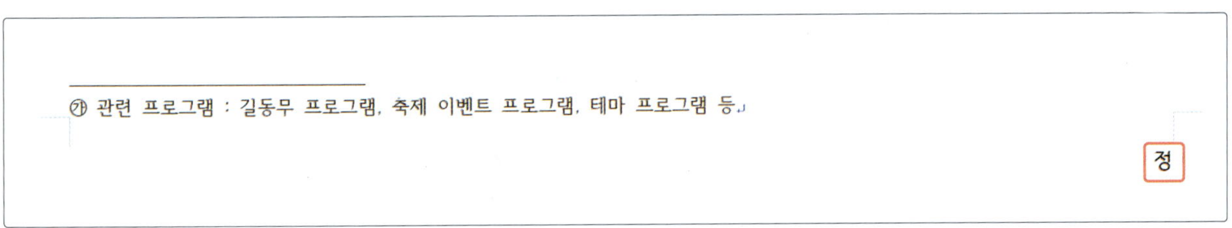

◎ 실습파일 : 패턴07-2(문제).hwpx ◎ 완성파일 : 패턴07-2(완성).hwpx

패턴 01 [서식] 탭-[문단 번호]

❶ 제목 앞에 문자표 추가 ❷ 제목 글꼴(굴림, 18pt, 하양, 음영색 : 파랑) ❸ 문단 번호 기능 사용(1수준 : 20pt, 오른쪽 정렬 / 2수준 : 30pt, 오른쪽 정렬) ❹ 줄 간격(180%)

> ※ 4차 산업혁명 기술
>
>   1. 디지털 기술
>   가. 사물 인터넷 : 공급망 모니터링 시스템
>   나. 주문형 경제 : 우버와 같은 플랫폼

패턴 02 [서식] 탭-[문단 번호]

❶ 제목 앞에 문자표 추가 ❷ 제목 글꼴(궁서, 18pt, 하양, 음영색 : 빨강) ❸ 문단 번호 기능 사용(1수준 : 20pt, 오른쪽 정렬 / 2수준 : 30pt, 오른쪽 정렬) ❹ 줄 간격(180%)

> ♥ 남원의 축제 및 문화 예술
>
>   ① 남원의 대표적 축제
>   (ㄱ) 사랑 이야기 축제 : 춘향제
>   (ㄴ) 향토 문화 축제 : 흥부제

패턴 03 [서식] 탭-[문단 번호]

❶ 제목 앞에 문자표 추가 ❷ 제목 글꼴(굴림, 18pt, 하양, 음영색 : 파랑) ❸ 문단 번호 기능 사용(1수준 : 20pt, 오른쪽 정렬 / 2수준 : 30pt, 오른쪽 정렬) ❹ 줄 간격(180%)

> ★ 국내 라면 시장의 매출 규모
>
>   1) 2020년 매출 규모
>   가) 2019년 대비 21.4% 증가
>   나) 다양한 종류의 라면 출시로 시장 활기 회복

패턴 04 [서식] 탭-[문단 번호]

❶ 제목 앞에 문자표 추가 ❷ 제목 글꼴(굴림, 18pt, 하양, 음영색 : 빨강) ❸ 문단 번호 기능 사용(1수준 : 20pt, 오른쪽 정렬 / 2수준 : 30pt, 오른쪽 정렬) ❹ 줄 간격(180%)

> ♣ 랜섬웨어 감염경로 및 대책
>
>   I) 신뢰할 수 없는 사이트
>   (i) 단순한 홈페이지 방문만으로도 감염
>   (ii) 주로 드라이브 바이 다운로드 기법을 통해 유포

패턴 05 [서식] 탭-[문단 번호]

❶ 제목 앞에 문자표 추가 ❷ 제목 글꼴(굴림, 18pt, 하양, 음영색 : 빨강) ❸ 문단 번호 기능 사용(1수준 : 20pt, 오른쪽 정렬 / 2수준 : 30pt, 오른쪽 정렬) ❹ 줄 간격(180%)

> ■ 대한민국 평생학습 박람회 개요
>
>   A. 주제 및 기간
>   1. 주제 : 100세 시대 평생학습. 배움과 행복
>   2. 기간 : 2019. 1. 17(목) - 1. 20(일)

패턴 06 [서식] 탭-[문단 번호]

❶ 제목 앞에 문자표 추가 ❷ 제목 글꼴(굴림, 18pt, 하양, 음영색 : 파랑) ❸ 문단 번호 기능 사용(1수준 : 20pt, 오른쪽 정렬 / 2수준 : 30pt, 오른쪽 정렬) ❹ 줄 간격(180%)

> ◑ 세계 태양에너지 엑스포 개요
>
>   가. 일시 및 장소
>   ① 일시 : 6월 14일(목) - 16일(토) 10:00 - 17:00
>   ② 장소 : 킨텍스 제1전시장

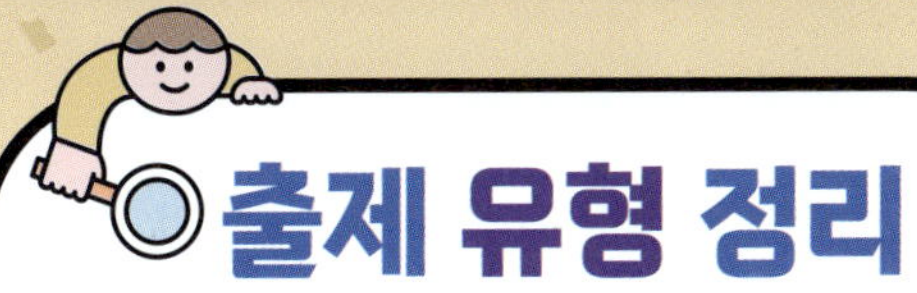

1 다음 조건에 따라 문서를 작성해 보세요.

글꼴 : 굴림, 18pt, 진하게, 가운데 정렬
책갈피 이름 : 자율주행
덧말 넣기

머리말 기능
돋움, 10pt, 오른쪽 정렬 → 자율주행

운전자와 보행자의 안전
자율주행 기술의 혁신

문단 첫 글자 장식 기능
글꼴 : 궁서, 면색 : 노랑

그림위치(내 PC₩문서₩ITQ₩Picture₩그림4.jpg,
문서에 포함) 자르기 기능 이용, 크기(40mm×40mm),
바깥 여백 왼쪽 : 2mm

최근에는 자율주행 자동차가 운전자의 부주의로 인해 발생하는 대부분의 교통사고Ⓐ 위험을 획기적으로 줄이고, 교통 효율성을 높이며 운행 데이터를 기반으로 최적의 경로와 속도를 선택하여 연료를 절감(節減)하는 것은 물론, 운전을 대신 해줌으로써 운전자와 탑승객의 편의를 크게 증대(增大)시킬 수 있는 미래의 핵심 개인 교통수단으로 주목받고 있다. 더 이상 운전의 피로에서 벗어나 차량 안에서 여유롭게 휴식을 취하거나 업무에 집중할 수 있게 되는 것이다.

각주

자율주행 자동차 기술로는 운전자 보조 기술, 자동주행 기술, 무인자동차 또는 자율주행 기술이 있다. 운전자 보조 기술은 종방향 또는 횡방향 중 한 가지에 대해서 운전자에게 경고하거나 제어를 도와주는 기술을 말한다. 자동주행 기술은 종횡 방향 모두에 대해 제어를 도와주는 기술을 말한다. 단, 항상 운전자가 주변 상황을 계속 모니터링하고 있다가 언제든지 개입할 수 있다는 가정을 가지고 있다. 자동주행과 자율주행의 차이는 운전자가 항상 개입을 할 수 있도록 준비해야 하는지 아닌지에 따라 구별한다. 자율주행 차량의 경우 운전자가 신문을 보거나 잠을 자도 상관없이 차량이 자율로 주행하는 개념이다.

★ **자율주행장치 종류**

글꼴 : 굴림, 18pt, 하양
음영색 : 파랑

가. 환경 인식 장치
　㉮ 카메라 : 다양한 위치에서 차선, 신호등, 보행자 등을 인식
　㉯ 레이더 : 전파를 이용해 주변 물체와의 거리, 속도, 방향 측정
나. 판단 및 제어 장치
　㉮ 고성능 프로세서/AI 칩 : 센서와 지도 데이터 통합하여 판단
　㉯ 차량 제어 장치 : 실제 차량 시스템에 실행하고 제어

문단 번호 기능 사용
1수준 : 20pt, 오른쪽 정렬,
2수준 : 30pt, 오른쪽 정렬
줄 간격 : 180%

★ 자율주행 진행 단계

글꼴 : 굴림, 18pt, 밑줄, 강조점

표 전체 글꼴 : 돋움, 10pt, 가운데 정렬
셀 배경(그러데이션) : 유형(가로),
시작색(노랑), 끝색(하양)

단계	특징	내용	모니터링
1단계	운전자 지원	조향 또는 가속 및 감속 중 하나를 수행	운전자
2단계	부분 자동화	조향 또는 가속 및 감속 모두 수행하는 주행보조 기술	운전자
3단계	조건부 자동화	차량 제어와 주행환경을 인식하지만 운전자가 적절하게 제어	자율주행 시스템
4단계	고도 자동화	모든 측면을 시스템이 수행하지만 전적으로 제어하는 것은 아님	자율주행 시스템

글꼴 : 궁서, 24pt, 진하게
장평 95%, 오른쪽 정렬 → **한국전자통신연구원**

각주 구분선 : 5cm

Ⓐ 94%에 이르는 대부분의 교통사고는 운전자의 부주의로 인해 발생

쪽 번호 매기기
5로 시작 → E

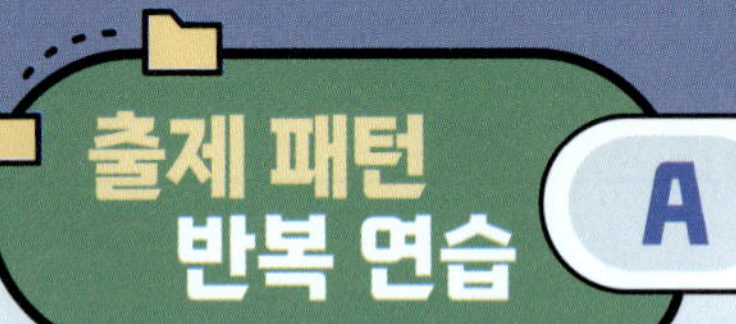

A 문서의 내용을 입력하고 덧말과 문단 첫 글자를 추가해 보세요.

⊘ 실습파일 : 패턴07-1(문제).hwpx ⊘ 완성파일 : 패턴07-1(완성).hwpx

패턴 01 글꼴 기본 설정(함초롬바탕, 10포인트, 검정, 줄간격 160%, 양쪽 정렬)

❶ 제목(글꼴 : 돋움, 18pt, 진하게, 가운데 정렬) ❷ 덧말 넣기 ❸ 문단 첫 글자 장식(글꼴 : 궁서, 면색 : 노랑) ❹ 한자 변환

한국의 전통 식품
세계로 뻗어 나가는 김치

배추, 무, 오이 등의 채소를 소금에 절이고 고추, 파, 생강 등 여러 가지 양념을 버무려 담근 염장 발효 식품인 김치는 다방면(多方面)의 연구를 통해 암을 예방(豫防)하고 살이 빠지며 대장 건강과 피부에도 좋다는 효능이 과학적으로 입증되었다. 미국의 한 건강 관련 잡지는 올리브기름, 콩, 요구르트와 함께 김치를 세계(世界)에서 가장 건강한 식품으로 선정한 바 있다.

패턴 02 글꼴 기본 설정(함초롬바탕, 10포인트, 검정, 줄간격 160%, 양쪽 정렬)

❶ 제목(글꼴 : 굴림, 18pt, 진하게, 가운데 정렬) ❷ 덧말 넣기 ❸ 문단 첫 글자 장식(글꼴 : 돋움, 면색 : 노랑) ❹ 한자 변환

안전을 위한 자전거 교육
자전거 안전하게 이용하기

자전거는 걸음마를 하는 유아부터 걷기조차 힘든 노인(老人)까지 이용할 수 있는 운동기구이면서 이동 수단이다. 유아기에 처음 접하는 유아용 세발자전거는 단순 놀이기구 수준이지만 이때부터 안전 이용에 관한 인식을 심어주는 것이 중요(重要)하다. 초등학교에 입학하면서부터 어린이들은 본격적으로 도로교통법에 적용되는 두발자전거를 이용하게 되는데, 이때부터는 안전한 자전거 이용 방법을 제대로 알고 지켜서 건강한 문화를 정착시켜야 한다.

패턴 03 글꼴 기본 설정(함초롬바탕, 10포인트, 검정, 줄간격 160%, 양쪽 정렬)

❶ 제목(글꼴 : 궁서, 18pt, 진하게, 가운데 정렬) ❷ 덧말 넣기 ❸ 문단 첫 글자 장식(글꼴 : 굴림, 면색 : 노랑) ❹ 한자 변환

배움과 행복
대한민국 평생학습 박람회

교육부는 사회관계 장관회의를 거쳐 '제4차 평생교육진흥 기본계획(2018~2022)'을 확정, 발표했다. 이번 기본계획은 전 국민(國民)의 평생학습권을 보장하기 위해 재직자, 고령자, 고졸취업자 등에 맞춤형 학습을 지원(支援)하기로 했다. 재직자를 위해서는 유급휴가훈련 지원을 추진하고 고령자의 경우 제2의 인생설계를 위해 노인 적합 직종(職種)을 발굴 및 지원한다.

⊙ **실습파일** : 유형07-2(문제).hwpx　　⊙ **완성파일** : 유형07-2(완성).hwpx

글꼴 : 돋움, 18pt, 진하게, 가운데 정렬
책갈피 이름 : 물류산업
덧말 넣기

머리말 기능
궁서, 10pt, 오른쪽 정렬 ▶ 스마트 물류

문단 첫 글자 장식 기능
글꼴 : 굴림, 면색 : 노랑

물류산업의 자동화
제15회 국제물류산업전

각주

그림위치(내 PC\문서\ITQ\Picture\그림4.jpg,
문서에 포함) 자르기 기능 이용, 크기(40mm×35mm),
바깥 여백 왼쪽 : 2mm

물 류란 물적 유통(Physical Distribution)의 줄인 말로 생산자로부터 소비자로의 물건의 흐름을 가리킨다. 물류는 소유의 효용(效用)을 만족시켜주는 거래를 제외한 장소와 시간의 효용을 창출하는 부분으로 상품을 수송, 하역⊖, 보관, 포장하는 과정과 유통가공이나 수송 기초시설 등의 물자유통 과정 그리고 통신(通信) 기초시설과 정보망 등의 정보유통 개념을 모두 포함한다. 국내 물류산업은 IT, 전자상거래 등 첨단산업과 융합하여 유망 서비스업으로 진화를 거듭하고 있으며 최근에는 일반 택배와 같은 물류시장이 급성장하며 국민생활에 대한 기여도가 날로 커지고 있다.

최신 물류기술을 선보이는 제15회 국제물류산업전은 300여개사 1,500부스 규모로 진행될 예정이며, 코로나 19 장기화에 따라 전시부스 외에도 국내외 바이어를 대상으로 한 온라인 상담시스템을 구축하여 포스트 코로나에 대응할 계획이다. 국제물류산업전은 효과적인 물류 시스템, 물류합리화의 효율성 향상에 필요한 최신 정보를 제공하며 기업 물류비 절감의 핵심, 물류자동화 시스템과 운송 시스템, 하드웨어와 소프트웨어 간의 최적화된 솔루션에 대한 올바른 길을 제시하고 있다.

★ 전시개요

글꼴 : 굴림, 18pt, 하양
음영색 : 빨강

1. 일시 및 장소
　① 일시 : 2025년 8월 11일 ~ 14일, 4일간
　② 장소 : 고양시 킨텍스 제1전시장
2. 주최 및 후원
　① 주최 : 한국통합물류협회, 경연전람, 케이와이엑스포
　② 후원 : 국토교통부

문단 번호 기능 사용
1수준 : 20pt, 오른쪽 정렬,
2수준 : 30pt, 오른쪽 정렬
줄 간격 : 180%

표 전체 글꼴 : 돋움, 10pt, 가운데 정렬
셀 배경(그러데이션) : 유형(가로),
시작색(노랑), 끝색(하양)

★ 국제물류산업전 관련 주요 세미나 ◀ 글꼴 : 굴림, 18pt, 밑줄, 강조점

날짜	세미나명	주최/주관	장소
8월 11일	데이터 인사이트: 글로벌 바이어를 사로잡는 K-뷰티 트렌드	K-뷰티협회	세미나실 A
8월 12일	2년안에 K-뷰티로 해외 60개국 진출솔루션	뷰티매거진	세미나실 B
	천연 원료, 미래를 디자인하다(지속 가능한 두피케어 원료)	웰빙헤어	
8월 13일	B2B 플랫폼 시대, 데이터로 완성하는 수출 전략	K-뷰티협회	세미나실 A

각주 구분선 : 5cm

글꼴 : 돋움, 24pt, 진하게
장평 105%, 오른쪽 정렬 ▶ 국제물류산업전

⊖ 화물수송 과정에서 짐을 싣고 내리는 일체의 현장 처리 작업

쪽 번호 매기기
5로 시작 ▶ v

⊘ **실습파일** : 유형07-3(문제).hwpx   ⊘ **완성파일** : 유형07-3(완성).hwpx

글꼴 : 굴림, 18pt, 진하게, 가운데 정렬
책갈피 이름 : 교육

머리말 기능
돋움, 10pt, 오른쪽 정렬 ───▶ 교육 상담 센터

문단 첫 글자 장식 기능
글꼴 : 궁서, 면색 : 노랑

무전공 선발 전형
교육으로 발전하는 우리나라

그림위치(내 PC₩문서₩ITQ₩Picture₩그림4.jpg, 문서에 포함) 자르기 기능 이용, 크기(40mm×40mm), 바깥 여백 왼쪽 : 2mm

**최**근 특정지역의 대학(大學) 추가 모집인원이 늘어 무전공 학과에 다수 집중되었다. 올해 대입 추가 모집을 살펴보면 전체적으로 약 10% 정도 늘어난 것을 알 수 있다. 대부분 추가 모집 상당수는 무전공 선발 전형에 집중(集中)되어 있다. 올해 추가 모집한 대학은 전체 178개 대학 1만 2,226명으로 작년과 비교하면 170개 대학 1만 3,148명보다 감소하였다.

각주
서울 주요 15개 대학 무전공① 선발 전형의 추가 모집 인원은 지난해 4명에 불과했지만 올해는 46명으로 늘었다. 국가의 인구 절감으로 인해 대학 모집 정원이 축소되었지만 전체적으로 대학 추가 모집이 늘어난 것은 무전공 선발 영향으로 볼 수 있다. 무전공은 크게 대학에서 자율전공이나 자유전공 학부(과)를 선발하는 경우를 말한다. 무전공 입학의 경우 대학 내 학과 사이의 벽을 허물고 학생들에게 자율적으로 전공 선택권을 부여하고자 하는 의미로 도입된 것이다. 학생에게도 입학 후 교양 및 기초학문을 이수 후 2학년 때부터 자신의 능력과 적성에 맞는 전공을 선택하여 대학 교육을 이수하여 졸업할 수 있다는 큰 장점이 있다.

★ **대학 자율전공 선발유형**

글꼴 : 굴림, 18pt, 하양
음영색 : 빨강

1. 자유전공학부 입학 유형
   ① 자유전공 입학 후 2학년 때 전공 선택
   ② 의대. 사범대 등 특수학과를 제외한 모든 전공 선택 가능
2. 계열 및 단과대 입학 유형
   ① 계열 및 단과대 단위로 입학 후 2학년 때 전공 선택
   ② 해당 계열이나 단과대 내에서만 전공 선택 가능

문단 번호 기능 사용
1수준 : 20pt, 오른쪽 정렬,
2수준 : 30pt, 오른쪽 정렬
줄 간격 : 180%

표 전체 글꼴 : 돋움, 10pt, 가운데 정렬
셀 배경(그러데이션) : 유형(가로),
시작색(노랑), 끝색(하양)

★ *대학교 수시 모집 입학전형 기준* ◀─ 글꼴 : 굴림, 18pt, 기울임, 강조점

단과대학	모집단위	수능 최저 학력 기준	대학전형	전형방법
인문대학	전모집단위	12등급 이내	일반전형/학생부 우수자	학생부 60 + 면접 40
공과대학	전모집단위	12등급 이내	일반고	학생부 100
농업환경대학	농업경제학과	12등급 이내	학생부 위주/일반고	학생부 80 + 면접 20
본부직할	자율전공학부	12등급 이내	학생부 위주/학생부 우수자	학생부 100

글꼴 : 굴림, 24pt, 진하게
장평 105%, 오른쪽 정렬 ───▶ # 대학혁신센터

각주 구분선 : 5cm

────────────
① 대학교 입학시 전공 학과를 결정하지 않고 입학 후 전공을 결정하는 것

쪽 번호 매기기
4로 시작 ───▶ Ⅰ

효율적인 작업을 위한 한글 2022 필수 단축키

문서

- `Alt`+`O` : 문서 불러오기
- `Alt`+`S` : 문서 저장하기
- `Alt`+`V` : 다른 이름으로 저장하기
- `F7` : 편집 용지 설정
- `Ctrl`+`Z` : 되돌리기
- `Ctrl`+`Shift`+`Z` : 다시 실행
- `Alt`+`F4` : 프로그램 종료

쪽

- `Alt`+`Shift`+`Enter` : 구역 나누기
- `Ctrl`+`N`, `H` : 머리말 삽입
- `Ctrl`+`N`, `P` : 쪽 번호 매기기
- `Ctrl`+마우스 휠 : 화면 확대/축소

글꼴 속성

- `Alt`+`Shift`+`B` : 진하게
- `Alt`+`Shift`+`I` : 기울임
- `Alt`+`Shift`+`U` : 밑줄
- `Alt`+`L` : 글자 모양 대화상자

개체 및 요소 입력

- `Ctrl`+`N`, `I` : 그림 넣기
- `Ctrl`+`N`, `T` : 표 만들기
- `Ctrl`+`N`, `B` : 글상자 입력
- `Ctrl`+`K`, `B` : 책갈피 입력
- `Ctrl`+`K`, `H` : 하이퍼링크 입력
- `Ctrl`+`N`, `M` : 수식 편집
- `Ctrl`+`N`, `N` : 각주 입력
- `Ctrl`+`F10` : 문자표 입력
- `Ctrl`+`K`, `N` : 문단 번호 입력

표/셀 속성

- 셀 선택 후 `L` : 셀 테두리 적용
- 셀 선택 후 `C` : 셀 배경 채우기
- 셀 선택 후 `M` : 셀 합치기
- 셀 선택 후 `S` : 셀 나누기